ACCESO GRATIS a la Lectura en la Nube

Para visualizar el libro electrónico en la nube de lectura envíe junto a su nombre y apellidos una fotografía del código de barras situado en la contraportada del libro y otra del ticket de compra a la dirección:

ebooktirant@tirant.com

En un máximo de 72 horas laborales le enviaremos el código de acceso con sus instrucciones.

MANUAL DE DERECHO AERONÁUTICO
2ª EDICIÓN

Procedimiento de selección de originales, ver página web:
www.tirant.net/index.php/editorial/procedimiento-de-seleccion-de-originales

MANUAL DE DERECHO AERONÁUTICO

2ª EDICIÓN

ELISEO SIERRA NOGUERO
Profesor de Derecho aeronáutico del Grado en Gestión Aeronáutica
Profesor Agregado de Derecho mercantil,
acreditado como Catedrático contratado
Universidad Autónoma de Barcelona
Doctor en Derecho

tirant lo blanch
Valencia, 2024

En caso de erratas y actualizaciones, la Editorial Tirant lo Blanch publicará la pertinente corrección en la página web www.tirant.com.

EDITA: TIRANT LO BLANCH
C/ Artes Gráficas, 14 - 46010 - Valencia
TELFS.: 96/361 00 48 - 50
FAX: 96/369 41 51
Email: tlb@tirant.com
www.tirant.com
Librería virtual: www.tirant.es
DEPÓSITO LEGAL: V-2256-2023
ISBN: 978-84-1169-659-3

Si tiene alguna queja o sugerencia, envíenos un mail a: *atencioncliente@tirant.com*. En caso de no ser atendida su sugerencia, por favor, lea en *www.tirant.net/index.php/empresa/politicas-de-empresa* nuestro procedimiento de quejas.

Responsabilidad Social Corporativa: http://www.tirant.net/Docs/RSCTirant.pdf

A Núria y a nuestros hijos, Daniel y Víctor

A mis padres, Eliseo y María

Índice

Abreviaturas

AENA: Aeropuertos Españoles y Navegación Aérea, Sociedad Mercantil Estatal Sociedad Anónima (AENA S.M.E. SA).

AECFA: Asociación Española para la Coordinación y Facilitación de Franjas Horarias.

AESA: Agencia Estatal de Seguridad Aérea.

AFIS: *Aerodrome Flight Information Service* / Servicio de Información de Vuelo de Aeródromos.

AIS: Aeronautical Information Services / Servicios de Información Aeronáutica.

ANSP: Air Navigation Service Provider / Proveedor de servicios de navegación aérea.

AOC: *Air Operator Certificate* / Certificado de Operador Aéreo.

ATC: *Air Traffic Control* / Control del Tráfico Aéreo.

ATM: *Air Traffic Management* / Gestión del Tráfico Aéreo.

CAR: Certificado de Aeronavegabilidad Restringido.

CAT: *Commercial Air Transport* / Transporte Aéreo Comercial.

Convenio de Chicago: Convenio de Chicago relativo a la aviación civil internacional, de 6 de diciembre de 1944.

CEAC/ECAC: *European Civil Aviation Conference* / Conferencia Europea de Aviación Civil.

CIAIAC: Comisión de Investigación de Accidentes e Incidentes de la Aviación Civil (España).

CITAAM: Comisión para la Investigación técnica de accidentes de aeronaves militares.

Convenio de Montreal: Convenio para la unificación de ciertas reglas para el transporte aéreo internacional, hecho en Montreal el 28 de mayo de 1999.

CNS: *Communications, Navigation and Surveillance Systems* / Sistemas de Comunicaciones, Navegación y Vigilancia.

Código Civil: Real Decreto de 24 de julio de 1889 por el que se publica el Código Civil (España).

Convenio de Varsovia: Convenio para la unificación de ciertas reglas relativas al transporte aéreo internacional, hecho en Varsovia el 12 de octubre de 1929.

DEG/XDR: *Special Drawing Right of the International Monetary Fund* / Derecho Especial de Giro del Fondo Monetario Internacional

DESATI: Dirección de Evaluación de la Seguridad y Auditoría Técnica Interna.
DGAC: Dirección General de Aviación Civil.
DGRN: Dirección General de los Registros y del Notariado.
DGSJFP: Dirección General de Seguridad Jurídica y Fe Pública.
DORA: Documento de Regulación Aeroportuaria.
EEE: Espacio Económico Europeo.
EACE: Espacio Aéreo Común Europeo.
EASA: *European Aviation Safety Agency.*
ECA: Agencia de Crédito a la Exportación.
EUACA: *European Airport Coordinators Association* / Asociación Europea de Coordinadores de Aeropuerto.
EUROCONTROL: *European Organisation for the Safety of Air Navigation* / Organización Europea para Seguridad de la Navegación Aérea.
FIR: *Flight Information Region* / Región de Información de Vuelo.
IATA: *International Air Transport Association* / Asociación Internacional del Transporte Aéreo.
IFR: *Instrumental Flight Rules* / Reglas de vuelo por instrumentos.
JAA: *Joint Aviation Authorities* / Autoridades Aeronáuticas Conjuntas.
JAR: *Joint Aviation Requirements* / Requisitos Aeronáuticos Conjuntos.
JESAR: Jefatura del Servicio de Búsqueda y Salvamento Aéreo.
Ley de navegación aérea: Ley 48/1960, de 21 de julio, de navegación aérea.
Ley de seguridad aérea: Ley 21/2003, de 7 de julio, de seguridad aérea.
MEL: *Minimum Equipment List* / Lista de equipo mínimo.
MMEL: *Master Minimum Equipment List* / Lista maestra de equipo mínimo.
MTOM: *Maximum Take-Off Mass* / Masa máxima certificada de despegue.
OACI/ICAO: Organización de la Aviación Civil Internacional / *International Civil Association Organization.*
OCDE/OECD: Organización para la Cooperación y el Desarrollo Económico / *Organisation for Economic Co-operation and Development.*
OMI/IMO: Organización Marítima Internacional / *International Maritime Organization.*
ONU/UN: Organización de las Naciones Unidas / *United Nations.*

OSV: Oficina de Seguridad en Vuelo.

PANS: *Procedures for Air Navigation Services* / Procedimientos para los servicios de navegación aérea.

RCC: *Rescue Coordination Centre* / Centro Coordinador de Salvamento.

SAR: *Search and Rescue* / Servicio de Búsqueda y Salvamento.

SARP: *Standards and Recommended Practices* / Normas y Prácticas Recomendadas.

SASEMAR: Sociedad Estatal de Salvamento y Seguridad Marítima.

SGHA: *Standard Ground Handling Agreement.*

SRR: *Search and Rescue Region* / Región de búsqueda y salvamento.

SUPP: *Regional Supplementary Procedures* / Procedimientos suplementarios regionales.

TOL: Tirant On Line.

TRLGDCU: Real Decreto Legislativo 1/2007, de 16 de noviembre de 2007, que aprueba el texto refundido de la Ley general para la defensa de los consumidores y usuarios.

UIR: *Upper Information Region* / Región Superior de Información de Vuelo

VFR: *Visual Flight Rules* / Reglas de vuelo visual.

Prólogo a la segunda edición

Vista la buena aceptación de la primera edición de este Manual de Derecho aeronáutico, de 2020, el propósito de esta segunda es su actualización con las novedades legislativas internacionales, comunitarias y españolas. Además, se ha dado nueva redacción a algunas partes y se ha profundizado más en otras, especialmente en las materias de Derecho público, más numerosas, técnicas y de contenido pormenorizado. La finalidad del Manual es la que guió la primera edición: presentar una visión global del Derecho aeronáutico, tanto público, como privado, para los estudiantes de esta asignatura, sea de Grado o de Máster.

En los capítulos I y II, en cuanto a la organización de la Administración Pública aeronáutica española, se sustituye el Ministerio de Fomento por la nueva nomenclatura de Ministerio de Transportes, Movilidad y Agenda Urbana. Asimismo, de acuerdo con el Real Decreto 645/2020 de 7 de julio, la Dirección General de Aviación Civil (DGAC) es el órgano mediante el cual el Ministerio de Transportes, Movilidad y Agenda Urbana diseña la estrategia, dirige la política aeronáutica, coordina a los organismos, entes y entidades adscritos al Departamento con funciones en aviación civil, y ejerce de regulador en el sector aéreo, dentro de las competencias de la Administración General del Estado.

Como supervisor del sector aéreo, la Agencia Estatal de Seguridad Aérea (AESA) está adscrita al Ministerio de Transportes, Movilidad y Agenda Urbana, a través de la Secretaría General de Transportes y Movilidad, con autonomía funcional para el ejercicio de sus funciones.

En el ámbito de la Administración Pública aeronáutica, con el Real Decreto-ley 26/2020 de modificación de la Ley 18/2014, la entidad pública empresarial Aeropuertos Españoles y Navegación Aérea (AENA) pasa a denominarse Enaire E.P.E. (por Entidad Pública Empresarial). Está adscrita al citado Ministerio de Transportes, Movilidad y Agenda Urbana. El Real Decreto 160/2023, de 7 de marzo, por el que se aprueba su Estatuto, atribuye a Enaire E.P.E. la prestación de forma segura, eficaz, continuada y sostenible de los servicios de navegación aérea y espacio aéreo encomendados por el Estado; la coordinación operativa nacional e internacional de la red nacional de gestión del tráfico aéreo; y, otras funciones relacionadas con los usos para la gestión eficiente del espacio aéreo, teniendo en cuenta las necesidades de los usuarios.

Mediante Real Decreto-Ley 14/2022, se ha modificado la disposición adicional 19 Ley 21/2003, de 7 de julio, de Seguridad Aérea, para admitir el *silencio administrativo positivo* en los procedimientos sobre autorización de operaciones aéreas, y uso de espacio aéreo; sobre operaciones especiales, así como autorizaciones de aeronavegabilidad inicial y continuada, incluyendo las emitidas al personal involucrado en este ámbito.

Con relación al capítulo III, el tenor original del art. 88 Ley 48/1960, de 21 de julio, sobre Navegación Aérea establecía que "*las aeronaves extranjeras de tráfico no regular necesitarán autorización para cada servicio o viaje*". Sin embargo, esta exigencia se ha suavizado por efecto por efecto de los acuerdos del Brexit, a través del Real Decreto-ley 38/2020, de 29 de diciembre, admitiéndose una autorización por tiempo y no para cada viaje.

La Orden TMA/105/2020, de 31 de enero, establece las normas para la concesión y mantenimiento de las licencias de explotación de servicios aéreos a cargo de la Agencia Estatal de Seguridad Aérea para los operadores domiciliados en España.

En cuanto al régimen jurídico de los aeropuertos, del capítulo V, la Resolución de 29 de septiembre de 2021, de la Dirección General de Aviación Civil, publica el Acuerdo del Consejo de Ministros de 28 de septiembre de 2021, por el que se aprueba el Documento de Regulación Aeroportuaria 2022-2026.

En el capítulo VI, sobre operaciones aéreas, se trata del Real Decreto 728/2022, de 6 de septiembre, por el que se establecen las disposiciones complementarias de la normativa europea en materia de títulos y licencias del personal de vuelo de las aeronaves civiles y restricciones operativas por ruido. Deroga el anterior Real Decreto 270/2000, de 25 de febrero, por el que se determinan las condiciones para el ejercicio de las funciones del personal de vuelo de las aeronaves civiles.

Otra novedad legislativa afecta a los técnicos de mantenimiento. El Real Decreto 728/2022 deroga el Real Decreto 284/2002, pero afirma que seguirá siendo aplicable para la expedición y obtención de las licencias de los técnicos de mantenimiento de aviones sencillos no autorizados para realizar transporte aéreo comercial, aerostatos y planeadores, hasta que se adopte la normativa específica que regule el mantenimiento de los planeadores y las aeronaves a que se refiere el anexo I del Reglamento (UE) 2018/1139, Reglamento Base.

Por lo que respecta a las aeronaves y su régimen jurídico, en el capítulo VII, hay dos novedades legislativas de interés. Por un lado, el Real Decreto

765/2022, de 20 de septiembre, que regula el uso de aeronaves motorizadas ultraligeras (ULM).

Por otro lado, el Reglamento de Ejecución (UE) 2021/664 de la Comisión, de 22 de abril de 2021, establece normas y procedimientos para la seguridad de las operaciones de vehículos aéreos no tripuladas en el espacio aéreo *U-Space*, para la integración segura de las aeronaves no tripuladas en el sistema de aviación y para la prestación de servicios de *U-Space*.

Además, el art. 20 Ley de navegación aérea ha sido modificado por el Real Decreto-ley 14/2022, para dar una nueva regulación de los documentos a bordo y flexibiliza las exigencias permitiendo que se conserven en el aeródromo de salida y llegada.

En materia de arrendamientos de aeronave, en el capítulo IX, se ha adoptado la Orden TMA/105/2020 sobre la autorización o declaración administrativa que se ha de presentar ante la Agencia Estatal de Seguridad Aéreas para su empleo por las compañías aéreas.

En el capítulo X, la Orden TMA/469/2023, de 17 de abril, acredita a la Agencia Estatal de Seguridad Aérea como entidad de resolución alternativa de litigios en el ámbito del transporte aéreo en relación a los derechos de los pasajeros reconocidas en el Reglamento (CE) 261/2004, en caso de retraso en la salida, denegación de embarque sin motivo razonable, cancelación de vuelo y, como reconoce el Tribunal de Justicia de la Unión Europea, también para los retrasos de tres o más horas a la llegada.

Con relación a los accidentes e incidentes aéreos, en el capítulo XI, el Real Decreto 837/2020, de 15 de septiembre, aprueba la Directriz básica de planificación de protección civil ante emergencias aeronáuticas de aviación civil.

El Real Decreto 1088/2020, de 9 de diciembre, por el que se completa el régimen aplicable a la notificación de sucesos de la aviación civil, deroga el anterior Real Decreto 1334/2005; sustituye a la CEANITA y atribuye a la Agencia Estatal de Seguridad Aérea la gestión del sistema establecido de notificación de sucesos de la aviación civil del Estado.

Además de esta actualización normativa y profundización en algunos capítulos, otra novedad de la presente edición es la inclusión de una bibliografía complementaria por capítulos. Centrada en la doctrina en español, para acotar. Si el alumno ha de realizar un trabajo de fin de Grado, un trabajo de fin de Máster o una tesis doctoral, la presente edición le ofrece un listado que, siendo incompleto, sí constituye una muestra de un buen número de fuentes doctrinales en cada materia. Además, se acompaña de un listado de los manuales y otras obras generales en Derecho español y comparado.

Por lo demás, el Manual de Derecho aeronáutico continúa con la visión pluridisciplinar de la navegación aérea. Se analizan así temas de Derecho constitucional, administrativo, civil, mercantil, fiscal, hipotecario, internacional, penal y registral, tratados con una debida proporción. De otro modo, desbordaría la función que tiene de ser una obra de apoyo al estudiante.

Finalmente, es una exigencia para el jurista la atenta observación de la realidad. Las prácticas integran contratos, pueden crear costumbres como fuente de Derecho y se positivizan a veces luego en normas jurídicas escritas. En este sentido, se abordan los documentos producidos por los organismos públicos a nivel internacional, comunitario y español, así como las resoluciones, contratos-tipo y otro material producido por las asociaciones privadas del sector aeronáutico.

ELISEO SIERRA NOGUERO

Universidad Autónoma de Barcelona

19 de mayo de 2023

Prólogo a la primera edición

El manual se dirige a los estudiantes de Derecho aeronáutico, sean o no juristas. La Universidad Autónoma de Barcelona ofrece, entre sus estudios oficiales, el Grado de Gestión Aeronáutica y el Máster de Gestión Aeronáutica. En este último, del cual el autor es profesor desde 2006 hasta la actualidad, confluyen ingenieros aeronáuticos, economistas, juristas y graduados en otros estudios universitarios. Algunos de ellos también con experiencia en el sector aeronáutico y otros que se acercan por primera vez a esta realidad.

La ingente normativa que integra el Derecho aeronáutico, el sistema prolijo de muchas de sus disposiciones, la multitud de fuentes internacionales, comunitarias y nacionales, el carácter técnico de sus instituciones, hacen necesario, como en cualquier rama del Derecho, proceder a su ordenación y clasificación a efectos didácticos.

En el primer capítulo se analizan las fuentes del Derecho aeronáutico, esto es, el conjunto de normas jurídicas que regulan el ejercicio de la navegación aérea. Se trata sobre todo de normas de Derecho administrativo y normas de Derecho mercantil, pero también de otras ramas del Derecho, como el laboral, el penal o del internacional privado. Son muchas de sus principales normas asimismo de origen internacional y regional, como en el caso de la Unión Europea. Subsisten naturalmente las normas nacionales, pero el interés en la navegación aérea internacional facilita la formación de consensos entre Estados para la creación de normas comunes. También es una importante especialidad la existencia de costumbres internacionales, que pueden estimarse de cumplimiento obligatorio, por ejemplo, cuando las asociaciones profesionales o empresariales, como la Asociación Internacional del Transporte Aéreo (IATA), crean cláusulas contractuales o prácticas del sector seguidas masivamente.

La importancia de la navegación aérea justifica, merece y necesita de la constitución de organismos e instituciones, públicos y privados, así como de órganos administrativos, especializados en los diferentes aspectos de ésta. Se van detallando en cada capítulo, pero se analizan de forma autónoma los más importantes en el segundo capítulo. El principal es la Organización de la Aviación Civil Internacional, por su carácter internacional como organismo especializado de la ONU para la aviación civil internacional. En cada región mundial hay también conferencias e instituciones esenciales, como en Europa, la Agencia Europea de Seguridad Aérea de la Unión Europea, la CEAC o EUROCONTROL. Con relación a España, la organización aeronáutica administrativa la asume principalmente el Ministerio de Fomento, que cuenta con órganos como la Agencia Estatal de Seguridad Aérea y ENAIRE E.P.E. (principal propietario a su vez de AENA S.M.E. SA).

El tercer capítulo se dedica al tráfico aéreo y a dos de sus principios esenciales, como son, por un lado, el reconocimiento normativo de la soberanía de cada Estado sobre su espacio aéreo (que hay que determinar y fijar cómo se gestionan los espacios no susceptibles de apropiación, como alta mar). Por otro lado, las libertades del aire, que establecen en qué condiciones las aeronaves extranjeras pueden acceder al espacio aéreo soberano y a sus aeropuertos, tanto esporádicamente como de forma regular y con fines comerciales de transporte de personas, mercancías y correo.

El cuarto capítulo aborda el Derecho de la circulación aérea y de los servicios de la navegación aérea. Esta es una materia muy prolija y de un marcado carácter administrativo y técnico. Determina la forma cómo se ha desarrollar la circulación y los medios y servicios de control, información, alerta, entre otros, para asegurar que la navegación aérea se lleve a cabo de forma segura y eficiente.

El capítulo quinto trata sobre los aeródromos y aeropuertos, pues son las infraestructuras esenciales de la navegación aérea. Como regla general, es imperativo que el despegue y aterrizaje de las aeronaves tenga lugar en las mismas. Son medios que presentan una gran prolijidad normativa, coherente con la complejidad de la propia infraestructura: su constitución, su certificación, sus relaciones urbanísticas con su entorno, las servidumbres aeronáuticas, la gestión del aeropuerto, la participación de los servicios de navegación aérea, la distribución de horarios o franjas aeroportuarias para despegar y aterrizar, los servicios de *handling* a las aeronaves y a los demás usuarios del aeropuerto, entre otras. Todas estas cuestiones son objeto de regulación normativa, esencialmente de Derecho administrativo, así como en otras ocasiones de contratos y relaciones sometidas al Derecho privado.

El sexto capítulo trata sobre todo del empresario de la navegación aérea. La constitución de compañías aéreas comunitarias dedicadas al transporte comercial por avión es una actividad sometida a autorización administrativa. Es una diferencia con el régimen general de la mayoría de otros empresarios, cuya libertad de empresa no se condiciona a dicha autorización. En cambio, los riesgos inherentes a la actividad lucrativa que desarrolla aconsejan al legislador el establecimiento de procedimientos y sistemas legales de verificación de la capacidad del empresario para la misma. En particular, requiere del seguimiento de un procedimiento administrativo para obtener el certificado de operador aéreo y de la licencia de explotación, ante las autoridades donde la compañía tiene su establecimiento principal. Se trata de una cuestión muy europeizada, en cuanto que el empresario español, gracias a la progresiva liberalización del transporte aéreo, ostenta el estatuto de empresario europeo, y se beneficia del régimen jurídico del mercado interior y de la posibilidad de obtener derechos de tráfico desde otro país europeo con un tercer país extracomunitario.

El séptimo capítulo pivota sobre la aeronave, el vehículo capaz de navegar por el aire y objeto de reglamentaciones muy detalladas, principalmente de carácter técnico: certificación de tipo de la propia aeronave y de sus componentes, certificado de aeronavegabilidad, manual de operaciones, lista de equipo mínimo, programa de mantenimiento, documentos a bordo, etc. Además, la aeronave es bien mueble que debe ser matriculado en un registro administrativo, a los efectos de detentar la nacionalidad de un concreto Estado.

El octavo capítulo aborda el régimen de adquisición de las aeronaves. Su tratamiento diferenciado con el anterior capítulo obedece a que aborda cuestiones más próximas al Derecho privado que al Derecho administrativo. La forma de adquisición de la propiedad mediante el contrato de construcción o el contrato de compraventa, así como la inscripción, en España, en el Registro de Bienes Muebles de Madrid del Registro Mercantil. También se aborda la frecuente constitución de hipotecas para la financiación de estas operaciones, así como de otras "garantías" (en el sentido del Convenio de Ciudad del Cabo), como los derechos del arrendador sobre la aeronave cedida en arrendamiento. La necesidad de proteger a acreedores hipotecarios y arrendadores para hacer valer sus garantías internacionales motivan la aprobación del Convenio de Ciudad del Cabo, que dispone la creación de un registro (sin control de legalidad) adicional.

El noveno capítulo analiza las normas jurídicas escritas y prácticas de la práctica aeronáutica en materia de contratos de arrendamiento de las aeronaves. Algunas de estas prácticas y cláusulas contractuales pueden considerarse obligatorias en tanto que costumbre, de forma que integren el contrato sin necesidad de cláusula específica. No obstante, para obtener seguridad jurídica tanto respecto al contenido exacto del contrato, como para evitar la incertidumbre vinculada a la ley nacional aplicable, los contratos son muy detallados. La labor de la Asociación Internacional del Transporte Aéreo (IATA) es esencial, como en otros contratos aeronáuticos. En particular, se analiza primero el contrato de arrendamiento sin tripulación.

En la Unión Europea, se puede obtener la condición de compañía aérea incluso sin disponer de la propiedad de ninguna aeronave, basta un arrendamiento sin tripulación (*dry lease*). Puede ser un arrendamiento operativo (más frecuente) o un arrendamiento financiero. También se estudian las cláusulas habituales del arrendamiento con tripulación (*wet lease*), en donde la norma jurídica dispone que el arrendador mantiene su condición de operador de la aeronave arrendada, que se mantiene en su certificado de operador aéreo. Es la principal diferencia jurídica con el arrendamiento sin tripulación, donde la aeronave queda operada bajo el certificado de operador aéreo del arrendatario.

El décimo capítulo trata sobre el régimen jurídico internacional de la responsabilidad civil derivada del transporte comercial de pasajeros y mercancías por vía aérea. El Convenio de Montreal de 1999 es, mediante incorporación al acervo comunitario, es la norma de referencia en la Unión Europea en el transporte de pasajeros. Ideado no sólo para garantizar unos derechos de compensación al pasajero en caso de accidente, sino también para establecer unos límites de indemnización y bases de imputación de responsabilidad comunes para la compañía aérea. Se complementa el capítulo con el régimen jurídico comunitario de la indemnización por retraso en la salida, cancelación del vuelo y *overbooking*, así como el régimen del contrato de transporte de mercancía, tanto en el Convenio de Montreal de 1999, como en el Convenio de Varsovia 1929, con enmiendas.

El capítulo final, undécimo, analiza el régimen jurídico de los seguros obligatorios de responsabilidad civil (*liability*) por daños a pasajeros, mercancías y en la superficie, así como los seguros voluntarios de cascos (*hull*), con especial referencia a los formularios al uso en la práctica aeronáutica. Se abordan también las normas de Derecho público de creación del sistema de búsqueda y salvamento (SAR) y de la investigación de accidentes e incidentes aeronáuticos. Se concluye con la exposición del régimen nacional e internacional sobre interceptación ilícita de aeronaves (*security*).

En general, se ofrece un análisis básico de las instituciones. Esto permite ofrecer una visión global del Derecho aeronáutico. El manual quiere ser una herramienta manejable y útil para los alumnos. El docente puede libremente seleccionar los temas y plantear casos que permitan, junto con el manual, profundizar a cada estudiante.

ELISEO SIERRA NOGUERO

Universidad Autónoma de Barcelona
23 de diciembre de 2019

Capítulo I

Concepto y fuentes del Derecho aeronáutico

SUMARIO: 1. CONCEPTO Y CONTENIDO. 2. FUENTES DEL DERECHO AERONÁUTICO: PRINCIPIOS DE SEGURIDAD JURÍDICA, LEGALIDAD Y DE JERARQUÍA NORMATIVA. 3. EL DERECHO AERONÁUTICO INTERNACIONAL. 3.1. Convenio de Chicago sobre la aviación civil internacional y el Acuerdo de tránsito. 3.2. Los anexos del Convenio de Chicago: las normas y prácticas recomendadas (SARP). PANS, SUPP y manuales producidos por la Organización de la Aviación Civil Internacional. Necesidad de incorporación al Derecho nacional de los Estados parte. 3.3. Convenio de Varsovia y Convenio de Montreal, sobre el transporte aéreo de personas y mercancías. 3.4. Convenios internacionales sobre actos de interferencia ilícita aérea. 3.5. Convenios internacionales sobre derechos y garantías sobre la aeronave. 3.6. Otros instrumentos de Derecho internacional. 4. DERECHO AERONÁUTICO DE LA UNIÓN EUROPEA. 4.1. La navegación aérea como competencia compartida de la Unión Europea y los Estados miembros. Primacía del Derecho comunitario. 4.2. Principales reglamentos comunitarios aeronáuticos. 4.3. Aplicación del Derecho comunitario por las autoridades nacionales de los Estaos miembros. 5. DERECHO AERONÁUTICO ESPAÑOL. 5.1. Constitución española de 1978: distribución de competencias aéreas entre Estado y Comunidades Autónomas. 5.2. Normas con rango de ley: Ley de navegación aérea y Ley de seguridad aérea. Referencia a los Reales Decretos-leyes para casos de extraordinaria y urgente necesidad. 5.3. Normas reglamentarias: Reales Decretos, Órdenes, Circulares y Resoluciones. 6. LA COSTUMBRE COMO FUENTE DEL DERECHO. 7. NORMAS DE DERECHO INTERNACIONAL PRIVADO ESPAÑOL PARA SELECCIONAR LA LEY NACIONAL APLICABLE A CADA HECHO O RELACIÓN JURÍDICA AERONÁUTICA. 7.1. Primacía de las leyes de seguridad, de policía y penales del Estado en que se encuentre la aeronave civil. 7.2. Ley nacional de matrícula de la aeronave en lo relativo a la adquisición de la propiedad de la aeronave y constitución de hipotecas. 7.3. Contratos y testamentos celebrados a bordo de aeronaves: ley de matrícula. 7.4. Obligaciones nacidas de contratos aeronáuticos. 7.5. Obligaciones nacidas de hechos no contractuales: ley nacional del lugar donde ocurrió el daño, salvo que otra sea aplicable.

1. CONCEPTO Y CONTENIDO

El Derecho aeronáutico o de la navegación aérea no está definido legalmente. Tampoco hay acuerdo entre los autores sobre su denominación como Derecho aeronáutico, Derecho de la navegación aérea, Derecho aéreo, Derecho del transporte aéreo o Derecho de la aviación. Sin embargo, es un tema esencial, pues el concepto permite determinar el contenido y la naturaleza de sus normas jurídicas (Arroyo, pág. 25; Morillas, Petit y Guerrero, pág. 17).

El término aeronáutico designa el arte o ciencia de la navegación aérea, y comprende el conjunto de medios, como las aeronaves, las instalaciones, el personal, etc., destinados al transporte aéreo (Real Academia de la Lengua). Podría también utilizarse el término "aéreo", pero preferimos el concepto “aeronáutico”. Es el término tradicional de los estudios universitarios de ingeniería y también de gestión aeronáutica.

Otro argumento a favor del concepto “aeronáutico” es que la ley principal que regula las materias aquí analizadas se denomina Ley 48/1960, de 21 de julio, de navegación aérea. Además, la más reciente Ley 14/2014, de 24 de julio, de navegación marítima, continúa focalizando el objeto de la regulación jurídica en el hecho o fenómeno técnico del ejercicio de la navegación. Igual ocurre en Italia (Lefebre d’Ovidio, Pescatore, Tullio, pág. 4).

No obstante, otros autores utilizan el término “Derecho aéreo”, como también hay países que optan igualmente por el concepto Derecho aéreo (por ejemplo, *Droit aérien, Air Law*). En ambos casos, las instituciones reguladas son esencialmente las mismas que si se escoge el término Derecho aeronáutico. De este intercambio de términos, aéreo y aeronáutico, dan fe los manuales españoles y de Derecho comparado que, como el actual, han tratado en una misma obra las instituciones jurídicas de la navegación aérea (véase el apartado final de obras generales).

A la vista de lo anterior, el Derecho aeronáutico puede definirse como el conjunto de principios y normas, expresivos de una idea de justicia y de orden, que regulan los hechos y relaciones surgidos entorno al ejercicio de la navegación aérea, incluido el transporte, y cuya observancia puede ser impuesta de forma coactiva.

La identificación de las materias que integran el Derecho aeronáutico, visto que tampoco hay una fijación legal u oficial, debe realizarse siguiendo la navegación aérea como hilo conductor o denominador común de las mismas.

En concreto, se sigue aquí en general la distribución de materias de la Ley de navegación aérea y las instituciones jurídicas más estudiadas comúnmente por la doctrina española y extranjera. Al tratarse de una distribución convencional, no siempre hay coincidencia de contenidos ni de orden de exposición, pero algunas materias son analizadas reiteradamente como parte del Derecho aeronáutico:

1. Fuentes del Derecho aeronáutico
2. Las instituciones y la administración pública aeronáutica.
3. El tráfico aéreo.
4. La navegación aérea.
5. Los aeropuertos y aeródromos.

6. La compañía aérea y el operador de aeronaves.
7. Tipos y certificación de las aeronaves.
8. Formas de adquisición de la propiedad y constitución de garantías inscritas sobre la misma, así como créditos privilegiados ocultos.
9. Los contratos de arrendamiento sobre la aeronave.
10. El transporte comercial de pasajeros y de mercancía por avión. Régimen de responsabilidad civil.
11. Contratos de seguro aeronáutico, búsqueda y salvamento, accidentes y Derecho penal aeronáutico.

Esta ordenación y clasificación es la que sigue el presente manual de Derecho aeronáutico.

2. FUENTES DEL DERECHO AERONÁUTICO: PRINCIPIOS DE SEGURIDAD JURÍDICA, LEGALIDAD Y DE JERARQUÍA NORMATIVA

El Derecho aeronáutico participa del régimen general de las fuentes del ordenamiento jurídico español, que detalla el art. 1 Código Civil. En particular, las fuentes del Derecho son la ley, la costumbre y los principios generales del Derecho.

En realidad, la ley "escrita" es la principal, por el carácter secundario de las otras dos fuentes del Derecho. A la costumbre dedicamos un apartado específico más adelante.

Los principios generales del Derecho se aplican sólo en defecto de ley o costumbre, sin perjuicio de su carácter informador del ordenamiento jurídico (art. 1.4 Código Civil). Los principios generales del Derecho, tales como respetar los derechos de los otros, no abusar de los propios derechos, cumplir los contratos, actuar de buena fe en las relaciones con otros o compensar los daños causados, entre otros principios, ya están recogidos en leyes escritas. Un principio suele ser aplicable porque está "positivizado", esto es, escrito en disposiciones normativas.

Con relación a la ley como principal fuente de Derecho, el art. 1.1 Código Civil utiliza el concepto "ley" en sentido amplio. Se trata de una categoría general que engloba el conjunto de normas jurídicas escritas y debidamente publicadas en los boletines oficiales para conocimiento general (*Boletín Oficial del Estado, Diario Oficial de la Unión Europea*, entre otras gacetas, diarios y boletines oficiales dedicados a la publicidad de las normas jurídicas).

El Derecho aeronáutico está compuesto de abundantes normas jurídicas escritas, de forma coherente con la voluntad de los legisladores de dotar a los interesados de seguridad jurídica, esto es, que puedan conocer qué normas son jurídicas y adecuar su comportamiento y actividad a las mismas. A su vez, el principio de legalidad o de primacía de la ley se extiende a las autoridades, que deben ejercer su poder conforme a la misma. El imperio de la ley (*rule of law*) pretende también evitar la arbitrariedad de quienes ejercen el poder; su acción se somete a la ley y no a su capricho.

El transporte aéreo y, en general, la aviación civil es una actividad intensamente regulada. Las normas jurídicas escritas también se ordenan por razón de su ámbito de aplicación: internacionales, regionales (como las comunitarias o de la Unión Europea) y nacionales. Las normas de Derecho internacional se aplican en los Estados que voluntariamente las han aceptado; las normas de Derecho comunitario, entre los Estados miembros de la Unión Europea; y, las normas nacionales están vigentes en el respectivo Estado. Dentro de éste, también hay diferentes normas con distinto grado jerárquico.

Dentro de cada Estado, la multitud de "leyes" se ordena conforme al principio de jerarquía normativa que expresa el art. 1.2 Código Civil: carecen de validez las disposiciones que contradigan otra de rango superior. Esto significa, según la conocida pirámide de Kelsen, que una ley aprobada por el Parlamento no puede contradecir una norma constitucional y, a su vez, una norma reglamentaria del Gobierno y la Administración Pública no puede ser contraria a una ley parlamentaria. El sistema de jerarquía normativa dota de sistematicidad y coherencia al ordenamiento jurídico de cada Estado, pues los principios generales previstos en la Constitución son desarrollados por las normas con rango de ley y las normas reglamentarias.

La principal norma nacional es la Constitución, que recoge los principios esenciales de cada ordenamiento jurídico, y que no puede ser contradicha por ninguna norma de rango inferior. La Constitución es la expresión básica de la soberanía nacional para determinar las normas básicas de convivencia en cada Estado. Los citados principios de seguridad jurídica, de legalidad y de jerarquía normativa tienen rango constitucional en España (art. 9 Constitución española de 1978) y, como regla general, son parte esencial de los ordenamientos jurídicos democráticos.

Normalmente, entre la norma internacional (tratados, convenios, protocolos...) y la norma nacional hay una relación de competencia, cada una regula un ámbito de aplicación distinto. Otras veces, la norma nacional desarrolla aspectos porque así lo permite la norma internacional.

Entre el Derecho comunitario y el Derecho nacional de los Estados miembros, rige en principio de primacía del Derecho comunitario en las materias objeto de los tratados constitutivos de la Unión Europea.

3. EL DERECHO AERONÁUTICO INTERNACIONAL

Cada Estado es soberano para decidir las normas jurídicas vigentes y aplicables en su territorio nacional. No hay obligación de formar parte de organismos supranacionales, como la ONU o la Unión Europea, ni de adoptar normas comunes. No obstante, la cooperación internacional es un principio básico de la convivencia pacífica y ordenada y la satisfacción de los propios intereses de cada Estado.

La colaboración mínima entre Estados consiste en formar parte de organismos internacionales o supraestatales, donde se debaten y aprueban estudios y propuestas de normas internacionales sobre determinadas materias especializadas, como en la Organización de la Aviación Civil Internacional.

Un paso adelante tiene lugar cuando cada Estado accede, se adhiere o ratifica los tratados o convenios internacionales que persiguen crear normas jurídicas comunes en algunas materias. Los nombres de los instrumentos jurídicos internacionales son variados: tratado, convención, convenio, arreglo, protocolo, u otra denominación, cada uno empleado en situaciones distintas.

Los instrumentos jurídicos internacionales pueden tener carácter “bilateral” entre dos Estados. Por ejemplo, para organizar servicios regulares aéreos entre dos Estados. Otras veces, los instrumentos jurídicos internacionales tienen carácter “multilateral”, pues más de dos Estados han aceptado vincularse y cumplir una norma común sobre las materias reguladas. Por ejemplo, las normas internacionales para establecer los derechos de los pasajeros aéreos en caso de muerte o lesiones o por pérdida o daños en el equipaje.

Tanto en los convenios bilaterales, como en los multilaterales, con la ratificación o adhesión al instrumento internacional, el Estado se convierte en “Estado parte” o “Estado contratante” del mismo, y se obliga a cumplir con sus términos, cláusulas y condiciones.

De acuerdo con el art. 96.1 Constitución española de 1978, los tratados internacionales válidamente celebrados, una vez publicados oficialmente en España, formarán parte del ordenamiento interno. El art. 1.5 Código Civil indica también que las normas jurídicas incluidas en tratados internacionales deben ser publicadas en el *Boletín Oficial del Estado* para que pasen a formar parte del ordenamiento jurídico español y sean aplicables.

A continuación, se analizan los principales instrumentos jurídicos internacionales en materia de Derecho aeronáutico y se mencionan otros, sin perjuicio de su análisis detallado en cada capítulo que aborda las materias respectivamente reguladas en los mismos.

3.1. *Convenio de Chicago sobre la aviación civil internacional y el Acuerdo de tránsito*

El Convenio de Chicago constituye el instrumento jurídico internacional más importante del Derecho aeronáutico y, asimismo, uno de los mayores éxitos de la cooperación internacional en la unificación normativa. A 19 de mayo de 2023 (según OACI, https://bit.ly/41WVTaO), 193 Estados son parte o contratantes del Convenio de Chicago, una cifra realmente importante. En comparación con otros tratados multilaterales que, aunque están en vigor entre los Estados parte, no gozan de la aceptación y difusión del Convenio de Chicago.

La adopción del Convenio de Chicago y de sus precedentes normativos es paralela al propio desarrollo de la navegación aérea: un fenómeno surgido durante el siglo XX y que constituye actualmente un puntal básico de la sociedad contemporánea. La navegación aérea desarrollada con fines civiles necesita disponer de seguridad jurídica no sólo en un Estado, sino de forma generalizada a nivel mundial.

El Convenio de Chicago es la base jurídica fundamental de la aviación civil internacional. Pivota sobre dos conceptos. Aviación "civil", no militar, que dispone de otras normas. Y aviación "internacional", no nacional, que también suele contar con reglamentación distinta. No obstante, en ocasiones, las normas internacionales también resultan aplicables a la aviación que se desarrolla dentro de un mismo Estado.

El antecedente directo del Convenio de Chicago es el Convenio internacional sobre la navegación aérea, hecho en París el 13 de octubre de 1919 (publicado en la *Gaceta de Madrid*, núm. 326, de 22 de noviembre de 1934, https://bit.ly/35Kw55v). Surgió del acuerdo entre los Estados participantes de la Conferencia tenida en París, a raíz de la invitación del Gobierno francés, tras el fin de la Primera Guerra Mundial y del Tratado de Versalles. El Convenio de París estableció los principios esenciales de la navegación aérea y sobre las aeronaves, y creó la Comisión Internacional de Navegación Aérea (CINA), bajo la autoridad de la Sociedad de las Naciones. Su estructura y contenido era similar al posterior y vigente Convenio de Chicago. Hubo otros Convenios, como, en el ámbito regional americano, la Convención sobre Aviación Comercial, suscrita en La Habana el 20 de febrero de 1928.

La Segunda Guerra Mundial no había concluido todavía cuando ya surgieron las primeras voces para aprovechar el notable desarrollo técnico en los aviones en el campo militar para fines civiles y pacíficos. El Gobierno de los Estados Unidos de Norteamérica invitó a una Conferencia sobre Aviación Civil Internacional a 55 Estados, a desarrollarse en Chicago entre el 1 noviembre y el 7 de diciembre de 1944. El nombre de la ciudad de la Conferencia acabaría dando nombre al Convenio internacional donde se pactó, como ocurre también en muchas otras ocasiones (Convenio de Montreal, Convenio de Varsovia, Convenio de Tokio, etc.).

La finalidad de la Conferencia de Chicago era preparar un convenio internacional que recogiese normas sobre el inmediato establecimiento de rutas y servicios aéreos provisionales, así como crear una organización provisional encargada de recopilar y analizar datos relativos a la aviación internacional y hacer recomendaciones para su mejora (Dempsey, pág. 41).

El texto del Convenio sobre la Aviación Civil Internacional, hecho en Chicago el 7 de diciembre de 1944, conocido como "Convenio de Chicago", fue firmado por 52 de los Estados participantes en la Conferencia.

La firma, con todo, no equivale a la ratificación. Era necesario obtener el número de ratificaciones estatales dispuesto en el propio Convenio de Chicago para su entrada en vigor entre los Estados parte. A la vista de la necesidad de obtener el número necesario de ratificaciones del Convenio de Chicago, la Conferencia de Chicago adoptó un Acuerdo para crear una OACI Provisional (OPACI), que perdió su carácter provisional con la entrada en vigor del Convenio de Chicago.

El Convenio de Chicago entró finalmente en vigor el 4 de abril de 1947. El preámbulo explica que el desarrollo de la aviación civil internacional puede contribuir a crear y preservar la amistad y el entendimiento entre las naciones y pueblos del mundo. Asimismo, advierte que su abuso puede llegar a constituir una amenaza a la seguridad general. Los Gobiernos firmantes comparten también que la aviación civil debe desarrollarse de forma segura y ordenada. También que los servicios internacionales de transporte aéreo pueden establecerse sobre una base de igualdad de oportunidades y realizarse de modo sano y económico. Además, el Convenio de Chicago crea un organismo especializado, la Organización de la Aviación Civil Internacional (OACI) para coordinar la cooperación y lograr la uniformidad de reglamentación, normas y procedimientos entre Estados a fin de facilitar la aviación civil internacional. Los Estados parte del Convenio de Chicago se obligan a denunciar los citados Convenios de París y de La Habana, sustituyendo el Convenio de Chicago ambos convenios entre las partes contratantes (art. 80 Convenio de Chicago).

Redactado inicialmente en inglés, mediante Protocolo de 1968 se aprobó el texto auténtico trilingüe del Convenio de Chicago en inglés, francés y español. Otro Protocolo de texto auténtico cuatrilingüe de 1977 añadió el ruso. En estas lenguas, el Convenio de Chicago se considera igualmente auténtico. En cambio, no han entrado en vigor todavía los Protocolos por las que el Convenio de Chicago en árabe y en chino también se consideraría igualmente auténtico.

La Conferencia de Chicago también produjo dos acuerdos adicionales sobre los servicios regulares de la navegación aérea. Ambos fueron firmados por algunos Estados y han corrido distinta suerte. El Acuerdo de tránsito de los servicios aéreos internacionales reconoce la 1ª y 2ª libertades del aire (las llamadas "libertades técnicas"). Está en vigor desde el 30 de enero de 1945 y, el 19 de mayo de 2023, son parte 135 Estados (según OACI, https://bit.ly/3MHWUhJ).

Menos éxito ha tenido el Acuerdo sobre transporte aéreo internacional o "Acuerdo de las cinco libertades", pactado en la misma Conferencia. Entró en vigor el 11 de febrero de 1945 pero, el 19 de mayo de 2023, sólo son parte 11 Estados (según OACI, https://bit.ly/3BJUKc1). Sin embargo, ha tenido gran influencia en tratados bilaterales y multilaterales posteriores de reconocimiento de derechos de tráfico aéreo regular entre Estados. El contenido de ambos se trata en el capítulo III.

El Convenio de Chicago tiene dos partes claramente diferenciadas: su articulado y sus anexos. Sus artículos provienen muy mayoritariamente del texto original adoptado en 1944 y se organizan en cuatro partes:

- Primera, de navegación aérea.
- Segunda, de la Organización de la Aviación Civil Internacional.
- Tercera, del transporte aéreo internacional.
- Cuarta, disposiciones finales.

El articulado del Convenio de Chicago facilita la unificación normativa entre los Estados parte. Significa que hay una norma internacional que se aplica en todos los Estados parte que, al aceptarla, están obligados a cumplir los principios y normas del Convenio de Chicago. Dempsey (pág. 43) sintetiza las principales disposiciones del Convenio de Chicago en las siguientes:

- *Soberanía territorial.* Cada Estado tiene el derecho, con exclusión de los otros, unilateral y absoluto, de permitir o denegar la entrada en el área reconocida como su territorio nacional, así como de controlar los movimientos dentro del mismo.
- *Espacio aéreo nacional.* El territorio de un Estado soberano es tridimensional, incluyendo el espacio aéreo sobre su territorio, sus aguas internas y, si es un Estado ribereño al mar, sobre la porción de mar bajo su soberanía.
- *Libertad del mar.* La navegación aérea sobre la superficie de alta mar es libre para el uso de todos.
- *Nacionalidad de la aeronave.* Cada aeronave tiene una nacionalidad. La aeronave tiene así una especial relación con un Estado que garantiza los privilegios que dicha aeronave tiene en el exterior y, recíprocamente, cada Estado es responsable por la buena conducta internacional de dicha aeronave.

Desde la entrada en vigor del Convenio de Chicago en 1947, su articulado ha sido enmendado en varias ocasiones por medio de nuevos acuerdos internacionales entre Estados. Por ejemplo, para aumentar el número de Estados miembros del Consejo de la Organización de la Aviación Civil Internacional o cambiar el régimen de reuniones de su Asamblea.

Por último, el Convenio de Chicago está ideado para su aplicación en tiempos de paz. No excluye el derecho de los Estados a actuar de forma diferente a lo dispuesto en el Convenio de Chicago en tiempos de guerra. Así lo reconoce expresamente el art. 89: en caso de guerra, las disposiciones del presente Convenio no afectarán la libertad de acción de los Estados contratantes afectados, ya sean beligerantes o neutrales. El mismo principio se aplicará cuando un Estado contratante declare estado de emergencia nacional y lo comunique al Consejo de la Organización de la Aviación Civil Internacional.

3.2. Los anexos del Convenio de Chicago: las normas y prácticas recomendadas (SARP). PANS, SUPP y manuales producidos por la Organización de la Aviación Civil Internacional. Necesidad de incorporación al Derecho nacional de los Estados parte

Los anexos del Convenio de Chicago recogen las denominadas Normas y Prácticas Recomendadas (*Standards and Recommended Practices*, conocidas por su acrónimo SARP). El Convenio de Chicago crea así un parámetro común para la elaboración de las normas técnicas sobre los aspectos esenciales del Derecho aeronáutico (Naveau, Godfroid y Frühling, pág. 26), pero deja que sea la Organización de la Aviación Civil Internacional la que vaya actualizando las normas y prácticas recomendadas.

Los Estados parte del Convenio de Chicago eran conscientes de la necesidad de delegar en la Organización de la Aviación Civil Internacional la tarea de actualizar las normas técnicas aeronáuticas, para adaptarlas a los nuevos descubrimientos y necesidades, por lo que las normas y prácticas recomendadas no fueron aprobadas en 1944 con el Convenio de Chicago. Éste delega su aprobación y actualización a la Organización de la Aviación Civil Internacional y este sistema ha resultado ser un acierto. Resultó clarividente la decisión de los Estados firmantes del Convenio de Chicago de 1944 de no intentar regular en el articulado la multitud de cuestiones técnicas relacionadas con la navegación y el transporte aéreo internacional.

En particular, el art. 54 Convenio de Chicago atribuye al Consejo de la Organización de la Aviación Civil Internacional la tarea de adoptar normas y métodos recomendados internacionales, designándolos, por razones de conveniencia, como anexos al Convenio de Chicago, así como de notificar a todos los Estados contratantes las medidas adoptadas. La adopción de los anexos requiere el voto favorable de dos terceras partes de los Estados miembros del Consejo (art. 90 Convenio de Chicago).

De carácter técnico sobre múltiples aspectos relacionados con la navegación aérea, las normas y prácticas recomendadas están en constante evolución y actualización gracias:

1º A la Comisión de Aeronavegación de la Organización de la Aviación Civil Internacional,

2º Al Consejo de la Organización de la Aviación Civil Internacional que los aprueba posteriormente, y,

3º A los Estados, cuando se cierra el círculo de creación de normas, con la incorporación en cada Estado parte del Convenio de Chicago a su ordenamiento interno.

El Convenio de Chicago no determina ni cuáles son las normas y prácticas recomendadas, ni su denominación, ni contenido. Es decisión de la Organización de la Aviación Civil Internacional. Cada anexo se va actualizando, de modo que puede haber varias ediciones. En la portada de cada anexo se indica el número de edición.

El contenido de las normas o *standards* es de obligado cumplimiento, mientras que para las prácticas recomendadas o *recommended practices* su cumplimiento es sólo conveniente. Así, en inglés, las normas utilizan el verbo *shall*, mientras que para las prácticas recomendadas se usa el verbo *should* (Morillas, Petit y Guerrero, pág. 30).

En la actualidad, los anexos del Convenio de Chicago son los siguientes:

Anexo 1 –Licencias al personal

Anexo 2 –Reglamento del aire

Anexo 3 –Servicio meteorológico para la navegación aérea internacional

Anexo 4 –Cartas aeronáuticas

Anexo 5 –Unidades de medida que se emplearán en las operaciones aéreas y terrestres

Anexo 6 –Operación de aeronaves -Partes I a III

Anexo 7 –Marcas de nacionalidad y de matrícula de las aeronaves

Anexo 8 –Aeronavegabilidad

Anexo 9 –Facilitación

Anexo 10 –Telecomunicaciones aeronáuticas –Volúmenes I a V

Anexo 11 –Servicios de tránsito aéreo

Anexo 12 –Búsqueda y salvamento

Anexo 13 –Investigación de accidentes e incidentes de aviación

Anexo 14 –Aeródromos –Volúmenes I y II

Anexo 15 –Servicios de información aeronáutica

Anexo 16 –Protección del medio ambiente –Volúmenes I y II

Anexo 17 –Seguridad: Protección de la aviación civil internacional contra los actos de interferencia ilícita

Anexo 18 –Transporte sin riesgos de mercancías peligrosas por vía aérea

Anexo 19 –Gestión de la seguridad operacional

Las normas y prácticas recomendadas no se publican en las bases de datos. Previo pago, pueden conseguirse en la Organización de la Aviación Civil Internacional.

Se plantea si las normas y prácticas recomendadas pudiesen ser de aplicación directa y vinculante en los Estados parte. La Organización de la Aviación Civil Internacional no tiene capacidad para imponer las normas jurídicas de las normas y prácticas recomendadas a los Estados, por más necesarias que se consideren para la aviación civil internacional. Por ello, la respuesta ha de ser negativa, pues sería considerada una intromisión soberana, a la cual el Estado parte no consintió al ratificar el Convenio de Chicago. Es necesaria la incorporación de las normas y prácticas recomendadas al ordenamiento comunitario o nacional de cada Estado miembro. Dempsey (pág. 53) comparte que las normas y prácticas recomendadas no son directamente aplicables y depende de la voluntad de los Estados de dictar normas nacionales para implementarlos, "*en todo lo posible*" (art. 12 Convenio de Chicago) y a "*colaborar, a fin de lograr el más alto grado de uniformidad posible*" (art. 37). En fin, las normas y prácticas recomendadas y otra reglamentación producida por la Organización de la Aviación Civil Internacional han sido calificadas (Dempsey, pág. 79) como normas de *soft law*, en el sentido que carecen de la fuerza obligatoria propia de la norma jurídica (*hard law*). En definitiva, la Organización de la Aviación Civil Internacional no tiene capacidad regulatoria.

Por consiguiente, cada Estado parte del Convenio de Chicago se compromete *en lo posible* a cumplir con las normas y prácticas recomendadas de la Organización de la Aviación Civil Internacional. En caso de no ser así, el Estado afectado sí está obligado a comunicar a Organización de la Aviación Civil Internacional las "desviaciones" entre sus propias normas y la norma internacional (*international standard*) (art. 38 Convenio de Chicago). No hay que comunicar en cambio a la Organización de la Aviación Civil Internacional cuando no se sigue una práctica recomendada (*recommended practice*).

El problema que se plantea en la realidad es cuando un Estado no cumple algunas normas internacionales, pero tampoco lo comunica. La Organización de la Aviación Civil Internacional aprobó la resolución A 32/11 en 1999, sobre el establecimiento de un Programa universal de auditoría de la vigilancia de la seguridad operacional (*Establishment of an ICAO Universal Safety Oversight Audit Programme*, USOAP). Con la finalidad de asegurar que las normas y prácticas recomendadas se implementan en los Estados parte de la Organización de la Aviación Civil Internacional. No obstante, se necesita siempre el consentimiento expreso de cada Estado para llevar a cabo esta auditoría y no se prevén sanciones al Estado que lo incumpla (Morillas, Petit y Guerrero, págs. 30-31).

Finalmente, las normas y prácticas recomendadas se completan con otras reglamentaciones cuyo origen es la Organización de la Aviación Civil Internacional:

- PANS, por *Procedures for Air Navigation Services.*
- SUPP, por *Regional Supplementary Procedures.*
- Manuales, se usan para implementar las normas y prácticas recomendadas o PANS y se actualizan de forma periódica.
- Circulares, con información de interés para los Estados parte.
- Apéndices, notas, y otros documentos de relevancia en el sector aéreo.

También los SUPP, PANS, manuales, etc., producidos por la Organización de la Aviación Civil Internacional, necesitan ser incorporados al Derecho nacional para tener el valor de norma jurídica (Morillas, Petit y Guerrero, págs. 30-31).

En cambio, las normas de los anexos del Convenio de Chicago no impiden que cada Estado adopte sus propias normas, que pueden ser más rigurosas. Las normas mínimas constituyen la solución conciliatoria más aceptable ya que hacen viables tanto la aviación comercial como la general sin perjudicar a la seguridad.

3.3. Convenio de Varsovia y Convenio de Montreal, sobre el transporte aéreo internacional de personas y mercancías

Además de las normas esenciales sobre la aviación civil internacional en el Convenio de Chicago (soberanía nacional, nacionalidad de las aeronaves, aviación civil, seguridad aérea), existe también un importante consenso entre Estados en pactar ciertas normas internacionales sobre el transporte *comercial* por avión de personas y de mercancías. Es necesario, aceptan los Estados, que existan normas internacionales para proteger los derechos de pasajeros y dueños de mercancías embarcadas en servicios aéreos internacionales. Como puede verse, la homogeneización normativa internacional se centra en el transporte comercial o realizado con ánimo de lucro.

Los dos instrumentos jurídicos internacionales, de naturaleza multilateral, son el Convenio de Montreal de 1999 y el Convenio de Varsovia de 1929. Regulan de forma imperativa la responsabilidad de la compañía en caso de muerte o lesiones del pasajero, daños o pérdida de equipaje y retraso, y daños o retraso en la mercancía. Son preeminentes sobre el contrato. Es decir, si una cláusula de las condiciones generales no respeta estas normas, el juez competente podrá anular esa cláusula. Por ejemplo, la cláusula de jurisdicción competente en caso de conflicto entre el pasajero y la compañía aérea ha de respetar los foros de jurisdicción previstos en el Convenio de Varsovia o el Convenio de Montreal, el que sea aplicable. Es la forma a través de la cual los Estados pretenden garantizar los derechos de los pasajeros y propietarios de las mercancías.

Asimismo, gracias a los Convenios de Varsovia y Montreal, los empresarios del transporte comercial en avión se benefician también de sus normas jurídicas, especialmente, de la limitación de las cuantías indemnizatorias aquí reconocidas hasta unos topes legales. Esto permite a las compañías aéreas medir económicamente el riesgo asumido y contratar seguros de responsabilidad civil para proteger su patrimonio.

En materia de transporte aéreo comercial internacional, el problema no es la falta de una norma internacional, sino lo contrario: la dualidad de dos normas distintas de aplicación en el ámbito internacional. No es habitual que dos convenios internacionales regulen la misma institución jurídica, en este caso, el contrato de transporte aéreo de pasajeros y mercancías con ánimo de lucro. A corto plazo, no parece que ningún Convenio vaya a imponerse sobre el otro, por lo que la coordinación entre ambos ha de ser clara para que haya seguridad jurídica. Entre los Estados que son parte de ambos Convenios, la regla es la primacía del Convenio de Montreal.

Por un lado, el denominado "Sistema de Varsovia" tiene como base el Convenio de Varsovia, tal y como ha sido enmendado por Protocolos posteriores. En concreto, este Sistema de Varsovia se integra por:

1. El Convenio para la unificación de ciertas reglas relativas al transporte aéreo internacional, ultimado en Varsovia el 12 de octubre de 1929;
2. El Protocolo de La Haya de 1955 que modifica el Convenio de Varsovia;
3. El Convenio complementario al Convenio de Varsovia, hecho en Guadalajara en 1964; y,
4. Los Protocolos de Montreal números 1, 2 y 4 de 1975.

El 19 de mayo de 2023, la Organización de la Aviación Civil Internacional anuncia que 152 Estados son parte del Convenio de Varsovia; 137 son Estados parte del Convenio de Varsovia, tal y como quedó modificado por el Protocolo de La Haya de 1955 (https://bit.ly/3MqoBeN); 86 Estados son parte del Convenio complementario de Guadalajara de 1961 (https://bit.ly/3Mrdcv0). 51 Estados son parte del Protocolo de Montreal número 1 (https://bit.ly/3q4E8Jm). 52 lo son del Protocolo de Montreal número 2 (https://bit.ly/43wUXLR). 61 Estados son parte del Protocolo de Montreal número 4 (https://bit.ly/3q0Cusw). El Protocolo de Montreal número 3 no ha entrado en vigor (https://bit.ly/3MJI77d).

España es parte del Convenio de Varsovia de 1929, tal y como ha sido modificado por el Protocolo de La Haya 1955 y los Protocolos de Montreal 1, 2 y 4 de 1975.

Por otro lado, el Convenio para la unificación de ciertas reglas para el transporte aéreo internacional, hecho en Montreal el 28 de mayo de 1999. En vigor desde el 4 de noviembre de 2003, dispone de 139 Estados parte el 19 de mayo de 2023 (según OACI, https://bit.ly/3oaGw0Y). *Entre Estados parte, el Convenio de Varsovia sigue en vigor, pero tiene carácter subordinado frente al Convenio de Montreal*: si un vuelo es entre Estados que son parte del Convenio de Montreal y del Convenio de Varsovia, el art. 55 Convenio de Montreal señala que éste se aplica con carácter preferente. En cambio, si ambos son parte del Convenio de Varsovia, pero uno de ellos no lo es del Convenio de Montreal, se aplica el Convenio de Varsovia.

La primacía del Convenio de Montreal es también la regla en la Unión Europea. Además de que todos los Estados miembros son contratantes del Convenio de Montreal, ésta es la norma de referencia en materia de responsabilidad de la compañía aérea comunitaria en el transporte internacional y en el transporte dentro de un Estado miembro de la Unión Europea, según el art. 3.1 Reglamento (CE) 2027/1997. Además, la Comunidad Europea, como Organización Regional de Integración Económica, es parte contratante del Convenio de Montreal. El Tribunal de Justicia de la Unión Europea sostiene que las disposiciones del Convenio de Montreal forman parte del ordenamiento jurídico comunitario. Entre otras, véase la Sentencia del Tribunal de Justicia (Gran Sala) de 10 de enero de 2006. The Queen, a instancia de International Air Transport Association y European Low Fares Airline Association contra Department for Transport. Asunto C-344/04, apartado 36. También la Sentencia del Tribunal de Justicia (Sala Cuarta) de 10 de julio de 2008. Emirates Airlines –Direktion für Deutschland contra Diether Schenkel. Asunto C-173/07, apartado 3. Otras posteriores han consolidado una jurisprudencia comunitaria en este sentido.

3.4. Convenios internacionales sobre actos de interferencia ilícita aérea

Entre los tratados internacionales de Derecho aeronáutico de amplia difusión, destacan también los relativos a la lucha contra la interferencia ilícita de aeronaves, agrupados bajo el concepto de *security*. El anexo 17 sobre "Seguridad: Protección de la aviación civil internacional contra los actos de interferencia ilícita", del Convenio de Chicago define los actos de interferencia ilícita como los que comprometen la seguridad de la aviación civil. Incluye, entre otros, el apoderamiento ilícito de aeronaves; la destrucción de una aeronave en servicio; la toma de rehenes a bordo de aeronaves o en los aeródromos; la intrusión por la fuerza a bordo de una aeronave, en un aeropuerto o en el recinto de una instalación aeronáutica; la introducción a bordo de una aeronave o en un aeropuerto de armas o de artefactos (o sustancias) peligrosos con fines criminales; el uso de una aeronave en servicio con el propósito de causar la muerte, lesiones corporales graves o daños graves a los bienes o al medio ambiente; la comunicación de información falsa que comprometa la seguridad de una aeronave en vuelo, o en tierra; o, la seguridad de los pasajeros, tripulación, personal de tierra y público en un aeropuerto o en el recinto de una instalación de aviación civil (capítulo I, definiciones, anexo 17, edición de 2017).

Además de las normas del anexo 17 Convenio de Chicago, hay numerosos convenios internacionales ampliamente ratificados en materia de *security*. Los de mayor aceptación por los Estados son los siguientes:

- El Convenio sobre la marcación de explosivos plásticos para los fines de detección, hecho en Montreal el 1 de marzo de 1991. En vigor desde el 21 de junio de 1998, el 19 de mayo de 2023, 156 Estados son partes contratantes, entre ellos, España (según OACI, https://bit.ly/3MnCzht).
- El Convenio de La Haya de 1970 para la represión del apoderamiento ilícito de aeronaves, en vigor desde el 14 de septiembre de 1971. A 19 de mayo de 2023, cuenta con 185 Estados parte, entre ellos España (según OACI, https://bit.ly/42Zolu7).
- El Convenio de Montreal para la represión de actos ilícitos contra la seguridad de la aviación civil internacional de 1971. En vigor desde el 26 de enero de 1973. A 19 de mayo de 2023 cuenta con 188 Estados

parte, entre ellos España (según OACI, https://bit.ly/3MHpjWf). Su Protocolo complementario de 1988 para la represión de actos ilícitos de violencia en los aeropuertos que presten servicio a la aviación civil internacional, también se encuentra en vigor desde el 6 de agosto de 1989. El 19 de mayo de 2023, 176 Estados son parte del Protocolo, entre ellos España (según OACI, https://bit.ly/3OrpJkM).

El interés público de los Estados en la prevención y represión de los actos de interferencia ilícita aérea facilita la colaboración entre ellos y la adopción de normas internacionales comunes.

3.5. Convenios internacionales sobre derechos y garantías sobre la aeronave

Otro ámbito de cooperación internacional y adopción de normas comunes es en materia de garantías y derechos sobre la aeronave. Es un bien mueble que, por su propia naturaleza no fija, puede cruzar fronteras nacionales. También puede cambiar de matrícula y adoptar la de un Estado distinto. Si la aeronave está gravada con un derecho real, mayoritariamente una hipoteca, el acreedor hipotecario puede tener dificultades de que se le reconozca su hipoteca en un Estado distinto en el cual ésta se constituyó. Por ejemplo, una entidad de crédito española que financió la compra de una aeronave de matrícula española e hizo constar su hipoteca en el Registro de Bienes Muebles de Madrid, sección "Aeronaves". Quizá si se pretende ejecutar la hipoteca en el nuevo Estado de matrícula, por impago del crédito de devolución, los jueces de este nuevo Estado no reconocen la hipoteca española.

Otro supuesto de riesgo es el leasing de aeronave, también para financiar la compra. Por ejemplo, si el arrendatario de la aeronave es una compañía y se declara en concurso por insolvente en otro país, la entidad de crédito arriesga que no se reconozca su propiedad en ese proceso y no pueda recuperar la aeronave.

Al efecto, el Convenio de Ginebra de 19 de junio de 1948 sobre reconocimiento internacional de derechos sobre aeronaves está en vigor desde el 17 de septiembre de 1953. El 19 de mayo de 2023, 91 Estados son parte (según OACI, https://bit.ly/3ItPddI). España no es Estado contratante.

Además, también está en vigor, entre los respectivos Estados parte, el Convenio relativo a garantías internacionales sobre elementos de equipo móvil, firmado en Ciudad del Cabo el 16 de noviembre de 2001 (Convenio de Ciudad del Cabo) y el Protocolo sobre cuestiones específicas de los elementos del equipo aeronáutico, del Convenio de Ciudad del Cabo, firmado en la misma ciudad también el 16 de noviembre de 2001. España es contratante tanto del Convenio, como del Protocolo. El 19 de mayo de 2023, según OACI, 83 Estados son parte del Convenio (https://bit.ly/3MhLn8q) y Protocolo de Ciudad del Cabo (https://bit.ly/3ons9X1).

3.6. Otros instrumentos de Derecho internacional

Hay otras normas internacionales que no han alcanzado el grado de aceptación y uniformidad internacional de los arriba citados. Se mencionan en cada capítulo específico.

4. DERECHO AERONÁUTICO DE LA UNIÓN EUROPEA

La Unión Europea, compuesta actualmente por 27 Estados, es un organismo supranacional creado por la voluntad de los Estados mediante tratados internacionales. Los Estados continúan siendo soberanos y pueden abandonar este organismo supranacional (como ocurrió con el Brexit del Reino Unido).

Los tratados vigentes esenciales son el Tratado de la Unión Europea y el Tratado de Funcionamiento de la Unión Europea. Son las "fuentes primarias" del llamado Derecho comunitario

Como obligación incluida en los tratados reguladores, los Estados también han de respetar las "fuentes secundarias" o Derecho derivado comunitario, esto es, los actos jurídicos producidos por los órganos que integran la Unión Europea, en las materias sobre las cuales, conforme a los Tratados, tienen capacidad regulatoria o normativa.

Los órganos que desempeñan diferentes funciones en el proceso legislativo del Derecho comunitario derivado son el Consejo de la Unión Europea, el Parlamento Europeo, el Consejo Europeo y la Comisión Europea.

En uso de estas facultades legislativas, los órganos de la Unión Europea a veces dictan *Reglamentos*: Reglamento CEE núm. —, Reglamento UE, Reglamento CE. El nombre varía según el momento en que fue dictado. Por ejemplo, el Reglamento (CE) 261/2004 del Parlamento Europeo y del Consejo, de 11 de febrero de 2004, por el que se establecen normas comunes sobre compensación y asistencia a los pasajeros aéreos en caso de denegación de embarque y de cancelación o gran retraso de los vuelos, y se deroga el Reglamento (CEE) 295/91. Un Reglamento es de aplicación directa y de obligado cumplimiento en todos los Estados miembros de la Unión Europea. El Reglamento asegura una norma homogénea en todos los países. Ninguna norma nacional puede ir contra un Reglamento comunitario, en virtud del principio de primacía del Derecho comunitario.

Si la Unión Europea se extralimita y legisla sobre temas sobre las cuales no tiene competencias conforme a los tratados constitutivos, el Tribunal de Justicia de la Unión Europea puede anular estos Reglamentos afectados por la extralimitación.

Otras veces, los órganos de la Unión Europea dictan *Directivas* sobre materias de su competencia (Directiva UE, Directiva CE, Directiva CEE), que los Estados miembros deben "transponer" al Derecho nacional. Existe la obligación de cada Estado de aprobar normas nacionales que incorporen los términos de la Directiva. También pueden desarrollarla.

A diferencia del Reglamento, la Directiva deja más libertad para regular a los Estados y sólo facilita la armonización/unificación de directrices o directivas, pero luego hay diferencias legislativas entre Estados. Por ejemplo, la Directiva 96/67/CE del Consejo de 15 de octubre de 1996, relativa al acceso al mercado de asistencia en tierra en los aeropuertos de la Comunidad, rige para toda la Unión Europea. Sin embargo, si se quiere conocer realmente qué condiciones ha de cumplir el operador de *handling* en el aeropuerto de Josep Tarradellas Barcelona El Prat, la norma esencial es el Real Decreto 1161/1999 de 2 de julio, por el que se regula la prestación de los servicios aeroportuarios de asistencia en tierra, que incorpora la Directiva y la desarrolla ampliamente. En el aeropuerto París Orly, en cambio, habrá que atender a lo dispuesto en el *Arrêté du 7 novembre 2001 fixant pour les gestionnaires d'aérodrome, les transporteurs aériens et les prestataires de services les modalités de séparation comptable des services d'assistance en escale des autres activités,* que respeta la Directiva, pero la desarrolla en detalle en forma diferente a como lo hace la norma española. Estas diferencias en cada país no facilitan la armonización legal entre países.

Para ejercer las competencias de la Unión, las instituciones europeas también pueden adoptar *decisiones,* que serán obligatorias en todos sus elementos y, cuando designe destinatarios, sólo serán obligatorias para éstos.

Las *recomendaciones* y los *dictámenes* de los organismos europeos no son vinculantes (art. 288 Tratado de Funcionamiento de la Unión Europea).

4.1. *La navegación aérea como competencia compartida de la Unión Europea y los Estados miembros. Primacía del Derecho comunitario*

El preámbulo del Real Decreto 728/2022, de 6 de septiembre, por el que se establecen las disposiciones complementarias de la normativa europea en materia de títulos y licencias del personal de vuelo de las aeronaves civiles y restricciones operativas por ruido, indica que la navegación aérea es una competencia compartida entre la Unión y los Estados miembros, conforme a lo previsto en los art. 4.2.g y 100.2 Tratado de Funcionamiento de la Unión Europea, por lo que convive normativa europea y nacional. En este marco jurídico, el desarrollo de la política común de transportes en el modo aéreo ha aconsejado abordar a nivel europeo numerosos aspectos que ya estaban regulados por los Estados miembros, así como a utilizar el reglamento como instrumento de armonización. Por tanto y sin perjuicio de que la aplicación de algunos de estos reglamentos requiera de normas nacionales que los desarrollen o complementen, cada vez es más habitual que las diversas áreas de la aviación civil estén total o parcialmente reguladas por la normativa europea.

En cuanto a la coordinación entre el Derecho comunitario y el Derecho nacional de un Estado miembro, rige el principio de primacía del Derecho comunitario sobre el ordenamiento jurídico de los Estados miembros.

En este sentido, la Declaración del Tribunal Constitucional español 1/2004, de 13 de diciembre, señala que la primacía del Derecho de la Unión Europea se ha calificado como una "exigencia existencial" de tal Derecho, a fin de lograr en la práctica el efecto directo y su aplicación uniforme en todos los Estados. Es fruto de la construcción jurisprudencial del Tribunal de Justicia de las Comunidades Europeas (TJCE) a partir de la Sentencia de 15 de julio de 1964 (Costa v. ENEL) y desarrollado en otras muchas. Significa que cualquier norma del Derecho comunitario, no sólo de las fuentes primarias (Tratado de la Unión Europea, Tratado de Funcionamiento de la Unión Europea, etc.), sino también de las "fuentes secundarias" o Derecho derivado comunitario derivado (básicamente Reglamentos y Directivas), prevalece sobre las fuentes de Derecho nacional o interno, cualquiera que sea el rango de éstas, *incluido el constitucional*. El Tribunal Constitucional añade que la supremacía de la Constitución es compatible el principio de primacía del Derecho comunitario sobre las normas internas, pues el propio art. 93 de la Constitución española de 1978 prevé la cesión de competencias derivadas de la Constitución a favor de una institución internacional así habilitada constitucionalmente para la disposición normativa de materias hasta entonces reservadas a los poderes internos constituidos.

La primacía del Derecho comunitario está recogida en algunas normas escritas aeronáuticas. Por ejemplo, el preámbulo del citado Real Decreto 728/2022 resalta la inaplicación de las normas nacionales que resulten incompatibles con lo previsto en el Derecho comunitario.

4.2. *Principales reglamentos comunitarios aeronáuticos*

El Reglamento comunitario es hoy el texto legal de mayor uso, mediante normas de aplicación directa en los Estados para hacer realidad el mercado interior.

Los principales Reglamentos comunitarios en materia de Derecho aeronáutico son los siguientes, por materias, sin ánimo exhaustivo:

- *Reglamento Base*: Reglamento (UE) 2018/1139, de 4 de julio de 2018, sobre normas comunes en el ámbito de la aviación civil y por el que se crea una Agencia de la Unión Europea para la Seguridad Aérea (*European Union Aviation Safety Agency*, EASA) y de modificación de varios Reglamentos comunitarios.
- *Navegación aérea*: Reglamento de Ejecución (UE) 923/2012, de 26 de septiembre, por el que se establecen el reglamento del aire y disposiciones operativas comunes para los servicios y procedimientos de navegación aérea (SERA); Reglamentos (CE) 549, 550 y 551/2004, de 10 de marzo, por los que se fija el marco para la creación del cielo único europeo (Reglamento marco, Reglamento de prestación de servicios y Reglamento del espacio aéreo; Reglamento (UE) 2015/340, de 20 de febrero, por el que se establecen requisitos técnicos y procedimientos administrativos relativos a las licencias y los certificados de los controladores de tránsito aéreo; Reglamento (UE) 1332/2011, de 16 de diciembre, establece requisitos comunes de utilización del espacio aéreo y procedimientos operativos para los sistemas anticolisión de a bordo.
- *Aeródromos*: Reglamento (UE) 139/2014, de 12 de febrero, por el que se establecen los requisitos y procedimientos administrativos relativos a los aeródromos, de conformidad con el Reglamento (CE) 216/2008; Reglamento (UE) 598/2014, de 16 de abril, relativo al establecimiento de normas y procedimientos con respecto a la intro-

ducción de restricciones operativas relacionadas con el ruido en los aeropuertos de la Unión dentro de un enfoque equilibrado.

- *Aeronavegabilidad*: Reglamento (UE) 748/2012, de 3 de agosto, por el que se establecen las disposiciones de aplicación sobre la certificación de aeronavegabilidad y medioambiental de las aeronaves y los productos, componentes y equipos relacionados con ellas, así como sobre la certificación de las organizaciones de diseño y de producción; Reglamento (UE) 2015/640, de 23 de abril, sobre especificaciones adicionales de aeronavegabilidad para un determinado tipo de operaciones y por el que se modifica el Reglamento (UE) 965/2012; Reglamento (UE) 1321/2014, de 26 de noviembre, sobre mantenimiento de la aeronavegabilidad de las aeronaves y productos aeronáuticos, componentes y equipos y aprobación de las organizaciones y personal que participan en estas tareas.
- *Operaciones aéreas*: Reglamento (UE) 965/2012, de 5 de octubre, por el que se establecen requisitos técnicos y procedimientos administrativos en relación con las operaciones aéreas; Reglamento de Ejecución (UE) 2018/1976, de 14 de diciembre de 2018, establece disposiciones de aplicación para la operación de planeadores en virtud del Reglamento (UE) 2018/1139; Reglamento de Ejecución (UE) 2019/947, de 24 de mayo, sobre normas y los procedimientos aplicables a la utilización de aeronaves no tripuladas; Reglamento (UE) 2018/395, de 13 de marzo, por el que se establecen normas detalladas para la operación de globos en virtud del Reglamento (CE) 216/2008.
- *Transporte comercial por avión*: Reglamento (CE) 1008/2008, de 24 de septiembre, sobre normas comunes para la explotación de servicios aéreos en la Comunidad; Reglamento (CE) 8/2008, de 11 de diciembre de 2007, por el que se modifica el Reglamento (CEE) 3922/91 del Consejo en lo relativo a los requisitos técnicos y los procedimientos administrativos comunes aplicables al transporte comercial por avión; Reglamento (CE) 474/2006, de 22 de marzo, por el que se establece la lista comunitaria de las compañías aéreas objeto de una prohibición de explotación en la Comunidad; Reglamento (UE) 452/2014, de 29 de abril, por el que se establecen requisitos técnicos y procedimientos administrativos para las operaciones aéreas de los operadores de terceros países en virtud del Reglamento (CE) 216/2008; Reglamento (CE) 785/2004, de 21 de abril, sobre los requisitos de seguro de las compañías aéreas y operadores aéreos.

- *Tripulación de vuelo y de cabina en el transporte comercial*: Reglamento (CE) 1178/2011, de 3 de noviembre, por el que se establecen requisitos técnicos y procedimientos administrativos relacionados con el personal de vuelo de la aviación civil; Reglamento (UE) 965/2012, de 5 de octubre, por el que se establecen requisitos técnicos y procedimientos administrativos en relación con las operaciones aéreas
- *Derechos de los pasajeros aéreos*: Reglamento (CE) 261/2004, de 11 de febrero, por el que se establecen normas comunes sobre compensación y asistencia a los pasajeros aéreos en caso de denegación de embarque y de cancelación o gran retraso de los vuelos; Reglamento (CE) 2027/97, de 9 de octubre, relativo a la responsabilidad de las compañías aéreas respecto al transporte aéreo de los pasajeros y su equipaje.
- *Sucesos de la navegación aérea*: Reglamento (UE) 376/2014, de 3 de abril, relativo a la notificación de sucesos en la aviación civil; Reglamento (UE) 996/2010, de 20 de octubre, sobre investigación y prevención de accidentes e incidentes en la aviación civil; Reglamento (CE) 300/2008, de 11 de marzo, sobre normas comunes de la seguridad de la aviación civil (interferencia ilícita).

Estos Reglamentos comunitarios constituyen las normas sustantivas de aplicación a las respectivas materias reguladas para todos los Estados miembros de la Unión Europea. Cada Reglamento determina su ámbito de aplicación y las materias excluidas del mismo, en las cuales puede regular cada Estado mediante normas internas.

En el ámbito de la navegación aérea, además de la multitud de reglamentos comunitarios vigentes, cada vez son más usuales el empleo de reglamentos de ejecución y de reglamentos delegados.

Por un lado, los Reglamentos comunitarios "*de ejecución*" de Reglamentos comunitarios; así lo indican en su título. Se trata de actos de aplicación de normas vinculantes de la Unión Europea que, *siendo competencia de los Estados miembros*, estos atribuyen a la Comisión Europea o, en casos específicos y justificados, al Consejo de la Unión Europea para asegurar condiciones uniformes de ejecución en toda la Unión Europea (art. 291 Tratado de Funcionamiento de la Unión Europea). El uso de la competencia legislativa de los Estados miembros está progresivamente menguando cuando es la propia Unión Europea la que dicta las normas de ejecución.

Por otro lado, la Comisión Europea puede dictar un Reglamento "*delegado*": cuando un acto legislativo delegue en ella los poderes para adoptar actos no legislativos de alcance general que completen o modifiquen determinados elementos no esenciales del acto legislativo (art. 290 Tratado de Funcionamiento de la Unión Europea).

4.3. *Aplicación del Derecho comunitario por las autoridades nacionales de los Estados miembros*

Los Reglamentos europeos son de aplicación directa y obligatoria por parte de los Estados miembros, que no podrán legislar en contra en las materias que sean objeto de regulación comunitaria, en virtud del principio de primacía.

Los Estados podrán regular las materias excluidas del ámbito de aplicación de las normas comunitarias. Por ejemplo, mientras que el transporte aéreo comercial o los aeródromos abiertos al uso público están regulados por reglamentos comunitarios, estas mismas normas excluyen de su ámbito de aplicación la regulación de los ultraligeros o de los aeródromos de uso restringido.

Asimismo, los Estados asumen tareas de ejecución y cumplimiento de los reglamentos comunitarios. Por ejemplo, la Unión Europea aprueba normas comunes sobre operaciones aéreas para el transporte aéreo comercial (el reglamento AIR OPS), pero es cada Estado, mediante sus organismos oportunos (en España, sobre todo, la Agencia Estatal de Seguridad Aérea, dependiente del Ministerio de Transportes, Movilidad y Agenda Urbana), el que se ocupa de hacer cumplir esta normativa comunitaria, emitiendo los certificados de operador de aeronaves y licencia de explotación exigido por aquella normativa.

La Agencia Europea de Seguridad Aérea promueve la adopción por los órganos de la Unión Europea de la normativa comunitaria, pero no es la encargada de su aplicación, pues como regla general corresponde a las autoridades nacionales. Así lo dispone el Reglamento (CE) 1008/2008, por ejemplo, en materia de transporte comercial por avión, según el cual: "*Vista la importancia creciente de las compañías aéreas que cuentan con bases operativas en varios Estados miembros y la necesidad de garantizar una supervisión eficaz de esas compañías, el mismo Estado miembro debe ser responsable de la supervisión tanto del certificado de operador aéreo como de la licencia de explotación*" (preámbulo).

En efecto, los operadores van a recibir certificados que serán válidos en otros países de la Unión Europea, por lo que es esencial tener normas comunes. Por ejemplo la licencia como empresario aéreo será válida para operar en toda la Unión Europea, es decir, por ejemplo, si la Agencia Estatal de Seguridad Aérea otorga la licencia a Vueling, como empresa establecida en España, esta licencia la convierte en empresa comunitaria con posibilidad de operar en todo el territorio de la Unión Europea e incluso concursar para servir líneas regulares desde otro país diferente de España con países extracomunitarios si tiene una sucursal o filial en el otro país comunitario (en ejercicio del derecho de establecimiento).

5. DERECHO AERONÁUTICO ESPAÑOL

Nos referimos a las normas jurídicas escritas aprobadas por las autoridades nacionales, pues los tratados internacionales también forman parte del ordenamiento jurídico español una vez que han sido publicados (art. 96.1 Constitución española de 1978).

La "ley" española está integrada por disposiciones que se ordenan jerárquicamente: normas constitucionales; normas con rango de ley; y, normas reglamentarias.

Además de las normas especiales aeronáuticas, a las cuestiones que puedan surgir en este sector de la realidad es de aplicación la totalidad del ordenamiento jurídico. Por ejemplo, también son aplicables, cuando proceda, las normas del Código Civil, del Código de Comercio, del Código Penal, de la Ley de enjuiciamiento civil, de la Ley del contrato de seguro, del Estatuto de los trabajadores, etc.

5.1. Constitución española de 1978: distribución de competencias aéreas entre Estado y Comunidades Autónomas

La Constitución española de 1978 sólo regula específicamente la distribución de competencias entre el Estado y las Comunidades Autónomas sobre navegación aérea y aeropuertos. El art. 149.1.20ª indica que el Estado tiene la competencia exclusiva en materia de aeropuertos de interés general y de control del espacio aéreo, tránsito y transporte aéreo. El art. 148.1.6, en relación con los aeropuertos deportivos y, en general, los que no desarrollen actividades comerciales, admite que sean competencia de las Comunidades Autónomas si así lo prevé el respectivo Estatuto de Autonomía.

Las demás cuestiones propias del Derecho aeronáutico no han merecido una regulación constitucional, por lo que son objeto de normas legales y reglamentarias, todas ellas de inferior rango a la Constitución española de 1978.

5.2. Normas con rango de ley: Ley de navegación aérea y Ley de seguridad aérea. Referencia a los Reales Decretos-leyes para casos de extraordinaria y urgente necesidad

Las normas con rango de ley se ordenan según se trate de leyes emanadas de las Cortes Generales, bien leyes orgánicas, bien leyes ordinarias, o de los Parlamentos de las Comunidades Autónomas.

La Ley 48/1960, de 21 de julio, de navegación aérea, es común a toda España. Aprobada con anterioridad a la Constitución de 1978, sigue en vigor; el Estado mantiene su competencia exclusiva sobre aeropuertos de interés general, control del espacio aéreo, tránsito y transporte aéreo. Algunos de sus preceptos han quedado tácitamente superados y derogados por la aplicación por primacía del Derecho comunitario.

Otra ley específica del Derecho aeronáutico es la Ley 21/2003, de 7 de julio, de seguridad aérea.

También tienen rango de ley determinadas normas aprobadas por el Gobierno, en concreto, los Reales Decretos legislativos (art. 82 Constitución española de 1978) y, de mayor difusión en el ámbito aéreo, los Reales Decretos-ley. En concreto, un Real Decreto-ley es una norma aprobada por el Gobierno en caso de extraordinaria y urgente necesidad (art. 86.1 Constitución española de 1978). El mismo Gobierno aprecia si existe o no, si bien está sometida al control del Tribunal Constitucional. Los Reales Decretos-leyes deben ser inmediatamente sometidos a debate y votación de totalidad al Congreso de los Diputados, en el plazo de los treinta días siguientes a su promulgación. Puede convalidarlo, de modo que sigue en el ordenamiento jurídico con ese nombre, o derogarlo. El Real Decreto-ley permite ofrecer una solución jurídica con rango legal a un tema urgente, evitando la mayor duración de un procedimiento de creación de una ley parlamentaria. Son ejemplos, específicamente en Derecho aeronáutico, el Real Decreto-ley 1/2014, de 24 de enero, de reforma en materia de infraestructuras y transporte, y otras medidas económicas; o, el derogado Real Decreto-ley 1/2010, de 5 de febrero, por el que se regula la prestación de servicios de tránsito aéreo, se establecen las obligaciones de los proveedores civiles de dichos servicios y se fijan determinadas condiciones laborales para los controladores civiles de tránsito aéreo.

5.3. Normas reglamentarias: Reales Decretos, Órdenes, Circulares y Resoluciones

De acuerdo con el principio constitucional de jerarquía normativa (art. 9 Constitución española de 1978), por debajo de las normas con rango de ley, se encuentran "los reglamentos". Una norma reglamentaria no puede contradecir una disposición de rango superior.

Con el concepto de "normas reglamentarias" o "reglamentos", se designa en realidad a una categoría que engloba todas las normas escritas que no tienen el rango de ley y que proceden del ejercicio de la potestad reglamentaria atribuida al Gobierno y a la Administración Pública (art. 98 Constitución española de 1978). En España, no se utiliza propiamente el término "reglamento", sino Real Decreto, Orden ministerial, Circular, y otras normas de rango inferior. No deben confundirse con los citados reglamentos comunitarios.

Entre las normas españolas con rango reglamentario, la de mayor utilización es el Real Decreto, como norma acordada por el Consejo de Ministros. Las principales competencias en materias de Derecho aeronáutico civil (no militar) corresponden al Ministerio de Transportes, Movilidad y Agenda Urbana, si bien las normas se adoptan por el Consejo de Ministros.

Otras veces el reglamento adopta otras denominaciones según el órgano emisor. Es el caso de la Orden Ministerial, emitida por el Ministro. En el sector aeronáutico, por razón de sus competencias en la navegación aérea, es el Ministerio de Transportes, Movilidad y Agenda Urbana, que emite órdenes con la siguiente identificación: Orden TMA. Por ejemplo, la reciente Orden TMA/469/2023, de 17 de abril, por la que se acredita a la Agencia Estatal de Seguridad Aérea como entidad de resolución alternativa de litigios en el ámbito del transporte aéreo.

Las Circulares Aeronáuticas las puede dictar la Dirección General de Aviación Civil (DGAC). De acuerdo con el Real Decreto 645/2020 de 7 de julio, es el órgano mediante el cual el Ministerio de Transportes, Movilidad y Agenda Urbana diseña la estrategia, dirige la política aeronáutica, a cuyo efecto coordina a los organismos, entes y entidades adscritos al Departamento con funciones en aviación civil, y ejerce de regulador en el sector aéreo, dentro de las competencias de la Administración General del Estado.

La Agencia Estatal de Seguridad Aérea (AESA), como supervisor del sector aéreo, dicta disposiciones y actos administrativos con forma de resoluciones en el ejercicio de sus funciones públicas (art. 4 Real Decreto 184/2008, de 8 de febrero, por el que se aprueba el Estatuto de la Agencia Estatal de Seguridad Aérea). Las resoluciones de la Agencia Estatal de Seguridad Aérea pueden consultarse en su página web: https://bit.ly/41kEadi, consultada el 19 de mayo de 2023. La AESA está adscrita al Ministerio de Transportes, Movilidad y Agenda Urbana, a través de la Secretaría General de Transportes y Movilidad, con autonomía funcional para el ejercicio de sus funciones (art. 6.5 Real Decreto 645/2020).

6. LA COSTUMBRE COMO FUENTE DEL DERECHO

La costumbre también es fuente de Derecho, pero tiene una aplicación secundaria: sólo regirá en defecto de ley que sea aplicable, siempre que no sea contraria a la moral o al orden público, y que resulte probada (art. 1.3 Código Civil).

La ley escrita representa un estadio superior de la creación del Derecho. En algunos casos, va precedida por prácticas y costumbres reiteradas y admitidas en sociedad. La ley escrita "positiviza" lo que es ya la costumbre. En otros supuestos no se ha llegado a consolidar una norma jurídica escrita, pero las costumbres pueden ser de cumplimiento obligatorio.

Por ejemplo, las resoluciones obligatorias y las prácticas recomendadas de la Asociación Internacional de Transporte Aéreo (*International Air Transport Association* – IATA), la principal patronal de las compañías aéreas, llevan a una cierta unificación de la práctica en muchos aspectos del transporte comercial por avión. Cuando una manera de funcionar se repite reiteradamente en la práctica de un sector comercial, puede dar lugar a la formación de la "costumbre", que también es fuente del derecho. Habrá de ser probada y que no exista una ley que sea aplicable. Esto supone que, aunque un contrato de transporte comercial de personas o de mercancías, no diga nada expresamente sobre un determinado tema, la costumbre completa el contrato y, por tanto, es también obligatoria para las partes del contrato (art. 1287 Código Civil). Por tanto, la costumbre complementa el contenido del contrato, si las partes no dicen nada, no es contraria a la ley escrita o y no es contraria a la moral o al orden público.

Saber cuándo una práctica del sector aeronáutico es obligatoria por ser una costumbre y cuándo se trata de una práctica que no genera una costumbre es complicado. Hasta incompatible con la más elemental seguridad jurídica y planificación empresarial. Los contratos aeronáuticos suelen ser muy detallados, de modo que las partes conocen anticipadamente sus derechos y obligaciones, y deben cumplirse a tenor del propio contrato (art. 1091 Código Civil).

Asimismo, para dotar de seguridad jurídica a todos, pasajeros y compañías aéreas, existen algunos temas sobre los cuales existe "ley", esto es, una norma jurídica aprobada por el legislador, escrita y publicada oficialmente. La positivización hace residual la aplicación de la costumbre. Es el caso de las cuestiones reguladas sobre el transporte aéreo comercial en el Convenio de Montreal y el Convenio de Varsovia.

7. NORMAS DE DERECHO INTERNACIONAL PRIVADO ESPAÑOL PARA SELECCIONAR LA LEY NACIONAL APLICABLE A CADA HECHO O RELACIÓN JURÍDICA AERONÁUTICA

El Derecho internacional privado es la rama del Derecho que facilita la determinación de la ley nacional aplicable a las relaciones jurídicas internacionales, así como la identificación de los tribunales judiciales competentes. Resulta de gran utilidad en el ámbito aeronáutico que, por su naturaleza frecuentemente internacional, precisa de normas de selección del "Derecho rector" o "ley nacional" aplicable a cada relación jurídica aeronáutica.

Cuando hay un "elemento de internacionalidad" (dónde pasó, qué nacionalidades tienen las personas afectadas, dónde estaba registrado el avión, etc.), el juez que conoce del asunto aplica las llamadas "normas de conflicto" del Derecho internacional privado de su país para determinar, en cada caso específico y distinto, qué ley nacional es la aplicable al fondo del litigio (art. 12.6 Código Civil).

Por ejemplo, no es correcto señalar que todas las cuestiones jurídicas que se puedan plantear están sometidas al Derecho nacional de matrícula de la aeronave. La selección del Derecho nacional aplicable depende de la naturaleza de cada cuestión, de acuerdo con las normas de conflicto del Derecho internacional privado del juez que conozca del asunto.

A continuación, analizamos las principales normas de conflicto vigentes en España en materias de Derecho aeronáutico.

7.1. *Primacía de las leyes de seguridad, de policía y penales del Estado en que se encuentre la aeronave civil*

El art. 8 Código Civil español (aprobado por Real Decreto de 1889, con numerosas modificaciones posteriores) indica que las leyes penales, las de policía y las de seguridad pública obligan a todos los que se hallen en territorio español.

El art. 11 Convenio de Chicago establece que las Leyes y reglamentos de un Estado contratante relativos a la entrada y salida de su territorio de las aeronaves empleadas en la navegación aérea internacional o a la operación y navegación de dichas aeronaves, mientras se encuentren en su territorio, se aplicarán sin distinción de nacionalidad a las aeronaves de todos los Estados contratantes, y dichas aeronaves deberán cumplir tales leyes y reglamentos a la entrada, a la salida y mientras se encuentren dentro del territorio de ese Estado.

El art. 12 Convenio de Chicago dispone que los Estados deben asegurar que la aeronave que sobrevuele su territorio o llevando su nacionalidad donde quiera que esté, "*observe las reglas y reglamentos en vigor relativos a los vuelos y maniobras de las aeronaves en tal lugar*".

Por tanto, no se restringe sólo a las normas penales, de policía y de seguridad, pues las normas aeronáuticas también son aplicables a las aeronaves extranjeras mientras están en territorio de otro Estado parte.

En Derecho aeronáutico español, el art. 6 Ley de navegación aérea también confirma la prevalencia de las leyes de policía o seguridad del lugar donde se halle la aeronave española "*Las aeronaves matriculadas en España están sometidas a las leyes españolas cuando vuelen por espacio libre o se hallen en territorio extranjero, o lo sobrevuelen, si a ello no se oponen las leyes de policía o seguridad del país subyacente*".

El art. 7 Ley de navegación aérea contiene también la regla inversa para las aeronaves extranjeras civiles en España, de reafirmación de la soberanía nacional española: "*a las aeronaves extranjeras, mientras se encuentran en territorio de soberanía española, o en el espacio aéreo a ellas sujeto, les será aplicable las disposiciones de esta ley, así como las penales, de policía y de seguridad pública vigentes en España*".

Las aeronaves de Estado tienen un régimen jurídico diferenciado, que se analiza en el capítulo VII, sobre aeronaves.

7.2. *Ley nacional de matrícula de la aeronave en lo relativo a la adquisición de la propiedad de la aeronave y constitución de hipotecas*

En su condición de bienes muebles de naturaleza especial las aeronaves pueden ser objeto de hipoteca, usufructo, arrendamiento y demás derechos que las leyes autoricen (art. 130 Ley de navegación aérea).

Respecto a la forma de constituirse la propiedad, hipotecas y otros derechos reales sobre la aeronave, el art. 10.2 Código Civil español señala que *"los buques, aeronaves y los medios de transporte por ferrocarril, así como los derechos que se constituyan sobre ellos, quedarán sometidos a la ley del lugar de su abanderamiento, matrícula o registro"*.

En esta materia, puede ser aplicable alguno de los Convenios internacionales vigentes: el Convenio relativo al reconocimiento internacional de derechos sobre aeronaves, hecho en Ginebra en 1948 y el Convenio relativo a garantías internacionales sobre elementos de equipo móvil, hecho en Ciudad del Cabo en 2001. El art. 1 Convenio de Ginebra fija una manera recíproca entre los Estados parte de reconocer en otros Estados parte las garantías reales, como la hipoteca, constituidas sobre aeronaves de otro Estado parte. El Convenio de Ciudad del Cabo, del cual España sí es parte, pretende que las garantías sobre los elementos de equipo móvil sean reconocidas y protegidas universalmente (preámbulo).

7.3. *Contratos y testamentos celebrados a bordo de aeronaves: ley de matrícula*

Los contratos y testamentos que se otorguen a bordo de aeronaves durante su navegación se entenderán celebrados en el país de su abanderamiento, matrícula o registro (art. 11.2 Código Civil español).

7.4. *Obligaciones nacidas de contratos aeronáuticos*

Un principio esencial de los contratos es la libertad de las partes, de modo que éstas pueden decidir los términos y condiciones de éste, siempre y cuando respeten la ley, la moral y el orden público (art. 1255 Código Civil español). La regla general es que la autonomía de la voluntad de las partes del contrato les permite incluso elegir qué ley nacional quieren que se aplique en su contrato. Por ejemplo, una compraventa o arrendamiento de una aeronave. La Unión Europea ha dictado el Reglamento (CE)

593/2008, de 17 de junio, sobre ley aplicable a las obligaciones contractuales (conocido como *Roma I*), en el ámbito civil y mercantil. Reemplaza al art. 10.5 Código Civil español, que era la norma esencial sobre el tema. La regla de base de *Roma I* es la autonomía de la voluntad: *los contratos quedan sujetos a la ley elegida por las partes* (art. 3.1). Por ejemplo, que en el contrato establezca que se regirá por el Derecho español.

Respecto a los contratos aeronáuticos celebrados con consumidores, la cuestión es muy distinta, pues reconocer la libertad contractual a las partes puede ser motivo de abusos sobre la parte débil del contrato: el pasajero. De ahí que el Derecho tiene una actitud activa en su protección como parte débil del contrato celebrado normalmente con un empresario. El art. 6 *Roma I* establece que el contrato celebrado por una persona física para un uso que pueda considerarse ajeno a su actividad comercial o profesional («el consumidor») con otra persona («el profesional») que actúe en ejercicio de su actividad comercial o profesional, se regirá por la *ley del país en que el consumidor tenga su residencia habitual*, siempre que el profesional ejerza sus actividades comerciales o profesionales en el país donde el consumidor tenga su residencia habitual.

En el mismo sentido, en Derecho español, el art. 90.3 Real Decreto Legislativo 1/2007, de 16 de noviembre, por el que se aprueba el Texto Refundido de la Ley General para la Defensa de los Consumidores y Usuarios y otras leyes complementarias, señala que es una cláusula abusiva, y por tanto, nula, la sumisión del contrato a un Derecho extranjero con respecto al lugar donde el consumidor y usuario emita su declaración negocial o donde el empresario desarrolle la actividad dirigida a la promoción de contratos de igual o similar naturaleza.

7.5. Obligaciones nacidas de hechos no contractuales: ley nacional del lugar donde ocurrió el daño, salvo que otra sea aplicable

El principio esencial de las obligaciones extracontractuales está reconocido en el art. 1902 Código Civil español, según el cual: "*El que por acción u omisión causa daño a otro, interviniendo culpa o negligencia, está obligado a reparar el daño causado*". La característica esencial de las obligaciones "extracontractuales" es que la obligación de resarcimiento del daño causado surge de la provocación del mismo daño, con culpa o negligencia del causante, sin que haya un contrato previo entre el perjudicado y el causante.

La norma de referencia para decidir qué ley nacional se aplica a la reclamación extracontractual en España es también un reglamento de la Unión

Europea. En este caso, el Reglamento (CE) 864/2007, de 11 de julio, relativo a la ley aplicable a las obligaciones extracontractuales (*Roma II*). La regla general es que las partes pueden elegir la ley aplicable a la reclamación de los daños (art. 14.1). Sin embargo, es escasa la aplicación de este principio, pues ni antes ni después se pondrán de acuerdo en este tema. Salvo disposición en contrario del presente Reglamento, *la ley aplicable a una obligación extracontractual que se derive de un hecho dañoso es la del país donde se produce el daño* (art. 4.1 Roma II). Es el principio *lex loci damni.*

8. BIBLIOGRAFÍA COMPLEMENTARIA

CANGELOSI, G., "Espacio aéreo y soberanía", en GUERRERO LEBRÓN, M. J. (Coord.), *Cuestiones actuales del derecho aéreo,* Marcial Pons, 2012, págs. 119-126; CORUJO SANSEVIERO, H., "Protección de la soberanía en el espacio aéreo en la ley con declaratoria de urgente consideración", en *Revista de Derecho Constitucional,* nº 1, 2021, págs. 77-90; DONATO, M., "El transporte aéreo, perspectivas de servicio público. Metamorfosis de uno de los elementos del acervo jurídico-político internacional con especial referencia a Latinoamérica", en *Revista Europea de Derecho de la Navegación Marítima y Aeronáutica,* nº 8, 1992, págs. 1361-1364; ESPÍN LÓPEZ, I, "Estado de alarma en el sistema constitucional español: Espacio aéreo", en *Revista Acta Judicial,* nº 2, 2018, págs. 115-131; IGLESIAS VÁZQUEZ, M. Á., *La política común del transporte aéreo comunitaria: Dimensión política y jurídico – constitucional,* Tesis doctoral dirigida por F. J. García Fernández, Universitat d'Alacant –Universidad de Alicante, 1999; MARTÍN OSANTE, J. M., "Cohesión territorial y transporte aéreo en España", en *Cuadernos de Derecho Transnacional,* vol. 12, nº 2, 2020, págs. 527-545; MORALES RODRÍGUEZ, J. R., *El transporte aéreo y la Unión Europea,* Iberia, 1994; ORTIZ GONZÁLEZ, V. M., *Evolución histórica de la normativa del sector aeronáutico en España,* Tesis doctoral dirigida por J. M. Calderón Ortega, Universidad de Alcalá, 2010; PALOU BRETONES, A, *Derecho y política del transporte en la unión europea,* Tesis doctoral dirigida por M. Martínez Cuadrado, Universidad Complutense de Madrid, 2005; PÉPIN, E., "La Enseñanza del Derecho Aéreo en el Mundo", en *Derecho PUCP: Revista de la Facultad de Derecho,* nº 17, 1958, págs. 112-149; PERALTA LOSILLA, E., *La política jurídica exterior de España en materia aeronáutica,* Ministerio de Asuntos Exteriores, 2000; PUNZÓN MORALEDA, J. y SÁNCHEZ RODRIGUEZ, F., "Las nuevas tecnologías como fomento de la desregulación comunitaria del transporte aéreo y la aparición de nuevos derechos de los ciudadanos europeos", en MARTÍ-

NEZ SANZ, F. y PETIT LAVALL, M. V. (Coords.), *I Congreso Internacional de Transporte. Los retos del transporte en el siglo XXI: Castellón de la Plana, 4-6 mayo 2004*, vol. 1, Tirant lo Blanch, 2005, págs. 711-734; PUNZÓN MORALEDA, J. y SÁNCHEZ RODRÍGUEZ, F., "Un efecto positivo de la globalización: los derechos de los ciudadanos en el tráfico aéreo", en MARTÍNEZ SANZ, F. y PETIT LAVALL, M. V. (Dir.), *Aspectos jurídicos y económicos del transporte: hacia un transporte más seguro, sostenible y eficiente*, Universitat Jaume I, Castellón de la Plana, 2007, págs. 77-100; REMIRO BROTONS, A. y otros, "Capítulo XXIII. La dimensión territorial de la soberanía del Estado: espacio terrestre, espacio aéreo", en AA.VV., *Derecho internacional*, 2ª ed., Tirant lo Blanch, 2007, págs. 869-922; RIPOL CARULLA, S., "Introducción al derecho aeronáutico. Convenios", en *Curso de derecho aeronáutico práctico para operadores aéreos: trabajos de derecho aeronáutico*, Instituto Iberoamericano de Derecho Aeronáutico y del Espacio y de la Aviación Comercial, 2016, págs. 11-22; RIPOL CARULLA, S., "OACI. Anexos. La Unión Europea", en *Curso de derecho aeronáutico práctico para operadores aéreos: trabajos de derecho aeronáutico*, Instituto Iberoamericano de Derecho Aeronáutico y del Espacio y de la Aviación Comercial, 2016, págs. 23-40; RIPOL CARULLA, S., "Protección del espacio aéreo y nueva política de Defensa Nacional", en *Revista española de derecho militar*, nº 88, 2006, págs. 57-90; SÁINZ FUERTES, A., *La Unión Europea y el transporte aéreo*, Batimenta, 1993; SALES PALLARÉS, L., "Los Objetivos de Desarrollo Sostenible (ODS) como marco/límite para el desarrollo del derecho aéreo actual", en GUERRERO LEBRÓN, M. J. y PEINADO GRACIA, J. I. (Dirs.), *El derecho aéreo entre lo público y lo privado: Aeropuertos, acceso al mercado, drones y responsabilidad*, Universidad Internacional de Andalucía, 2017, págs. 31-51; VILLAMIZAR LAMUS, F., "¿Hacia una guerra sin regulación jurídica internacional?", en *Revista de Relaciones Internacionales, Estrategia y Seguridad*, vol. 10, nº 2, 2015, págs. 89-109; VILLANUEVA TURNES, A., "Fuentes internacionales del derecho aéreo y distribución competencial entre el Estado y las Comunidades Autónomas en la Constitución Española", en GUERRERO LEBRÓN, M. J. y PEINADO GRACIA, M. J. (Dirs.), *El derecho aéreo entre lo público y lo privado: Aeropuertos, acceso al mercado, drones y responsabilidad, Universidad Internacional de Andalucía,* 2017, págs. 11-30.

Capítulo II

Organismos y administración aeronáutica

SUMARIO: 1. PLANTEAMIENTO GENERAL. 2. LA ORGANIZACIÓN DE LA AVIACIÓN CIVIL INTERNACIONAL (OACI/ICAO). 3. CONFERENCIAS REGIONALES. LA CONFERENCIA EUROPEA DE AVIACIÓN CIVIL (CEAC/ECAC) Y LA *JAA TRAINING ORGANISATION*. 4. LA AGENCIA EUROPEA DE SEGURIDAD AÉREA (EASA). 5. LA AGENCIA ESTATAL DE SEGURIDAD AÉREA (AESA) (ESPAÑA). 6. LA ORGANIZACIÓN EUROPEA PARA LA SEGURIDAD DE LA NAVEGACIÓN AÉREA (EUROCONTROL). 7. ENAIRE E.P.E. (ESPAÑA). 8. AENA S.M.E. SA (ESPAÑA). 9. LA ASOCIACIÓN INTERNACIONAL DE TRANSPORTE AÉREO (IATA). 10. BIBLIOGRAFÍA COMPLEMENTARIA

1. PLANTEAMIENTO GENERAL

El sector aeronáutico cuenta con una serie de organismos e instituciones, públicos y privados, especializados y multinivel: internacional, regional y local.

La Organización de la Aviación Civil Internacional (OACI), de carácter público e intergubernamental, tiene una labor esencial en la creación, modificación, actualización de las normas y prácticas recomendadas de los anexos del Convenio de Chicago. Han de ser incorporadas en los ordenamientos nacionales de los Estados miembros de la OACI mediante las normas nacionales o, en el caso europeo, las normas comunitarias oportunas. Son normas y prácticas recomendadas de mínimos, esto es, cada Estado puede ser más exigente con respecto a los requerimientos legales.

En Europa, como en otras regiones del mundo, operan asimismo organismos intergubernamentales regionales. Es el caso Agencia Europea de Seguridad Aérea (EASA), EUROCONTROL y la Conferencia Europea de Aviación Civil (CEAC).

En España, el Estado cuenta con organismos especializados en cuestiones aeronáuticas civiles, dentro del organigrama del Ministerio de Transportes, Movilidad y Agenda Urbana. Es el caso de la Agencia Estatal de Seguridad Aérea (AESA), con autonomía funcional en el ejercicio de sus funciones (art. 6.5 Real Decreto 645/2020) y de la entidad pública empresarial ENAIRE E.P.E. (art. 2.14.e). A su vez, ENAIRE E.P.E. es la propietaria del 51% de las acciones de AENA S.M.E. SA (el otro 49% es capital flotante, disponible en los mercados de valores).

De gran influencia en el sector aeronáutico es la labor de las asociaciones privadas. Entre ellas, destaca la tarea de la principal asociación patronal de compañías aéreas dedicadas al transporte internacional, la Asociación Internacional de Transporte Aéreo (IATA).

A continuación, presentamos estos organismos e instituciones especializados en la aeronáutica. No tiene carácter exhaustivo, pues en cada capítulo se analizan otros organismos, como CIAIAC, CEANITA, entre otras.

2. LA ORGANIZACIÓN DE LA AVIACIÓN CIVIL INTERNACIONAL (OACI/ICAO)

La Organización de la Aviación Civil Internacional (OACI) o ICAO, por *International Civil Association Organization,* es un organismo especializado de la ONU, establecido en virtud del Convenio de Chicago. En su organización y labores participan todos los Estados parte del Convenio de Chicago.

Los fines y objetivos de la Organización de la Aviación Civil Internacional son desarrollar los principios y técnicas de la navegación aérea internacional y fomentar la organización y el desenvolvimiento del transporte aéreo internacional (art. 44 Convenio de Chicago).

Los Estados, al pactar el Convenio de Chicago, quisieron mantener la configuración de la Organización de la Aviación Civil Internacional como una organización que tiene un rol esencial en la elaboración de normas y prácticas recomendadas de carácter técnico, operacional y de seguridad. Se pretende que la Organización de la Aviación Civil Internacional no intervenga en las cuestiones comerciales o de mayor calado político.

Los órganos esenciales de la OACI son:

- la *Asamblea,* donde están representados todos los Estados contratantes del Convenio de Chicago y que se reúne al menos una vez cada tres años (art. 48.a Convenio de Chicago, enmendado). Entre sus funciones, la Asamblea ha de elegir en cada reunión a su Presidente y otros dignatarios; elegir a los Estados contratantes que estarán representados en el Consejo; examinar los informes del Consejo; actuar según convenga y decidir en cualquier asunto que se someta a su consideración; establecer su propio reglamento interno; crear las comisiones auxiliares que juzgue necesario y conveniente; aprobar presupuestos anuales y determinar el régimen financiero de la Organización de la Aviación Civil Internacional (arts. 49.e y 61 Convenio de Chicago, enmendados); referir al Consejo, a las comisiones auxiliares y cualquier otro órgano toda cuestión que esté dentro de su esfera de acción; así como delegar en el Consejo las facultades convenientes o necesarias para el desempeño de la Organización de la Aviación Civil Internacional y revocarlas cuando lo considere necesario (art. 49 Convenio de Chicago).

- El *Consejo* es el órgano permanente y está integrado por 36 Estados parte, que son elegidos por la Asamblea para un período de tres años (art. 50.a Convenio de Chicago, enmendado), de acuerdo con los criterios del art. 50.b Convenio de Chicago. En concreto, entre los Estados de mayor importancia en el transporte aéreo, entre los Estados, no incluidos de otra manera, que contribuyan en mayor medida al suministro de instalaciones y servicios para la navegación aérea y entre Estados, no incluidos de otra manera cuya designación asegure la representación en el Consejo de todas las principales regiones geográficas del mundo.

A su vez, el Consejo nombra y define tanto las funciones del Comité de Transporte Aéreo, como las del Comité de Ayuda colectiva para los servicios de navegación aérea, las del Comité de Finanzas, las del Comité sobre Interferencia ilícita, las del Comité de Cooperación técnica y las del Comité de Recursos Humanos.

Otra tarea esencial del Consejo es el nombramiento del *Secretario General* de la Organización de la Aviación Civil Internacional. El organigrama de la Secretaría de la Organización de la Aviación Civil Internacional se compone de la Dirección de asuntos jurídicos y relaciones exteriores; Dirección de transporte aéreo; Dirección de navegación aérea; y; Dirección de cooperación técnica y Dirección de administración y servicios.

La Organización de la Aviación Civil Internacional también cuenta con la *Comisión de Aeronavegación*, compuesta de 19 miembros, nombrados por el Consejo entre las personas propuestas por los Estados contratantes (art. 56 Convenio de Chicago, enmendado). Esta Comisión considera y recomienda al Consejo la adopción y modificación de las normas y prácticas recomendadas.

El art. 93 bis Convenio de Chicago sobre expulsión y suspensión de Estados parte de la Organización de la Aviación Civil Internacional no constaba en el texto original del Convenio de Chicago. Fue introducido mediante un Protocolo de 1947, está en vigor desde el 20 de marzo de 1961. El 19 de mayo de 2023, cuenta con 119 Estados parte según OACI (https://bit.ly/3OrRzgI). En su virtud, dejará automáticamente de ser miembro de la

Organización de la Aviación Civil Internacional el Estado al que la Asamblea General de la ONU ha recomendado que sea excluido de los organismos internacionales, establecidos por la ONU o vinculados con ellas. También si ha sido expulsado de la ONU, salvo que su Asamblea incluya en su acta de expulsión una recomendación en sentido contrario. Cabe la readmisión. Si hay suspensión de derechos y privilegios de un Estado como miembro de la ONU, el mismo Estado será, si lo pide la ONU, suspendido en sus derechos y privilegios como miembro de la Organización de la Aviación Civil Internacional.

La Organización de la Aviación Civil Internacional tiene su sede permanente donde determine su Asamblea. En la actualidad, en Montreal (Canadá). El art. 45 bis Convenio de Chicago, enmendado, permite que el Consejo adopte el traslado *temporal*. Se atribuye, en cambio, a la Asamblea la decisión de cambiar de sede *permanente*, con el número de votos que decida la propia Asamblea, que no podrá ser inferior a tres quintas partes del total de los Estados parte.

Además de la sede permanente en Montreal, la Organización de la Aviación Civil Internacional tiene oficinas regionales distribuidas por todo el mundo.

Su página web es icao.int.

3. CONFERENCIAS REGIONALES. LA CONFERENCIA EUROPEA DE AVIACIÓN CIVIL (CEAC/ECAC) Y LA *JAA TRAINING ORGANISATION*

El art. 55.a Convenio de Chicago atribuye al Consejo de la Organización de la Aviación Civil Internacional la competencia para, cuando sea conveniente y lo aconseje la experiencia, crear comisiones subordinadas de transporte aéreo sobre base regional. Los Estados pertenecientes a esta zona geográfica se han coordinado en Conferencias para promover el desarrollo de un sistema de transporte seguro, eficiente y sostenible. Se pretende armonizar las políticas y prácticas entre los Estados miembros. Es el caso de la *Arab Civil Aviation Organization* (ACAO), la *African Civil Aviation Comission* (AFCAC) o la *Latin American Civil Aviation Commission* (LACAC).

En Europa, se creó en 1955 la Conferencia Europea de Aviación Civil (CEAC, por *Conférence Européenne de l'Aviation Civile*, o ECAC, por *European Civil Aviation Conference*, ECAC). Se trata de una organización intergubernamental, integrada en la actualidad por 44 Estados europeos. La CEAC actúa como nexo entre los Estados miembros de la Unión Europea y los Estados europeos no miembros de la Unión Europea, con el objetivo de armonizar las políticas y prácticas de aviación civil entre los Estados miembros en Europa y con las Conferencias de otras regiones del mundo. Las principales actividades sobre las que trabaja la CEAC son la armonización de normas sobre seguridad operacional, seguridad de las personas, medioambiente, asuntos económicos, relaciones externas y facilitación.

La CEAC tiene su sede en París. Su página web es https://bit.ly/3mAgYcf, consultada el 19 de mayo de 2023.

Por su parte, las Autoridades Aeronáuticas Conjuntas (*Joint Aviation Authorities*, JAA) nació como un organismo asociado a la CEAC, integrado por las autoridades nacionales de aviación civil de los Estados europeos firmantes de los Acuerdos sobre la elaboración, aceptación y puesta en práctica de los requisitos conjuntos de aviación –JAR– (Chipre, 11 de septiembre de 1990).

Las autoridades aeronáuticas de los Estados miembros han cooperado tradicionalmente dentro de las JAA para la elaboración, aceptación y puesta en práctica de los requisitos comunes para la gestión de la aviación civil, de acuerdo con el Convenio de Chicago y sus anexos. El resultado de esta cooperación interestatal de autoridades aeronáuticas nacionales han sido las denominadas JAR (*Joint Aviation Requirements*), sobre diversos temas: JAR-E (motores), JAR-FCL (licencias de personal de vuelo), JAR-OPS (operaciones), JAR-APU (Equipos auxiliares de energía), JAR-21 (procedimientos de certificación para aeronaves y productos y piezas relacionados), etc. Su valor se debe al compromiso de todos los Estados miembros de adoptarlas en sus normas nacionales como únicos y exigirlas a las aeronaves matriculadas en ese Estado.

Actualmente, las actividades de regulación de las JAA han sido asumidas en la Unión Europa por la Agencia Europea de Seguridad Aérea a partir del Reglamento (CE) 1592/2002 (Reglamento Base), sobre normas comunes en el campo de la aviación civil y al establecimiento de la Agencia Europea de Seguridad Aérea.

Las JAA ya no es organización regulatoria, pero continúa existiendo con otras tareas, como la formación de profesionales del ámbito aeronáutico. Su nombre actual es JAA TO (por *Training Organization*) y continúa como organismo adscrito a CEAC-ECAC.

Tiene su sede en Hoofddorp (Holanda). Su página web es jaato.com.

4. LA AGENCIA EUROPEA DE SEGURIDAD AÉREA (EASA)

La Agencia Europea de Seguridad Aérea o *European Aviation Safety Agency*, EASA, es una agencia de la Unión Europea que, como entidad jurídica independiente de las instituciones de la Unión Europea, ha sido creada para llevar a cabo tareas específicas según la normativa comunitaria. La Agencia Europea de Seguridad Aérea fue creada por el primer Reglamento Base, el Reglamento (CE) 1592/2002, para garantizar la seguridad aérea. En la actualidad, está regulada por el Reglamento (UE) 2018/1139, vigente Reglamento Base.

La Agencia Europea de Seguridad Aérea cuenta con los 27 Estados de la Unión Europea, más Noruega, Liechtenstein, Suiza e Islandia. A fin de garantizar el funcionamiento y el desarrollo correctos de la aviación civil en la Unión Europea, la Agencia Europea de Seguridad Aérea desarrolla funciones como las siguientes (art. 75.2 Reglamento (UE) 2018/1139):

- Asistir a la Comisión Europea elaborando las medidas que deban adoptarse en virtud del Reglamento Base. Si son normas técnicas, la Comisión no puede modificarlas sin acuerdo con la Agencia Europea de Seguridad Aérea.
- Efectuar la certificación de tipo o de tipo restringidos de aeronaves y componentes de las aeronaves sujetas al ámbito de aplicación del Reglamento base [arts. 2.4.a y 11 Reglamento (UE) 2018/1139]. Es lo que se conoce como “Aeronaves EASA”. Incluye aeronaves de ala fija, giroaviones, globos y dirigibles, motores de propulsión, hélices, componentes y equipos, así como de productos derivados de certificados de tipo o de certificados de tipo restringidos; certificados de tipo suplementarios; cambios y reparaciones importantes; cambios y reparaciones secundarios. Al contrario, EASA no emite certificados de tipo de “Aeronaves no EASA”, para señalar a aquellas excluidas del ámbito de aplicación del Reglamento (UE) 2018/1139. El Reglamento (UE) 319/2014, de 27 de marzo, regula específicamente las tasas y derechos percibidos por la Agencia Europea de Seguridad Aérea por operaciones de certificación que resulten directa o indirectamente necesarias para la expedición, el mantenimiento y la modificación de los certificados.
- Aprobar las empresas que diseñan, fabrican y mantienen productos aeronáuticos [arts. 15.1 y 77.2.a. Reglamento (UE) 2018/1139]. Son las Organizaciones de Diseño (*Design Organisations Approvals*, DOA). En cambio, EASA sólo aprueba las Organizaciones de Producción (*Production Organisations Approvals,* POA), las Organizaciones de

Mantenimiento (*Maintenance Organisations Approvals*, MOA), las Organizaciones de Formación de Mantenimiento (*Maintenance Training Organisations Approvals*, MTOA) y de las Organizaciones de Gestión de la Aeronavegabilidad (*Continuing Airworthiness Management Organisation*, CAMO), que tienen su centro de establecimiento principal fuera de la Unión Europea. Si están domiciliadas en la Unión Europea, la aprobación es competencia de la autoridad nacional del Estado miembro de su lugar de establecimiento [art. 77.2.b Reglamento (UE) 2018/1139]. En España, la Agencia Estatal de Seguridad Aérea (AESA).

- Realizar inspecciones y otras actividades de supervisión e investigaciones para garantizar la aplicación uniforme de la legislación europea de seguridad aérea en todos los Estados miembros.
- Apoyar a las autoridades nacionales competentes a desempeñar sus funciones, en particular, ofreciendo un foro para el intercambio de información y conocimientos.
- Asistir a la Comisión Europea en la adopción del Programa y del Plan anual europeo de seguridad aérea (arts. 5 y 6 Reglamento Base). Por su parte, cada Estado ha de aprobar también el Programa y Plan de seguridad aérea (arts. 7 y 8).

Con sede en Colonia, Su página web es easa.europa.eu

5. LA AGENCIA ESTATAL DE SEGURIDAD AÉREA (AESA) (ESPAÑA)

La Agencia Estatal de Seguridad Aérea (AESA) es el organismo del Estado que vela para que se cumplan las normas de aviación civil en el conjunto de la actividad aeronáutica de España.

Como supervisor del sector aéreo, la Agencia Estatal de Seguridad Aérea está adscrita al Ministerio de Transportes, Movilidad y Agenda Urbana, a través de la Secretaría General de Transportes y Movilidad. Dispone de autonomía funcional para el ejercicio de sus funciones (art. 6.5 Real Decreto 645/2020).

Su régimen jurídico básico deriva del Real Decreto 184/2008, de 8 de febrero, por el que se aprueba el Estatuto de la Agencia Estatal de Seguridad Aérea.

Entre sus funciones, el art. 9 Real Decreto 184/2008 indica la gestión del Registro de Matrícula de Aeronaves Civiles, la inspección aeronáutica, el ejercicio de la potestad sancionadora, entre otras.

Asimismo, la Agencia Estatal de Seguridad Aérea es la autoridad administrativa en España encargada de la expedición, renovación, suspensión, mantenimiento y revocación de autorizaciones, habilitaciones, licencias, certificaciones y otros títulos habilitantes para la realización de actividades aeronáuticas civiles (art. 9.1 Real Decreto 184/2008). Su acción cubre todo el espectro aeronáutico, incluyendo certificación de la Agencia Estatal de Seguridad Aérea o declaraciones ante la misma para multitud de actividades aeronáuticas. Se van detallando en cada capítulo del presente manual. Baste enumerar algunos aspectos de la acción de la Agencia Estatal de Seguridad Aérea para comprender su carácter de eje central de la Administración General del Estado en tareas de seguridad aérea: certificación de operadores aéreos comerciales, de licencias de explotación comercial, de operaciones de trabajos aéreos, de operaciones especializadas, de operaciones con globos, de aviación privada, de operaciones con planeadores, de operaciones específicas, de aeronaves no tripuladas, de transporte de mercancías peligrosas, de demostraciones aéreas civiles, de lista de equipos mínimos y de mantenimiento de aeronaves, de pilotos y de tripulación de cabina, de arrendamientos de aeronaves, de certificados de tipo de aeronaves no EASA, de certificados de navegabilidad, de certificados de niveles de ruido, de certificación de aeródromos, de autorizaciones de vuelo no EASA, de las Organizaciones de Producción (POA), de las Organizaciones de Mantenimiento (MOA), de las Organizaciones de Formación de Mantenimiento (MTOA) y de las Organizaciones de Gestión de la Aeronavegabilidad (CAMO), que tienen su centro de establecimiento en España, entre muchas otras. La información más completa se puede consultar en su página web, normalmente con materiales de apoyo al solicitante.

El criterio general para dotar de competencia a la Agencia Estatal de Seguridad Aérea es que el operador u organización tenga su centro de actividad principal o su establecimiento o domicilio en España.

Mediante Real Decreto-Ley 14/2022, se ha modificado la disposición adicional 19 Ley de seguridad aérea para admitir el silencio administrativo positivo (art. 24.1 de la Ley 39/2015, de 1 de octubre, del Procedimiento Administrativo Común de las Administraciones Públicas) en las actividades de la aviación civil, ya sean con aeronaves tripuladas o no tripuladas, sujetas a la normativa nacional, por razones imperiosas de interés general relativas a la seguridad aérea, en los procedimientos sobre autorización de operaciones aéreas, y uso de espacio aéreo, sobre operaciones especiales, así como autorizaciones de aeronavegabilidad inicial y continuada, incluyendo las emitidas al personal involucrado en este ámbito. Además, también es aplicable por idénticas razones imperiosas de interés general a la aprobación de servidumbres aeronáuticas y a la certificación del personal de formación de los pilotos a distancia.

Su web es seguridadaerea.gob.es

6. LA ORGANIZACIÓN EUROPEA PARA LA SEGURIDAD DE LA NAVEGACIÓN AÉREA (EUROCONTROL)

El art. 77 Convenio de Chicago indica que ninguna de sus disposiciones impide que dos o más Estados contratantes constituyan organizaciones de explotación conjunta del transporte aéreo ni organismos internacionales de explotación, ni que mancomunen sus servicios aéreos en cualquier ruta o región, pero tales organizaciones u organismos y tales servicios mancomunados estarán sujetos a todas las disposiciones del Convenio de Chicago.

Es el caso de la *European Organisation for the Safety of Air Navigation,* EUROCONTROL, creada por Convenio de 13 de diciembre de 1960, relativo a la seguridad de la navegación aérea, en vigor desde el 1 de marzo de 1963. El 19 de mayo de 2023 dispone de 41 Estados parte, incluyendo los de la Unión Europea, y otros como Reino Unido, Georgia, Israel o Marruecos, de acuerdo con la propia EUROCONTROL (https://bit.ly/45m50Vr).

Una de las funciones de EUROCONTROL es favorecer la armonización e interoperabilidad al tiempo que se mejora la seguridad y el rendimiento general del sistema de tráfico aéreo en la región europea. En materia de seguridad de la navegación aérea hay una cierta armonización en los programas de gestión diseñados por EUROCONTROL y en la normativa ("cielo único europeo", *Single European Sky*), porque el sistema de rutas y la estructura del espacio aéreo no pueden desarrollarse eficazmente de forma aislada, pues cada país europeo es un elemento de la red europea de gestión del tráfico aéreo (EATMN). Evitar retrasos exige normas comunes y, a ser posible, gestión centralizada u homogénea.

Al efecto, en la región europea, EUROCONTROL es el gestor de la red que gestiona el flujo de tráfico de la red europea de Gestión del Tráfico Aéreo (EATMN), en colaboración con los proveedores de servicios de navegación aérea, usuarios del espacio aéreo, con los militares y con los aeropuertos. Supone, entre otros aspectos, que EUROCONTROL autoriza los planes de vuelo correspondientes al tráfico comercial de líneas aéreas, pues de otro modo la aeronave comercial no podrá partir. Es el *slot ATC* de EUROCONTROL.

Asimismo, EUROCONTROL asume funciones encargadas por los Estados parte, como cobrar por cuenta de aquellos la tasa de ruta debida a los países miembros, para su posterior distribución a los proveedores de servicios de navegación aérea.

EUROCONTROL tiene su sede en Bruselas (Bélgica). Su página web es https://www.eurocontrol.int.

7. ENAIRE E.P.E. (ESPAÑA)

El Real Decreto-ley 26/2020 de modificación de la Ley 18/2014, cambia el nombre de la entidad pública empresarial Aeropuertos Españoles y Navegación Aérea (AENA) y pasa a denominarse Enaire E.P.E.

Enaire E.P.E. (por Entidad Pública Empresarial) está adscrita al Ministerio de Transportes, Movilidad y Agenda Urbana, con arreglo al Real Decreto 645/2020 (art. 2.14.e).

El Real Decreto 160/2023, de 7 de marzo, por el que se aprueba el Estatuto de esta entidad pública empresarial, atribuye a Enaire E.P.E. la prestación de forma segura, eficaz, continuada y sostenible de los servicios de navegación aérea y espacio aéreo encomendados por el Estado; la coordinación operativa nacional e internacional de la red nacional de gestión del tráfico aéreo; y, otras funciones relacionadas con los usos para la gestión eficiente del espacio aéreo, teniendo en cuenta las necesidades de los usuarios del espacio aéreo (art. 5.1).

En efecto, Enaire E.P.E. es el principal prestador de servicios de navegación y de tránsito aéreos en España. En concreto, presta servicios de tránsito aéreo de control de área y control de aproximación; servicios de información de vuelo, de alerta y asesoramiento asociados a los volúmenes de espacio aéreo sujetos a la soberanía española en los que se prestan tales servicios o en los que el Estado español es responsable de su prestación; servicios de Información Aeronáutica (AIS); publicación de Información Aeronáutica (AIP) en nombre del Estado; servicios de comunicaciones, navegación y vigilancia (CNS); servicios de tránsito aéreo de aeródromo; servicios de dirección en plataforma que le correspondan, entre otras funciones (art. 5.2 Real Decreto 160/2023).

Los bienes adscritos a ENAIRE, E.P.E., para el cumplimiento de sus funciones tienen naturaleza de bienes de dominio público (art. 18.2 Real Decreto 160/2023).

ENAIRE E.P.E. se financia mediante los ingresos propios de su actividad y, en su caso, con cargo a los Presupuestos Generales del Estado, de conformidad con lo previsto en la Ley General Presupuestaria (art. 26 Real Decreto 160/2023).

Además, corresponden a Enaire E.P.E. los derechos derivados de su participación accionarial en AENA S.M.E. SA (art. 5.4.a), como principal accionista de esta sociedad de capital, comentada a continuación.

Su página web es enaire.es.

8. AENA S.M.E. SA (ESPAÑA)

AENA S.M.E. SA es una Sociedad Mercantil Estatal. Es la gestora de los aeródromos de titularidad pública estatal. Dispone de personalidad jurídica propia, distinta y separada de la personalidad jurídica del Estado.

El Estado tiene el control sobre AENA S.M.E. SA, al disponer ENAIRE E.P.E. del 51% de las acciones en que se compone el capital social de AENA S.M.E. SA. El resto de las acciones está en capital flotante (*free float*), esto es, se negocian en las bolsas españoles de mercados de valores, pues AENA S.M.E. SA es una empresa del IBEX 35. El proceso de privatización de AENA S.M.E. SA, como gestor de aeropuertos público, tiene este límite: la acción de oro, o *golden share*, que el Estado se reserva con la citada mayoría del capital social.

El antecedente de AENA S.M.E. SA es la entidad pública empresarial Aeropuertos Españoles y Navegación Aérea (AENA) y la sociedad mercantil estatal AENA Aeropuertos S.A. En 1991, se adscribieron a AENA, para el cumplimiento de sus funciones, la totalidad de los bienes de dominio público afectos anteriormente al Organismo autónomo Aeropuertos Nacionales, y los afectos al Ministerio de Obras Públicas y Transportes en lo relativo a los recintos aeroportuarios e infraestructuras de navegación aérea, conservando su citada naturaleza de dominio público (art. 34 Real Decreto 905/1991, de 14 de junio, por el que se aprueba el Estatuto del Ente público Aeropuertos Españoles y Navegación Aérea). No obstante, estos bienes de dominio público pierden esta consideración mediante la técnica jurídica de la desafectación. Es lo ocurrido con el Real Decreto-

Ley 13/2010, que: 1) Transforma al ente público AENA en una sociedad anónima bajo control estatal llamada AENA Aeropuertos S.A. (art. 7); y, 2) Declara desafectos y se integran en su patrimonio los bienes de dominio público adscritos a la entidad pública empresarial AENA que no estén afectos a los servicios de navegación aérea (art. 9). Es una diferencia de los bienes adscritos a ENAIRE E.P.E., que sí tienen naturaleza de bienes de dominio público (art. 18.2 Real Decreto 160/2023).

Mediante el Real Decreto-ley 8/2014, de 4 de julio, de aprobación de medidas urgentes para el crecimiento, la competitividad y la eficiencia, se cambió el nombre de AENA Aeropuertos, S.A., que pasó a denominarse AENA, S.A. La Ley 18/2014 es la norma actual de referencia en la materia. El art. 111 de la Ley 40/2015, de 1 de octubre, de Régimen Jurídico del Sector Público. dispuso que en las sociedades mercantiles estatales debe figurar la abreviatura S.M.E. De ahí el nombre de la denominación social AENA S.M.E. SA

Desde entonces, AENA S.M.E.SA ha convocado concursos públicos para la gestión de torres de control de los aeropuertos bajo su gestión. De esta manera, nuevos proveedores certificados como Saerco o Ferronats prestan servicios de navegación aérea de aeródromo. El 8 de febrero de 2023, el Gobierno anunció que prepara la privatización de las torres de control de siete aeropuertos españoles a propuesta de AENA S.M.E. SA.

Su página web es aena.es.

9. LA ASOCIACIÓN INTERNACIONAL DE TRANSPORTE AÉREO (IATA)

En el desarrollo y operación de la actividad comercial de las compañías aéreas tiene un papel destacado la Asociación Internacional de Transporte Aéreo (*International Air Transport Association* – IATA). Es la principal asociación patronal de compañías aéreas dedicadas al transporte comercial internacional. IATA fue creada en La Habana en abril de 1945,

La IATA mantiene una estrecha cooperación con la Organización de la Aviación Civil Internacional. IATA es observador permanente en algunos de sus órganos más relevantes, como es la Comisión de Aeronavegación (que propone las normas y prácticas recomendadas del Convenio de Chicago).

La IATA es una entidad de Derecho privado, pues sus miembros no son los Estados, sino las compañías dedicadas al transporte comercial en avión de pasajeros y mercancías, tanto de servicios regulares como no regulares. Puede situarse dentro de la categoría de "organizaciones no gubernamentales". Sin embargo, IATA es reconocida por los Estados, tácita o expresamente, como una asociación con una determinada personalidad jurídica internacional para celebrar tratados internacionales. Por ejemplo, el Acuerdo entre el Reino de España y la Asociación Internacional del Transporte Aéreo (IATA) relativo al estatuto de la IATA en España, hecho en Madrid el 5 de mayo de 2009 (publicado en el *Boletín Oficial del Estado*, de 5 de mayo de 2009). Este Acuerdo indica que es interés del Estado español el fomento de la implantación de sedes y centros de negocios en territorio español. También se pretende la promoción del transporte aéreo seguro, regular y económico, para el beneficio de las personas y refuerzo del comercio; proveer medios de colaboración y cooperación entre compañías de la industria aérea; así como cooperar con la Organización de la Aviación Civil Internacional y otras organizaciones internacionales. Asimismo, el Acuerdo IATA-España reconoce la concesión de determinadas ventajas de inmigración y seguridad social a los empleados y familiares de IATA en España, al igual que ocurre con las representaciones diplomáticas de otros Estados y de las organizaciones internacionales gubernamentales. Sin embargo, IATA no deja de ser por ello una asociación privada. No tiene inmunidad de jurisdicción ni el estatuto diplomático de sus empleados, reservado a otros Estados y a las organizaciones intergubernamentales, como es la Organización de la Aviación Civil Internacional (Pons Ràfols, págs. 283 y ss.).

Son funciones de IATA, entre otras, las siguientes:

- Asumir la representación de sus miembros asociados en organizaciones internacionales. Esto es, opera como *lobby* o grupo de presión en la defensa de los intereses de las compañías miembros de IATA.
- Organizar conferencias sobre aspectos para coordinar a sus compañías aéreas y otros operadores aeroportuarios. Por ejemplo, IATA organiza y convoca reuniones semestrales en junio y en noviembre llamadas Conferencias de Tráfico o Programación (*Schedules Conferences*) en donde las compañías aéreas negocian y coordinan sus programas de vuelos para cada temporada de invierno (que abarca desde el último domingo de octubre hasta el último sábado de marzo) y de verano (que abarca desde el primer domingo de marzo hasta el último sábado de octubre).

- Organizar grupos de trabajo sobre seguridad, interferencia ilícita, control de emisiones del avión, transporte de pasajeros, transporte de mercancías, y otros que decida crear, para analizar las prácticas usuales y proponer mejoras.
- Prestar apoyo profesional y legal a sus miembros,
- Adoptar "resoluciones" de obligado cumplimiento y "prácticas recomendadas" para sus miembros. Se extienden a prácticamente la totalidad de los aspectos del desarrollo comercial del transporte comercial en avión. Entre los "programas IATA" se incluye el de medios de pago, uso de agentes de viaje, devolución de precio, contratación electrónica, catering a bordo, transporte de carga, etc.

IATA tiene su sede en Montreal (Canadá), y con la consideración de cooperativa en Canadá. Tiene oficinas regionales en diversos países. Entre ellos España, pues en Madrid tiene la delegación europea (IATA España Sociedad Limitada). Su página web es iata.org.

10. BIBLIOGRAFÍA COMPLEMENTARIA

AGUADO AGUADO, V. M. y FANEGO OTERO, J. D., "Organizaciones internacionales en materia aeronáutica", en MENÉNDEZ MENÉNDEZ, A. (Dir.), *La regulación de la industria aeronáutica*, 2ª ed., Aranzadi, 2016, págs. 127-177; AGUADO AGUADO, V. M. y VAN DAM, R., "La gestión del tránsito aéreo en Europa: el papel de Eurocontrol en un contexto dinámico", en MENÉNDEZ MENÉNDEZ, A. (Coord.), *Régimen jurídico del transporte aéreo*, Civitas, 2005, págs. 79-109; BLEDA RODRÍGUEZ, J., "Gestión aeroportuaria y abuso de posición dominante (Comentario a la Sentencia de lo Mercantil nº 3 de Elche, de 26 de marzo de 2012, nº 41/2012, <Ryanair Ltd.> v. <AENA Aeropuertos SA>", en *Revista de Derecho del Transporte*, nº 14, 2014, págs. 284-299; CALATAYUD PRATS, I., "Análisis crítico del régimen de los aeropuertos tras la creación de Aena SA", en SERRANO ACITORES, A. (Dir.), *La intervención administrativa y económica en la actividad empresarial: el derecho público y la empresa*, Bosch Editor, 2015, págs. 799-824; CASARES MARCOS, A., "La consolidación de la colaboración público-privada y su asalto a la infraestructura aeroportuaria: ¿liberalización de AENA?", en MARTÍNEZ SÁNZ, F. y PETIT LAVALL, M. V. (Dirs.), *Estudios de Derecho aéreo: aeronave y liberalización*, Marcial Pons, 2009, págs. 357-374; EMBID IRUJO, A., "Derechos fundamentales y protección judicial contra actos de organizaciones internacionales. El caso EUROCONTROL", en *Revista Es-*

pañola de Derecho Administrativo, nº 38, 1983, págs. 421-428; FERNÁNDEZ SCAGLIUSI, M. Á., "¿Una decisión acertada o un nuevo ataque al dominio público?: la creación de Aena Aeropuertos, S.A.", en *Revista General de Derecho Administrativo,* nº 44, 2017; FERNÁNDEZ TORRES, I., "La privatización de AENA a examen: algunas cuestiones desde la perspectiva del Derecho de la competencia", en PETIT LAVALL, M. V. y PUETZ, A. (Dir.), *La eficiencia del transporte como objetivo de la actuación de los poderes públicos: liberalización y responsabilidad,* Marcial Pons, 2015, págs. 913-940; GONZÁLEZ-DELEITO DOMÍNGUEZ, N. y ARAUJO BARCELÓ, A., "La entrada de capital privado en AENA Aeropuertos, S.A.: ¿operación patrimonial o establecimiento de una colaboración público-privada?", en RECUERDA GIRELA, M. Á. (Coord.), *Problemas prácticos y actualidad del Derecho administrativo: Anuario 2014,* Civitas, 2014, págs. 537-570; LUONGO, N. E., "¿Qué es la OACI", en *Boletines del Observatorio Jurídico Aeroespacial,* varias partes desde núm. I, 2021; LUONGO, N. E., "37ª. sesión del Comité Jurídico de la OACI", en *Revista de Derecho del Transporte,* nº 22, 2018, págs. 248-282; LUONGO, N. E., "El sistema de solución de diferencias entre Estados de la OACI. ¿Mecanismo en crisis o en proceso de revitalización?", en *Revista de Derecho del Transporte,* nº. 22, 2018, págs. 41-60; MILDE, M., *International Air Law and ICAO,* Eleven International Publishing, 2008; MORALES RODRÍGUEZ, J. R., *El transporte aéreo y la Unión Europea,* Iberia, 1994; PARDO ZARAGOZA, C., "Análisis de la evolución jurídica del Derecho aeronáutico desde 1911 a 1955 a través de las organizaciones aéreas internacionales", en *Revista Europea de Derecho de la Navegación Marítima y Aeronáutica,* nº 33, 2016, págs. 31-61; POLKOWSKA, M., "Global Governance of Air", en *Revista Europea de Derecho de la Navegación Marítima y Aeronáutica,* nº 36, 2019, págs. 1-15; PONS ALCOY, J. A., "Dos iniciativas de ENAIRE de gran transcendencia internacional para mejorar la seguridad y la calidad de la gestión del tráfico aéreo", en *Boletines del Observatorio Jurídico Aeroespacial,* nº 2 (Julio), 2021, págs. 26-28; PONS RÀFOLS, X., "El estatuto jurídico de la IATA en España. Sí, ¿por qué no? pero así, no", en *Revista Española de Derecho Internacional,* nº 1, 2010, págs. 283-291; SANTOS CALPE, R., "Aviación civil: Eurocontrol ante sus nuevos retos", Revista del Ministerio de Fomento, nº 493, 2001, págs. 36-41; SARMIENTO FERNÁNDEZ, G., "Liderazgo de ENAIRE en Ciberseguridad", en *Revista del Ministerio de Fomento,* nº 711, 2021, págs. 58-69; SASTRE, A., "Eurocontrol reordena el espacio aéreo europeo implantando la reducción de la separación vertical mínima entre aeronaves", en *Revista del Ministerio de Fomento,* nº 505, 2002, págs. 4-11; TORREJÓN PLAZA, P., "ENAIRE reafirma su liderazgo global en navegación aérea", en *Boletines del Observatorio Jurídico Aeroespacial,* nº 4 (Diciembre), 2021, págs. 70-72.

Capítulo III

Las libertades del aire y los derechos de tráfico

SUMARIO: 1. LA SOBERANÍA DE CADA ESTADO SOBRE EL ESPACIO AÉREO SITUADO SOBRE SUS ÁREAS TERRESTRES Y SOBRE SU MAR TERRITORIAL. 2. DELIMITACIÓN DE LA EXTENSIÓN DEL MAR TERRITORIAL DEL ESTADO RIBEREÑO EN EL CONVENIO DE LAS NACIONES UNIDAS SOBRE EL DERECHO DEL MAR DE 1982. 3. LIBRE CIRCULACIÓN DE LAS AERONAVES CIVILES MATRICULADAS EN EL PAÍS EN EL PROPIO ESPACIO AÉREO NACIONAL. 4. EL ACCESO DE COMPAÑÍAS Y AERONAVES A ESTADOS DISTINTOS DE LOS DE SU NACIONALIDAD. 5. LIBERTADES DEL AIRE: TÉCNICAS Y COMERCIALES. 6. OPERACIONES AÉREAS NO REGULARES, COMERCIALES O NO. 6.1. Libertades técnicas. 6.2. 3º y 4 libertad comercial. 6.3. Operaciones con terceros Estados: 5ª, 6ª y 7ª libertades comerciales. 6.4. Operaciones aéreas no comerciales. 7. DERECHOS DE TRÁFICO AÉREO REGULAR COMERCIAL. 7.1. El Acuerdo de tránsito de los servicios aéreos internacionales: 1ª y 2ª libertades técnicas. 7.2. Fracaso del Acuerdo sobre transporte aéreo internacional. 7.3. La concesión recíproca de derechos de tráfico regular en convenios bilaterales: aerolíneas designadas y acreditadas. 7.4. Un modelo de acuerdo bilateral: el Acuerdo angloamericano de las Bermudas de 11 de febrero de 1946. 7.5. Derechos de tráfico disponibles para operar servicios aéreos regulares entre España y un Estado extracomunitario: designación, acreditación y programación. 7.6. Fin de las "Compañías de bandera" en el ámbito europeo. Derecho de acceso no discriminatorio al mercado. 7.7. Operaciones de compañías comunitarias en rutas intracomunitarias y con terceros países. 8. ACUERDO DE CIELOS ABIERTOS ENTRE ESTADOS UNIDOS DE NORTEAMÉRICA Y LOS ESTADOS DE LA UNIÓN EUROPEA. 9. CABOTAJE NACIONAL, LIBERALIZACIÓN DE LAS RUTAS AÉREAS INTRACOMUNITARIAS Y 5ª LIBERTAD. MERCADO CON EL REINO UNIDO TRAS EL BREXIT. 10. OBLIGACIONES DE SERVICIO PÚBLICO EN RUTAS NACIONALES. 11. BIBLIOGRAFÍA COMPLEMENTARIA

1. LA SOBERANÍA DE CADA ESTADO SOBRE EL ESPACIO AÉREO SITUADO SOBRE SUS ÁREAS TERRESTRES Y SOBRE SU MAR TERRITORIAL

El art. 1 Convenio de Chicago señala que "*Los Estados contratantes reconocen que todo Estado tiene soberanía plena y exclusiva en el espacio aéreo situado sobre su territorio*". Los Estados contratantes del Convenio de Chicago se reconocen recíprocamente soberanía y jurisdicción exclusiva y excluyente sobre su respectivo espacio aéreo. No se distingue entre Estados poderosos, con medios suficientes para poner en marcha una industria aeronáutica, y aquellos que, por carecer de los mismos, no pueden competir. Como afirma el preámbulo del Convenio de Chicago, "*es deseable evitar toda disensión entre las naciones y los pueblos y promover entre ellos la cooperación de que depende la paz del mundo*". En conclusión, gracias al Convenio de Chicago, los Estados contratantes consiguen, primero de todo, el reconocimiento de sus fronteras nacionales en el espacio aéreo.

Aceptada la soberanía estatal, es precisa la delimitación de los espacios aéreos sobre la cual recae. Naturalmente, en el aire no se fijan hitos o aduanas físicas que separen el territorio entre Estados. Sin embargo, también es imprescindible dilucidar las marcas de separación entre el territorio nacional de un Estado de otro, lo que se realiza a través de las cartas aeronáuticas.

El art. 2 Convenio de Chicago establece que, a los fines del presente Convenio, "*se consideran como territorio de un Estado las áreas terrestres y las aguas territoriales adyacentes a ellas que se encuentren bajo la soberanía, dominio, protección o mandato de dicho Estado*". Resulta necesario identificar con claridad la extensión *horizontal* del territorio estatal. Una vez delimitado, el espacio aéreo sobre el mismo, sin un límite *vertical* concreto, es de su soberanía nacional conforme al Convenio de Chicago.

Por lo que respecta a las fronteras terrestres, salvo que estén en discusión con el Estado vecino, son de fácil identificación. Por ejemplo, no son discutidas actualmente las fronteras terrestres españolas con respecto a Portugal y a Francia.

Más problemática es la delimitación de las "*aguas territoriales adyacentes*" de aquellos Estados que tienen salida al mar, conocidos como Estados ribereños. Siguiendo el ejemplo de España, hay que determinar qué aguas marítimas forman parte del territorio español, y sobre las cuales ejerce los mismos derechos soberanos. Una vez identificadas, el espacio aéreo situado sobre las mismas goza también de la consideración de espacio soberano español.

2. DELIMITACIÓN DE LA EXTENSIÓN DEL MAR TERRITORIAL DEL ESTADO RIBEREÑO EN EL CONVENIO DE LAS NACIONES UNIDAS SOBRE EL DERECHO DEL MAR

La extensión de sus aguas territoriales adyacentes a la costa marítima está regulada por la Convención de las Naciones Unidas sobre el Derecho del mar, hecha en Montego Bay (Jamaica) el 10 de diciembre de 1982. De acuerdo con el depositario de la Convención, la ONU, el 19 de mayo de 2023, cuenta con 169 Estados parte (en https://bit.ly/2ZeQuNB). El Convenio de las Naciones Unidas sobre el Derecho del mar constituye también un importante hito de la unificación normativa internacional, pero no ha logrado el mismo reconocimiento que el Convenio de Chicago, pues algunos países como Estados Unidos de Norteamérica, entre otros, no son parte.

El art. 2.1 Convenio de las Naciones Unidas sobre el Derecho del mar dispone que la soberanía del Estado ribereño se extiende más allá de su territorio y de sus aguas interiores y, en el caso del Estado archipelágico, de sus aguas archipelágicas, a la franja de mar adyacente designada con el nombre de "mar territorial".

El art. 2.2 Convenio de las Naciones Unidas sobre el Derecho del mar añade una norma similar al art. 1 Convenio de Chicago: la soberanía de cada Estado se extiende al espacio aéreo sobre el mar territorial.

El art. 3 Convenio de las Naciones Unidas sobre el Derecho del mar indica que todo Estado tiene derecho a *establecer la anchura de su mar territorial hasta un límite que no exceda de 12 millas marinas* medidas a partir de líneas de base determinadas de conformidad con esta Convención. Si hay otro Estado enfrente a menos de 12 millas, se reparte el mar territorial a partes iguales (art. 15).

De forma específica para los estrechos internacionales, en el caso español, con la costa tan cercana a Marruecos en el estrecho de Gibraltar, todas las aeronaves tienen derecho de sobrevuelo en tránsito. Así lo impone el art. 38 Convenio de las Naciones Unidas sobre el Derecho del mar. La finalidad de esta norma es restringir la soberanía del Estado sobre su espacio aéreo cuando es adyacente a un estrecho internacional. Se evita que una zona de paso internacional pueda quedar bloqueada al arbitrio del Estado soberano de la misma.

En conclusión, el espacio aéreo sobre el cual España es soberana cubre el espacio adyacente a las zonas terrestres y al mar territorial, que como regla general tiene 12 millas desde la línea de la costa. El estrecho de Gibraltar tiene un régimen especial.

Sobre este espacio aéreo soberano, son de aplicación entre Estados contratantes los arts. 5 a 16 Convenio de Chicago, titulados "*Vuelo sobre territorio de Estados contratantes*". Estos preceptos fijan el acceso de las aeronaves de un Estado contratante del Convenio de Chicago en el espacio aéreo de otro Estado parte del Convenio de Chicago. Incluye normas sobre el derecho de vuelo en servicios no regulares para aeronaves extranjeras; el establecimiento de servicios aéreos regulares; el empleo de aeronaves extranjeras en el cabotaje nacional; la prohibición de aeronaves sin piloto sin autorización especial; el derecho del Estado a establecer zonas prohibidas al acceso de aeronaves extranjeras; la obligación de éstas de aterrizar sólo en aeropuertos aduaneros, a seguir los reglamentos locales de circulación aérea y las normas de entrada y despacho de pasajeros, tripulación o carga transportados por aeronaves en ese Estado; la apertura de los aeropuertos nacionales para aeronaves de otros Estado contratantes del Convenio de Chicago; el derecho de cada Estado a inspeccionar aeronaves matriculadas en otros Estados parte; y, el derecho del Estado de tomar las medidas sanitarias necesarias para evitar la propagación de enfermedades por medio de la navegación aérea, entre otras.

3. LIBRE CIRCULACIÓN DE LAS AERONAVES CIVILES MATRICULADAS EN EL PAÍS EN EL PROPIO ESPACIO AÉREO NACIONAL

El Convenio de Chicago no contiene ninguna norma que reconozca o prohíba la circulación de aeronaves en su propio Estado de matrícula. Su ámbito de aplicación es la aviación civil internacional y esta cuestión es un tema de cada Estado.

En España, el art. 2 Ley de navegación aérea fija que las aeronaves *nacionales* (*sic* significa que están matriculadas en España) "*pueden hacer uso del espacio aéreo español*".

Cada Estado controla tanto la "matrícula" de la aeronave, como también la persona que la matricula. Por ello, el Estado, también el español, decide a quién permite matricular aeronaves en su país y, por tanto, a quien reconoce el derecho a sobrevolar libremente su territorio. Pueden ser nacionales o extranjeros, lo decide cada país. Por tanto, es esencial conocer quién está legitimado para matricular aeronaves.

En España, el art. 18.1 Ley de navegación aérea dice que son inscribibles en España las aeronaves pertenecientes a personas físicas o jurídicas (una sociedad anónima, una sociedad limitada, etc.) que disfruten de la nacionalidad española o de algunos de los países miembros del Espacio Económico Europeo (el EEE incluye los Estados de la Unión Europea, más Noruega, Islandia y Liechtenstein). El art. 18.2 extiende el derecho de matrícula al arrendatario de aeronaves arrendadas si posee la nacionalidad española o de algún país miembro del Espacio Económico Europeo. El art. 18.3 concluye que son inscribibles las aeronaves de uso privado pertenecientes o arrendadas a personas físicas o jurídicas de terceros Estados (distintos de los del EEE) que tengan su residencia habitual o establecimiento permanente en España.

El art. 11 Real Decreto 384/2015, de 22 de mayo, por el que se aprueba el Reglamento de matriculación de aeronaves civiles, regula el Registro de Matrícula de Aeronaves Civiles que gestiona la Agencia Estatal de Seguridad Aérea (AESA). El Real Decreto 384/2915 confirma quién puede inscribir aeronaves civiles en el registro de matrícula español y fija el procedimiento. Están facultados:

1°) Las personas físicas o jurídicas que tengan la nacionalidad de cualquiera de los Estados miembros del Espacio Económico Europeo (EEE), tanto si son propietarios de ellas, como si las explotan en virtud de un contrato de arrendamiento, o cualquier otro título posesorio reconocido en la legislación vigente. Han de ser propietarios u operadores de las aeronaves a que se refiere el art. 2 Real Decreto 384/2015. Incluye todo tipo de aeronaves, incluidos ultraligeros, aeronaves históricas y aeronaves construidas por aficionados, pero no alas delta, parapentes, globos, aeromodelos y aeronaves pilotadas por control remoto que, con arreglo a su normativa específica, no se inscriban.

2°) Las personas físicas o jurídicas que, no siendo nacionales de Estados miembros, tengan respectivamente su residencia habitual o establecimiento permanente en España y destinen las aeronaves a un uso privado.

El Registro de Matrícula de Aeronaves Civiles es un registro de naturaleza administrativa, cuyas inscripciones otorgan la matrícula y nacionalidad española a las aeronaves civiles inscritas en él (art. 5 Real Decreto 384/2015).

4. EL ACCESO DE COMPAÑÍAS Y AERONAVES A ESTADOS DISTINTOS DE LOS DE SU NACIONALIDAD

El Convenio de Chicago utiliza el criterio de la matrícula de la aeronave extranjera y sus derechos y obligaciones cuando se encuentre en otro Estado parte. De la misma manera que un extranjero puede necesitar un visado para entrar en otro país, las aeronaves matriculadas en un Estado del Convenio de Chicago que quieren acceder a un Estado distinto y también parte del Convenio de Chicago pueden requerir de un permiso o control administrativo. La decisión sobre si tiene o no permitido el acceso aéreo corresponde al Estado soberano. Sin embargo, sería contrario al tráfico y al comercio aéreo que los operadores no tuviesen seguridad jurídica sobre si pueden o no sobrevolar y/o aterrizar en la multitud de Estados que sobrevuelan. En principio, a ningún Estado le interesa esa inseguridad jurídica, que también perjudica a sus propias aeronaves y a sus intereses comerciales, en base al principio de reciprocidad internacional: un Estado recibe de otro un trato semejante al que ofrece a éste.

Fruto de esta voluntad de crear normas comunes para cooperar entre Estados, se adoptaron los arts. 5 y 6 Convenio de Chicago, respectivamente, sobre el "derecho de vuelo en servicios no regulares para aeronaves extranjeras" y sobre "el establecimiento de servicios aéreos regulares por aeronaves extranjeras".

Sin embargo, el criterio de la matrícula de la aeronave ha sido generalmente sustituido en normas posteriores por el de la *nacionalidad de la compañía aérea* que quiere operar en un Estado distinto al de su domicilio. Como señala Dempsey (pág. 47), la nacionalidad de la compañía aérea no fue un tema abordado por el Convenio de Chicago, pero se ha convertido en la actualidad en un tema importante tanto en los tratados bilaterales para el establecimiento de líneas regulares entre Estados, como en el Acuerdo multilateral de Tránsito y el Acuerdo multilateral sobre Transporte Aéreo Internacional, comentados a continuación.

También a nivel de la Unión Europea, por ejemplo, el Reglamento (CE) 2111/2005 fija normas relativas la adopción y la publicación de una lista comunitaria, sobre la base de criterios comunes, de las compañías aéreas que, por razones de seguridad, están sujetas a una prohibición de explotación en la Comunidad Europea. El Reglamento (CE) 474/2006 va actualizando el listado de compañías aéreas extracomunitarias.

5. LIBERTADES DEL AIRE: TÉCNICAS Y COMERCIALES

El Convenio de Chicago no utiliza el término "libertad del aire". Tampoco se contiene en el Acuerdo de tránsito de los servicios aéreos internacionales, ni en el Acuerdo sobre transporte aéreo internacional, que usan el término "privilegios".

El término "libertades del aire", también privilegios o derechos, permite subsumir los términos en que una aeronave o una compañía extranjera puede operar sobre el espacio y territorio de un Estado distinto al de su matrícula y nacionalidad.

El Acuerdo de tránsito de los servicios aéreos internacionales enumera los dos primeros privilegios, los que han venido a denominarse las dos "libertades técnicas". El Acuerdo sobre transporte aéreo internacional o

"Acuerdo de las Cinco Libertades" enumera los cinco primeros privilegios o libertades del aire, incluyendo las técnicas y las "libertades comerciales".

El Manual de Regulación del Transporte Aéreo Internacional (Doc. 9626, Parte 4), de la Organización de la Aviación Civil Internacional, enumera y define las libertades del aire de la siguiente manera:

- 1ª Libertad: Derecho o privilegio, con respecto a los servicios aéreos internacionales regulares, otorgado por un Estado a otro Estado o Estados para volar a través de su territorio sin aterrizar.
- 2º Libertad: Derecho o privilegio, con respecto a los servicios aéreos internacionales regulares, otorgado por un Estado a otro Estado o Estados para aterrizar en su territorio con fines no comerciales.
- 3ª Libertad: Derecho o privilegio, con respecto a los servicios aéreos internacionales regulares, otorgado por un Estado a otro Estado para desembarcar, en el territorio del primer Estado, el tráfico proveniente del Estado de origen del transportista. Obsérvese que la regulación más moderna de la OACI utiliza ya el criterio de la nacionalidad de la compañía aérea y no de la aeronave. Bajo ciertas condiciones, el transportista puede operar con aeronaves matriculadas cada una en diversos países (por ejemplo, cuando está arrendada por un breve período)
- 4ª Libertad: Derecho o privilegio, con respecto a los servicios aéreos internacionales regulares, otorgado por un Estado a otro Estado para asumir, en el territorio del primer Estado, tráfico destinado al Estado de origen del transportista.
- 5ª Libertad: Derecho o privilegio, con respecto a los servicios aéreos internacionales regulares, concedido por un Estado a otro Estado para dejar y recibir, en el territorio del primer Estado, tráfico procedente o destinado a un tercer Estado.

Las otras libertades adicionales, de la 6ª a la 9ª no están reconocidas en un convenio internacional y son de creación doctrinal. La Organización de la Aviación Civil Internacional caracteriza todas las "libertades" más allá de la 5ª como "supuestas" porque solo las primeras cinco "libertades" han sido reconocidas oficialmente como tales por un tratado internacional (los citados Acuerdos de tránsito y Acuerdo sobre transporte aéreo internacional).

- 6ª Libertad: Derecho o privilegio, con respecto a los servicios aéreos internacionales regulares, de transportar, a través del Estado de origen del transportista, el tráfico que circula entre otros dos Estados.

- 7ª Libertad: Derecho o privilegio, con respecto a los servicios aéreos internacionales regulares, otorgado por un Estado a otro Estado, de transportar entre el territorio del Estado otorgante y cualquier tercer Estado sin necesidad de incluir en tal operación cualquier punto en el territorio del Estado receptor, es decir, el servicio no necesita conectarse o ser una extensión de ningún servicio hacia/desde el Estado de origen del transportista.
- 8ª Libertad: Derecho o privilegio, con respecto a los servicios aéreos internacionales regulares, de transportar entre dos puntos en el territorio del Estado otorgante en un servicio que se origina o termina en el país de origen del transportista extranjero o (en relación con la denominada Séptima Libertad del Aire) fuera del territorio del Estado concedente (también conocido como "cabotaje consecutivo").
- 9ª Libertad: Derecho o privilegio de transportar el tráfico de cabotaje del Estado otorgante en un servicio realizado íntegramente dentro del territorio del Estado otorgante (también conocido como cabotaje "independiente").

6. OPERACIONES AÉREAS NO REGULARES, COMERCIALES O NO

Para los vuelos no regulares, del tipo que sean, los Estados parte del Convenio de Chicago se conceden unos a otros, en virtud del art. 5 Convenio de Chicago, un privilegio del que se benefician las aeronaves matriculadas en estos Estados. La finalidad es que no sea necesario firmar un convenio o acuerdo entre dos Estados (el de la matrícula de la aeronave extranjera y el Estado soberano que la recibe en su espacio aéreo). Se pretende que una aeronave matriculada en un Estado contratante del Convenio de Chicago pueda acceder de forma "no regular" al espacio aéreo de otro Estado contratante, que tenga dicho derecho, libertad o privilegio y que estos provengan directamente del Convenio de Chicago. Sin necesidad de ningún acuerdo multilateral adicional, ni ningún convenio bilateral entre ambos Estados interesados (como es la norma del Convenio de Chicago para los servicios aéreos "regulares").

6.1. Libertades técnicas

El art. 5 párrafo primero Convenio de Chicago establece que cada Estado contratante conviene en que todas las aeronaves matriculadas en los demás Estados contratantes *y que no se utilicen en servicios internacionales regulares*, tendrán derecho, de acuerdo con lo estipulado en el presente Convenio, sin necesidad de obtener permiso previo, y a reserva del derecho del Estado sobrevolado de exigir aterrizaje, a

–"*penetrar sobre su territorio o sobrevolarlo sin escalas, y*

–*a hacer escalas en él con fines no comerciales*".

Son las 1ª y 2ª "libertades del aire", las "libertades técnicas": Libertad de sobrevuelo y Libertad de aterrizaje para fines no comerciales. Son libertades condicionadas a su ejercicio con arreglo al Convenio de Chicago. Así, cada Estado contratante del Convenio de Chicago se reserva, por razones de seguridad de vuelo, el derecho de exigir que las aeronaves extranjeras aterricen, así como si desean volar sobre regiones inaccesibles o que no cuenten con instalaciones y servicios adecuados para la navegación aérea, que las aeronaves sigan las rutas prescritas u obtengan permisos especiales para tales vuelos.

6.2. 3ª y 4ª libertades comerciales

El art. 5 párrafo segundo Convenio de Chicago añade que

–"*Si dichas aeronaves se utilizan en servicios distintos de los aéreos internacionales regulares, en el transporte de pasajeros, correo o carga por remuneración o alquiler, tendrán también el privilegio, con sujeción a las disposiciones del artículo 7 de embarcar o desembarcar pasajeros, carga o correo, sin perjuicio del derecho del Estado donde tenga lugar el embarque o desembarque a imponer las reglamentaciones, condiciones o restricciones que considere convenientes*".

Son la 3ª y 4ª libertad, las "comerciales", pues la aeronave extranjera va a poder utilizar un Estado extranjero para el transporte comercial de personas, correo o carga, siempre y cuando no se trate de un servicio aéreo internacional regular.

Este derecho de embarcar y desembarcar pasajeros carga y correo opera sin perjuicio del derecho del Estado donde tenga lugar el embarque o desembarque a imponer las reglamentaciones, condiciones o restricciones que considere convenientes. Dempsey (pág. 49) sintetiza este derecho estatal en imponer a la aeronave empleada en un servicio no regular el seguimiento de las rutas, la obligación de aterrizar en los aeródromos que se indiquen y, en general, a seguir las órdenes de las autoridades y las normas de ese Estado y a obtener un permiso especial para estos vuelos.

En España, como regla general es preceptivo contar con una autorización administrativa para que una aeronave extranjera realice tráfico comercial, incluso aunque no sea con carácter regular. Sin embargo, tiende a diluirse las exigencias y flexibilizarse el tráfico en ciertos casos.

El anterior tenor literal del art. 88 Ley de navegación aérea establecía que "*las aeronaves extranjeras de tráfico no regular necesitarán autorización para cada servicio o viaje*". Sin embargo, esta exigencia se ha suavizado por efecto de la modificación de dicho art. 88 Ley de navegación aérea por el Real Decreto-ley 38/2020, de 29 de diciembre, por el que se adoptan medidas de adaptación a la situación de Estado tercero del Reino Unido de Gran Bretaña e Irlanda del Norte tras la finalización del periodo transitorio previsto en el Acuerdo sobre la retirada del Reino Unido de Gran Bretaña e Irlanda del Norte de la Unión Europea y de la Comunidad Europea de la Energía Atómica, de 31 de enero de 2020.

El texto vigente del art. 88 Ley de navegación aérea dispone que "*Las aeronaves extranjeras de tráfico no regular necesitarán autorización para efectuar los servicios aéreos*". El preámbulo del Real Decreto-ley 38/2020 explica que se diseña un sistema en el que se conceda *una autorización por un tiempo* a un operador aéreo para realizar una serie de vuelos con unas condiciones determinadas, sin requerir una autorización en cada vuelo. Dado el grado de confianza en los sistemas de evaluación de la seguridad operacional que se ha establecido en los últimos años a nivel europeo se considera que no es necesario, como norma general, una aprobación de los servicios aéreos *vuelo a vuelo*, sino que esta aprobación, necesaria para regular las operaciones realizadas por operadores extranjeros en defensa de la soberanía nacional, puede adoptar otras modalidades más globales y ágiles, cuestión que cobra especial relevancia teniendo en cuenta el importante número de operaciones aéreas que se desarrollan en nuestro país con el Reino Unido.

En concreto, si se trata de *operaciones comerciales en avión*, la Agencia Estatal de Seguridad Aérea informa como sigue en el documento "Principios generales para la autorización de operaciones aéreas comerciales (en https://bit.ly/3FyVgw2, consultado el 19 de mayo de 2023). A diferencia del Convenio de Chicago y la Ley de navegación aérea, que aluden a una aeronave con matrícula extranjera, el criterio de la Agencia Española de Seguridad Aérea no es la matrícula de la aeronave en un país extranjero, sino tratarse en una compañía establecida en dicho país extranjero. Normalmente, la compañía operará con aeronaves de su propio país, pero son frecuentes las excepciones (por ejemplo, aeronave arrendada por breve espacio de tiempo por razones de urgencia). Por consiguiente, la *Agencia Estatal de Seguridad Aérea focaliza el criterio en la nacionalidad de la "compañía aérea" y no en la matrícula de la aeronave que ostenta.*

España permite las operaciones comerciales no regulares a compañías aéreas pertenecientes a Estados firmantes del Convenio de Chicago, siempre que dicho Estado aplique un trato recíproco a las compañías españolas. Si se trata de operaciones no regulares de sobrevuelo y escala técnica, sin ejercicio de derechos de tráfico en territorio español, realizadas por compañías domiciliadas en Estados parte del Convenio de Chicago y del Acuerdo de tránsito, *no precisan autorización comercial. No obstante, dichas operaciones deben ser notificadas a la Agencia Estatal de Seguridad Aérea,* que podrá solicitar la presentación de documentos que considere necesario (prueba de seguro, aeronavegabilidad...). Si la operación incluye una escala técnica, deberá contar también con la autorización del aeropuerto afectado.

Las operaciones no regulares incluidas en el Acuerdo multilateral sobre derechos comerciales de los servicios aéreos no regulares en Europa, hecho en París en 1956, tienen un régimen distinto. En vigor desde el 21 de agosto de 1957, cuenta con 24 Estados parte, entre ellos España. De ámbito europeo, es un tratado internacional entre Estados, pues es normal que entre países colindantes haya más posibilidades de que las compañías de cada uno de estos países necesiten aterrizar con sus aeronaves en otros países europeos. El caso más típico es el taxi aéreo de la aviación corporativa. En virtud del Acuerdo de París de 1956, los Estados parte convienen en admitir libremente en sus territorios respectivos, para el embarque o desembarque de tráfico, a las aeronaves civiles matriculadas en otro Estado parte que sea explotada por un nacional de uno de ellos, debidamente autorizado y que realice vuelos internacionales por remuneración o alquiler distintos a los regulares internacionales si son vuelos humanitarios o de necesidad urgente; servicios de taxis aéreos ocasionales de menos de 7 pasajeros; transportes en aviones arrendados en su capacidad total por una sola persona, sin reventa; vuelos aislados de no más de una vez al mes; servicios entre regiones que no tengan enlace razonablemente directo mediante servicios regulares, y: transporte exclusivo de mercancías.

Las aeronaves matriculadas en los Estados firmantes de dicho Acuerdo pueden sobrevolar y entrar en los aeropuertos de otros Estados parte, sin necesidad de permiso especial, pero deberán notificar la operación, en cualquier caso.

La Agencia Estatal de Seguridad Aérea añade que las operaciones de taxi aéreo y otras operaciones no regulares pertenecientes a la categoría de vuelos establecidos en el Acuerdo Multilateral realizadas por operadores de países firmantes NO requieren autorización previa, cuando se trata de servicios programados, con derechos de tráfico de tercera y cuarta libertad entre el país de la nacionalidad de la compañía peticionaria y España. No obstante, deben *notificar la operación*, en cualquier caso. Si la operación implicase la explotación de derechos de tráfico distintos a los anteriores, deberá siempre solicitarse autorización previa a su realización.

6.3. *Operaciones con terceros Estados: 5ª, 6ª y 7ª libertades comerciales*

La Agencia Española de Seguridad Aérea informa que, en principio, las operaciones no regulares de pasajeros realizadas por aeronaves pertenecientes a otros Estados, que además de dicho Estado y España, afecten a un tercer o más Estados en los que se realice escala comercial (lo que en servicios regulares se conoce como la 5ª, 6ª y 7ª libertades del aire) NO están permitidas, salvo que se autorice excepcionalmente.

Las operaciones exclusivas de carga que afecten a terceros Estados (5°, 6° y 7ª libertades del aire), también están sujetas a autorizaciones excepcionales, no obstante, la política aplicada es más flexible y deben ser estudiadas caso por caso, como informa la Agencia Estatal de Seguridad Aérea.

6.4. *Operaciones aéreas no comerciales*

La Agencia Estatal de Seguridad Aérea indica que las operaciones no comerciales de aviación privada y deportiva no requieren de un permiso comercial de tráfico y no están sujetas a los procedimientos dispuestos por la propia Agencia. Típicamente son operaciones no regulares. En todo caso, aunque fuesen regulares, están exentas de permiso.

La autorización de operaciones aéreas no regulares de trabajos aéreos (fotografía, extinción de incendios), vuelos especiales (escuela, calibración...), operaciones cuando la aeronave necesita un *Special Permit to Flight*, están sujetas a procedimientos específicos y requieren autorizaciones especiales.

Los vuelos de Estado están exentos del ámbito de aplicación de la AESA. Son competencia del Ministerio de Asuntos Exteriores, Unión Europea y Cooperación.

7. DERECHOS DE TRÁFICO AÉREO REGULAR COMERCIAL

A la hora de pactar qué libertades del aire se reconocen los Estados contratantes del Convenio de Chicago recíprocamente, se distingue entre si la aeronave de otro Estado contratante va a prestar "servicios aéreos no regulares" o "servicios aéreos regulares". Los requisitos para operar en el espacio aéreo y territorio de otro Estado cambian. Resulta comprensible, pues no es lo mismo para un Estado admitir la entrada esporádica de una aeronave extranjera, que aceptar que dicha aeronave va a dedicarse reiteradamente a utilizar un territorio de otro Estado como base de operaciones. Es la habitualidad, la existencia o no de un itinerario fijo y repetido, el parámetro que determina la aplicación de un régimen jurídico u otro: para operaciones aéreas no regulares o para servicios aéreos regulares.

En España, el art. 67 Ley de navegación aérea considera tráfico aéreo regular "*el prestado para el transporte comercial de pasajeros, correo o carga y con arreglo a tarifas, itinerario y horarios fijos de conocimiento general. Será tráfico aéreo eventual o no regular cualquier otro de carácter comercial no comprendido en el párrafo anterior*".

En la Unión Europea, se ha fijado un criterio uniforme de lo que ha de entenderse en todos los Estados miembros por servicio aéreo regular y no regular en el Reglamento (CE) 1008/2008. Se entiende como *servicio aéreo regular* "*una serie de vuelos que reúna todas las características siguientes: a) en cada vuelo haya asientos o capacidad de carga disponibles para su adquisición de manera individual por el público (ya sea directamente a la compañía aérea o a través de sus agentes autorizados); b) que esté organizado de suerte que garantice el tráfico entre los dos mismos o más aeropuertos, bien de acuerdo con un horario publicado, o bien con una regularidad o frecuencia tales que constituyan una serie sistemática evidente*" (art. 2.16). Por descarte, *servicio aéreo no regular* es un vuelo no incluido en la definición anterior.

En la Conferencia de Chicago de 1944, no hubo acuerdo entre los Estados para abrir los mercados nacionales a aeronaves extranjeras. Ni en 1944 ni ahora la liberalización es la norma general, sino la excepción. El proteccionismo nacional se manifiesta en el art. 6 Convenio de Chicago, al señalar que "*ningún servicio aéreo internacional regular podrá explotarse en el territorio o sobre el territorio de un Estado parte, excepto con la autorización de dicho Estado*". Por tanto, el Convenio de Chicago no es de por sí suficiente para legitimar el establecimiento de líneas regulares por aeronaves extranjeras en otros países distintos del Estado que le ha concedido la matrícula.

En la práctica, la autorización se ha plasmado, como regla general, en convenios internacionales bilaterales entre Estados. Por ejemplo, un convenio bilateral específico entre Argelia y Egipto. Se trata de un acuerdo diplomático internacional entre ambos países para fijar las condiciones en que las respectivas aerolíneas autorizadas por cada país (no se usa el criterio de la matrícula de la aeronave) van a operar *de forma regular* sobre el espacio aéreo y aeropuertos del otro país.

Si se compara con el art. 5 Convenio de Chicago, de los servicios aéreos no regulares, se observa que el art. 6 Convenio de Chicago no reconoce ninguna de las cuatro libertades del aire a los servicios aéreos regulares: ni sobrevolar, ni hacer paradas no comerciales, ni desembarcar, ni embarcar pasajeros, carga o correo. Ningunas de estas libertades se permiten para los vuelos regulares, sin la autorización de dicho país. En conclusión, el art. 6 Convenio de Chicago no prevé ninguna base legal de la que se pueda interpretar que los Estados parte del Convenio de Chicago consienten en admitir el establecimiento de servicios aéreos internacionales regulares en su soberanía, sin una autorización estatal.

Dempsey (págs. 520-521) recuerda que, en la Conferencia de Chicago de 1944, se enfrentó el proteccionismo europeo frente a las ansías de liberalización de los Estados Unidos de Norteamérica. Vista la imposibilidad de llegar a un acuerdo sobre servicios regulares en esta materia que pusiese de acuerdo con todos los Estados presentes en la Conferencia de Chicago de 1944, y para no poner en riesgo el consenso alcanzado en otras materias en el Convenio de Chicago, se siguió la técnica siguiente:

- Se aprobó el texto del Convenio de Chicago, que los Estados podían ratificar, como lo han hecho de forma mayoritaria.
- Se aprobaron dos textos complementarios al Convenio de Chicago: 1°) El Acuerdo de tránsito y, 2°) El Acuerdo de transporte aéreo internacional, que necesitaban cada uno de una ratificación especial y distinta de cada Estado interesado a la ratificación del Convenio de Chicago. Los Estados podían ratificar uno o los dos, independiente-

mente del Convenio de Chicago, y con la finalidad de suministrar una base legal para establecer líneas regulares.

- Se analizan a continuación ambos Acuerdos internacionales.

7.1. *El Acuerdo de tránsito de los servicios aéreos internacionales: 1ª y 2ª libertades técnicas*

El conocido como "Acuerdo de tránsito" se hizo en Chicago el 7 de diciembre de 1944. Entró en vigor el 30 de enero en 1945. España lo ratificó y fue publicado en la *Gaceta Oficial* española de 14 de marzo de 1947. Muchos otros países lo han ratificado: la Organización de la Aviación Civil Internacional lo cifra en 135 Estados, a 19 de mayo de 2023 (https://bit.ly/3MHWUhJ).

En base al Acuerdo de tránsito, cada Estado contratante reconoce a los demás Estados contratantes las siguientes libertades del aire respecto a servicios aéreos internacionales sujetos a itinerario fijo:

1ª. El privilegio de volar sobre su territorio, sin aterrizar (1ª libertad del aire).

2ª. El privilegio de aterrizar para fines no comerciales (2ª libertad del aire).

A pesar de la gran aceptación internacional del Acuerdo de tránsito, no se puede imponer su contenido a los Estados soberanos que no lo han aceptado. Así, no son parte de este Convenio algunos Estados, como Rusia, Canadá, China, Indonesia y algunos otros. Esto significa que una compañía aérea extranjera no puede imponer a estos Estados soberanos ni siquiera las dos primeras libertades en vuelos regulares. Si un Estado no es parte del Acuerdo de tránsito significa que las compañías extranjeras deben estar autorizadas para utilizar el espacio y el territorio de ese Estado de forma regular. Si no hay autorización, lo tendrán prohibido en base al principio de soberanía. Por tanto, los derechos de sobrevuelo y de escala no comercial de vuelos regulares deben negociarse mediante convenios bilaterales con el Estado de la compañía aérea extranjera o mediante autorizaciones administrativas especiales.

7.2. *Fracaso del Acuerdo sobre transporte aéreo internacional*

El Acuerdo sobre transporte aéreo internacional, hecho en Chicago el 7 de diciembre de 1944, es conocido como el "Acuerdo de las cinco libertades". También fue ideado en 1944 como anexo al Convenio de Chicago. Sin embargo, a diferencia del Acuerdo de tránsito, ha sido una técnica fracasada, pues sólo ha sido ratificado por 11 Estados, según la Organización de la Aviación Civil Internacional (a 19 de mayo de 2023, https://bit.ly/3BJUKc1). Entró en vigor el 8 de febrero de 1945.

Una utilidad de este acuerdo es que identifica la "libertades del aire", pero no usa este nombre, y las define. Dice el texto del Acuerdo de transporte que cada uno de los Estados contratantes reconoce a los demás Estados contratantes las cinco libertades del aire, respecto a servicios aéreos internacionales regulares o sujetos a itinerario fijo:

- 1ª El privilegio de volar sobre su territorio sin aterrizar;
- 2ª El privilegio de aterrizar para fines no comerciales;
- 3ª El privilegio de desembarcar pasajeros, correo y carga tomados en el territorio del Estado cuya nacionalidad posee la aeronave;
- 4ª El privilegio de tomar pasajeros, correo y carga destinados al territorio del Estado cuya nacionalidad posee la aeronave;
- 5ª El privilegio de tomar pasajeros, correo y carga destinados al territorio de cualquier otro Estado contratante, y el privilegio de desembarcar pasajeros, correo y carga procedentes de cualesquier Estado contratante.

La 5ª libertad del Acuerdo sobre transporte ha topado con el proteccionismo de la mayoría de los Estados de sus aerolíneas nacionales ("de bandera"), que han gozado tradicionalmente de privilegios en cada país. Por ello, en vez de a través de un convenio multilateral entre Estados, como pretendía el Acuerdo de transporte aéreo internacional, la 5ª libertad sólo se permite bajo condiciones de reciprocidad y de acuerdo con convenios bilaterales pactados entre los dos Estados interesados (por ejemplo, líneas aéreas regulares entre Japón y China) o con otros convenios multilaterales (por ejemplo, el de Cielos Abiertos entre la Unión Europea y Estados Unidos de Norteamérica).

La clave inicial de la liberalización es la 5ª libertad: que un Estado acepte que la compañía aérea extranjera goce de esta libertad para utilizar su territorio nacional como base de operaciones con terceros países. Al tráfico directo (3ª y 4ª libertad), la 5ª libertad añade que la compañía aérea con derecho de tráfico está legitimada para embarcar pasajeros, carga o correo en el Estado extranjero y transportarlos a un tercer Estado y viceversa. Por ejemplo, antes Iberia sólo llegaba a Guatemala y allí era necesario cambiar a Taca para alcanzar El Salvador. Hoy, gracias a la 5° libertad vigente entre España y Guatemala, Iberia ya llega a El Salvador, embarcando pasajeros en Guatemala con destino a El Salvador. Normalmente, los Estados son más receptivos a admitir la 5ª libertad para mercancía y correo, pero no para pasajeros, para preservar la preponderancia de sus compañías aéreas en su territorio.

En conclusión, a pesar del fracaso en el número de ratificaciones del Acuerdo sobre el transporte aéreo internacional, la 5ª libertad se concede entre Estados con frecuencia, pero no mediante un acuerdo multilateral entre países, sino caso por caso, bilateralmente entre cada par de Estados. Son los convenios bilaterales de derechos de tráfico regular, que se analizan seguidamente.

7.3. *La concesión recíproca de derechos de tráfico regular en convenios bilaterales: aerolíneas designadas y acreditadas*

La mayoría de los derechos de tráfico *regular* se intercambian bilateralmente entre dos Estados. Significa que un Estado otorga el "derecho de tráfico" a una o varias compañías aéreas extranjeras para que empleen su territorio nacional como base de operaciones de transporte comercial de pasajeros, carga o correo con carácter regular y no esporádico. Normalmente se hace, si es posible, con criterios de reciprocidad, si ambos Estados disponen de compañías aéreas nacionales. Los términos en que entre dos Estados se otorgan derechos de tráfico a las respectivas compañías extranjeras son de libre decisión y acuerdo. Ningún Estado está obligado a ser parte de dichos Convenios bilaterales con otro Estado, ni tampoco el contenido legal de los derechos de tráfico está predeterminado. Es decisión del acuerdo entre Estados. El contenido varía según cada convenio o acuerdo bilateral entre Estados.

Los convenios bilaterales exigen que las compañías aéreas domiciliadas en un Estado parte y que van a explotar los servicios hayan sido "designadas" formalmente por la autoridad competente de dicho Estado parte. Es decir, la compañía interesada en que se le reconozca el derecho de tráfico con otro Estado distinto al de su nacionalidad, ha de ser designada por su propio Estado para operar regularmente una ruta internacional. El Estado puede sustituir por otra a una empresa previamente designada. Esta designación especifica el alcance de la autorización concedida a cada compañía aérea en relación con la explotación de los servicios convenidos. El proceso de designación de las compañías aéreas por su propia autoridad aeronáutica nacional depende de las normas nacionales o internacionales que sean de aplicación.

Una vez concluido el procedimiento administrativo de designación interna, se comunica, previa solicitud de la compañía aérea designada, al Estado concedente. Éste otorga a la compañía extranjera designada (o designadas, si hay varias) el derecho de tráfico para que pueda utilizar su territorio con fines comerciales y *en los términos del Convenio bilateral*. Se cumple así con la exigencia del art. 6 Convenio de Chicago: "ningún servicio aéreo internacional regular podrá explotarse en el territorio o sobre el territorio de un Estado parte, *excepto con la autorización de dicho Estado*".

Además, los Convenios bilaterales suelen prever que las autoridades aeronáuticas de cada Estado puedan exigir que las compañías aéreas designadas del otro Estado contratante demuestren previamente que están en condiciones de cumplir con las obligaciones establecidas en las leyes y reglamentos normal y razonablemente aplicados por dichas autoridades para la explotación de los servicios aéreos internacionales. Esto supone que, además de la "designación" del Estado del domicilio de la compañía aérea, sea preceptiva la "acreditación" por parte del Estado receptor y que finalmente emite la autorización.

La compañía aérea que no haya sido designada como titular de derechos de tráfico, quizá podrá llegar a acuerdos de código compartido con la compañía que sí tenga derechos de tráfico entre los Estados parte de un Convenio bilateral. Dependerá de si dicho Convenio lo admite y si la compañía designada acepta este acuerdo con otras compañías aéreas.

7.4. Un modelo de acuerdo bilateral: el Acuerdo angloamericano de las Bermudas de 11 de febrero de 1946

Este Acuerdo entre el Reino Unido y Estados Unidos de Norteamérica es considerado el modelo tipo de este período de bilateralismo aéreo y ha sido imitado en otros muchos celebrados entre otros países que reproducen sus términos. A diferencia del Convenio de Chicago, que pivota sobre la matrícula de la aeronave, el Acuerdo de Bermudas se centra sobre la nacionalidad de la compañía aérea.

a) Cada país designa a una compañía para que haga el tráfico en las rutas establecidas con puntos de origen, intermedios, de destino y puntos más allá.
b) Capacidad y frecuencias: se deja a la discreción de las compañías, aunque puede haber algunos condicionantes, como un número máximo de capacidad y/o frecuencias autorizadas.
c) Tarifas, fijadas unilateralmente por las compañías, sujetas a aprobación en 30 días por cada uno de los Estados, y, hasta 1960, remitían al sistema de fijación de tarifas de la Asociación Internacional del Transporte Aéreo (IATA).
d) No discriminación y libre competencia; las tasas de aeropuerto no deben ser más altas que para las compañías nacionales, así como para el petróleo importado, tasas de inspección, de aduana y otros impuestos, no menos favorables que para las compañías nacionales.
e) Resolución de disputas; llamada a consultas y remisión del problema a la Organización de la Aviación Civil Internacional.
f) Rescisión del acuerdo. La conclusión del tratado con una antelación mínima de un año. Asimismo, todos los países afectados por una ruta entran en las negociaciones bilaterales complementarias a fin de que los puntos intermedios también puedan ser explotados.

Gran Bretaña denunció el Acuerdo de Bermudas en 1976. "Bermudas II" de 23 de julio de 1977, renueva el acuerdo e incluye también un acuerdo complementario de 25 de abril de 1978, a modo de anexo 4 al artículo 14, para fijar la necesidad de un "permiso" para los vuelos no regulares.

7.5. Derechos de tráfico disponibles para operar servicios aéreos regulares entre España y un Estado extracomunitario: designación, acreditación y programación

Los derechos de tráfico disponibles son de gran interés empresarial para las compañías aéreas. En España, la Dirección General de Aviación Civil del Ministerio de Transportes, Movilidad y Agenda Urbana publica los derechos de tráfico regular que España tiene negociados con países que no son miembros de la Unión Europea: https://bit.ly/3TrEuo9, consultada en 19 de mayo de 2023.

La mayoría son acuerdos bilaterales entre España y el país extracomunitario. Otros son acuerdos multilaterales, como los celebrados entre los países de la Unión Europea con los países del Espacio Económico Europeo

(Islandia, Liechtenstein, Noruega), con los países de la Zona Europea Común de Aviación (Serbia, Ucrania, Montenegro, Bosnia, Albania), o acuerdos globales entre la Unión Europea y sus Estados miembros con un tercer país, como Canadá, Estados Unidos o Israel.

Por ejemplo, a 16 de mayo de 2023, la Dirección General de Aviación Civil del Ministerio de Transporte, Movilidad y Agenda Urbana ha iniciado un "Procedimiento para la asignación de derechos de tráfico disponibles para operar servicios aéreos en el mercado España – Venezuela", y lo publica con este contenido:

> *"Dos (2) frecuencias semanales a operar según el siguiente cuadro de rutas entre España y Venezuela, con derechos de tráfico de 3ª y 4ª libertad: Puntos en España – Caracas y dos puntos adicionales en Venezuela que serán elegidos libremente, vía San Juan de Puerto Rico, y puntos más allá a Bogotá, Quito y/o Guayaquil, Lima, La Paz, Santiago de Chile, en ambas direcciones".*

Otros convenios admiten la 5ª libertad. No ocurre en el presente ejemplo. Sería que las compañías comunitarias que opten por este mercado España –Venezuela pudiesen, con respecto a los servicios aéreos internacionales regulares, concedido por Venezuela a España dejar y recibir, en el territorio venezolano, tráfico procedente o destinado a un tercer Estado.

El anuncio de la Dirección General de la Aviación Civil para operar servicios aéreos regulares en el mercado España –Venezuela añade:

> *"Las compañías aéreas que estén interesadas en iniciar operaciones en este mercado en los próximos doce (12) meses, podrán concurrir a este procedimiento remitiendo su solicitud y proyecto operativo".*

Este procedimiento tiene naturaleza administrativa y por finalidad la "designación" de las compañías comunitarias para operar este mercado. El régimen jurídico aplicable a este procedimiento es el siguiente:

- El Acuerdo Internacional sobre el reparto de la capacidad en los servicios aéreos regulares intraeuropeos, hecho en París el 16 de junio de 1987, en vigor desde el 17 de julio de 1988, cuenta con 11 Estados parte (según OACI, a 19 de mayo de 2023, https://bit.ly/3MqqZCc), entre ellos España. Dispone que, para cada par de países, todas las empresas de transporte aéreo designadas de las dos Partes implicadas, autorizadas a operar servicios aéreos regulares entre sus territorios, presentarán a las autoridades aeronáuticas de los dos Estados, simultáneamente con sus programas de vuelo, sus propuestas de capacidad para los servicios de la temporada siguiente. Estas propuestas se presentarán sesenta días antes del comienzo de esa temporada. Por capacidad se entiende el número de asientos ofrecidos en los servicios aéreos regulares en una temporada de tráfico determinada.

- El Acuerdo Internacional sobre el procedimiento aplicable al establecimiento de tarifas de los servicios aéreos regulares intraeuropeos, hecho en París el 16 de junio de 1987, en vigor desde el 5 de junio de 1988, cuenta con 15 Estados parte (a 19 de mayo de 2023, según OACI, https://bit.ly/43cL2KV), entre ellos España. Dispone que las tarifas aplicadas por las Empresas de transporte aéreo de las Partes del presente Acuerdo para el transporte entre sus territorios se establecerán a niveles razonables.
- En cuanto al Derecho español, el art. 88 Ley de navegación aérea, tal y como ha sido modificado por el Real Decreto-ley 38/2020, dice que los servicios aéreos españoles para el tráfico internacional, de carácter regular, se establecerán mediante convenios con los Estados interesados. Los permisos o concesiones a empresas extranjeras para efectuar ese mismo tráfico se otorgarán normalmente bajo el principio de reciprocidad y sin perjuicio para los servicios nacionales. El Real Decreto 1678/2011, de 18 de noviembre, regula la información sobre los derechos de tráfico aéreo procedentes de los acuerdos con terceros Estados en los que España sea parte y el régimen de su ejercicio, es la norma de referencia en España.

La Agencia Estatal de Seguridad Aérea informa como sigue en el documento "Principios generales para la autorización de operaciones aéreas comerciales (en https://bit.ly/3FyVgw2, consultado el 19 de mayo de 2023):

Designación: En general las operaciones aéreas regulares internacionales están sujetas a la existencia de un Convenio o Acuerdo de transporte aéreo en vigor entre España (y/o la Unión Europea) y el otro país afectado. La mayoría de estos acuerdos exigen que las compañías aéreas de cada Parte que van a explotar los servicios hayan sido designadas formalmente por la autoridad competente de dicha Parte. En consecuencia, las compañías aéreas que deseen iniciar o reanudar operaciones de carácter regular en España, deberán ser previamente designadas por su autoridad aeronáutica, salvo que el acuerdo aplicable indique lo contrario.

Acreditación: Para poder realizar operaciones aéreas comerciales regulares, las compañías aéreas de terceros países (países no pertenecientes a la Unión Europea) además de la designación por su país, tienen que acreditarse ante la Agencia Estatal de Seguridad Aérea. El procedimiento de acreditación está regulado por el Real Decreto 1392/2007 de 29 de octubre

Programación: 30 días antes del inicio de las operaciones las compañías aéreas designadas y acreditadas han de presentar el programa completo de vuelos previsto para la temporada la Asociación Internacional del Transporte Aéreo (IATA) correspondiente. AESA analizará el programa y si es conforme al acuerdo o acuerdos que sean de aplicación, especialmente en lo que respecta a rutas, frecuencia de operación y capacidad, emitirá la autorización comercial correspondiente.

7.6. *Fin de las "Compañías de bandera" en el ámbito europeo. Derecho de acceso no discriminatorio al mercado*

Los arts. 73 y 74 Ley de navegación aérea disponen que las concesiones de servicios regulares por líneas determinadas se otorgan mediante concurso público a compañías de nacionalidad española. La limitación a las compañías, por razón de su nacionalidad española, es contraria al Derecho comunitario. De acuerdo con el principio de primacía del Derecho comunitario, se impone que también puedan participar otras compañías aéreas comunitarias con licencia expedida por una autoridad aeronáutica de otro Estado miembro de la Unión Europea. Por ello, aunque los arts. 73 y 74 Ley de navegación aérea restrinjan la concesión de servicios regulares a empresas *españolas*, y la norma no haya sido formalmente derogada, ha de ser interpretada de acuerdo con las normas europeas.

La liberalización del transporte en la Unión Europea supone que es discriminatorio tratar de forma diferente a una compañía aérea autorizada, por ejemplo, en Francia y a otra, autorizada en España, si las dos tienen establecimientos en España. Las compañías aéreas autorizadas para operar por un Estado miembro de la Unión Europea, y que cuenten con un establecimiento en otro Estado miembro, pueden concurrir en el concurso para ser designada como compañía en el convenio con un tercer país.

En concreto, el Tribunal de Justicia de las Comunidades Europeas, en sentencia de 5 de noviembre de 2002, dispuso lo siguiente: en virtud del derecho de libre establecimiento de las normas comunitarias, ningún Estado miembro de la Comunidad Europea puede concluir un acuerdo bilateral de transporte que excluya a una "compañía comunitaria" (autorizada por otro país de la Comunidad) de la posibilidad de ser designada para disponer de los derechos de tráfico previstos en el acuerdo bilateral. La libertad de establecimiento y la libre prestación de servicios, recogidas en el Tratado de Funcionamiento de la Unión Europea y reforzadas a través de la jurisprudencia del Tribunal de Justicia de la Unión Europea, garantizan la movilidad de empresas y profesionales en la Unión. Se empezó a acabar así con el privilegio de exclusividad de la "compañía de bandera" sobre los vuelos que llegan y salen del territorio nacional.

La Organización de la Aviación Civil Internacional en 2003 preparó un modelo de cláusula para incluir en los convenios bilaterales centrada en el criterio de establecimiento, sobre el "principal lugar de negocios" o "efectivo control" o "residencia permanente" de la compañía aérea, ya no en la "nacionalidad".

El Reglamento (CE) 847/2004, de 29 de abril, sobre la negociación y aplicación de acuerdos de servicios de transporte aéreo entre Estados miembros y países terceros, indica que el establecimiento en el territorio de un Estado miembro implica el ejercicio efectivo y real de la actividad de transporte aéreo conforme a disposiciones estables; la forma jurídica de dicho establecimiento, sea una sucursal o una filial con personalidad jurídica, no debe ser el factor determinante a este respecto. Cuando una empresa esté establecida en el territorio de varios Estados miembros, de acuerdo con lo definido en el Tratado, debe asegurar, para evitar que se eluda la legislación nacional, que cada uno de los establecimientos cumple las obligaciones que, de conformidad con el Derecho comunitario, les pueda imponer la legislación nacional aplicable a sus actividades (punto 10 del Preámbulo).

Asimismo, la Unión Europea ha adoptado numerosos acuerdos con terceros países para modificar los acuerdos bilaterales sobre servicios aéreos que cada Estado de la Unión Europea tenía bilateralmente con terceros Estados y que sólo admitían una compañía nacional como posible designada. Estos acuerdos bilaterales son contrarios, sólo en este punto, a la legislación comunitaria. En concreto, porque reservan a sus nacionales y compañías aéreas nacionales las rutas regulares con terceros países. Ahora puede optar en el concurso público para ser designado cualquier nacional o compañía de un Estado miembro de la Unión Europea. El Estado designador exige que esté establecido en su país.

Otra exigencia del Derecho de la Unión Europea es que en las compañías comunitarias (que pudiesen ser así "designadas"), más del 50% de la propiedad de la compañía, así como su control efectivo (ya sea directo, a través de una o varias empresas intermediarias), recaigan en los Estados miembros o sus nacionales, salvo que se disponga otra cosa en acuerdos celebrados con terceros países en los que la Comunidad sea parte [art. 4.f Reglamento (CE) 1008/2008]. Los extracomunitarios no pueden ser propietarios únicos de compañías con licencia comunitaria. El proteccionismo aún pervive, en conclusión, pero ahora es europeo y no sólo español, francés, etc.

De acuerdo con el mismo Reglamento (CE) 1008/2008, las compañías aéreas comunitarias serán autorizadas por el Estado o Estados miembros interesados a combinar servicios aéreos y concertar acuerdos de código compartido con cualquier compañía aérea para servicios aéreos que tengan por origen, destino o lugar de tránsito cualquier aeropuerto situado en su territorio y cualquier punto o puntos situado en terceros países (art. 15.5).

8. ACUERDO DE CIELOS ABIERTOS ENTRE ESTADOS UNIDOS DE NORTEAMÉRICA Y LOS ESTADOS DE LA UNIÓN EUROPEA

Entre la Comunidad Europea y los Estados miembros y los Estados Unidos de Norteamérica no rigen los convenios bilaterales, sino el acuerdo multilateral denominado de "Cielos Abiertos" (*Treaty on Open Skies*).

El Acuerdo de Cielos Abiertos ha sido aprobado mediante Decisión 2007/339/CEE del Consejo y de los Representantes de los Gobiernos de los Estados miembros de la Unión Europea, de 25 de abril de 2007, relativa a la firma y la aplicación provisional del Acuerdo de transporte aéreo entre la Comunidad Europea y sus Estados miembros, por una parte, y los Estados Unidos de América, por otra. En vigor desde el 30 de marzo de 2008.

El llamado Acuerdo de Cielos Abiertos contiene una concesión recíproca entre los Estados Unidos y los Estados del Espacio Aéreo Común Europeo. El Acuerdo prevé la apertura total de las rutas transatlánticas a las compañías aéreas de la Unión Europea y los Estados Unidos.

Entre otro contenido esencial, el Acuerdo permite que las compañías aéreas de la Unión Europea:

- Operen vuelos a los Estados Unidos desde cualquier aeropuerto de la Unión Europea, independientemente de su lugar de establecimiento dentro de la Unión Europea (concepto de «transportista comunitario»)

- Operen rutas internacionales entre la Unión Europea y los Estados Unidos (3ª y 4ª Libertad) y rutas fuera de la Unión Europea y los Estados Unidos (5ª libertad), sin restricciones en el número de vuelos o tipo de aeronave.
- Operen con derechos ilimitados de 7ª libertad en los servicios de carga. Concede el derecho a transportar mercancías entre el territorio de los Estados Unidos de Norteamérica (para las compañías comunitarias) o de la Unión Europea (para las compañías norteamericanas) y cualquier tercer Estado. Por tanto, no es exigible incluir en tal operación cualquier punto de la Unión Europea o de Estados Unidos de Norteamérica, respectivamente, donde la compañía tenga su domicilio.
- Operen con derechos de 7ª libertad en los vuelos de servicios de transporte de pasajeros entre los Estados Unidos y cualquier punto del Espacio Aéreo Común Europeo (aunque no se conceden tales derechos a las compañías aéreas de los Estados Unidos).

Asimismo, prevé un código compartido ilimitado (cuando dos o más compañías aéreas pueden compartir el mismo vuelo) y nuevas oportunidades para que las compañías aéreas de la UE proporcionen tripulación a las aeronaves (en régimen de arrendamiento con tripulación) para las compañías aéreas estadounidenses en rutas internacionales.

Tiene pendiente de negociarse la liberalización del cabotaje norteamericano-europeo (8º y 9ª libertad).

Noruega e Islandia se adhirieron en 2011 al Acuerdo de Cielos Abiertos, aunque no sean parte de la Unión Europea.

Por último, no hay que confundir el Acuerdo de Cielos Abiertos (*Open Skies*) con el Cielo Único Europeo (*Single European Sky*), sobre servicios de navegación aérea en Europa y del que se trata en el capítulo IV.

9. CABOTAJE NACIONAL, LIBERALIZACIÓN DE LAS RUTAS AÉREAS INTRACOMUNITARIAS Y 5ª LIBERTAD. MERCADO CON EL REINO UNIDO TRAS EL BREXIT

El art. 7 Convenio de Chicago, sobre "cabotaje", reconoce el derecho de cada Estado a prohibir a aeronaves de los demás Estados contratantes el permiso de embarcar en su territorio pasajeros, correo o carga para transportarlos, mediante remuneración o alquiler, con destino a otro punto situado en su territorio.

El art. 68 Ley de navegación aérea define el tráfico de "cabotaje" como aquel que comprende todo transporte de pasajeros, carga o correo que se realice entre lugares de soberanía española. El cabotaje nacional es, por tanto, el vuelo nacional, dentro de un Estado concreto. El art. 71 Ley de navegación aérea señala que el cabotaje nacional se reserva a empresas españolas y el art. 83 añade que las aeronaves extranjeras no pueden efectuar transporte de cabotaje. Estos preceptos de la Ley de navegación aérea, que no han sido formalmente derogados, han de interpretarse a la luz del Derecho comunitario, que obliga al Estado español. Con efectos desde el 1 de abril de 1997, la normativa europea de liberalización ha revolucionado el panorama aéreo europeo y es la causa esencial del auge del *low cost* europeo y el fin del monopolio de las compañías de bandera a nivel interno.

En concreto, el Reglamento (CE) 2408/1992, de 23 de julio, relativo al acceso de las compañías aéreas de la Comunidad a las rutas aéreas intracomunitarias liberalizó el cabotaje comunitario en la Unión Europea de servicios regulares y no regulares. Su art. 3.1 impuso que los Estados miembros de la Comunidad Europea:

> "*autorizarán a las compañías aéreas comunitarias el ejercicio de derechos de tráfico en las rutas intracomunitarias*".

Se trataba de permitir lo que hoy es una realidad. Por ejemplo, que la compañía irlandesa Ryanair explote la línea Barcelona-La Coruña, compitiendo con Iberia o Vueling.

El Reglamento (CE) 2408/1992 ha sido derogado y sustituido por el Reglamento (CE) 1008/2008 de 24 de septiembre, sobre normas comunes para la explotación de servicios aéreos en la Comunidad. Su art. 1 reconoce

> "*el derecho de las compañías aéreas comunitarias a explotar servicios aéreos intracomunitarios y la fijación de precios de los servicios aéreos intracomunitarios*"

El art. 15.4 Reglamento (CE) 1008/2008 añade que "*Al explotar servicios aéreos intracomunitarios, toda compañía aérea comunitaria podrá combinar servicios aéreos y concertar acuerdos de código compartido, sin perjuicio de la normativa comunitaria de competencia aplicable a las empresas*".

En aplicación del Derecho comunitario, la Agencia Estatal de Seguridad Aérea, en el documento "Principios generales para la autorización de operaciones aéreas comerciales (en https://bit.ly/3FyVgw2, consultado el 19 de mayo de 2023), informa que el Reglamento 1008/2008, de 24 de septiembre, sobre normas comunes para la explotación de servicios aéreos en la Comunidad, dispone que las compañías aéreas con licencia comunitaria tienen libre acceso a las rutas aéreas intracomunitarias. Por tanto, las compañías aéreas comunitarias no tendrán que presentar solicitudes de autorización para sus servicios intracomunitarios. Está previsto en el art. 15.1 Reglamento 1008/2008.

Además de la libertad de acceso a las rutas intracomunitarias, entre Estados miembros de la Unión Europea, rige la 5ª libertad. El art. 15.5 Reglamento (CE) 1008/2008 señala que las compañías aéreas comunitarias serán autorizadas por el Estado o Estados miembros interesados a combinar servicios aéreos y concertar acuerdos de código compartido con cualquier compañía aérea para servicios aéreos que tengan por origen, destino o lugar de tránsito cualquier aeropuerto situado en su territorio y cualquier punto o puntos situado en terceros países.

En conclusión, como señala el citado documento de AESA: "*las compañías aéreas comunitarias no tendrán que presentar solicitudes de autorización para sus servicios intracomunitarios, y solo deberán solicitar la autorización de los servicios que pretendan realizar desde, hacia o vía España a terceros países, incluso cuando actúen solo como comercializadoras en régimen de código compartido*".

Por lo que respecta al mercado entre la Unión Europea y el Reino Unido, tras el Brexit, ambas partes intercambian derechos de trafico de 3ª y 4ª libertades del aire estableciéndose un cuadro de rutas típico de un convenio tipo Bermudas 2 con acceso ilimitado desde el Reino Unido a cualquier punto en la Unión Europea y para las compañías comunitarias, acceso desde la Unión Europea a cualquier punto en el Reino Unido. En carga se pueden llegar a acuerdos más flexibles que contemplen la 5ª Libertad del aire (art. AIRTRN.3 Acuerdo de Comercio y Cooperación entre la Unión Europea y la Comunidad Europea de la Energía Atómica y el Reino Unido de Gran Bretaña e Irlanda del Norte de 2020).

10. OBLIGACIONES DE SERVICIO PÚBLICO EN RUTAS NACIONALES

La Agencia Estatal de Seguridad Aérea, en el documento "Principios generales para la autorización de operaciones aéreas comerciales" (en https://bit.ly/3FyVgw2, consultado el 19 de mayo de 2023), añade que las compañías aéreas con licencia comunitaria tienen libre acceso a las rutas aéreas intracomunitarias, a excepción de aquellas en las que existan Obligaciones de Servicio Público (OSP) declaradas y que están sujetas a ciertas restricciones, y los vuelos comerciales entre los aeropuertos de las Islas Canarias y el aeropuerto de Gibraltar.

Si las compañías aéreas comunitarias pretenden efectuar operaciones en una ruta de Obligación de Servicio Público, deberán seguir los procedimientos que establezca al respecto la Dirección General de Aviación Civil. La base jurídica está prevista en los arts. 16 y 17 Reglamento 1008/2008.

En efecto, con la finalidad de garantizar la movilidad de los ciudadanos dentro de cada Estado, el art. 16.1 Reglamento (CE) 1008/2008 permite que un Estado miembro pueda imponer una obligación de servicio público en relación con servicios aéreos regulares entre un aeropuerto situado en la Unión Europea y un aeropuerto que sirva a una región periférica o en desarrollo o en una ruta de baja densidad. Dicha obligación se impondrá sólo para garantizar en dicha ruta una prestación mínima que las compañías no asumirían si tuvieran en cuenta el interés comercial.

Si hay varias compañías interesadas en la ruta, deben obtener una autorización solicitada a la Dirección General de la Aviación Civil y no gozan de ninguna exclusiva.

En cambio, si no hay compañías dispuestas, el Estado convoca una licitación, en donde el ganador del concurso dispone de exclusividad en la ruta y reembolso de gastos por el tiempo estipulado. Por ejemplo, en España, hay obligaciones de servicio público, prestadas por compañías con autorización o por compañías se han celebrado concursos en rutas interinsulares en Baleares o en Canarias, entre Menorca y Madrid o entre Almería y Sevilla.

11. BIBLIOGRAFÍA COMPLEMENTARIA

ÁLVAREZ MÉNDEZ, J., “Las líneas aéreas latinoamericanas en tiempos de globalización: ¿empresas estratégicas?”, en GUERRERO LEBRÓN, M. J. (Coord.), *Cuestiones actuales del Derecho aéreo,* Marcial Pons, 2012, págs. 341-352; BOTANA AGRA, M. J., “Las reglas de la competencia de la CEE y el transporte aéreo intracomunitario”, en *Derecho mercantil de la* Comunidad Económica Europea: estudios en homenaje a José Girón Tena, Consejo General de los Colegios Oficiales de Corredores de Comercio, Civitas,

1991, págs. 189-204; CÁCERES ALVARADO, R. M., "La industria europea del transporte aéreo: peculiaridades jurídico-económicas", en *Revista de Derecho del Transporte*, nº 5, 2010, págs. 43-66; CALVO CARAVACA, A. L. y CARRASCOSA GONZÁLEZ, J., "Desregulación del sector aéreo y Derecho Comunitario", en *Cuadernos de Derecho Público*, nº 4, 1998, págs. 9-64; CALVO CARAVACA, A. L. y CARRASCOSA GONZÁLEZ, J., "El Derecho Europeo de la Competencia y el transporte aéreo internacional", en CALVO CARAVACA, A. L. y AREAL LUDEÑA, S., *Seminario sobre Derecho aeronáutico, Madrid, 13-14 de mayo de 1998*, Boletín Oficial del Estado, 1999, págs. 39-174; CANGELOSI, G., "Espacio aéreo y soberanía", en GUERRERO LEBRÓN, M. J. (Coord.), *Cuestiones actuales del Derecho aéreo*, Marcial Pons, 2012, págs. 119-126; CASANOVAS IBÁÑEZ, Ó., *El transporte aéreo en la Unión Europea: de la liberalización a la protección de los consumidores*, Atelier, 2017; CERVANTES CERVANTES, M., "Evolución normativa de la liberalización del transporte aéreo en la Comunidad Europea", en *Revista jurídica de Catalunya*, nº 2, 1997, págs. 81-105; CORUJO SANSEVIERO, H., "Protección de la soberanía en el espacio aéreo en la ley con declaratoria de urgente consideración", en *Revista de derecho constitucional*, nº 1, 2021, págs. 77-90; DONATO, M., "El transporte aéreo, perspectivas de servicio público. Metamorfosis de uno de los elementos del acervo jurídico-político internacional con especial referencia a Latinoamérica", en *Revista Europea de Derecho de la Navegación Marítima y Aeronáutica*, nº 8, 1992, págs. 1361-1364; ELORZA GUERRERO, F., "La agenda social de la estrategia de aviación para Europa: balance y perspectivas", en NADAL GÓMEZ, I. (Dir.), *La aviación al servicio del desarrollo económico de la sociedad. Los nuevos retos de su regulación jurídica. XLIII Jornadas Latinoamericanas de Derecho aeronáutico y espacial*, Economist & Jurist Difusión Jurídica, 2019, págs. 665-685; ESPÍN LÓPEZ, I, "Estado de alarma en el sistema constitucional español: Espacio aéreo", en *Revista Acta Judicial*, nº 2, 2018, págs. 115-131; FERNÁNDEZ FARRERES, G. (Coord.), *Transportes y competencia: los procesos de liberalización de los transportes aéreo, marítimo y terrestre y la aplicación del derecho de la competencia*, Civitas, 2004; FERNÁNDEZ HUERTAS, J., *Estudio jurídico de la frontera aérea del estado*, Universidad Complutense de Madrid, 1984; FERNÁNDEZ SÁNCHEZ, M. J. y IZQUIERDO LLANES, G., "Regulación y competencia en el sector de transportes en España", en FERNÁNDEZ FARRERES, G. (Coord.), *Transportes y competencia: los procesos de liberalización de los transportes aéreo, marítimo y terrestre y la aplicación del derecho de la competencia*, Civitas, 2004, págs. 539-579; FOLCHI, M. O., "La condición jurídica del espacio aéreo en el Derecho Comparado", en *Revista Latinoamericana de Derecho de la Navegación Marítima y Aeronáutica*, nº 1-2, 1988, págs. 125-147; FOLCHI, M. O., "El acceso a los mercados aéreos en el ámbito latinoamericano", en

GUERRERO LEBRÓN, M. J. (Coord.), *Cuestiones actuales del Derecho aéreo*, Marcial Pons, 2012, págs. 37-61; GADEA OLTRA, F., *La liberalización del transporte aéreo y el derecho administrativo económico*, Tesis doctoral dirigida por R. Gómez-Ferrer Morant, Universidad Complutense de Madrid, 1993; GAMIR, A. y RAMOS, D., *Transporte aéreo y territorio*, Ariel Geografía, 2002; GÁNDARA MARTÍNEZ, J., *Revolución de los cielos. Claves del éxito de las aerolíneas de bajo coste*, Itaérea, 2019; GARCÍA ESCUDERO, J. M., *Las libertades del aire y la soberanía de las naciones*, CSIC, 1951; GÓMEZ PUENTE, M., "Ordenación jurídico-administrativa de los servicios de transporte aéreo", en FERNÁNDEZ FARRERES, G. (Coord.), *Transportes y competencia: los procesos de liberalización de los transportes aéreo, marítimo y terrestre y la aplicación del derecho de la competencia*, Civitas, 2004, págs. 37-202; GÓMEZ ROJO, M. E., "Antecedentes históricos y consecuencias de la política normativa relativa a la desregulación y liberalización del transporte aéreo: líneas aéreas de bajo coste", en *Revista Europea de Derecho de la Navegación Marítima y Aeronáutica*, nº 21-22, 2005, págs. 3187-3208; GONZÁLEZ FERNÁNDEZ, M. B., "La competencia libre y leal como eje de la nueva estrategia de aviación para Europa", en *Actas de derecho industrial y derecho de autor*, tomo 36, 2015-2016, ejemplar en memoria del Prof. Dr. Dr. H. C. Carlos Fernández Novoa, págs. 355-366; GONZÁLEZ SANFIEL, A. M., *Las obligaciones de servicio público en el transporte aéreo*, Iustel, 2010; GONZÁLEZ-VARAS IBÁÑEZ, S., "La liberalización comunitaria del transporte aéreo", en *Revista de Derecho Comunitario Europeo*, nº 10, 2001, págs. 611-626; GRACIA LACARRA, I., *El transporte aéreo en la Unión Europea: hacia una liberalización regulada*, AENA, 2009; GUERRERO LEBRÓN, M. J., "Derecho de la competencia, Derecho del transporte aéreo y nuevas tecnologías", en *Crónica Jurídica Hispalense: revista de la Facultad de Derecho*, nº extra 3, 2005 (Ejemplar dedicado a: Estudios Jurídicos sobre la Constitución Europea), págs. 141-146; HESSE MARTÍNEZ, G., "Carácter de ayuda otorgada por Finlandia a Finnair en el contexto de la pandemia de Covid-19 de una garantía estatal asociada a un préstamo: TG, Sala Décima, ampl., S 14 Abr. 2021. Asunto T-388/20: Ryanair/Comisión (Finnair I; Covid-19)", en *La Ley Unión Europea*, nº 92, 2021; HUGUET MONFORT, J., "Las ayudas públicas al transporte aéreo en la Unión Europea", en *Revista de Derecho del Transporte*, nº 2, 2009, págs. 71-98; IGLESIAS VÁZQUEZ, M. Á., *La política común del transporte aéreo comunitaria: Dimensión política y jurídico – constitucional*, Tesis doctoral dirigida por F. J. García Fernández, Universitat d'Alacant –Universidad de Alicante, 1999; JARNE MUÑOZ, P., "Cuestiones concurrenciales en el transporte aéreo europeo. A propósito del Reglamento (UE) 2019/712, de 17 de abril de 2019", en NADAL GÓMEZ, I. (Dir.), *La aviación al servicio del desarrollo económico de la sociedad. Los nuevos retos de su regulación jurídica. XLIII Jornadas Latinoameri-*

canas de Derecho aeronáutico y espacial, Economist & Jurist Difusión Jurídica, 2019, págs. 629-646; LLORENTE CABALLERO, A., "Medidas regulatorias en el transporte aéreo", en GUERRERO LEBRÓN, M. J. (Coord.), *Cuestiones actuales del derecho aéreo*, Marcial Pons, 2012, págs. 185-203; LÓPEZ MARTÍN, A. G., "Las competencias del Estado sobre el territorio y el espacio aéreo", en LOPÉZ MARTÍN, A. G. (Coord.), *Temas de derecho internacional público: adaptados al Espacio Europeo de Educación Superior*, Universidad Complutense de Madrid, 2011, págs. 323-358; LOUSTAU FERRÁN, F., "El transporte aéreo, servicio público y el pasajero", en *Revista Europea de Derecho de la Navegación Marítima y Aeronáutica*, nº 8, 1992, págs. 1393-1400; LUJÁN RICCHIUTI, D., "El transporte aéreo, perspectiva de servicio público", en *Revista Europea de Derecho de la Navegación Marítima y Aeronáutica*, nº 8, 1992, págs. 1401-1410; MAPELLI LÓPEZ, E., "Consideraciones sobre el Acuerdo de París regulador de los derechos comerciales de servicios aéreos no regulares", en *Revista de Instituciones Europeas*, vol. 3, nº 3, 1976, págs. 679-690; MARINA INDRIGO, A. y RODRÍGUEZ SENESE, N., "El transporte aéreo. Perspectivas de servicio público", en *Revista Europea de Derecho de la Navegación Marítima y Aeronáutica*, nº 8, 1992, págs. 1365-1368; MATURANA BIS, J., "La larga marcha de la liberalización de los cielos: el caso de estudio del transporte aéreo entre España y China", en NADAL GÓMEZ, I. (Dir.), *La aviación al servicio del desarrollo económico de la sociedad. Los nuevos retos de su regulación jurídica. XLIII Jornadas Latinoamericanas de Derecho aeronáutico y espacial*, Economist & Jurist Difusión Jurídica, 2019, págs. 647-664; MORALES RODRÍGUEZ, J. R., "Transporte aéreo y servicio público", en *Revista Europea de Derecho de la Navegación Marítima y Aeronáutica*, nº 8, 1992, págs. 1379-1392; MORALES RODRÍGUEZ, J. R., *El transporte aéreo y la Unión Europea*, Iberia, 1994; ORTIZ BLANCO, L., "Liberación y política comunitaria de defensa de la competencia en el sector del transporte aéreo", en *Anuario de la Facultad de Derecho*, nº 3, 1993-1994, págs. 189-200; PALOU BRETONES, A, *Derecho y política del transporte en la Unión Europea*, Tesis doctoral dirigida por M. Martínez Cuadrado, Universidad Complutense de Madrid, 2005; PASCUAL GONZÁLEZ, M. M. "La compatibilidad de las ayudas estatales que garanticen préstamos al sector aéreo en tiempos de COVID-19 al hilo de la STJUE de 17 de febrero de 2021", en *Revista General de Derecho del Turismo*, nº 4, 2021; PELÁEZ, M. J., "Los orígenes del servicio aéreo de la Península con Canarias", en *Revista Europea de Derecho de la Navegación Marítima y Aeronáutica*, nº 9, 1993, págs. 1558-1570; PERALTA LOSILLA, E., *La política jurídica exterior de España en materia aeronáutica*, Ministerio de Asuntos Exteriores, 2000; PÉREZ GÓMEZ, M. G. B., *Las ayudas de Estado en la industria del transporte aéreo de la Unión Europea: la evolución de las ayudas de Estado en el transporte aéreo*, Tesis doctoral dirigida por A. J. Alonso Timón,

Universidad Pontificia Comillas, 2016; PETIT LAVALL, M. V., "El acceso al mercado de transporte aéreo en el ámbito europeo", en GUERRERO LEBRÓN, M. J. (Coord.), *Cuestiones actuales del Derecho aéreo,* Marcial Pons, 2012, págs. 13-36; PETIT LAVALL, M. V., "Normas covid-19 de ayudas temporales a compañías aéreas y su aplicación a través del fondo de apoyo a la solvencia(1)", en *Revista General de Insolvencias & Reestructuraciones: Journal of Insolvency & Restructuring (I&R),* nº 8, 2022, págs. 49-70; PETIT LAVALL, M. V., "El cártel de carga aérea en la Unión Europea: un análisis de las decisiones de la Comisión Europea de 9 de noviembre de 2010 y de 17 de marzo de 2017 y de sus consecuencias", en *Revista de Derecho del Transporte,* nº 19, 2017, págs. 367-383; RAMOS PÉREZ, D., "Análisis del proceso de liberalización del mercado comunitario del transporte aéreo (1993-2008)", en *Ekonomiaz Revista Vasca de Economía,* nº 73, 2010, págs. 178-215; REY LÉGIDOS, M. B., *Efectos de la liberalización del transporte aéreo sobre el mercado español de vuelos regulares (1989-1997),* tesis doctoral dirigida por R. Myro Sánchez, Universidad Complutense de Madrid, 2000; RODRÍGUEZ-CAMPOS GONZÁLEZ, S., *La liberalización del transporte aéreo: alcance y régimen jurídico,* Marcial Pons, 2005; RUIZ OJEDA, A. L. y BENÍTEZ MORCILLO, G., "Cielo Único Europeo y Cielos Abiertos Trasatlánticos. Bases de la nueva regulación para la competencia en el transporte aéreo", en MUÑOZ MACHADO, S. (Dir.), *Derecho de la regulación económica,* vol. 6, 2010 (Transportes), Iustel, Universidad Complutense de Madrid, Instituto Universitario de Investigación Ortega y Gasset, págs. 693-1082; SÁENZ, M., *El sobrevuelo de los estrechos utilizados para la navegación internacional,* Universidad Complutense de Madrid, 2001; SÁINZ FUERTES, A., *La Unión Europea y el transporte aéreo,* Batimenta, 1993; SALES PALLARÉS, L., "Los cielos abiertos y las competencias externas de la UE: la última frontera", en MARTÍNEZ SÁNZ, F. y PETIT LAVALL, M. V. (Dirs.), *Estudios de Derecho aéreo: aeronave y liberalización,* Marcial Pons, 2009, págs. 393-408; SALES PALLARÉS, L., "Los límites del cielo: negociando los *open skies* en la nueva política comunitaria de transporte aéreo", en *Revista Crítica de Derecho Privado,* nº 5, 2008, págs. 611-621; SALES PALLARÉS, L., "Los Objetivos de Desarrollo Sostenible (ODS) como marco/límite para el desarrollo del derecho aéreo actual", en GUERRERO LEBRÓN, M. J. y PEINADO GRACIA, J. I. (Dirs.), *El derecho aéreo entre lo público y lo privado: Aeropuertos, acceso al mercado, drones y responsabilidad,* Universidad Internacional de Andalucía, 2017, págs. 31-51; SILVA DE LAPUERTA, R., "El Derecho de la competencia y el transporte aéreo", en *Noticias de la Unión Europea,* nº 42, 1988, págs. 91-102; TORTOLERO SERRANO, M. R., *Competencia en transportes,* Tesis doctoral dirigida por S. Areal Ludeña, Universidad Carlos III de Madrid, 2004; ; VERDÚ BAEZA, J., *Las controversias sobre Gibraltar: su incidencia en el medio ambiente de la Bahía de*

Algeciras, tesis doctoral dirigida por J. A. del Valle Gálvez, Universidad de Cádiz, 2005.

Capítulo IV

Reglas de circulación y servicios de navegación aérea

SUMARIO: 1. RÉGIMEN JURÍDICO. 2. RESPETO AL REGLAMENTO DE CIRCULACIÓN AÉREA DE CADA ESTADO. 2.1. Vuelos sobre alta mar. 2.2. Reglas del aire en el espacio aéreo europeo (SERA). 2.3. Reglamento de circulación aérea español. 3. EL PLAN DE VUELO Y PROCEDIMIENTO DE DESPACHO. EL *SLOT ATC* DE EUROCONTROL. 4. LAS REGIONES DE NAVEGACIÓN AÉREA Y LAS REGIONES DE INFORMACIÓN DE VUELO. 5. REGIONES DE INFORMACIÓN DE VUELO GESTIONADAS POR ESPAÑA. 6. EL CIELO ÚNICO EUROPEO: red europea de gestión del tránsito aéreo. 7. CERTIFICACIÓN DE PROVEEDOR DE SERVICIOS DE TRÁNSITO Y NAVEGACIÓN AÉREOS. COMPETENCIA DE LA AGENCIA ESTATAL DE SEGURIDAD AÉREA EN ESPAÑA Y VALIDEZ COMUNITARIA. 8. LICENCIA COMUNITARIA DE CONTROLADOR DE TRÁNSITO AÉREO Y OTROS CERTIFICADOS RELACIONADOS CON EL CONTROL AÉREO. COMPETENCIA DE LA AGENCIA ESTATAL DE SEGURIDAD AÉREA. 9. LOS SERVICIOS DE NAVEGACIÓN AÉREA. 10. LOS SERVICIOS DE TRÁNSITO AÉREO (*AIR TRAFFIC SERVICES*, ATS). TASA DE RUTA Y DE APROXIMACIÓN. PRESTACIÓN PATRIMONIAL POR SERVICIOS DE TRÁNSITO AÉREO DE AERÓDROMO. 10.1. El servicio de control del tránsito aéreo (*Air Traffic Control*, ATC). Espacio aéreo controlado y no controlado. 10.2. El servicio de información de vuelo (*Flight Information Service*, FIS). 10.3. El servicio de alerta. 10.4. Derechos económicos devengados a favor de los proveedores de servicios de tránsito aéreo. 11. SERVICIO METEOROLÓGICO PARA LA NAVEGACIÓN AÉREA. 12. SERVICIO DE INFORMACIÓN AERONÁUTICA. 13. CARTAS AERONÁUTICAS. 14. UNIDADES DE MEDIDA EMPLEADAS EN LAS OPERACIONES AÉREAS Y TERRESTRES. 15. OBLIGACIÓN DE LA AERONAVE DE SEGUIR LA RUTA MARCADA POR CADA ESTADO EN SU ESPACIO AÉREO BAJO SU RESPONSABILIDAD. ZONAS PROHIBIDAS, PELIGROSAS Y DE ACCESO RESTRINGIDO. 16. BIBLIOGRAFÍA COMPLEMENTARIA

1. RÉGIMEN JURÍDICO

La circulación de aeronaves en el espacio aéreo es objeto de numerosas y muy detalladas reglamentaciones. Constituye una parte esencial del Convenio de Chicago y de sus anexos y de otros instrumentos internacionales. También de abundante normativa comunitaria de la Unión Europea y de cada uno de sus Estados miembros.

Algunos anexos del Convenio de Chicago desarrollan extensamente las normas y prácticas recomendadas sobre estas cuestiones:

- Anexo 2 –Reglamento del aire.
- Anexo 3 –Servicio meteorológico para la navegación aérea internacional.
- Anexo 4 –Cartas aeronáuticas.

- Anexo 5 –Unidades de medida que se emplearán en las operaciones aéreas y terrestres.
- Anexo 10. Telecomunicaciones aeronáuticas, cuatro volúmenes.
- Anexo 11 –Servicios de tránsito aéreo.
- Anexo 12 –Búsqueda y salvamento.
- Anexo 15 –Servicios de información aeronáutica.

Como los demás anexos del Convenio de Chicago, cada uno tiene varias ediciones, fruto de las actualizaciones progresivas que la Organización de la Aviación Civil Internacional va introduciendo.

En la Unión Europea, el Reglamento de Ejecución (UE) 923/2012, de 26 de septiembre, establece el reglamento del aire y disposiciones operativas comunes para los servicios y procedimientos de navegación aérea, conocido como *Standardised European Rules of the Air*, SERA. Los Reglamentos (CE) 549/2004, 550/2004 y 551/2004, de 10 de marzo, fijan el marco para la creación del cielo único europeo (Reglamento marco, Reglamento de prestación de servicios y Reglamento del espacio aéreo. El Reglamento (UE) 2015/340, de 20 de febrero, establece requisitos técnicos y procedimientos administrativos relativos a las licencias y los certificados de los controladores de tránsito aéreo. El Reglamento (UE) 1332/2011, de 16 de diciembre, establece requisitos comunes de utilización del espacio aéreo y procedimientos operativos para los sistemas anticolisión de a bordo.

En España, en desarrollo de la Ley de navegación aérea, está vigente el texto refundido del Reglamento de Circulación Aérea, aprobado mediante Real Decreto 57/2002, de 18 de enero, enmendado.

2. RESPETO AL REGLAMENTO DE CIRCULACIÓN AÉREA DE CADA ESTADO

El art. 12 Convenio de Chicago dispone que cada Estado se compromete a adoptar medidas que aseguren que todas las aeronaves que vuelen su territorio o maniobren en él, así como las que llevan las marcas de su nacionalidad dondequiera que estén, observen las reglas de vuelo y maniobra en vigor en tal lugar.

El código, reglamento o reglas nacionales de circulación aérea deben ser lo más uniformes posibles con las normas y prácticas recomendadas, en concreto, con el anexo 2 sobre el Reglamento del Aire del Convenio de

Chicago. Si hay variaciones respecto a las normas y prácticas recomendadas, el Estado ha de notificar a la Organización de la Aviación Civil Internacional (art. 38 Convenio de Chicago).

El anexo 2 sobre el Reglamento del Aire del Convenio de Chicago se conviene para garantizar viajes por vía aérea seguros y eficientes. Contiene reglas generales, reglas para el vuelo visual (*Visual Flight Rules,* VFR) y reglas para el vuelo por instrumentos (*Instrumental Flight Rules.* IFR). Por ejemplo, la que establece que el comandante del avión es el responsable del cumplimiento de las normas de circulación, sea cual sea el tipo de vuelo VFR o IFR, y que se han de evitar colisiones conforme al principio "ver y evitar".

Los vuelos operados por instrumentos son normalmente sometidos a la supervisión de controladores, quienes también suministran información de peligros. Cuando la aeronave es operada bajo el control del tráfico aéreo, debe mantener la ruta y la altura que le ha sido asignada y mantener a los servicios de control informados acerca de su posición. En cambio, salvo algunas excepciones, el servicio de control aéreo no se presta a aeronave en reglas para el vuelo visual.

2.1. *Vuelos sobre alta mar*

Sobre alta mar, donde no hay soberanía de ningún Estado, la circulación de las aeronaves se desarrolla directamente conforme anexo 2 sobre el Reglamento del Aire del Convenio de Chicago.

2.2. *Reglas del aire en el espacio aéreo europeo (SERA)*

En la Unión Europea, el Reglamento de Ejecución (UE) 923/2012, de 26 de septiembre, por el que se establecen el reglamento del aire y disposiciones operativas comunes para los servicios y procedimientos de navegación aérea, incluye las disposiciones adecuadas sobre el reglamento del aire, en función de las normas y prácticas recomendadas de la Organización de la Aviación Civil Internacional. También armoniza la aplicación de la clasificación del espacio aéreo de la Organización de la Aviación Civil Internacional, para garantizar la prestación sin interrupción de servicios seguros y eficientes de tránsito aéreo en el marco del Cielo Único Europeo (preámbulo).

El Reglamento (UE) 923/2012 es la norma comunitaria esencial de las reglas del aire en el espacio aéreo europeo o *Standardised European Rules of the Air* (SERA). Se aplica, según el artículo SERA.2001:

- A los usuarios del espacio aéreo y a las aeronaves con destino a la Unión Europea, dentro de la Unión o con origen en ella; y
- A los usuarios del espacio aéreo y a las aeronaves con la nacionalidad y las marcas de matrícula de un Estado miembro de la Unión, y que operen en cualquier espacio aéreo siempre que no infrinjan las normas publicadas por el país que tenga jurisdicción sobre el territorio sobrevolado.
- A las autoridades competentes de los Estados miembros, a los proveedores de servicios de navegación aérea y al personal de tierra correspondiente dedicado a las operaciones de vuelo.

La operación de aeronaves, tanto en vuelo como en el área de movimiento de los aeródromos o en un lugar de operaciones, se ajustará a las reglas generales, a las disposiciones locales aplicables y, además, durante el vuelo, a las reglas de vuelo visual o a las reglas de vuelo por instrumentos (SERA.2005).

El Reglamento (UE) 1332/2011, de 16 de diciembre, establece requisitos comunes de utilización del espacio aéreo y procedimientos operativos para los sistemas anticolisión de a bordo. Impone que las aeronaves con una masa máxima certificada de despegue (*Maximum Take-Off Mass*, MTOM) superior a los 5.700 kilogramos o estén autorizadas a llevar a más de 19 pasajeros, deben estar equipadas con un sistema de anticolisión (*Airborne Collision Avoidance System*, ACAS).

2.3. Reglamento de circulación aérea español

En relación con la circulación aérea en España, como Estado parte del Convenio de Chicago, la norma legal básica es el art. 142 Ley de navegación aérea. Este precepto indica que la policía de la circulación aérea abarcará el cumplimiento de cuantos reglamentos, disposiciones y normas permanentes o eventuales tiendan a conseguir una rápida, ordenada y segura circulación de las aeronaves, tanto en vuelo como en tierra.

En desarrollo de la Ley de navegación aérea, se ha aprobado en España el texto refundido del Reglamento de Circulación Aérea, mediante Real Decreto 57/2002, de 18 de enero. Éste deroga el anterior Reglamento de

Circulación Aérea, aprobado por Real Decreto 73/1992, de 31 de enero. El Reglamento de circulación aérea incorpora, con ciertas variaciones, las normas y prácticas recomendadas de los anexos 2 (reglamento del aire), pero también las normas del anexo 10 (telecomunicaciones aeronáuticas), del anexo 11 (servicios de transporte aéreo) y del anexo 15 Convenio de Chicago (servicios de información aeronáutica).

Además, el reglamento de la circulación aérea se ha completado para adaptarse a las reglas de vuelo en el espacio aéreo europeo SERA, a través del Real Decreto 552/2014, de 27 de junio, por el que se desarrolla el Reglamento del Aire y disposiciones operativas comunes para los procedimientos de navegación aérea y el Real Decreto 1180/2018, de 21 de septiembre, por el que se desarrolla el Reglamento del aire y disposiciones operativas comunes para los servicios y procedimientos de navegación aérea.

3. EL PLAN DE VUELO Y PROCEDIMIENTO DE DESPACHO. EL *SLOT ATC* DE EUROCONTROL

El anexo 2 sobre Reglamento del Aire del Convenio de Chicago dispone que el plan de vuelo provee información sobre:

– la identidad de la aeronave y su equipo;
– sobre el punto y tiempo de partida;
– sobre la ruta y altitud de navegación;
– sobre el destino y tiempo estimado de llegada; y
– sobre el aeropuerto alternativo si es imposible aterrizar.
– También debe especificar si se pilotará bajo condiciones de vuelo por instrumentos (IFR) o con arreglo a las reglas de vuelo visual (VFR).

En la Unión Europea, en desarrollo del anexo 2 sobre el Reglamento del Aire del Convenio de Chicago, el Reglamento de ejecución (UE) 923/2012 regula más aspectos relativos al plan de vuelo.

En España, el art. 145 Ley de navegación aérea establece: para que una aeronave pueda volar dentro del espacio aéreo español deberá ser debidamente autorizada, previa presentación de su plan de vuelo, ostentar las marcas de su nacionalidad, matrícula y número y llevar la documentación. El Reglamento español de circulación aérea de 2002 incluye referencias detalladas al plan de vuelo. Entre ellas, por ejemplo, la que dispone que el plan de vuelo no será exigible en los vuelos interiores que se realicen siguiendo las reglas de vuelo visual y siempre que las condiciones de la circulación aérea y la prestación de los servicios de tránsito aéreo lo permitan.

Especial referencia merece la preparación del plan de vuelo de las aeronaves dedicadas al transporte aéreo comercial (*Commercial Air Transport*, CAT). El anexo 1 sobre Licencias al personal del Convenio de Chicago prevé la figura del oficial del despacho y del despachador de operaciones de vuelo. El Reglamento (UE) 965/2012 (AIR-OPS) impone la exigencia de nombrar un responsable del área de operaciones de vuelo (ORO-AOC.135), permitiendo a cada compañía organizarse internamente. La Ley de navegación aérea no desarrolla la figura del jefe de operaciones de vuelos, ni del despachador de vuelos.

En concreto, el Departamento de control de operaciones (*Operational Control Center*, OCC) de cada compañía aérea es responsable de planificar y preparar los vuelos que realiza la compañía. Dentro de este departamento, el despachador de vuelos es el técnico que prepara el plan de vuelo, el cual se va ajustando cuando se producen demoras o incidentes. La asistencia prevuelo incluye preparar el vuelo operacional, determinar qué ruta posible es la más adecuada, valorar la idoneidad y disponibilidad de los vuelos de partida, llegada e intermedios si hay desviación, condiciones de meteorología (presión atmosférica, viento, nubes, niebla y neblina, nieve...), etc. Esta información se libra al comandante de la aeronave para que la compruebe antes de la partida y la confirme o realice modificaciones.

En España, ENAIRE E.P.E. es el principal proveedor de servicios de tránsito aéreo (*Air Traffic Services*, ATS) y ha distribuido el documento "Planificación de vuelos", disponible en https://bit.ly/3yRi6LE, consultado el 19 de mayo de 2023. Expone que la presentación del plan de vuelo, así como de los correspondientes mensajes asociados antes de la salida, se realizará:

a) Bien a través de la página web de ICARO (https://notampib.enaire.es) o en la App de ICARO para dispositivos móviles Android e iOS, o en la Oficina de Notificación de los Servicios de Tránsito Aéreo (ARO) del aeródromo de salida personalmente, por teléfono, vía SITA, u otros medios que prescriba la autoridad ATS competente. La Oficina de Notificación de los Servicios de Tránsito Aéreo en el Estado español, de acuerdo con el Reglamento de la circulación aérea, es la designada para la presentación, aceptación y encaminamiento de los planes de vuelo y mensajes asociados en los aeropuertos españoles; o,

b) Directamente al IFPS (*Integrated Initial Flight Plan Processing System* de EUROCONTROL), cuando se trate de planes de vuelo por instrumentos (IFR) y de tránsito aéreo general (GAT). El no afectado por el sistema IFPS es el vuelo visual (VFR) y el Tránsito Aéreo Operacional (OAT), que incluye el tránsito militar.

La referencia a EUROCONTROL es del mayor interés. En efecto, en Europa (no sólo la Unión Europea) se centraliza la gestión de las operaciones de vuelo. Al tratarse de dos puntos, de despegue y aterrizaje, con posibilidad de sobrevuelo de otros puntos, supone que hay varios servicios de tráfico aéreo involucrados y que han de tener esta información. EUROCONTROL autoriza los planes de vuelo correspondientes al tráfico comercial de líneas aéreas, pues de otro modo la aeronave comercial no podrá partir. La presentación del plan de vuelo se realiza por medios informáticos y generan mensajes asociados al tipo de operación que se efectúa. La finalidad es obtener una autorización para el uso espaciotemporal del espacio aéreo por una aeronave, denominado *Slot* ATC (*Air Traffic Slot*) o ATFM *Slot* (*Air Traffic Flow Management Slot*). En conclusión, son los puntos inicial y final de un procedimiento de coordinación del tráfico aéreo.

No hay que confundirlo con los *slots* aeroportuarios. Se distingue así entre "slot de suelo" y "slot de aire".

4. LAS REGIONES DE NAVEGACIÓN AÉREA Y LAS REGIONES DE INFORMACIÓN DE VUELO

El articulado del Convenio de Chicago no es tan detallado como para estratificar el espacio aéreo mundial. Los Procedimientos Suplementarios Regionales (SUPPS) de la OACI forman la parte procesal del Sistema de Navegación Aérea en Reuniones Regionales de Navegación Aérea. Los procedimientos de aplicabilidad mundial están incluidos ya sea en el Anexos al Convenio sobre Aviación Civil Internacional como Normas o Métodos Recomendados, o en el Procedimientos para los Servicios de Navegación Aérea (PANS). EL documento de referencia es el Doc. 7030. *Regional Supplementary Procedures.*

Un "acuerdo regional de navegación aérea" se refiere a un acuerdo aprobado por el Consejo de la Organización de la Aviación Civil Internacional, normalmente siguiendo el asesoramiento de una conferencia regional de navegación aérea. En Europa, EUROCONTROL.

La Organización de la Aviación Civil Internacional distingue nueve regiones de navegación aérea (*Air Navigation Region*): Región de África–Océano Índico (AFI); Región Asia (ASIA); Región Caribeña (CAR); Región Europea (EUR); Región Medio Oriente (MID); Región Norte América (NAM); Atlántico Norte (NAT); Región Pacífico (PAC); y Región América del Sur (SAM).

En cada región de navegación aérea, el espacio aéreo está dividido *horizontalmente* en regiones contiguas de información de vuelo (FIR, *Flight Information Region*), que cubren todo el planeta. De manera, por ejemplo, que un vuelo directo que salga de Madrid (España) con destino a Roma (Italia), dentro de la región de navegación aérea EUR, atraviesa cuatro FIR distintos: Madrid, Barcelona, Marsella y Roma.

Las FIR se han creado por acuerdos en el seno de la Organización de la Aviación Civil Internacional, en los términos del anexo 11 sobre Servicios de tránsito aéreo del Convenio de Chicago. Cada FIR no coincide necesariamente con la división estatal. Por ejemplo, el territorio francés en Europa está dividido en cuatro FIR.

Además, cada región de información de vuelo se encuentra dividida *verticalmente* en dos regiones: el espacio inferior, llamado propiamente FIR (*Flight Information Region*) y un área superior (*Upper Information Region*).

A su vez, la FIR a cargo de un Estado concreto pueden extenderse más allá de sus fronteras terrestres. El Anexo 12 sobre Búsqueda y Salvamento del Convenio de Chicago recomienda que, en la medida en que sea posible, las regiones de búsqueda y salvamento deberían coincidir con las correspondientes regiones de información de vuelo y, por lo que respecta a las áreas en alta mar, con las regiones marítimas de búsqueda y salvamento. Así, un Estado concreto asume la responsabilidad sobre regiones de información vuelo que incluyen partes de alta mar. Para los vuelos sobre aquellas zonas de alta mar en las que un Estado contratante del Convenio de Chicago haya aceptado la responsabilidad sobre FIRs, de conformidad con un acuerdo regional de navegación aérea, se entenderá que en estos es la autoridad competente. Por ejemplo, Australia asume el control de los FIR en grandes zonas del sur del océano Índico y presta servicios de navegación aérea en los mismos.

Otras veces, incluso, un Estado presta servicios de navegación aéreas sobre el espacio aéreo de otro Estado, y no supone apropiación de soberanía. Es el caso de España, que asume el FIR sobre el Sahara occidental, gestionado desde Canarias.

Ningún otro país puede interferir en la FIR/UIR de otro Estado, salvo acuerdo. Supondría una peligrosa dualidad de autoridades sobre el mismo espacio, con riesgo de instrucciones contradictorias. De ahí que sea la Organización de la Aviación Civil Internacional, en el anexo 11 sobre Servicios de Tránsito Aéreo del Convenio de Chicago la que publicite con claridad la distribución de las zonas FIR/UIR donde cada Estado asume los servicios de la navegación aérea y de la búsqueda y salvamento.

5. REGIONES DE INFORMACIÓN DE VUELO GESTIONADAS POR ESPAÑA

Tradicionalmente, el interés público en garantizar la eficiencia y seguridad se ha manifestado en que ha sido el propio Estado, a través de sus órganos, y con dinero público, el que ha ofrecido los servicios de navegación aérea. Pueden ser prestados por autoridades civiles o militares.

ENAIRE E.P.E. es el principal proveedor español de servicios de tránsito aéreo y está adscrita al Ministerio de Transportes, Movilidad y Agenda Urbana. Esto supone que, en España, los principales servicios de tránsito aéreo se prestan por organismos públicos y no privados. Además, estos organismos tienen carácter "civil", no militar.

ENAIRE E.P.E. colabora activamente con EUROCONTROL y con los otros proveedores de servicios de tránsito aéreo europeos. De hecho, EUROCONTROL se basa en el art. 77 Convenio de Chicago, que establece que el convenio no impide que dos o más Estados parte constituyan organizaciones de explotación conjunta del transporte aéreo, ni organismos internacionales de explotación, ni que mancomunen sus servicios aéreos en cualquier ruta o región. La cooperación es entre países de la región de navegación aérea EUR, no sólo entre Estados miembros de la Unión Europea.

Con relación a la FIR/UIR y los servicios de navegación aérea ofrecidos por el Estado Español, el límite superior de la FIR constituye el límite inferior de la UIR. Según informa la Agencia Estatal de Seguridad Aérea, en su página web (https://bit.ly/3OaMTvA, consultada el 19 de mayo de 2023), la separación vertical entre la UIR y la FIR en España está establecida en el nivel de vuelo FL 245 (24.500 pies, 7.450 metros). La región inferior se extiende desde el suelo hasta el nivel de vuelo FL 245. Se compone de varias áreas perfectamente delimitadas: zonas de control (CTR), áreas de control (CTA), áreas de control terminal (TMA), zonas de tránsito de aeródromo

(ATZ), zonas prohibidas (P), restringidas (R) y peligrosas (D), espacio aéreo no controlado, etc. La región superior comprende el espacio aéreo enmarcado entre el nivel FL 245 y el infinito.

El espacio aéreo español se ha dividido en tres regiones de información de vuelo FIR/UIR. Madrid, Barcelona y Canarias son cabeceras de las direcciones regionales Centro-Norte, Este y Canarias, respectivamente. También existen dos direcciones regionales: región sur, por delegación de la FIR Madrid, y región balear, dentro de la FIR Barcelona. Cada FIR a su vez está dividido en varios sectores, para facilitar la gestión y dar mayor seguridad, con centros e instalaciones de ENAIRE E.P.E.

El Ministerio de Defensa tiene sus propios centros de servicios, a veces compartidos con ENAIRE E.P.E.

Con la excepción de ciertos aeropuertos y áreas militares restringidas, el control del tráfico aéreo en las FIR/UIR españolas es suministrado por ENAIRE E.P.E. en el espacio aéreo comprendido entre los niveles de vuelo FL 150 (15.000 pies) y FL 460 (46.000 pies). Sin embargo, en ciertas áreas estos servicios se amplían a niveles inferiores como son: las áreas de control terminal (TMA); las zonas de control de aeródromo (CTR), entre el suelo y una altitud determinada; y las aerovías, entre sus niveles inferior y superior.

El espacio aéreo español –tanto inferior FIR como superior UIR– está atravesado por un gran número de rutas o pasillos aéreos, *aerovías*, por donde vuelan las aeronaves desde su origen hasta su destino final, de acuerdo con los criterios establecidos por la Organización de la Aviación Civil Internacional. Estos itinerarios aéreos están jalonados por radio ayudas y puntos de notificación.

Por lo que respecta a las zonas marítimas, las FIR/UIR aéreas donde la autoridad competente es designada por España se corresponde con la zona económica exclusiva, que se extiende hasta un máximo de 200 millas desde la costa (art. 58 Convenio de las Naciones Unidas sobre el Derecho del mar). Sin embargo, hay partes en los que esta zona tiene menos distancia, pues al no haber tantas millas, se comparte a mitad con el Estado vecino. Ocurre en el Mar Mediterráneo, donde la región de información de vuelo española limita al sur con Marruecos, Argelia, al este con Italia y al norte con Francia. En el Mar Cantábrico, la FIR/UIR bajo control español corresponde a la zona económica exclusiva, si bien se estrecha a medida que va hacia el oeste y se comparte a mitad con Francia. En el Océano Atlántico, España mantiene la zona económica exclusiva y las FIR/UIR aéreas alrededor de las Islas Canarias. Además, por su pasado colonial sobre el Sáhara, se cubre una parte de alta mar y delante de las costas del Sáhara africano.

Gráficamente, según publica la Agencia Española de Meteorología, las regiones FIR que circundan España son las siguientes. Las de responsabilidad española son denominadas "LECM", "LECB" y "GCCC":

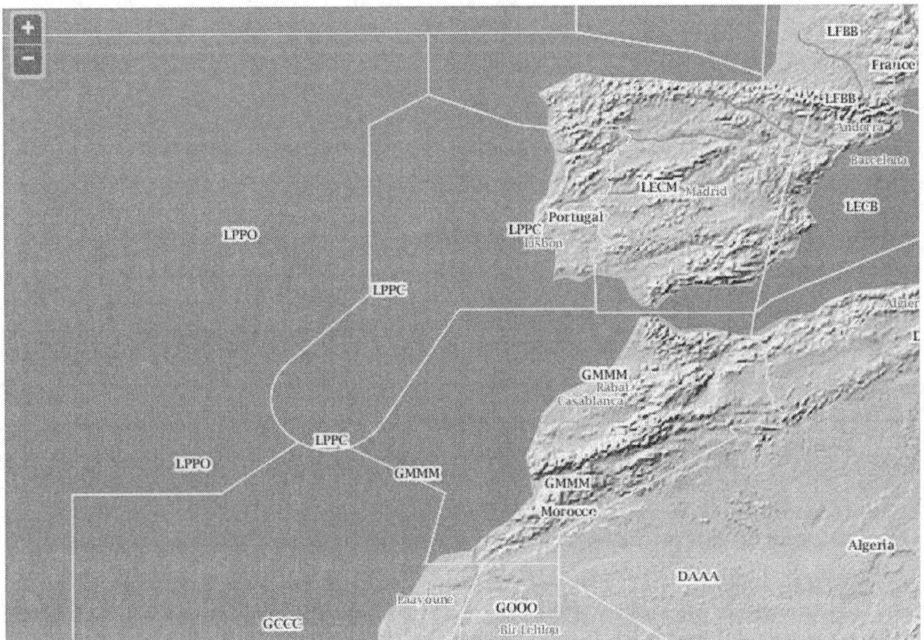

6. EL CIELO ÚNICO EUROPEO: RED EUROPEA DE GESTIÓN DEL TRÁNSITO AÉREO (EATMN)

En 2004, la Unión Europea recibió competencias de los Estados miembros en gestión del tráfico aéreo. El proceso de adopción de decisiones cambió del tradicional sistema de cooperación intergubernamental al sistema de creación comunitaria de las normas.

En desarrollo de sus competencias en navegación aérea, los órganos de la Unión Europea aprobaron varios Reglamentos sobre el cielo único europeo o *Single European Sky* para unificar sistemas de tráfico aéreo y evitar la fragmentación estatal. Son normas comunitarias que, en aras de asegurar la uniformidad normativa y en la gestión de los temas regulados, adoptan la forma de reglamento y, así, se aplican directa y uniformemente en los Estados miembros.

El primer paso para garantizar un cielo único europeo es la creación de normas comunes que los proveedores de servicios de navegación aérea deban cumplir.

Este Derecho se complementa con la atribución a EUROCONTROL de un papel de gestor de la red europea, que cubre la Unión Europea y los demás Estados que integran esta organización intergubernamental.

Los principales reglamentos sobre el cielo único europeo son los siguientes:

1. El Reglamento (CE) 549/2004, de 10 de marzo, por el que se fija el marco para la creación del cielo único europeo (*Reglamento marco*). Pretende mejorar la ordenación y reglamentación técnica de los servicios de tránsito aéreo para incrementar su eficacia y la seguridad del vuelo; incrementar la capacidad del sistema para cubrir adecuadamente tanto las necesidades civiles como militares; y reducir al mínimo los retrasos. EUROCONTROL recibe un mandato para elaborar los requisitos de rendimiento e interoperabilidad de la vigilancia dentro de la red europea de gestión del tránsito aéreo (*European Air Traffic Management Network*, EATMN) (art. 8.1). Es un conjunto de infraestructuras de transporte y de sistemas de gestión del tráfico y de localización y navegación que conectan a los Estados miembros de la Unión Europea. EUROCONTROL es el gestor de la red que gestiona el flujo de tráfico de la red europea de gestión del tránsito aéreo, en colaboración con los proveedores de servicios de navegación aérea, usuarios del espacio aéreo, con los militares y con los aeropuertos. En desarrollo del anterior, el Reglamento de Ejecución (UE) 1206/2011, de 22 de noviembre de 2011, por el que se establecen los requisitos en materia de identificación de aeronaves para la vigilancia del cielo único europeo, establece los requisitos que deben aplicarse tanto a los sistemas que contribuyan al suministro de la información de vigilancia como a sus componentes y a los procedimientos a ellos asociados con el fin de garantizar que las aeronaves puedan identificarse de forma inequívoca e ininterrumpida dentro de la EATMN (art. 1). El Reglamento de Ejecución (UE) 1207/2011, de 22 de noviembre de 2011, establece los requisitos de rendimiento e interoperabilidad de la vigilancia del cielo único europeo, para la EATMN y la coordinación civil-militar (art. 1).

2. El Reglamento (CE) 550/2004, de 10 de marzo, relativo a la prestación de servicios de navegación aérea en el cielo único europeo (*Reglamento de prestación de servicios*). Cada Estado es responsable de la ordenación de su espacio aéreo. Los Estados garantizan la prestación de servicios de tránsito aéreo en régimen de exclusividad dentro de bloques específicos de espacio aéreo, respecto del espacio aéreo que se encuentre bajo su responsabilidad. El Reglamento establece un sistema común de certificación de los servicios de navegación aérea, a cargo de las autoridades nacionales de supervisión, que permita definir los derechos y obligaciones de los proveedores de servicios de navegación aérea y supervisar regularmente el cumplimiento de los requisitos, garantizando la continuidad de los servicios.
3. El Reglamento (CE) 551/2004, de 10 de marzo de 2004, relativo a la organización y utilización del espacio aéreo en el cielo único europeo (*Reglamento del espacio aéreo*). Fija una estructura común y armonizada del espacio aéreo para toda Europa, más allá de diferencias nacionales. Define una región superior de información de vuelo europea (EUIR), a partir del nivel de vuelo 285, es decir, sobre los 8.600 metros de altura, que es la cota sobre la que suelen volar en crucero los reactores comerciales. El Reglamento de Ejecución (UE) 2019/123, de 24 de enero, establece disposiciones de aplicación para las funciones de EATMN (funciones de la red), de conformidad con el art. 6 Reglamento (CE) 551/2004, así como normas para la gestión de las crisis de la red.
4. El régimen se completaba con el Reglamento (CE) 552/2004, de 10 de marzo, relativo a la interoperabilidad de la red europea de gestión del tránsito aéreo (*Reglamento de interoperabilidad*), hoy derogado. Regulaba la interoperabilidad de la red europea de gestión del tráfico aéreo, preveía la normalización de equipos, procedimientos y sistemas empleados para la gestión del tráfico aéreo, regulando la forma en que se asegura y verifica el cumplimiento de los estándares que son exigibles en la Unión Europea. En la actualidad, las normas sobre interoperabilidad de la red europea están contenidas básicamente en el Reglamento (UE) 2018/1139, de 4 de julio de 2018, sobre normas comunes en el ámbito de la aviación civil y por el que se crea una Agencia de la Unión Europea para la Seguridad Aérea y de modificación de varios Reglamentos comunitarios (Reglamento Base).

7. CERTIFICACIÓN DE PROVEEDOR DE SERVICIOS DE NAVEGACIÓN AÉREA. COMPETENCIA DE LA AGENCIA ESTATAL DE SEGURIDAD AÉREA EN ESPAÑA Y VALIDEZ COMUNITARIA

Además de unas normas comunes sobre el cielo único europeo y la atribución a EUROCONTROL de la función de gestor de la red europea de gestión del tránsito aéreo (*European Air Traffic Management Network*, EATMN), es necesario para hacerlo realidad que los proveedores de servicios de navegación aérea operen con unas condiciones de certificación comunes.

El Reglamento de Ejecución (UE) 2017/373, de 1 de marzo establece requisitos comunes para los proveedores de servicios de gestión del tránsito aéreo/navegación aérea y otras funciones de la red de gestión del tránsito aéreo y su supervisión.

Por «proveedor de servicios» se entenderá cualquier persona física o jurídica que presta funciones y/o servicios de tránsito aéreo (ATM) y de navegación aérea (ANS), según se definen en el artículo 3, letra q), del Reglamento (CE) 216/2008 y/u otras funciones de la red europea de gestión del tránsito aéreo (EATMN), bien de forma individual o conjunta, en relación con el tránsito aéreo general (art. 2.2). La autoridad competente para la emisión de certificado es la autoridad nacional de cada Estado miembro en el que el proveedor tiene su principal domicilio de actividad o, si procede, su domicilio social, la persona física o jurídica que solicita el certificado (art. 4).

Jurídicamente, el sistema español de navegación aérea ha sufrido, en los últimos años, un cambio importante a partir de la publicación del derogado Real Decreto-ley 1/2010, de 5 de febrero, por el que se regula la prestación de servicios de tránsito aéreo, se establecen las obligaciones de los proveedores civiles de dichos servicios y se fijan determinadas condiciones laborales para los controladores civiles de tránsito aéreo. Nieto Menor (pág. 191) señala que marca el acercamiento de nuestra legislación interna a la normativa comunitaria dictada en torno al "Cielo Único Europeo". El Real Decreto-Ley 1/2010 fue convalidado por la Ley 9/2010, de 14 de abril, por la que se regula la prestación de servicios de tránsito aéreo y se establecen las obligaciones de los proveedores civiles de dichos Servicios. La Ley 9/2010 adapta al "primer paquete reglamentario del Cielo Único Europeo" (*Single European Sky*) de los citados Reglamentos comunitarios 549, 550, 551 y 552 de 2004.

Posteriormente, el Real Decreto 515/2020, de 12 de mayo, desarrolla el Reglamento de Ejecución (UE) 2017/373 y regula el procedimiento de certificación de proveedores civiles de servicios y funciones de gestión del tránsito aéreo y de navegación aérea y su control normativo. Atribuye a la Agencia Estatal de Seguridad Aérea la condición de Autoridad Nacional de Supervisión, según el art. 4 Reglamento (CE) 549/2004, la función de certificación de proveedores de aquellos servicios y funciones de gestión del tránsito aéreo y de navegación aérea de competencia de la Agencia Estatal de Seguridad Aérea y que tengan su principal domicilio de actividad o, si procede, su domicilio social, en territorio español (art. 2 Real Decreto 515/2020).

En España, según informa la Agencia Estatal de Seguridad Aérea (https://bit.ly/3W6Eonk, consultada el 19 de mayo de 2023), los servicios de navegación aérea certificados que actualmente están siendo supervisados por la Agencia Estatal de Seguridad Aérea son los siguientes:

- Servicio de Tránsito Aéreo (ATS);
- Servicios de Comunicaciones, Navegación y Vigilancia (CNS);
- Servicios de información aeronáutica (AIS);
- Servicios de gestión del Espacio Aéreo (ASM nivel 3);
- Servicios de gestión de la afluencia del tránsito aéreo (ATFM) y
- Servicios de diseño de procedimientos de vuelo (FPD).

La Agencia Estatal de Seguridad Aérea, a 19 de mayo de 2023 (https://bit.ly/3JPmLDU), publicita que ENAIRE E.P.E. cuenta con todas estas certificaciones, Saerco y Skyway con la certificación de proveedor de ATS y CNS. Ineco con la certificación FPD. Menesteo, con la certificación ATS.

8. LICENCIA COMUNITARIA DE CONTROLADOR DE TRÁNSITO AÉREO Y OTROS CERTIFICADOS RELACIONADOS CON EL CONTROL AÉREO. COMPETENCIA DE LA AGENCIA ESTATAL DE SEGURIDAD AÉREA

Además de crear normas comunes de certificación de los proveedores de servicios de navegación aérea, la Unión Europea también ha creado la licencia de la que debe disponer el controlador persona física a cargo del servicio de control aéreo. Esto facilita también la homogeneización hacia hacer realidad el cielo único europeo.

El Reglamento (UE) 2015/340, de 20 de febrero de 2015, por el que se establecen requisitos técnicos y procedimientos administrativos relativos a las licencias y los certificados de los controladores de tránsito aéreo, es la norma reguladora de la licencia comunitaria del controlador de tránsito aéreo. Se reduce así la fragmentación entre Estados miembros y se uniformiza el régimen jurídico. Facilita también la colaboración regional entre proveedores de servicios de la navegación aérea. La licencia se acompaña de la habilitación asociada que indica los servicios que el controlador puede prestar. Las anotaciones en la licencia acreditan las aptitudes del control y la autorización de la autoridad competente.

El Reglamento (UE) 2015/340, en su preámbulo, afirma que "*La licencia europea ha demostrado constituir un modo eficaz de reconocer y certificar la aptitud de los controladores de tránsito aéreo, profesión que desempeña un papel singular en la operación de control del tránsito aéreo en condiciones de seguridad*". En su anexo I, se incluye la parte ATCO. *Requisitos para la concesión de la licencia de controlador de tránsito aéreo.*

El Reglamento (UE) 2015/340 también regula los certificados de las organizaciones de formación de controladores, de los certificados médicos de los controladores y de los certificados médicos de los examinadores, así como de los alumnos controladores de tránsito aéreo.

En España, la emisión de las licencias de control aéreo corresponde a la Agencia Estatal de Seguridad Aérea, que deberá aplicar el Reglamento (UE) 2015/340. El Real Decreto 1516/2009, de 2 de octubre, sobre la licencia comunitaria de controlador de tránsito aéreo, sigue vigente, pero el Derecho substantivo se encuentra en el Reglamento (UE) 2015/340. El régimen jurídico español se completa con la Ley 9/2010, que fija determinadas condiciones laborales para los controladores civiles de tránsito aéreo.

9. LOS SERVICIOS DE NAVEGACIÓN AÉREA

El concepto "servicios de navegación aérea" o *Air Navigation Services* (ANS) es en realidad una categoría que engloba otros, cuyo denominador común es su prestación en el ámbito de la circulación aérea.

El art. 2.4 Reglamento (CE) 549/2004 dispone que los servicios de navegación aérea incluyen:

– los servicios de tránsito aéreo,
– los servicios de comunicación, navegación y vigilancia,
– los servicios meteorológicos destinados a la navegación aérea y
– los servicios de información aeronáutica.

Los *servicios de tránsito aéreo* incluyen todos los servicios de información de vuelo, de alerta, de asesoramiento de tránsito aéreo y de control del tránsito aéreo (éste último comprende servicios de control de zona, servicios de control de aproximación y servicios de control de aeródromo), según el art. 2.11 Reglamento (CE) 549/2004.

Los *servicios de comunicación* son los servicios aeronáuticos fijos y móviles destinados a permitir las comunicaciones tierra-tierra, aire-tierra y aire-aire con fines de control del tránsito aéreo según el art. 2.16 Reglamento (CE) *549/2004.*

Los *servicios* de navegación son las instalaciones y servicios que suministran a las aeronaves información sobre posicionamiento en el espacio o en el tiempo, según el art. 2.30 Reglamento (CE) 549/2004.

Los *servicios de vigilancia* son las instalaciones y servicios utilizados para determinar las posiciones respectivas de las aeronaves con el fin de establecer una separación segura según el art. 2.38 Reglamento (CE) 549/2004.

Los *servicios meteorológicos* son las instalaciones y servicios que proporcionan a las aeronaves pronósticos, informes y observaciones meteorológicos, así como cualquier otra información y datos meteorológicos facilitados por los Estados para uso aeronáutico, según el art. 2.29 Reglamento (CE) 549/2004.

10. LOS SERVICIOS DE TRÁNSITO AÉREO (*AIR TRAFFIC SERVICES*, ATS). TASA DE RUTA Y DE APROXIMACIÓN. PRESTACIÓN PATRIMONIAL POR SERVICIOS DE TRÁNSITO AÉREO DE AERÓDROMO

La expresión "servicios de tránsito aéreo" (*Air Traffic Services,* ATS), como la de los servicios de navegación aérea, también es genérica y engloba otros (capítulo I, definiciones, anexo 11 Convenio de Chicago). En concreto:

– el servicio de control del tránsito aéreo (*Air Traffic Control,* ATC),

– el servicio de información de vuelo (*Flight Information Service*, FIS) y
– el servicio de alerta.

10.1. El servicio de control del tránsito aéreo (Air Traffic Control, ATC). Espacio aéreo controlado y no controlado

De acuerdo con el art. 4.3 Reglamento (UE) 2015/340, de 20 de febrero, el "servicio de control del tránsito aéreo (*Air Traffic Control*, ATC)" es aquel servicio prestado con el fin de:

a) evitar colisiones entre aeronaves, y, en el área de maniobras, entre aeronaves y obstáculos y;
b) acelerar y mantener el flujo ordenado del tránsito aéreo.

La expresión "unidad de control del tránsito aéreo (ATC)" se aplica, según el caso, a un centro de control de área, a una unidad de control de aproximación o a una torre de control de aeródromo, según el art. 4.4 Reglamento (UE) 2015/340.

El control del tráfico aéreo consiste en autorizaciones e información, provenientes de las dependencias de control del tránsito aéreo, que permiten la separación longitudinal, vertical o lateral entre aeronaves.

Cuando una aeronave vuela dentro de un espacio "controlado", lo hace pasando de una radio ayuda a la siguiente o bien guiándose por el equipo autónomo de navegación de a bordo para fijar su posición en todo momento. Para que la cesión se efectúe de forma ordenada, la aeronave no debe estar en ningún momento bajo el control de más de una sola dependencia del tráfico aéreo.

El anexo 2 sobre el Reglamento del Aire del Convenio de Chicago define el espacio aéreo controlado como aquel espacio aéreo de dimensiones definidas dentro del cual se facilita servicio de control de tráfico aéreo, de conformidad con la clasificación del espacio aéreo. Espacio aéreo controlado es una expresión genérica que abarca la subdivisión en las Clases A, B, C, D y E del espacio aéreo ATS. Quedan fuera del espacio aéreo controlado las Clases F y G.

En algunos casos, las *Flight Information Region* (FIR) / *Upper Information Region* (UIR) abarcan grandes zonas sobre los océanos con escasa densidad del tráfico aéreo, dentro de las cuales sólo se prestan servicios de información y de alerta. Cuando el vuelo se efectúa en espacio aéreo no controlado, se presta el servicio de información, con toda la información conocida sobre el tránsito, y el piloto es responsable de organizar el vuelo de manera que pueda evitar otras aeronaves.

En otras FIR/UIR, buena parte del espacio aéreo es controlado, esto es, se presta dentro de él un servicio de control de tránsito aéreo, además de los servicios de información de vuelo y de alerta.

El servicio de control del tránsito aéreo es prestado, por tanto, dependiendo del lugar donde la aeronave se halle. Cuando está en el espacio aéreo A, B, C, D o E, el servicio de control del tránsito aéreo supervisa a la aeronave. En cambio, cuando está en el espacio aéreo F o G, este servicio no sujeta a la aeronave. Por ejemplo, cuando una aeronave está llevando a cabo un vuelo local y en condiciones visuales y sale y regresa de un aeropuerto que cuenta con servicio de control, la aeronave está sometida al servicio de control aéreo en sus etapas de vuelo: taxi, despegue, circuito, aproximación, aterrizaje, etc. Además, para llevar a cabo el vuelo ha de presentar un plan de vuelo.

El Servicio ATC no se presta a las aeronaves en reglas de vuelo visual (VFR), salvo en determinadas zonas, en cuyo caso los vuelos VFR se separan de los IFR, pero no se dan indicaciones de separación entre los vuelos VFR, salvo que lo pida expresamente la autoridad ATC. Sin embargo, no se prestan servicios de tránsito aéreo a todas las aeronaves. Si una aeronave vuela totalmente fuera del espacio aéreo controlado en una zona en la cual no se exige plan de vuelo, es posible que los servicios de tránsito aéreo ni siquiera conozcan la existencia de dicho vuelo.

Las dependencias de control del tránsito encaran a veces una demanda superior a su capacidad, por ejemplo, en aeropuertos de mucho movimiento en períodos de tránsito máximo. El anexo 11 sobre servicios de tránsito aéreo del Convenio de Chicago dispone que las dependencias ATC deben imponer restricciones al tránsito, si es necesario, para evitar retrasos excesivos de las aeronaves en vuelo.

El servicio de control de tránsito aéreo se presta por los controladores aéreos, que aplican separaciones entre las aeronaves y emiten autorizaciones de control a petición de los pilotos, a propia iniciativa, en función de las condiciones del tránsito y del entorno. Los controladores aéreos trabajan en los aeropuertos en las fases de llegada y salida de las aeronaves y en los Centros de Control del tráfico aéreo para la fase del vuelo en ruta. Hay alrededor de 75 centros en Europa.

En cada centro, el equipo aplica los procedimientos de seguridad obligatorios. Hay significativas variaciones en Europa entorno al equipamiento y procedimientos entre los centros. Precisamente una de las funciones de EUROCONTROL es favorecer la armonización e interoperabilidad al tiempo que se mejora la seguridad y el rendimiento general del sistema de tráfico aéreo.

En España, el desfasado art. 149 Ley de navegación aérea atribuye al Ministro del Aire (militar) por sí o mediante concesiones, la organización y funcionamiento de los servicios de telecomunicaciones específicamente aeronáuticas, meteorológicas y de ayuda a la navegación aérea. La autorización de dichos servicios, igual que la de los del aeropuerto, será obligatoria y se ajustará a las condiciones y tarifas que los reglamentos determinen. La novedad es que en la actualidad en España la tarea no la asumen los militares, sino un organismo civil, la citada ENAIRE E.P.E.

10.2. El servicio de información de vuelo (Flight Information Service, FIS)

En cada FIR, el "servicio de información de vuelo (FIS)" ofrece información aeronáutica en tiempo real para el desarrollo seguro y eficaz de todas las fases de cada vuelo. Incluye datos meteorológicos, cambios en las ayudas de navegación o en las condiciones de los aeródromos.

Se presta a las aeronaves que vuelan en el espacio aéreo controlado y a aquellas de cuya presencia conocen los servicios de tránsito aéreo.

En algunos aeródromos, se aplica el Real Decreto 1133/2010 de 10 de septiembre, por el que se regula la provisión del servicio de información de vuelo de aeródromos (AFIS), sin requerir un servicio de control aéreo.

10.3. El servicio de alerta

Opera cuando una aeronave tiene un incidente. Se encarga de alertar a los centros de coordinación de salvamento cuando se cree o se sabe que una aeronave se encuentra en estado de emergencia, no establece comunicación con los servicios o no llega a la hora señalada o se ha recibido información de que ha aterrizado forzosamente o que éste es inminente, así como sobre aquellas que se sospecha que han sido objeto de interferencia ilícita. Este servicio se da sistemáticamente a todas las aeronaves que reciben servicios de control del tránsito aéreo y, en la medida de lo posible, a todas las demás aeronaves cuyos pilotos han presentado un plan de vuelo o que por algún otro medio hayan llegado a conocimiento de los servicios de tránsito aéreo.

10.4. Derechos económicos devengados a favor de los proveedores de servicios de tránsito aéreo

El art. 15 Convenio de Chicago dispone que ningún Estado puede imponer impuestos o gravámenes por el mero hecho de tránsito, entrada o salida de su territorio de cualquier aeronave de un Estado parte del Convenio de Chicago o de las personas o bienes a bordo. En cambio, sí genera tasas el uso de los servicios de tránsito aéreo.

Los servicios de tránsito aéreo se prestan en ruta, en aproximación y en aeródromo.

Los servicios de tránsito aéreo en aeródromo, incluidas las torres de control, no forman ya parte del dominio público estatal, y se integran en el patrimonio público de AENA S.M.E. SA. Cobra "prestaciones patrimoniales públicas".

La desafectación del dominio público no se ha extendido a los servicios de tránsito en ruta y aeródromo, y ENAIRE E.P.E., directamente o a través de EUROCONTROL, percibe "tasas", en el sentido del art. 6 Ley 8/1989, de 13 de abril, de tasas y precios públicos del Estado.

A) La tasa de ruta

El derecho de sobrevuelo, permiso o "tasa de ruta" es abonada por las compañías aéreas por los costes incurridos en concepto de las instalaciones y servicios de navegación en ruta. Las tasas impuestas deben ser publicadas y comunicadas al Consejo de la Organización de la Aviación Civil Internacional. Si un Estado parte hace una reclamación, la Organización de la Aviación Civil Internacional llevará a cabo una investigación y formulará recomendaciones al Estado afectado. En general, el coste se paga a cada país sobrevolado, siendo el problema más habitual de falta de cobro, sobre todo cuando la aerolínea no tiene oficinas en el país sobrevolado.

Hay organizaciones internacionales de varios Estados que cobran por cuenta la tasa de ruta debida a los países miembros. Es el caso de EUROCONTROL. Mediante el Acuerdo multilateral relativo a las tarifas por ayudas a la navegación aérea de 12 de febrero de 1981 (que sustituye al Acuerdo anterior de 8 de septiembre de 1970), firmado por la mayoría de países europeos y Suiza, estos Estados adoptan una política común en lo relativo a las tarifas a percibir por las instalaciones y servicios de navegación en ruta ("tarifas por ayudas a la navegación aérea") en el espacio aéreo de las regiones de información de vuelo bajo su competencia (art. 1.1). Para ello, crean un sistema común de establecimiento y percepción de tarifas, que encargan a EUROCONTROL, en las regiones de vuelo bajo su responsabilidad (1.2). Las FIR o regiones de información de vuelo están enumeradas en el anexo del Acuerdo. El llamado Comité Ampliado está integrado por los Estados parte, cada uno cuenta con un voto, y es el encargado de fijar los criterios de cálculo.

Las tasas son percibidas por EUROCONTROL como una tarifa única por vuelo efectuado (art. 3.1). EUROCONTROL fija las tarifas por cada vuelo efectuado en el espacio aéreo (art. 7). Se establece una cantidad por zona tarifaria y la total resulta de tener en cuenta la tarifa, el peso del avión y la distancia recorrida. La tasa es pagadera en su sede de Bruselas (art. 8). La debe pagar quien explota la nave y, si es desconocido, su propietario (arts. 9 y 10). EUROCONTROL tiene capacidad para demandar judicialmente al deudor en el Estado contratante, donde tenga su domicilio o donde tenga un establecimiento comercial si su sede no está en un Estado contratante del Acuerdo. Si el deudor no cumple ninguna de estas condiciones, EUROCONTROL podrá demandar donde el deudor posea bienes y, en defecto de todos los demás criterios, en la propia sede de EUROCONTROL (art. 13). El importe percibido será trasladado a los Estados parte en las condiciones previstas por decisión del Comité Ampliado.

En España, el Decreto 1675/1972 de 26 de junio, aprueba las tarifas a aplicar por el la Red de Ayudas a la Navegación (EUROCONTROL). Algunas categorías de vuelos están exoneradas de pago de la tasa de ruta. Por ejemplo, los vuelos de búsqueda y salvamento, de aeronaves civiles cuyo peso sea inferior a dos toneladas o vuelos de aeronaves militares de otros países si hay reciprocidad, entre otros (art. 8).

B) Tasa de aproximación

La tasa de aproximación está, en cambio, gestionada por la entidad pública empresarial ENAIRE E.P.E. en España, no por EUROCONTROL.

ENAIRE E.P.E. está adscrita al Ministerio de Transportes, Movilidad y Agenda Urbana y publica la "Guía de tarifas". Es el gestor del control del tránsito aéreo, de la información aeronáutica y de las redes de comunicación, navegación y vigilancia necesarias para que las compañías aéreas y sus aeronaves vuelen de forma segura, fluida y ordenada por el espacio aéreo español.

C) Prestación patrimonial por servicios de tránsito aéreo de aeródromo

A diferencia de los servicios de navegación aérea gestionados por ENAIRE E.P.E., el Real Decreto-Ley 13/2010, de 3 de diciembre, dispone que los servicios de tránsito aéreo de aeródromo serán contratados por AENA (art. 7.4). Su art. 9.1 dispone la conversión de los bienes de dominio público estatal aeroportuario, que no estuvieran afectos a los servicios de navegación aérea en bienes patrimoniales que son, fundamentalmente, los terrenos, infraestructuras e inmuebles situados en los recintos aeroportuarios, "*incluidos los destinados a los servicios de tránsito aéreo de aeródromo*", lo que incluye también a las torres de control.

Son prestaciones patrimoniales de carácter público las que perciba AENA (hoy, AENA S.M.E. SA) por los servicios de tránsito aéreo de aeródromo (art. 68 Ley de seguridad aérea).

11. SERVICIO METEOROLÓGICO PARA LA NAVEGACIÓN AÉREA

En España, el Real Decreto 515/2020, de 12 de mayo, regula el procedimiento de certificación de proveedores civiles de servicios y funciones de gestión del tránsito aéreo y de navegación aérea y su control normativo. Como se ha visto, los atribuye a la Agencia Estatal de Seguridad Aérea. Sin embargo, este organismo señala que los servicios meteorológicos destinados a la navegación aérea también son servicios de navegación aérea, pero su supervisión no se encuentra entre las competencias de la Agencia Estatal de Seguridad Aérea (https://bit.ly/3BsWGpu, consultada el 19 de mayo de 2023).

En efecto, la provisión de servicios meteorológicos a la navegación aérea los suministra la Agencia Estatal de Meteorología, dependiente del Ministerio para la Transición Ecológica y el Reto Demográfico (antes Ministerio de Medio Ambiente), a través de la Secretaría de Estado de Medio Ambiente (art. 8 Real Decreto 186/2008, de 8 de febrero, por el que se aprueba el Estatuto de la Agencia Estatal de Meteorología).

El art. 15 Convenio de Chicago dispone el derecho de uso por parte de las aeronaves de cada uno de los Estados contratantes, de todas las instalaciones y servicios para la navegación aérea, incluso los servicios de radio y de meteorología, que se provean para uso público para la seguridad y rapidez de la navegación aérea. Además, el art. 28 Convenio de Chicago contempla la obligación de cada Estado contratante de suministrar en su territorio servicios meteorológicos en la medida que lo juzgue posible. Si un Estado lo solicitase, el Consejo de la Organización de la Aviación Civil Internacional puede proveer y mantener estos servicios (art. 69 Convenio de Chicago).

Por su parte, la Organización de la Aviación Civil Internacional adopta y enmienda, en su oportunidad, según sea necesario, las normas, métodos recomendados y procedimientos internacionales sobre "compilación e intercambio de información meteorológica" (art. 37.g Convenio de Chicago). En este sentido, el anexo 3 sobre el Servicio meteorológico de la navegación aérea internacional del Convenio de Chicago recoge las normas y prácticas recomendadas en la materia.

Generalmente, en los aeropuertos internacionales una oficina meteorológica proporciona información a los usuarios. Los pilotos han de estar informados de las condiciones meteorológicas de las rutas que han de recorrer y en los aeródromos de destino. También informa a los explotadores, a las de los servicios de tránsito aéreo, a los servicios de búsqueda y salvamento, a las administraciones aeroportuarias y demás interesados.

Las telecomunicaciones deben permitir que haya contacto entre la oficina meteorológica y la torre de control o la oficina de control de aproximación en unos 15 segundos (art. 11.1.4 anexo 3 del Convenio de Chicago). Al efecto, los "informes de aeródromo" se emiten durante las 24 horas del día, cada media hora o cada hora, con información sobre viento en la superficie, visibilidad, alcance visual en la pisa, nubes, temperatura del aire y punto de rocío, y presión atmosférica (capítulo 4.3.1). También se prevé la emisión de pronósticos de aeródromo, de aterrizaje, de despegue y de área de vuelos de baja altura (capítulo 6).

12. SERVICIO DE INFORMACIÓN AERONÁUTICA

El anexo 15 sobre el servicio de información aeronáutica del Convenio de Chicago desarrolla las normas y prácticas recomendadas en esta materia. Lo define como servicio establecido dentro del área de cobertura definida encargado de proporcionar la información y los datos aeronáuticos necesarios para la seguridad operacional, regularidad y eficiencia de la navegación aérea.

El anexo 15 del Convenio de Chicago añade que la información y los datos aeronáuticos necesarios para la seguridad operacional, regularidad y eficiencia de la navegación aérea se pondrán, en forma adecuada a los requisitos operacionales, a disposición de la comunidad de la gestión del tránsito aéreo, incluidos:

a) aquellos que participan en las operaciones de vuelo, incluso las tripulaciones, personal de planificación de vuelo y de simuladores de vuelo; y
b) la dependencia de servicios de tránsito aéreo responsable del servicio de información de vuelo y del servicio a cargo de la información previa al vuelo.

Cada Estado contratante del Convenio de Chicago designa la oficina a la que deban dirigirse todos los elementos de la documentación integrada de información aeronáutica y los datos aeronáuticos iniciados por otros Estados.

En España, ENAIRE E.P.E. es el responsable de la provisión del Servicio de Información Aeronáutica (AIS). Como señala la propia ENAIRE E.P.E., recopila datos del territorio español y el espacio aéreo de su responsabilidad de diversas fuentes y originadores autorizados y los pone a disposición de la comunidad aeronáutica. La información facilitada permite la gestión y planificación adecuada de operaciones. Para garantizar una máxima disponibilidad de los datos, el usuario puede acceder a través de diferentes productos, medios, formatos, tecnologías y aplicaciones.

13. CARTAS AERONÁUTICAS

El art. 28 Convenio de Chicago prevé el compromiso de cada Estado, en la medida en que lo juzgue posible, a colaborar en las medidas internacionales tomadas para asegurar la publicación de mapas y cartas aeronáuticas, de conformidad con las normas que se recomienden o establezcan oportunamente, en aplicación del propio Convenio de Chicago.

El art. 37 Convenio de Chicago establece la adopción por la Organización de la Aviación Civil Internacional de las normas y prácticas recomendadas sobre "mapas y cartas aeronáuticos". Actualmente, es el anexo 4 sobre Cartas aeronáuticas. El concepto es utilizado como sinónimo de mapa, pero de uso prevalente sobre éste.

Los Estados de la Organización de la Aviación Civil Internacional pueden producir cartas aeronáuticas y en la mayoría de los segmentos aeronáuticos se toman como referencia para la planificación, el control del tránsito aéreo y la navegación. Sin embargo, si no estuviesen normalizadas a escala mundial, sería difícil para los pilotos y otros usuarios interpretarlas, por lo que las cartas aceptadas por la Organización de la Aviación Civil Internacional contribuyen al movimiento seguro y eficiente del tránsito aéreo.

Las normas y prácticas recomendadas definen la obligación de los Estados de ofrecer determinados tipos de cartas aeronáuticas y especifican la cobertura, el formato, la identificación y el contenido, incluyendo símbolos normalizados y el color y, si se cumple, en el título pone "OACI". La serie de cartas aeronáuticas comprende 21 tipos distintos, desde planos detallados de aeródromos y helipuertos hasta cartas a pequeña escala para planificar el vuelo y cartas electrónicas para presentación en el puesto de pilotaje. Se agrupan en tres series: "Carta de navegación aeronáutica-OACI, escala pequeña", que cabe en una hoja de papel, para planificación de vuelos a larga distancia; "Carta aeronáutica mundial-OACI 1: 1.000.000", utilizado en la producción de otras cartas. La serie "Carta aeronáutica mundial-OACI 1:500.000" es más detallado y útil para la instrucción de pilotos y navegantes, sumamente apropiada también para las aeronaves de poca velocidad y que operan en altitudes bajas e intermedias.

La mayoría de los vuelos regulares se realizan a lo largo de rutas definidas con sistemas de navegación por radio o electrónicos que permiten prescindir de la referencia visual en tierra. Siguen, pues, las reglas de vuelo por instrumentos y deben atenerse a los procedimientos de los servicios de control de tráfico aéreo. La "Carta de navegación en ruta-OACI" representa el sistema de servicios del tránsito aéreo, radio ayudas, etc. Al atravesar zonas poco pobladas, la "Carta de posición-OACI" proporciona un medio de mantener en vuelo un registro continuo de la posición. A medida que el vuelo se acerca a destino, se necesitan más detalles del área que circunda el aeródromo, para lo que sirve la "Carta de área-OACI", con datos sobre la transición de la fase de ruta a la de aproximación final, así como entre las fases de despegue y en ruta. Luego también hay otras cartas más específicas: carta de salida normalizada-vuelo por instrumentos (SID)-OACI y una carta de llegada normalizada –vuelo por instrumentos (STAR)-OACI, carta de altitud mínima radar-OACI, carta de aproximación por instrumentos-OACI, plano de aeródromo/helipuerto-OACI, plano de aeródromo para movimientos en tierra-OACI y plano de estacionamiento y atraque de aeronaves-OACI y planos de obstáculos de aeródromo-OACI, tipos A, B y C.

El capítulo 20 del anexo 4 sobre "presentación electrónica de cartas aeronáuticas-OACI" incluye los requisitos básicos de las mismas, sin limitar indebidamente el desarrollo de esta nueva tecnología cartográfica.

14. UNIDADES DE MEDIDA EMPLEADAS EN LAS OPERACIONES AÉREAS Y TERRESTRES

En la Conferencia de Chicago de 1944 se planteó el problema de las diferentes unidades de medida entre países y se adoptó una resolución que pedía a los Estados que usaran el sistema métrico como patrón internacional básico.

La primera Asamblea de la Organización de la Aviación Civil Internacional de 1947 adoptó una resolución (A1-35) que recomendaba el sistema de unidades que fuera adoptado como norma propia. El anexo 5 al Convenio de Chicago contenía una tabla de unidades de medida de la Organización de la Aviación Civil Internacional fundada esencialmente en el sistema métrico y, además, otras cuatro tablas provisionales de unidades que usarían los Estados que no pudiesen utilizar la tabla básica, pero siempre se hizo evidente que no sería fácil la normalización. La enmienda 13, en marzo de 1979, en el anexo 5 Convenio de Chicago, implantó el "sistema internacional de unidades" (SI) que pasa a ser el patrón fundamental de la aviación civil. Reconoce unidades como el litro, el grado Celsius, pero también otras que no son el SI, como la milla marina, el nudo o el pie para medir la altitud, pero que tienen un lugar especial en la aviación.

15. OBLIGACIÓN DE LA AERONAVE DE SEGUIR LA RUTA MARCADA POR CADA ESTADO EN SU ESPACIO AÉREO BAJO SU RESPONSABILIDAD. ZONAS PROHIBIDAS, PELIGROSAS Y DE ACCESO RESTRINGIDO

El art. 68 Convenio de Chicago establece que cada Estado parte puede designar la ruta que deberá seguir en su territorio cualquier servicio aéreo internacional, así como los aeropuertos a utilizar.

El art. 9 Convenio de Chicago prevé que los Estados pueden establecer "zonas prohibidas" (*prohibited area*) por razones de necesidad militar o seguridad pública. Dichas zonas deben ser de extensión y situación razonable a fin de no estorbar necesariamente a la navegación aérea (por ejemplo, sobre su territorio o aguas jurisdiccionales).

La existencia de zonas prohibidas para el vuelo no es una novedad del Convenio de Chicago de 1944. Por ejemplo, durante la guerra civil española de 1936-1939, el Reino Unido construyó una pista aérea en Gibraltar sobre una parte de territorio espacial, nunca cedido a Gran Bretaña en el Tratado de Utrecht. El Gobierno español lo declaró zona prohibida y ante la Organización de la Aviación Civil Internacional, el Reino Unido dijo que obstaculizaba la navegación aérea. Luego de común acuerdo retiraron el contencioso. Hoy al formar parte ambos de la OTAN, se exige una cobertura militar. El 2 de noviembre de 1987, los Ministerios llegaron a un acuerdo para la utilización del aeropuerto de Gibraltar en beneficio de ambos países, pero sin que ello altere las posiciones de ambos respecto a la soberanía sobre el territorio de Gibraltar en que el aeropuerto se halla situado.

Además, cada Estado tiene derecho en circunstancias excepcionales, durante un período de emergencia o en interés de la seguridad pública, a restringir o prohibir temporalmente (*restricted area*) y con efecto inmediato los vuelos sobre todo su territorio o parte de éste, siempre que la restricción no sea discriminatoria por razón de la nacionalidad del vuelo. Cada Estado tiene derecho a exigir el aterrizaje en un aeropuerto a la aeronave que penetre en zonas prohibidas. También a designar zonas peligrosas (*dangerous area*) donde, en momentos concretos, la aeronavegación puede ser peligrosa. Los anexos 2 (reglamento del aire), 4 (cartas aeronáuticas) y 15 (servicios de información aeronáutica) regulan las tres áreas.

16. BIBLIOGRAFÍA COMPLEMENTARIA

BAUTISTA PÉREZ, M., NEGRETE CABRERIZO, L. y BALLESTEROS SÁNCHEZ, L. I., *Retos del Cielo Único Europeo*, Aula Carlos Roa, 2012; BELTRÁN GARCÍA, C. L., *La privatización de los proveedores de servicios de navegación aérea (ANSP): un análisis comparativo a nivel europeo*, tesis doctoral dirigida por J. C. Morán Álvarez, Universidad de Sevilla, 2017; DÍAZ DÍAZ, E., *Relevancia jurídica de los datos geoespaciales y su incidencia en la privacidad. Interoperabilidad jurídica de los datos geoespaciales*, Tesis doctoral dirigida por F. B. López-Jurado Escribano y M. Á. Manso Callejo, Universidad de Navarra, 2019; FORTES MARTÍN, A., "Espacio aéreo sin fronteras y cielo único europeo, la parte por el todo de las operaciones aéreas", en ALBA FERNÁNDEZ, M. y FORTES MARTÍN, A. (Coords.), *Público y privado en el derecho aeronáutico: Retos presentes y futuros,* Tirant lo Blanch, 2017, págs. 137-169; FORTES MARTÍN, A., *La ordenación y el control administrativo del tráfico aéreo,* Aranzadi Thomson Reuters, 2012; FORTES MARTÍN, A., "Acción administrativa y mercado en la prestación de servicios de navegación aérea", en *Revista General de Derecho Administrativo,* nº 31, 2012; FRANCO ESCOBAR, S. E., *La autorización administrativa en los servicios de interés económico general: intervención administrativa en los mercados de las comunicaciones, la energía y los transportes,* Tirant lo Blanch, 2017; GARCÍA FERREIRO, A., "El cielo único europeo. Un nuevo concepto de gestión del tráfico aéreo para Europa", en *Curso de derecho aeronáutico práctico para operadores aéreos: trabajos de derecho aeronáutico,* Instituto Iberoamericano de Derecho Aeronáutico y del Espacio y de la Aviación Comercial, 2016, págs. 239-317; GÓMEZ PUENTE, M., "Ordenación jurídico-administrativa de los servicios de transporte aéreo", en FERNÁNDEZ FARRERES, G. (Coord.), *Transportes y competencia: los procesos de liberalización de los transportes aéreo, marítimo y terrestre y la aplicación del derecho de la competencia,* Civitas, 2004, págs. 37-202; GOZALO FERMOSEL, J., "Contrato y condiciones laborales actuales de los controladores de tránsito Aéreo. Saerco y Ferronats", en *Revista Española de Derecho Aeronáutico y Espacial,* nº 2 (septiembre), 2022 (Ejemplar dedicado a: In memoriam Excmo. Sr. D. Rodolfo A. González-Lebrero), págs. 75-96; LOMBARDO, V. A., "Infraestructura aeronáutica y políticas de desarrollo regional", en NADAL GÓMEZ, I. (Dir.), *La aviación al servicio del desarrollo económico de la sociedad. Los nuevos retos de su regulación jurídica. XLIII Jornadas Latinoamericanas de Derecho aeronáutico y espacial,* Economist & Jurist Difusión Jurídica, 2019, págs. 181-193; MARTÍNEZ CUEVAS, D., "El estado de alarma y el derecho fundamental de huelga: el caso de los controladores civiles de tráfico aéreo en España", en *Trabajo y Derecho: nueva revista de actualidad y relaciones laborales,* nº 64, 2020; MORENO, F., "Complejidad del proceso de certificación de proveedores del servicio de navegación aérea en el marco del cielo único europeo", en ALBA FERNÁNDEZ, M. y FORTES MARTÍN, A. (Coords.), *Público y privado en el derecho aeronáutico: Retos presentes y futuros,* Tirant lo Blanch, 2017, págs. 93-110; NIETO MENOR, M., "Ley 9/2010, de 14 de abril, por la que se regula la prestación de servicios de tránsito aéreo, se establecen las obligaciones de los proveedores civiles de dichos servicios y se fijan determinadas condiciones laborales para los controladores civiles de tránsito aéreo", en *Revista de Derecho del Transporte,* nº. 4, 2010, págs. 191-216; ORTOLÁ NAVARRO, S., "Responsabilidad de la Administración por funcionamiento anormal del servicio público, consistente en la negligencia en el cumplimiento de los deberes de policía, inspección y ejecución en materia de navegación aérea", en *Revista Española de Derecho Administrativo*, nº 2, 1974, págs. 319-323; OSPINA MOSQUERA, N. C., *La política comunitaria del cielo único europeo: reflexiones sobre su impacto en el principio de soberanía: repercusiones en la política de liberalización del transporte aéreo: principios y mecanismos de estructuración*, tesis doctoral dirigida por L. Parejo Alonso, Universidad Carlos III de Madrid, 2005; RACIONERO VALENCIA, S., "El derecho de huelga de los controladores aéreos frente al derecho de los consumidores turísticos", en COLLADO YURRITA, J. J. y HERNÁNDEZ ADROVER, J. J. (Coord.), I Jornadas Doctorales de Castilla-La Mancha (Resúmenes de Comunicaciones): el doctorado: impacto social y futuro profesional, Universidad de Castilla La Mancha, 2011; RUIZ OJEDA, A. L. y BENÍTEZ MORCILLO, G., "Cielo Único Europeo y Cielos Abiertos Trasatlánticos. Bases de la nueva regulación para la competencia en el transporte aéreo", en MUÑOZ MACHADO, S. (Dir.), *Derecho de la regulación económica*, vol. 6, 2010 (Transportes), Iustel, Universidad Complutense de Madrid, Instituto Universitario de Investigación Ortega y Gasset, 2010, págs. 693-1082; SALES PALLARÉS, L., "Los límites del cielo: negociando los open skies en la nueva política comunitaria de transporte aéreo", en *Revista Crítica de Derecho Privado*, nº 5, 2008, págs. 611-621; SEGURA PIÑERO, F., "Nuevas perspectivas y medios en el control del espacio aéreo: del programa de cielo único europeo al uso flexible del espacio aéreo y más allá; implicaciones militares de dichos programas", en *Revista Española de Derecho Militar*, nº 100, 2013, págs. 301-338.

Capítulo V

Certificación y gestión de los aeródromos. Servicios de handling y slots aeroportuarios

SUMARIO: 1. RÉGIMEN JURÍDICO. 1.1. Convenio de Chicago, anexo 14 sobre aeródromos y documentación complementaria. 1.2. Derecho comunitario: Reglamento Base y Reglamento (UE) 139/2014. 1.3. Derecho español. 2. CONCEPTO Y CLASES DE AERÓDROMOS: AERODROMOS, AEROPUERTOS, HELIPUERTOS, CAMPOS DE AVIACIÓN. DE PROPIEDAD PÚBLICA O PRIVADA. DE USO PÚBLICO O RESTRINGIDO. 3. ESPECIAL REFERENCIA A LOS AEROPUERTOS INTERNACIONALES Y A LA FACILITACIÓN AEROPORTUARIA (FAL). ESPACIO SCHENGEN. 4. DISTRIBUCIÓN DE COMPETENCIAS AEROPORTUARIAS EN ESPAÑA. 5. GESTIÓN DE AEROPUERTOS ESPAÑOLES DE INTERÉS GENERAL: AENA S.M.E. SA Y OTROS. 6. LA CERTIFICACIÓN DE AEROPUERTOS DE INTERÉS GENERAL POR LA AGENCIA ESPAÑOLA DE SEGURIDAD AÉREA 7. GESTIÓN DE AERÓDROMOS ESPAÑOLES QUE NO SON DE INTERÉS GENERAL. RÉGIMEN DE CATALUÑA. 8. CERTIFICACIÓN O VERIFICACIÓN DE AERÓDROMO DE USO PÚBLICO Y COMPROBACIÓN DE AERÓDROMO DE USO RESTRINGIDO. AERÓDROMO EVENTUAL. 8.1. Aeródromos de uso público. 8.2. Aeródromos de uso restringido. 8.3. Aeródromos eventuales. 9. LAS SERVIDUMBRES AERONÁUTICAS. SERVIDUMBRE ACÚSTICA. 10. DERECHOS ECONÓMICOS DERIVADOS DEL USO DE AEROPUERTOS Y AERÓDROMOS. 10.1. Convenio de Chicago y Derecho comunitario. 10.2. Las tarifas de AENA S.M.E. SA. 11. RESTRICCIÓN DE LAS AYUDAS ECONÓMICAS PÚBLICAS Y SUS EXCEPCIONES AEROPORTUARIAS. 12. EL SERVICIO AEROPORTUARIO DE ASISTENCIA EN TIERRA (*HANDLING*). 12.1. Régimen jurídico. 12.2. Categorías de servicios incluidos. 12.3. Autorización de la Agencia Estatal de Seguridad Aérea como agente de asistencia en tierra a terceros y de auto asistencia para operadores aéreos en un aeropuerto de interés general. 12.4. Notificación de incidencias a la Agencia Estatal de Seguridad Aérea. 12.5. Poderes y deberes especiales reconocidos a AENA S.M.E. SA. 12.6. Contrato entre el usuario y la empresa de *handling*. 13. LA GESTIÓN DE FRANJAS HORARIAS O *SLOTS* AEROPORTUARIOS (*AIRPORT SLOTS*). 13.1. Concepto y régimen jurídico. 13.2. Tipos de aeropuertos a efectos de *slots*. 13.3. Derechos adquiridos para la próxima temporada. 13.4. Intercambio y transferencias de *slots* entre compañías aéreas. 13.5. Mercado secundario de *slots*. 13.6. *Slots* para compañías integradas en alianza aérea. 13.7. Fondo de reserva y nuevos entrantes. 13.8. Igualdad de trato con compañías extracomunitarias. 13.9. Retribución del Coordinador de horarios. 13.10. Sanciones en materia de *slots*. 14. BIBLIOGRAFÍA COMPLEMENTARIA

1. RÉGIMEN JURÍDICO

El régimen jurídico internacional de los aeródromos está compuesto por los artículos del Convenio de Chicago. Las normas y prácticas recomendadas de sus anexos y otro material producido por la Organización de la Aviación Civil Internacional, como los manuales, no tienen rango de norma internacional y deben ser incorporados en el ordenamiento nacional.

En la Unión Europea, la normativa técnica de las normas y prácticas recomendadas sobre aeródromos está incorporada mediante reglamentos, que son de aplicación directa en todos los Estados miembros, y que regulan en detalle los aeródromos que entran en el ámbito de aplicación de su Reglamento (UE) 2018/1139, Reglamento Base: los llamados *EASA Aerodromes*.

En un tercer nivel, hay también vigentes normas españolas que regulan aeródromos no sujetos al Derecho comunitario y otros aspectos sobre los mismos.

1.1. Convenio de Chicago, anexo 14 sobre aeródromos y documentación complementaria

El Convenio de Chicago dedica algunos artículos y varios anexos a las infraestructuras aeroportuarias.

- Reconocimiento del derecho del Estado contratante del Convenio de Chicago a exigir en su territorio nacional el aterrizaje de aeronaves matriculadas en otros Estados contratantes del Convenio de Chicago en los aeropuertos que designe (arts. 9, 10, 68 Convenio de Chicago). Rige el criterio de reciprocidad entre Estados: se facilita la circulación entre aeronaves matriculadas en otro país, pero hay que respetar las normas nacionales del Estado receptor, entre ellas, las relativas al aterrizaje y despegue desde aeropuertos y aeródromos autorizados.
- Reconocimiento del derecho de los Estados contratantes del Convenio de Chicago a que los aeropuertos de uso público de otros Estados contratantes estén abiertos para las aeronaves matriculadas en su país, sin discriminación respecto a las tasas a abonar por el uso del aeropuerto y sus servicios (art. 15 Convenio de Chicago). En España, por ejemplo, AENA S.M.E. SA fija tasas distintas por razón del trayecto que realiza cada aeronave, no por razón de la matrícula nacional de cada aeronave.
- Derecho de cada Estado parte a establecer "aeropuertos francos" (*customs-free airports*) (art. 23 Convenio de Chicago). El anexo 9 sobre Facilitación del Convenio de Chicago, en la versión derogada de abril de 1974, lo definía como aquel aeropuerto internacional donde, con tal de que permanezcan dentro del área designada hasta que se lleven por aire a un punto fuera del territorio del Estado, los tripulantes, pasajeros, equipajes, carga, correo y suministros pueden

desembarcar o descargarse, pueden permanecer y pueden transbordar sin estar sujetos a impuestos o derechos de aduana ni a ningún examen. En el vigente anexo 9 sobre Facilitación del Convenio de Chicago, de 2022, se utiliza el término "zona franca", y no el de "aeropuerto franco", para referirse a la parte del territorio de un Estado contratante en la que toda mercancía que se introduzca se considera generalmente que está fuera del territorio aduanero, por lo que respecta a los derechos e impuestos a la importación (capítulo I, A. Definiciones).

- Obligación de cada Estado parte del Convenio de Chicago de colaborar, a fin de lograr el más alto grado de uniformidad posible, en las reglamentaciones, normas, procedimientos y organización relativos a las aeronaves, personal, aerovías y servicios auxiliares, en todas las cuestiones en que tal uniformidad facilite y mejore la navegación aérea. Al efecto, la Organización de la Aviación Civil Internacional enmendará las normas y prácticas recomendadas en materia de características de los aeropuertos y áreas de aterrizaje (art. 37.b Convenio de Chicago). Esta norma es esencial para favorecer la uniformidad técnica que facilite la seguridad aérea y no entorpezca el tráfico aéreo con diferencias técnicas insalvables. Los aeródromos y aeropuertos son una de las bases de la veloz transformación del sector aeronáutico. Los aviones modernos, la acumulación de operaciones en aeropuerto y las innovaciones técnicas del equipo aeroportuario obligan a actualizar con frecuencia las ediciones del anexo 14 Convenio de Chicago, compuesto de dos volúmenes: el volumen I para aeródromos, y el volumen II, para helipuertos.
- La Organización de la Aviación Civil Internacional puede realizar recomendaciones a los Estados parte sobre la mejora de sus aeropuertos (art. 69 Convenio de Chicago), incluyendo posible financiación internacional. Se prevé incluso la posibilidad de gestión temporal de aeropuertos nacionales por el Consejo de la Organización de la Aviación Civil Internacional (arts. 70, 71, 75 Convenio de Chicago).
- La Organización de la Aviación Civil Internacional ha producido numerosos manuales, circulares y otra documentación de desarrollo del anexo 14 Convenio de Chicago. Los PANS-Aeródromos (Doc. 9981) contienen procedimientos específicos acerca de las etapas para certificar un aeródromo. En el Manual de certificación de aeródromos (Doc. 9774) se proporciona orientación adicional sobre la certificación de aeródromos.

1.2. *Derecho comunitario: Reglamento Base y Reglamento (UE) 139/2014*

En la Unión Europea, los arts. 33 a 39 del Reglamento (UE) 2018/1139, Reglamento Base, desarrollan las normas sobre "aeródromos". Son de aplicación directa y obligatoria en todos los Estados miembros en cuanto a los aeródromos que entren dentro de su ámbito de aplicación. Los aeródromos, los equipos de aeródromo relacionados con la seguridad, la operación de aeródromos y la prestación de los servicios de asistencia en tierra y de dirección de plataforma en los aeródromos han de cumplir los requisitos esenciales de su anexo VII y, si procede, del anexo VIII (art. 33). Además de las numerosas normas técnicas, hay dos esenciales de certificación.

Por un lado, se requiere un certificado para los aeródromos, que cubrirá el mismo y el equipo de seguridad, salvo que éste quede cubierto por un certificado específico [arts. 34 y 35 Reglamento (UE) 2018/1139].

Con arreglo al art. 2.1.e Reglamento (UE) 2018/1139, deben certificarse los aeródromos si están ubicados en el territorio al que se aplican los Tratados de la Unión Europea:

- que se encuentran abiertos para uso público,
- que prestan servicio al transporte aéreo comercial y
- que tienen una pista pavimentada instrumental de 800 metros o más, o se utilizan exclusivamente para helicópteros que utilicen procedimientos de aproximación o de salida por instrumentos.

Sin embargo, cada Estado miembro puede conceder una exención de la obligación de certificación a algún aeródromo [art. 2.7 Reglamento (UE) 2018/1139] que:

- No gestione más de 10.000 pasajeros de transporte aéreo comercial al año y
- No gestione más de 850 movimientos relacionados con operaciones de mercancías al año.

Por otro lado, las organizaciones responsables de la operación de aeródromos también están sujetas a certificación [art. 37.1 Reglamento (UE) 2018/1139]. Las organizaciones de asistencia en tierra y dirección de plataforma declararán su capacidad y disponibilidad de medios para cumplir sus obligaciones (art. 37.2).

No obstante, las normas del Reglamento (UE) 2018/1139 son incompletas para cubrir todos los aspectos de la certificación de aeródromos de la Unión Europea. En desarrollo del Reglamento (UE) 2018/1139, la Comisión podrá dictar actos de ejecución (art. 36) y actos delegados (art. 39).

Por ello, en desarrollo del Reglamento Base, el Reglamento (UE) 139/2014, de 12 de febrero, establece los requisitos y procedimientos administrativos relativos a los aeródromos, de conformidad con el Reglamento (CE) 216/2008 (*sic* anterior Reglamento Base). Es el acto jurídico esencial del Derecho comunitario aeroportuario. Establece las bases de certificación, impone la certificación de aeródromos y de operadores de aeródromos, las condiciones esenciales para operar un aeródromo y las condiciones para la declaración de las organizaciones de la dirección de plataforma (art. 1.1). Además, obliga a las autoridades competentes de cada Estado miembro encargadas de la certificación y supervisión de aeródromos, operadores de aeródromos y proveedores de servicios de dirección de plataforma a seguir los requisitos establecidos en su anexo II (ADR.AR) (art. 1.2).

La "autoridad competente" es la designada dentro de cada Estado miembro y dotada de las facultades y responsabilidades necesarias para la certificación y la supervisión de aeródromos, así como de las personas y organizaciones que participen en los mismos, según el art. 2.8 Reglamento (UE) 139/2014. Cada Estado miembro de la Unión Europea nombra una o más entidades como autoridad(es) competente(s) en ese Estado miembro (art. 3).

En España, en la Administración del Estado, el ejercicio de las competencias de certificación y autorización de aeródromos corresponde a la Agencia Estatal de Seguridad Aérea.

El anexo I Reglamento (UE) 139/2014 incluye las definiciones. El anexo II trata de los requisitos generales (ADR.AR.A), las normas de gestión (ADR.AR.B), las normas de supervisión, certificación y cumplimiento (ADR.AR.C). Entre sus normas, se prevé que la Agencia Europea de Seguridad Aérea emita medios aceptables de cumplimiento (AMC) o normas no obligatorias (anexo I.1, ADR.AR.A.015). La autoridad competente nacional expide un único certificado de aeródromo o dos certificados independientes, uno para el aeródromo y otro para el operador de aeródromo (ADR.AR.C.035).

El anexo III del Reglamento (UE) 139/2014, de marcado carácter técnico, aborda los requisitos de las organizaciones, entre ellos la obligación del operador de crear y mantener un Manual de aeródromo (ADR. OR.E.005), sobre los servicios de dirección de plataforma (ADR.OR.F.001) y los servicios, equipos e instalaciones operativas de los aeródromos (ADR. OPS.B.001).

1.3. Derecho español

En España, como en los otros Estados miembros de la Unión Europea, los Reglamentos comunitarios son de aplicación directa y con primacía dentro de su ámbito de aplicación. Esto supone que, cuando hay que certificar un aeródromo español, la Agencia Estatal de Seguridad Aérea aplica las normas europeas si encaja dentro del ámbito de aplicación del Reglamento (UE) 2018/1139 y el Reglamento (UE) 139/2014. La normativa nacional queda así de aplicación residual a los aeródromos excluidos de la normativa comunitaria.

En relación con los *aeródromos de uso público*, el Real Decreto 862/2009, de 14 de mayo, por el que se aprueban las normas técnicas de diseño y operación de aeródromos de uso público y el Reglamento de certificación y verificación de aeropuertos y otros aeródromos de uso público, desarrolla lo dispuesto en el art. 40 Ley de seguridad aérea. Incorpora, con las necesarias adaptaciones, el anexo 14 sobre Aeródromos del Convenio de Chicago, así como los requisitos de certificación exigidos por el Reglamento (CE) 216/2008 (anterior Reglamento Base). Su preámbulo indica que se ha redactado siguiendo los criterios de la Organización de la Aviación Civil Internacional recogidos en el Manual de certificación de aeropuertos (documento 9774). Posteriormente, para adaptar nuevos cambios en el anexo 14 Convenio de Chicago, se aprobó la Orden FOM/2086/2011, de 8 de julio, por la que se actualizan las normas técnicas contenidas en el Anexo al Real Decreto 862/2009.

Respecto de los *aeródromos de uso restringido*, la normativa comunitaria no ha considerado necesario someterlos a unas normas comunes, no obstante, sí ha incidido en la necesidad de que los Estados regulen mediante normativa técnica el régimen de comprobación de los aeródromos de uso restringido. Así, el considerando 6 del Reglamento (CE) 1108/2009, de 21 de octubre de 2009 por el que se modifica el Reglamento (CE) 216/2008 en lo que se refiere a aeródromos, gestión del tránsito aéreo y servicios de navegación aérea y se deroga la Directiva 2006/23/CE, establece que, en el ámbito no cubierto por el reglamento en relación con las infraestructuras aeronáuticas, *los Estados miembros deben adoptar medidas proporcionadas para incrementar el nivel general de seguridad de la aviación recreativa y de todo el transporte aéreo comercial* (preámbulo del Real Decreto 1070/2015, por el que se aprueban las normas técnicas de seguridad operacional de aeródromos de uso restringido).

2. CONCEPTO Y CLASES DE AERÓDROMOS: AERODROMOS, AEROPUERTOS, HELIPUERTOS, CAMPOS DE AVIACIÓN. DE PROPIEDAD PÚBLICA O PRIVADA. DE USO PÚBLICO O RESTRINGIDO

De acuerdo con el art. 1.1, capítulo I, anexo 14 sobre Aeródromos del Convenio de Chicago,

- Aeródromo es el "*área definida de tierra o de agua (que incluye todas sus edificaciones, instalaciones y equipos) destinada total o parcialmente a la llegada, salida y movimiento en superficie de aeronaves*".
- Aeródromo certificado es aquel "*a cuyo explotador se le ha otorgado un certificado de aeródromo*".
- "Certificado de aeródromo" es el "*otorgado por la autoridad competente de conformidad con las normas aplicables a la explotación de aeródromos*".

En la Unión Europea, el art. 2.1 Reglamento (UE) 139/2014 define:

- Aeródromo es "*el área definida (que incluye todas sus edificios, instalaciones y equipos) sobre tierra o agua, o estructura fija, fija en alta mar o flotante destinada total o parcialmente a la llegada, salida y movimiento en superficie de aeronaves*".
- Plataforma es "*la zona definida destinada a dar cabida a las aeronaves para el embarque o desembarque de pasajeros, correo o carga, abastecimiento de combustible, estacionamiento o mantenimiento*" (art. 2.4).
- El servicio de dirección de plataforma es "*el servicio prestado para dirigir las actividades y el movimiento de las aeronaves y vehículos en una plataforma*" (art. 2.5).

En España, el art. 39 Ley de navegación aérea dispone que reglamentariamente se clasificarán los aeropuertos y aeródromos según las dimensiones y la índole de sus instalaciones y de las aeronaves que hayan de utilizarlos y el carácter de los servicios que presten.

El art. 40 Ley de navegación aérea añade que las normas especiales determinarán los aeropuertos abiertos al tráfico internacional, por disponer permanentemente de los servicios necesarios para recibir aeronaves procedentes del extranjero o despacharlas con el mismo destino.

La Ley de navegación aérea también contiene algunas definiciones en la materia.

- *Aeródromo* es la superficie de límites definidos, con inclusión, en su caso, de edificios e instalaciones, apta normalmente para la salida y llegada de aeronaves. El aeródromo será eventual cuando su establecimiento obedezca a necesidades transitorias o sea designado para una utilización particular en circunstancias especiales (art. 39 Ley de navegación aérea). Los aeródromos pueden tener un propósito militar o civil y, dentro de este último, deportivo, comercial, privado, sanitario, policial, protección civil, extinción de incendios, por ejemplo.
- *Aeropuerto* es todo aeródromo en el que existan, de modo permanente, instalaciones y servicios con carácter público, para asistir de modo regular al tráfico aéreo, permitir el aparcamiento y reparaciones del material aéreo y recibir o despachar pasajeros o carga (art. 39 Ley de navegación aérea).
- A falta de una definición en la Ley estatal de navegación aérea, la Ley catalana 14/2009, de 22 de julio, de aeropuertos, helipuertos y otras infraestructuras aeroportuarias, define el *helipuerto* como el aeródromo o el área definida sobre una estructura destinada a ser utilizada, total o parcialmente, para la llegada, salida o movimiento en superficie de los helicópteros.
- La misma Ley catalana indica que *campo de aviación* es la superficie de límites definidos apta para la salida y llegada de aeronaves de estructura muy ligera o ultraligera, que eventualmente puede disponer de edificaciones destinadas, en cualquier caso, a la realización de actividades formativas y deportivas.
- Los *aeródromos de propiedad pública* están reconocidos en el art. 39.3 Ley de navegación aérea: son públicos y de titularidad estatal los militares, casi todos los aeropuertos, y los aeródromos (normalmente helipuertos) integrados en instalaciones civiles de la Administración del Estado. Son administrados y explotados por la Administración Pública, directamente o en régimen de concesión o autorización administrativa (art. 42 Ley de navegación aérea), por cuyo uso o servicios se devengan derechos de naturaleza pública o tributaria (Gómez Puente, pág. 262). Asimismo, otros aeródromos son de titularidad pública no estatal, como autonómica o municipal.

- También caben los *aeródromos de propiedad p*rivada (art. 39.3 Ley de navegación aérea). La promoción y titularidad de los aeródromos y aeropuertos de propiedad estaba reservada a españoles (art. 44). Tras el ingreso en la Unión Europea se incluye también a los nacionales de otros países de la Unión (art. 43 Ley de navegación aérea).
- Los *aeródromos de uso público* son los aeródromos civiles en los que se pueden realizar operaciones de transporte comercial, de pasajeros, mercancías y correo, incluidos aerotaxis. Los aeródromos de uso público deberán figurar como tal en la Publicación de Información Aeronáutica (AIP) del Servicio de Información Aeronáutica (AIS). El resto de los aeródromos se consideran aeródromos de uso restringido (art. 1.3 Real Decreto 862/2009).
- Entre los *aeródromos de uso restringido,* los aeródromos especializados son aquellos en los que se realicen operaciones de transporte sanitario, lucha contra incendios y transporte de los medios adscritos a contraincendios, mantenimiento en base, escuelas de vuelo o vuelos turísticos, con independencia de que su uso esté limitado a los usuarios expresamente autorizados por su gestor o de que ofrezcan sus servicios a cualquier usuario. También se consideran aeródromos especializados aquéllos destinados a las operaciones de aviación general que ofrezcan sus servicios a todos los usuarios.
- Otra categoría son los *aeródromos restringidos de uso privado,* que sólo pueden ser utilizados por el titular de la instalación aeroportuaria y por las personas a las que su gestor permita el acceso para la realización de operaciones distintas de las anteriores (art. 4 Real Decreto 1070/2015, de 27 de noviembre, por el que se aprueban las normas técnicas de seguridad operacional de aeródromos de uso restringido).

3. ESPECIAL REFERENCIA A LOS AEROPUERTOS INTERNACIONALES Y A LA FACILITACIÓN AEROPORTUARIA (FAL). ESPACIO SCHENGEN

Un aeropuerto internacional es "*aquel designado por el Estado contratante en cuyo territorio está situado, como lugar de entrada o salida para el tráfico aéreo internacional y donde se llevan a cabo los trámites de aduanas, inmigración, salud pública, reglamentación veterinaria y fitosanitaria y procedimientos similares*" (capítulo I, A. Definiciones del anexo 9 sobre Facilitación del Convenio de Chicago).

El art. 10 Convenio de Chicago indica que las aeronaves matriculadas en un Estado contratante deben, cuando se encuentren en otro Estado contratante del mismo Convenio, aterrizar y despegar en el aeropuerto designado para fines de inspección de aduana y otras formalidades. Las características de todos los aeropuertos aduaneros deberán ser publicadas por el Estado y transmitidas a la Organización de la Aviación Civil Internacional, a fin de que sean comunicadas a todos los Estados contratantes del Convenio de Chicago. El código de aeropuerto ICAO/OACI consta de cuatro letras y es establecido por la Organización de la Aviación Civil Internacional en función de la zona geográfica y país en que se encuentra. Por ejemplo, el código ICAO/OACI del aeropuerto de Josep Tarradellas Barcelona El Prat es LEBL. Es diferente del código de aeropuerto establecido por la Asociación Internacional del Transporte Aéreo (IATA), que es BCN.

El art. 13 Convenio de Chicago requiere que las leyes y reglamentos de un Estado contratante relativos a la entrada, despacho, inmigración, pasaportes, aduanas y sanidad sean cumplidos por o por cuenta de los pasajeros, tripulantes y carga.

Cada Estado contratante se compromete, en la medida en que lo juzgue factible, a establecer disposiciones de aduana y de inmigración relativas a la navegación aérea internacional, de acuerdo con los métodos que puedan establecerse o recomendarse oportunamente en aplicación del presente Convenio (art. 23 Convenio de Chicago).

Cada Estado contratante se compromete a colaborar, a fin de lograr el más alto grado de uniformidad posible, en las reglamentaciones, normas, procedimientos y organización relativos a las aeronaves, personal, aerovías y servicios auxiliares, en todas las cuestiones en que tal uniformidad facilite y mejore la navegación aérea, entre ellas las formalidades de aduana e inmigración (art. 37.j Convenio de Chicago). De otra manera, comunicará a la Organización de la Aviación Civil Internacional las desviaciones (art. 38 Convenio de Chicago).

Resultaría contraproducente para el tráfico internacional que las normas de autorización de aeronaves variasen mucho según cada aeropuerto. Imaginemos que la burocracia entre uno y otro fuese muy distinta. Esto supondría ralentizar y entorpecer el tráfico aéreo. De ahí que sea motivo de regulación en el anexo 9, que incluye las normas y prácticas recomendadas sobre facilitación (conocida como "FAL"), del Convenio de Chicago,

La finalidad del anexo 9 sobre Facilitación del Convenio de Chicago es ofrecer métodos y procedimientos para llevar a cabo las operaciones de despacho de manera que se satisfagan los objetivos de cumplimiento efectivo de las leyes de los Estados, pero también la productividad de los explotadores, de los aeropuertos y de las entidades gubernamentales que participan.

En España, todas las operaciones de partida y llegada de aeronaves no podrán efectuarse más que en aeropuertos y aeródromos oficialmente autorizados (art. 148 Ley de navegación aérea). En desarrollo de esta norma, las aeronaves civiles se despachan en aeródromos civiles y bases aéreas militares abiertas al tráfico. Para aterrizar o despegar en otro lugar, es necesario un permiso especial de la Agencia Estatal de Seguridad Aérea. De no presentarse este permiso, será considerado un accidente.

Asimismo, el art. 87 Ley de navegación aérea indica que toda aeronave que efectúe tráfico internacional habrá de realizar su entrada y salida de territorio español por un aeropuerto aduanero. Pero España ya no está aislada, como ocurría en 1960 cuando se aprobó la Ley de navegación aérea. Ahora forma parte de la Unión Europea y, además, es parte integrante del llamado "Espacio Schengen", que tiene un efecto directo sobre aduanas aeroportuarias.

El Acuerdo Schengen pretende constituir un territorio común para suprimir los controles en las fronteras interiores y crear una única frontera exterior donde se efectúan los controles de entrada en el espacio Schengen con arreglo a procedimientos. El Reglamento (UE) 2016/399 del Parlamento Europeo y del Consejo, de 9 de marzo de 2016, por el que se establece un Código de normas de la Unión para el cruce de personas por las fronteras (Código de fronteras Schengen) es la norma de aplicación directa en todos los Estados de la Unión Europea, y la pieza jurídica esencial del control de fronteras comunitario. Forman parte todos los Estados de la Unión Europea, más Noruega, Islandia, Suiza y Liechtenstein al firmar el Acuerdo Schengen, pero no Irlanda (que no quería suprimir los controles en sus fronteras), ni todavía Rumanía, Bulgaria y Chipre por no cumplir las condiciones requeridas. Noruega, Liechtenstein, Suiza e Islandia sin ser parte de la Unión Europea, forman parte del acervo Schengen en virtud de los tratados internacionales específicos (en https://bit.ly/3MujPxS, consultada el 19 de mayo de 2023).

Los pasajeros de vuelos en el Espacio Schengen pueden viajar sin ser sometidos a controles de policía aduanera al cruzar las fronteras, esto es, no tienen que pasar control de pasaportes de emigración/inmigración. Tanto si se usan aeródromos públicos como privados. En cambio, los vuelos con origen o destino en países pertenecientes a la Unión Europea no adscritos al Acuerdo Schengen, no existe libre circulación de personas, así como ocurre en los vuelos con terceros Estados.

El Reglamento (UE) 2016/399 establece la ausencia de controles fronterizos de las personas que crucen las fronteras interiores de los Estados miembros de la Unión Europea (art. 1, ap. 1). Se entiende por "frontera interior" las fronteras terrestres entre países comunitarios, puertos marítimos y "*los aeropuertos cuando se trate de vuelos interiores*" (art. 2.1.b), definidos como todo vuelo con procedencia o destino exclusivamente en los territorios de los Estados miembros de la Unión Europea, sin aterrizaje en el territorio de un tercer país (art. 2.3). Como regla general, las fronteras interiores podrán cruzarse en cualquier lugar sin que se realice inspección fronteriza alguna de las personas, cualquiera que sea su nacionalidad (art. 22). Esto no excluye que cada Estado puede hacer controles, propios de su policía (art. 23). En caso de amenaza grave para un Estado miembro, podrá restringir la libre circulación durante un tiempo no superior a 30 días y, en total, no superará los 6 meses (art. 25).

El Reglamento (UE) 2016/399 también prevé normas aplicables al control fronterizo de las personas que crucen las "fronteras exteriores" de los Estados miembros de la Unión (art. 1, ap. 2). Son fronteras exteriores las fronteras terrestres de los Estados miembros, incluidas las fronteras fluviales, lacustres y marítimas, así como los aeropuertos y puertos marítimos, fluviales y lacustres, siempre que no sean fronteras interiores (art. 2.2). Por "paso fronterizo" se entiende todo paso habilitado por las autoridades competentes para cruzar las fronteras exteriores (art. 2.8).

La mayor parte de los aeropuertos de España están abiertos al tráfico internacional; son aeropuertos aduaneros y están habilitados por el Gobierno como puesto fronterizo, declarándolo frontera exterior Schengen. Al menos potencialmente son aptos para recibir vuelos extracomunitarios. Por ejemplo, el aeropuerto de Badajoz por Orden PRE/1224/2014, de 14 de julio, por la que se habilita el aeropuerto de Badajoz como puesto fronterizo; o el aeropuerto de Burgos, por Orden PRE/1665/2014, de 12 de septiembre, por la que se habilita el aeropuerto de Burgos como paso fronterizo.

El art. 5.1 Reglamento (UE) 399/2016 dispone que las fronteras exteriores solo podrán cruzarse por los pasos fronterizos y durante las horas de apertura establecidas. Las horas de apertura estarán indicadas claramente en todo paso fronterizo que no esté abierto las 24 horas del día.

Asimismo, el Reglamento (UE) 399/2016 detalla la forma en cómo se ha de llevar la inspección fronteriza de personas en las fronteras exteriores.

Se regula la separación entre filas en la aduana de los aeropuertos al cruzar una frontera exterior. Una fila para pasajeros nacionales de los Estados de la Unión Europea (UE), del Espacio Económico Europeo (EEE: Noruega, Islandia, Liechtenstein) o de la Confederación Helvética (CH: Suiza) y otra para pasajeros de otros países (art. 10).

Finalmente, el Reglamento (UE) 399/2016 pretende garantizar la seguridad, al tiempo que se respeta la dignidad de las personas, y se establecen también normas especiales de control para personal específico, como pilotos de aeronaves y personal a bordo, entre otros.

4. DISTRIBUCIÓN DE COMPETENCIAS AEROPORTUARIAS EN ESPAÑA

En España, la propiedad de un aeródromo puede ser pública o privada, pero hay que saber qué administración pública, la central o la autonómica, tiene competencia sobre ese aeropuerto.

El art. 149.1.20ª Constitución española de 1978 reserva al Estado (*sic* a la Administración central) la competencia exclusiva sobre los aeropuertos de interés general. Esto significa, por un lado, que no son susceptibles de descentralización en la titularidad ni en la gestión hacia las Comunidades Autónomas (*sic* las Administraciones regionales). Los aeropuertos calificados por el propio Estado como "de interés general" son de su titularidad. Sin embargo, como la Constitución no los identifica, sino que lo hace una ley estatal, la lista de aeropuertos de interés general puede sufrir cambios, añadiendo o quitando aeropuertos concretos, sin que fuese necesario acudir a la reforma constitucional. En concreto, el Real Decreto 2858/1981, de 27 de noviembre, de calificación y gestión de los aeropuertos civiles, modificado por el Real Decreto 1150/2011, identifica los aeropuertos españoles que se consideran "*aeropuertos de interés general*" y, por tanto, son de competencia del Estado, conforme al art. 149.1.20ª Constitución española de 1978.

La competencia exclusiva del Estado sobre los aeropuertos de interés general no excluye que el gestor aeroportuario AENA S.M.E. SA disponga de sistemas de cooperación y coordinación con los Gobiernos autonómicos y locales donde se ubica cada aeropuerto. El principal mecanismo legal son los Comités de Coordinación Aeroportuaria, regulados por el Real Decreto 697/2013, de 20 de septiembre. Entre otros participantes, cada Comité cuenta con dos vocales en representación de la respectiva Comunidad Autónoma y tres vocales en representación de las corporaciones locales, designados a propuesta de la asociación de municipios y provincias de ámbito autonómico más representativo (art. 2).

Además, las Comunidades Autónomas que componen el Estado Español pueden asumir en sus estatutos de autonomía competencias en relación con el resto de los aeródromos que no merezcan la calificación de interés general. En particular y conforme a lo previsto en el artículo 148.1.6ª Constitución española de 1978, en relación con los aeropuertos deportivos y, en general, los que no desarrollen actividades comerciales.

Finalmente, el art. 149.1.20ª Constitución española de 1978 añade una cuestión esencial complementaria que matiza la separación entre aeropuertos de interés general del Estado y los demás aeropuertos de las Comunidades Autónomas. En particular, indica que el Estado siempre tiene la competencia exclusiva sobre el "*control del espacio aéreo, el tránsito y transporte aéreo*". Ante la concurrencia de competencias, autonómicas y estatales, sobre las infraestructuras aeroportuarias, el art. 9.2 Ley de seguridad aérea establece los mecanismos de cooperación para su ejercicio mediante la técnica de la emisión de informes previos, preceptivos y vinculantes, en el marco de las competencias propias. Estos informes pretenden asegurar que la planificación y eventual desarrollo de los aeródromos autonómicos son compatibles con la ordenación y estructura del control del espacio aéreo, del tránsito aéreo y del transporte aéreo y que no afectan a las servidumbres aeronáuticas y a las áreas de afección recogidas en los planes directores de los aeropuertos de interés general y de las bases aéreas y aeródromos militares. Esta actividad del Estado sobre el control aéreo está prevista en el Real Decreto 1189/2011, de 19 de agosto, por el que se regula el procedimiento de emisión de los informes previos al planeamiento de infraestructuras aeronáuticas, establecimiento, modificación y apertura al tráfico de aeródromos autonómicos. El organismo estatal competente es actualmente la Agencia Estatal de Seguridad Aérea. Por ejemplo, para la certificación del aeropuerto de Lleida-Alguaire de la Generalitat de Cataluña, fueron preceptivos estos informes estatales, a pesar de ser de titularidad autonómica.

5. GESTIÓN DE AEROPUERTOS ESPAÑOLES DE INTERÉS GENERAL: AENA S.M.E. SA Y OTROS

Hay que determinar qué aeropuertos se califican de interés general y qué parámetros los distinguen de otros que no ostentan esta calificación. Y lo fija el Estado, porque es su competencia constitucional (art. 149.1.20ª Constitución española de 1978). No lo deciden las Comunidades autónomas, ni los municipios en donde se ubican.

En particular, el Gobierno español, mediante el art. 1 Real Decreto 2858/1981, de 27 de noviembre, de calificación y gestión de los aeropuertos civiles, señalaba en su redacción original (derogada) que "tienen esta calificación los que reúnan alguna de estas condiciones:

a) Sirvan al tráfico internacional;
b) los que, por su situación, características o su capacidad de generar tráfico, puedan incidir en la ordenación del transporte o del espacio aéreo, o en el control de este;
c) los que sean aptos para ser designados como aeropuertos alternativos de los anteriores;
d) y, los que tengan interés para la defensa nacional".

Y para no dejar dudas, su Disposición transitoria añadía que "*los aeropuertos propiedad del Estado y que en la actualidad son explotados por el Organismo autónomo Aeropuertos Nacionales se entenderán calificados como aeropuertos de interés general de gestión directa estatal*".

El Real Decreto 1150/2011, de 29 de julio, por el que se modifica el Real Decreto 2858/1981, de 27 de noviembre, sobre calificación de aeropuertos civiles, ha establecido nuevos criterios para la calificación de interés general, que son los vigentes:

a) Que, por la importancia de su tráfico, se integren en la red transeuropea de aeropuertos como componentes internacionales o comunitarios de la misma.
b) Aquellos cuya gestión conjunta resulte necesaria para garantizar el correcto funcionamiento de la red común de transporte en todo el territorio del Estado.
c) Que puedan incidir sustancialmente en la ordenación del tránsito aéreo, la estructura del espacio aéreo y el control de éste.
d) Que sean de interés para la defensa nacional.

e) Que constituyan la parte civil de los aeródromos de utilización conjunta civil y militar.

Además, en el anexo del Real Decreto 1150/2011 se contiene la lista de aeropuertos y helipuertos de interés general y que, por tanto, son competencia del Estado.

También para que no haya dudas, su Disposición adicional primera indica expresamente que todos los aeropuertos y helipuertos explotados por AENA Aeropuertos, S.A. (entidad previa a AENA S.A y luego AENA S.M.E. S.A.), con independencia de que los gestione la sociedad mercantil estatal, sus sociedades filiales o en régimen de concesión, conservan su calificación como aeropuertos de interés general. Igualmente conservarán dicha calificación los aeropuertos de titularidad no estatal calificados de interés general.

De esta forma legal se mantiene el control exclusivo del Estado sobre la red de aeropuertos de interés general, en detrimento de las Comunidades Autónomas, que no asumen competencias.

La calificación de interés general se reserva en principio, como puede observarse, para las infraestructuras aeroportuarias de mayor importancia. Esto significa que es el Ministerio de Transportes, Movilidad y Agenda Urbana (no las Comunidades Autónomas) el que asume el control administrativo en su construcción y puesta en marcha y la aprobación del plan director aeroportuario, así como la posibilidad de reservarse, si lo estima necesario, la gestión.

El Ministerio de Transportes, Movilidad y Agenda Urbana es una autoridad civil. Por tanto, la gestión de los aeropuertos de interés general tiene naturaleza "civil", no militar, aunque hay aeropuertos que mantienen un uso civil y militar conjuntamente. En otros países, se mantiene el control tradicional de los aeropuertos por parte del ejército, pero ya no es así en España. Por ello, cuando la Ley de navegación aérea se refiere al extinto "Ministerio del Aire" ha quedado desfasada (pero no derogada o anulada, lo que es una deficiencia de técnica legislativa); se debe entender referido al "Ministerio de Transportes, Movilidad y Agenda Urbana", aunque no se haya cambiado expresamente todavía.

La Administración Central del Estado cede a la gestión a AENA S.M.E. SA de los aeropuertos que antes de la desafectación integraban el dominio público estatal (art. 9.1 y 9.2 Real Decreto-ley 13/2010, de 3 de diciembre, de actuaciones en el ámbito fiscal, laboral y liberalizadoras para fomentar la inversión y la creación de empleo).

Según su propia información pública, AENA S.M.E. SA gestiona 46 aeropuertos y 2 helipuertos en España (desde Adolfo Suárez Madrid Barajas y Josep Tarradellas Barcelona-El Prat, pero también Burgos, Reus, Melilla o Jerez, entre otros). El listado se puede consultar en https://bit.ly/3JQIH1E, consultada el 19 de mayo de 2023. Todos ellos son instalaciones aeroportuarias calificadas por el propio Estado mediante el citado Real Decreto 2858/1981, modificado por el Real Decreto 1150/2011, como de "interés general". AENA S.M.E. SA también gestiona otros aeropuertos en el extranjero.

El Documento de Regulación Aeroportuaria (DORA) es el instrumento básico de definición de las condiciones mínimas necesarias para garantizar la accesibilidad, suficiencia e idoneidad de las infraestructuras aeroportuarias y la adecuada prestación de los servicios aeroportuarios básicos de la red de aeropuertos de AENA S.M.E. SA, todo ello establecido por períodos quinquenales (art. 23 Ley 18/2014, de 15 de octubre, de aprobación de medidas urgentes para el crecimiento, la competitividad y la eficiencia). La Resolución de 29 de septiembre de 2021, de la Dirección General de Aviación Civil, se publica el Acuerdo del Consejo de Ministros de 28 de septiembre de 2021, por el que se aprueba el Documento de Regulación Aeroportuaria 2022-2026.

AENA S.M.E. SA es un ente privado, con personalidad propia distinta de la del Estado y con un patrimonio independiente. Esto supone que, como cualquier otra empresa, ha de cumplir las normas del Derecho privado, esto es, el Derecho civil (por ejemplo, para arrendar locales, para contratar empresas de servicios, etc.), el Derecho mercantil (por ejemplo, para gestionar la sociedad anónima internamente) o el Derecho laboral, con relación a la contratación de trabajadores, despidos, etc. Sin embargo, como también está al cargo de la gestión de un aeropuerto público, algunas decisiones y actuaciones de AENA S.M.E. SA están sometidas al control de la Administración Pública en forma de recursos administrativos y del control de los tribunales judiciales de lo contencioso-administrativo.

En concreto, la sujeción de AENA S.M.E. SA al Derecho privado o al Derecho público varía dependiendo de la naturaleza jurídica del acto en concreto.

1. Los temas laborales con los trabajadores con contrato laboral se tramitan ante los tribunales de lo social.
2. Se resuelven por los tribunales judiciales de lo civil (incluidos los juzgados de lo mercantil) las cuestiones de Derecho privado, por

ejemplo, de una acción de resolución por AENA S.M.E. SA de contrato de local de negocio del aeropuerto Josep Tarradellas El Prat de Barcelona (sentencia de la Audiencia Provincial de Barcelona de 18 de enero de 2023); de resolución de contrato de arrendamiento sobre parcela de terreno para la construcción y explotación comercial de un hotel, con opción de compra (auto del Tribunal Supremo de 10 de abril de 2019); por la caída en el túnel de comunicación entre terminales de un aeropuerto, por responsabilidad de AENA por no reunir el pavimento las condiciones exigibles de resistencia al deslizamiento (sentencia del Tribunal Supremo de 5 de junio de 2008) o la acción ejercitada por comunidad de montes contra AENA para reclamar el monte vecinal de mano común ocupado por las instalaciones de aeropuerto (sentencia de la Audiencia Provincial de Pontevedra de 6 de febrero de 2015).

3. Se han resuelto por la vía contencioso-administrativa cuestiones como la responsabilidad de AENA por el mal funcionamiento prestado en las maniobras de estacionamiento (sentencia de la Audiencia Nacional Sala de lo Contencioso-administrativo, de 21 de enero de 2013) o por no estar operativo el sistema de protección para evitar choques de aves con aeronaves (sentencia de la Audiencia Nacional, Sala de lo Contencioso-administrativo, de 15 de marzo de 2013). La responsabilidad del gestor por el cierre del aeropuerto también se ha llevado por la vía contencioso-administrativo (sentencia de la Audiencia Nacional, Sala de lo Contencioso-administrativo, de 18 de diciembre de 2009, entre otros). Por los accidentes sufridos por las personas en los aeropuertos, algunas sentencias resuelven por aplicación del Derecho privado (como la sentencia del Tribunal Supremo, Sala 1ª, de 5 de junio de 2008), pero la mayor parte lo trata como una cuestión de Derecho público como caso de responsabilidad patrimonial del Estado (por ejemplo, sentencia del Tribunal Supremo, Sala de lo Contencioso-administrativo, de 12 de julio de 2006).

Finalmente, además de los aeropuertos calificados de interés general y que son gestionados por AENA S.M.E. SA, el aeropuerto de Castellón también ha sido calificado como de interés general, pero el Estado no estima necesaria la gestión por AENA S.M.E. SA (Orden FOM/509/2002, de 22 de febrero, por la que se autoriza la construcción del aeropuerto de Castellón, se declara de interés general del Estado y se determina el modo de gestión de sus servicios). Tras varios gestores privados, en la actualidad, está gestionado por Aeropuerto de Castellón SL (AEROCAS), sociedad mercantil dependiente de la *Generalitat* valenciana y que ha debido también obtener el certificado de la Agencia Estatal de Seguridad Aérea como gestor aeroportuario.

6. LA CERTIFICACIÓN DE AEROPUERTOS DE INTERÉS GENERAL POR LA AGENCIA ESPAÑOLA DE SEGURIDAD AÉREA

El art. 37 Reglamento (UE) 2018/1139, Reglamento Base, dispone que "*las organizaciones responsables de la operación de aeródromos estarán sujetas a certificación*". El ADR.AR.C.035 del Reglamento (UE) 139/2014, sobre requisitos y procedimientos administrativos relativos a aeródromos, prevé que la autoridad competente expedirá "*un único certificado de aeródromo*" o "*dos certificados independientes: uno para el aeródromo y otro para el operador de aeródromo*". En el caso de los aeropuertos de interés general en España, AENA S.M.E. SA es el gestor aeroportuario por Ley 18/2014 de la mayoría de ellos y se ha ocupado de gestionar el certificado de aeropuerto de cada uno de los que gestiona.

El art. 2.d Reglamento de certificación de aeropuertos de competencia del Estado, aprobado por el Real Decreto 862/2009, define el "Gestor certificado" como la persona, física o jurídica, titular del correspondiente certificado de aeropuerto y que, como tal, es el responsable del cumplimiento de los requisitos recogidos en el presente reglamento en el aeropuerto para el que se ha expedido el certificado.

AENA S.M.E.SA ha de cumplir el art. 40 Ley de seguridad aérea, que determina las obligaciones de los gestores de aeródromos, aeropuertos y demás instalaciones aeroportuarias y establece, entre otras, la obligación de cumplir con las condiciones de seguridad operacional exigidas en relación con el diseño, construcción, uso y funcionamiento aplicables a las instalaciones que gestionen. El art. 40 Ley de seguridad aérea añade que el gestor aeroportuario ha de asegurar la continuidad en su uso en adecuadas condiciones de seguridad; cumplir las condiciones técnicas de seguridad en su diseño, construcción y uso; disponer de un plan de emergencia de protección civil; y, cumplir los deberes legales en formación de su personal en materia de seguridad operacional y de la aviación civil.

AENA S.M.E. SA ha gestionado el proceso de certificación de los aeropuertos de interés general con arreglo a la reglamentación europea. Sin embargo, algunas instalaciones de su red de aeropuertos han quedado exentas de cumplir con la misma, bien por el tipo de instalación o bien por el tipo de operación llevada a cabo en las mismas [art. 2.7 Reglamento (UE) 2018/1139, Reglamento Base]. Dichos aeropuertos y helipuertos están certificados o verificados por la Agencia Estatal de Seguridad Aérea según el Real Decreto 862/2009.

7. GESTIÓN DE AERÓDROMOS ESPAÑOLES QUE NO SON DE INTERÉS GENERAL. RÉGIMEN DE CATALUÑA

En España, hay más aeródromos y helipuertos que los calificados de interés general y de competencia exclusiva del Estado español. De hecho, son la mayoría. Así, hay aeropuertos, aeródromos, helipuertos y campos de vuelo cuya autoridad es la de cada Comunidad Autónoma donde se ubican.

Cada Comunidad Autónoma española tiene una norma de la que deriva tal autonomía y que fija los términos de ésta: el Estatuto de Autonomía. Cada uno puede reservar competencias sobre aeródromos y aeropuertos que no sean de interés general. Por ejemplo, las Comunidades Autónomas de Madrid y de Cataluña disponen de una ley amplia de desarrollo de su sistema aeroportuario no estatal en base a sus competencias constitucionales.

En Cataluña, el art. 140 del Estatuto de Autonomía, aprobado por Ley Orgánica 6/2006, de 19 de julio, de reforma del Estatuto de Autonomía de Cataluña, atribuye competencia exclusiva a la *Generalitat* (gobierno autonómico) sobre los aeropuertos y helipuertos situados en Cataluña y que no tengan la consideración de interés general.

La Ley catalana 14/2009, de 22 de julio, de aeropuertos y helipuertos de Cataluña, indica en su Exposición de motivos que corresponde a la *Generalitat* establecer el régimen jurídico de estas infraestructuras, gestionar el dominio público necesario para prestar el servicio y, especialmente otorgar las autorizaciones y concesiones en los recintos aeroportuarios, así como percibir los tributos y gravámenes relacionados con la utilización de las infraestructuras, delimitar las zonas de servicios, como determinar los usos, equipamientos y actividades complementarias que se admiten dentro del recinto de dichas infraestructuras, como comerciales, servicios, industriales, logísticas, hoteleras, etc. (art. 26).

La Ley 14/2009 creó la entidad de Derecho público "Aeroports de Catalunya" (en sustitución de Aeroports públics de Catalunya SL). La Ley

2/2014, de 27 de enero, de medidas fiscales, administrativas, financieras y del sector público, ha dispuesto su supresión y que las funciones y facultades asignadas a Aeropuertos de Cataluña sean asumidas por el departamento de la Generalitat competente en materia aeroportuaria y por la entidad adscrita a dicho departamento que, de acuerdo con su objeto social, tenga atribuidas funciones en materia aeroportuaria.

La *Generalitat*, las entidades locales y las personas privadas españolas o de otro país de la Unión Europea (con las condiciones de solvencia que reglamentariamente se determinen) pueden promover el establecimiento de aeropuertos o aeródromos de titularidad de la *Generalitat*, titularidad municipal o titularidad privada (arts. 28 y ss.). Su establecimiento requiere la aprobación previa del Plan director urbanístico aeroportuario que lo ampare (art. 28.2), y que delimite y defina su zona de servicio (art. 5), cuya formulación corresponde a la *Generalitat* (art. 6).

Los helipuertos y los campos de aviación pueden ser de titularidad pública o privada y uso público o privado. Su establecimiento requiere la autorización previa de la *Generalitat* (arts. 35 y ss.). También es necesaria la autorización para helipuertos eventuales (art. 41).

La ley catalana regula estas infraestructuras, sean de propiedad pública o privada. La *Generalitat*, a través de sus órganos, gestiona el aeropuerto de Lleida-Alguaire. Asimismo, multitud de aeródromos (Cerdanya, Manresa, ...), helipuertos (del Real Automóvil Club de Cataluña, de la Molina, del Hospital General de Cataluña, ...) y campos de aviación para aeronaves de estructura muy ligera o ultraligera (Avinyonet, Cervera, Bellveí, etc.) son de propiedad pública o privada.

En Cataluña, los aeropuertos y aeródromos de titularidad autonómica o local se gestionan en cualquiera de las formas de gestión directa o indirecta según la legislación de contratos del sector público. Los que son de particulares, se gestionan por sus respectivos propietarios, de acuerdo con las condiciones de la autorización y el Plan director urbanístico aeroportuario (art. 44 Ley 14/2009). La prestación de servicios en tierra puede corresponder directamente al gestor aeroportuario o a un prestador habilitado previamente por la *Generalitat* (art. 46).

El gestor de un aeropuerto debe disponer de un certificado emitido por la *Generalitat* (art. 47), a solicitud del interesado (art. 51), y acompañando el manual del aeropuerto, dictámenes facultativos, etc. La estructura y contenido del manual del aeropuerto deben determinarse reglamentariamente (art. 53.2). El certificado tiene una duración indefinida o temporal, pero será temporal de un máximo de 36 meses para el primer certificado de los aeropuertos de nueva construcción. La Ley 14/2009 prevé el régimen de infracciones y sanciones administrativas.

Además, de los aeropuertos y los aeródromos de uso público, también los aeródromos de uso restringido especializados deben disponer de un plan director urbanístico aeroportuario que delimite y defina su zona de servicio, en los casos en que lo determine el departamento competente en materia aeroportuaria (art. 42 bis Ley 14/2009).

8. CERTIFICACIÓN O VERIFICACIÓN DE AERÓDROMO DE USO PÚBLICO Y COMPROBACIÓN DE AERÓDROMO DE USO RESTRINGIDO. AERÓDROMO EVENTUAL

La normativa es distinta según si se trata de un aeródromo de uso público al que se aplica la normativa europea porque se cumplen las condiciones del art. 2.1.c Reglamento (UE) 2018/1139; de un aeródromo de uso público o de uso restringido, que estén excluidos de la regulación europea. Naturalmente la actuación administrativa es más intensa en el control de los primeros.

8.1. Aeródromos de uso público

En España, el Reglamento de certificación y verificación de aeropuertos y otros aeródromos de uso público, aprobado por el Real Decreto 862/2009, rige para todos los aeropuertos y al resto de los aeródromos de uso público situados en el territorio español. En todo caso deberán ser certificados los aeropuertos, cualquiera que sea su naturaleza, denominación o titularidad, que presten servicios al tráfico aéreo comercial y tengan establecidos procedimientos de aproximación o de salida por instrumentos y

1.º Tengan una pista pavimentada de 800 metros o más o se utilicen exclusivamente para helicópteros, y
2.º Gestionen más de 10.000 pasajeros al año o más de 850 movimientos al año relacionados con operaciones de carga.

El resto de los aeropuertos y aeródromos de uso público serán objeto de verificación de conformidad con lo dispuesto en este reglamento (art. 2.1).

Los gestores de los aeropuertos y del resto de los aeródromos de uso público, antes de obtener la licencia o autorización de apertura al tráfico, deberán disponer, según corresponda, de un certificado o una resolución de verificación favorable para cada infraestructura aeroportuaria. Igualmente, antes de obtener la licencia o autorización de apertura al tráfico de las obras o modificaciones que afecten a las normas técnicas de diseño y operación de aeródromos de uso público, el gestor de la infraestructura aeroportuaria deberá disponer de la modificación del certificado o de la resolución favorable de verificación, que acredite el mantenimiento de las condiciones de seguridad operacional (art. 2.3 Reglamento de certificación y verificación de aeropuertos y otros aeródromos de uso público, aprobado por el Real Decreto 862/2009).

La certificación se configura como un requisito previo a la autorización de puesta en servicio para la operación de aeronaves en un aeródromo de uso público (salvo que baste la mera verificación). No obstante, el Secretario de Estado de Transportes podrá otorgar excepciones al cumplimiento de las normas contenidas en el anexo en aquellos aeropuertos y aeródromos ya construidos y ubicados en emplazamientos singulares, cuando, previo estudio y evaluación técnica, operativa y económica realizados por el gestor de aeropuerto, se considere que no resulta viable su cumplimiento (disposiciones adicionales segunda y tercera Real Decreto 862/2009).

En la Administración del Estado, el ejercicio de las competencias en materia de certificación y verificación de aeródromos corresponde a la Agencia Estatal de Seguridad Aérea, adscrita al Ministerio de Transportes, Movilidad y Agenda Urbana, a través de la Secretaría General de Transportes y Movilidad. Concierne, pues, a la Agencia Estatal de Seguridad Aérea, otorgar, modificar, renovar, limitar y revocar el certificado de aeropuerto, así como conceder exenciones. También autorizar la puesta en servicio y clausura de los aeropuertos civiles de competencia del Estado (art. 5 Reglamento de certificación y verificación de aeropuertos y otros aeródromos de uso público aprobado por el Real Decreto 862/2009).

El *certificado de aeropuerto* es el documento expedido por la Agencia Estatal de Seguridad Aérea que acredita la aptitud del gestor de la infraestructura aeroportuaria y la conformidad del aeropuerto, su explotación y sus equipos relacionados con la seguridad de las operaciones de transporte aéreo, incluidos los equipos, sistemas y comunicaciones de navegación aérea, con lo establecido en las normas técnicas de diseño y operación de aeródromos de uso público (art. 9 Reglamento de certificación y verificación de aeropuertos y otros aeródromos de uso público aprobado por el Real Decreto 862/2009). El certificado tiene una duración indefinida, sujeta a inspecciones, pero en los aeropuertos nuevos y en los que se conceda con exenciones, la primera expedición no tendrá una vigencia mayor de 36 meses (art. 10).

El manual del aeropuerto contiene toda la información pertinente relativa al emplazamiento, instalaciones, servicios, sistemas y equipos, procedimientos operacionales, organización y administración de la infraestructura aeroportuaria a la que se refiere, incluyendo el sistema de gestión de la seguridad operacional. Es aprobado por el Director de Seguridad de Aeropuertos y Navegación Aérea de la Agencia Estatal de Seguridad Aérea en el mismo acto de otorgamiento del certificado de aeropuerto. El gestor ha de mantenerlo actualizado (art. 12 Reglamento de certificación y verificación de aeropuertos y otros aeródromos de uso público aprobado por el Real Decreto 862/2009).

Desde un punto de vista funcional y urbanístico, el Ministerio de Transportes, Movilidad y Agenda Urbana aprueba el Plan Director de cada aeropuerto de interés general que definirá las grandes directrices de ordenación y desarrollo del aeropuerto hasta alcanzar su máxima expansión previsible y que tendrá por objeto la delimitación de la zona de servicio del aeropuerto. Esta zona incluye instalaciones aeroportuarias y otras actividades complementarias, comerciales e industriales, cuya localización en el aeropuerto esté justificada o sea conveniente por su relación con el tráfico aeroportuario (art. 2 Real Decreto 2591/1998, de 4 de diciembre, sobre la Ordenación de los Aeropuertos de Interés General y su Zona de Servicio). La aprobación del Plan Director exige un estudio de la incidencia del aeropuerto y de las infraestructuras aeroportuarias en el ámbito territorial circundante. La Ley 21/2013, de 9 de diciembre, de evaluación ambiental, regula el procedimiento administrativo instrumental respecto a la aprobación o de adopción de planes y programas, así como respecto del de autorización de proyectos.

Entre las normas técnicas de diseño y operación de aeródromos de uso público, el anexo del Real Decreto 862/2009, en su volumen I, apartado 9.5, regula el *servicio de dirección en la plataforma*, estableciendo que, cuando el volumen del tránsito y las condiciones de operación lo justifiquen, la dependencia de servicios de tránsito aéreo del aeródromo, alguna otra autoridad de operación del aeródromo, o en cooperación mutua entre ambas, deberían proporcionar un servicio de dirección en la plataforma apropiado para: a) reglamentar el movimiento y evitar colisiones entre aeronaves y entre aeronaves y obstáculos; b) reglamentar la entrada de aeronaves y coordinar con la torre de control del aeródromo su salida de la plataforma; y c) asegurar el movimiento rápido y seguro de los vehículos y la reglamentación adecuada de otras actividades. El gestor de la infraestructura aeroportuaria está obligado a establecer un servicio de dirección en la plataforma cuando el número de movimientos anuales de la infraestructura aeroportuaria sea superior a 250.000 (art. 5 Real Decreto 1238/2011, de 8 de septiembre, por el que se regula el servicio de dirección en la plataforma aeroportuaria). El personal que preste este servicio debe disponer de un certificado de aptitud psicofísica (art. 15).

8.2. Aeródromos de uso restringido

No comprendidos en el ámbito de aplicación de la normativa comunitaria aeroportuaria, en España, el Real Decreto 1070/2015, de 27 de noviembre, establece las normas técnicas de seguridad operacional exigibles a los aeródromos de uso restringido. Entiende por tales aquellas infraestructuras, incluidos los helipuertos, en los que no se pueden realizar operaciones de transporte aéreo comercial de pasajeros, mercancías y correo, incluidos aerotaxi, conforme a la definición de aeródromo de uso público y restringido el Real Decreto 862/2009.

Los aeródromos de uso restringido, por tanto, están destinados a la realización de otras actividades aéreas muy variadas, entre otras, la aviación privada y deportiva, los trabajos aéreos o las escuelas de vuelo.

El carácter esencial de las normas técnicas determina que no pueda haber exenciones a las normas de seguridad de los estándares internacionales, por lo que también para los aeródromos de uso restringido se toma como referencia el Real Decreto 862/2009, con adaptaciones dado su uso restringido.

Al no ser aeropuertos de interés general, es relevante la normativa autonómica. El Real Decreto 1070/2015 dota de eficacia a efectos de cumplimiento de las normas técnicas de seguridad operacional a las disposiciones de carácter general adoptadas por las Comunidades Autónomas en el ejercicio de sus competencias sobre el diseño de las infraestructuras, siempre que hayan sido informadas favorablemente por la Agencia Estatal de Seguridad Aérea. Este informe tiene carácter vinculante en lo que se refiere a la preservación de las competencias estatales en materia de normas técnicas de seguridad operacional de la infraestructura. Asimismo, se contempla expresamente que la supervisión realizada por la Comunidad Autónoma en el procedimiento de autorización previo a la apertura al tráfico acredita ante la Agencia Estatal de Seguridad Aérea el cumplimiento de las normas técnicas en materia de seguridad operacional. Cuando conforme a la normativa autonómica de aplicación, la Comunidad Autónoma no supervise en tales procedimientos las normas técnicas aplicables, será precisa la comprobación por la Agencia Estatal de Seguridad Aérea, en su caso, mediante los mecanismos de cooperación adicionales que proceda, del cumplimiento de las relativas a la seguridad operacional, sin perjuicio de que dicho pronunciamiento se incardine, si así lo prevé la normativa autonómica, en el procedimiento de autorización que ésta tramite.

Para preservar las competencias estatales sobre seguridad operacional, los medios alternativos de cumplimiento de los que pretenda hacer uso el aeródromo deben ser aprobados o informados con carácter vinculante por la Agencia Estatal de Seguridad Aérea. Ésta, en todo caso, debe aprobar los estudios aeronáuticos de seguridad que justifique que tales medios ofrecen un nivel de seguridad operacional equivalente.

8.3. Aeródromos eventuales

Se considera aeródromo eventual a la superficie apta para el uso de aeronaves que, a juicio del operador, reúne las condiciones mínimas para la seguridad de las operaciones y cuya utilización no exceda de 40 operaciones anuales, sin sobrepasar 15 al mes. Si supera esta cifra, se considera aeródromo de uso restringido (art. 2.b Real Decreto 1189/2011, según modificación de la disposición final primera Real Decreto 1070/2015).

Los aeródromos eventuales, incluidos los helipuertos eventuales, que se encuentren dentro de una zona controlada, restringida o peligrosa, o dentro de la zona de afección de otra infraestructura aeronáutica, y con carácter previo al uso, requieren de un informe o certificado de compatibilidad de espacio aéreo. El resto no necesitan autorización de la Agencia Estatal de Seguridad Aérea, bastará con informar a esta Agencia de su localización y de su período de utilización (art. 16 Real Decreto 1189/2011).

9. LAS SERVIDUMBRES AERONÁUTICAS. SERVIDUMBRE ACÚSTICA

El Real Decreto Ley 13/2010 procedió a la desafectación de los aeropuertos gestionados por AENA, privándoles de su naturaleza demanial. En cambio, subsisten las denominadas servidumbres aeronáuticas.

Los terrenos, construcciones e instalaciones que circunden los aeropuertos, aeródromos y ayudas a la navegación, están sujetos a "servidumbres aeronáuticas" ya establecidas o que se fijen de nuevo en normas especiales referentes al área de maniobra y al espacio aéreo de aproximación. Por ejemplo, el Real Decreto 657/2022, de 26 de julio, por el que se modifican las servidumbres aeronáuticas del Aeropuerto Josep Tarradellas Barcelona-El Prat (Barcelona); el Real Decreto 1080/2009, de 29 de junio, por el que se confirman las servidumbres aeronáuticas del Aeropuerto Madrid/Barajas, establecidas por la Orden FOM/429/2007, de 13 de febrero. También por ejemplo el Real Decreto 764/2017, de 21 de julio, por el que se modifican las servidumbres aeronáuticas del Aeropuerto de Sevilla; y, el Real Decreto 763/2017, de 21 de julio, por el que se modifican las servidumbres aeronáuticas del Aeropuerto de Santiago.

Significa por ejemplo que los propietarios o poseedores de inmuebles no podrán oponerse a la entrada en sus fincas o paso por ellas para las operaciones de salvamento o auxilio a aeronaves accidentadas (art. 53 Ley de navegación aérea). Los daños y perjuicios que se causen en los bienes afectados por las servidumbres serán indemnizables si a ello hubiere lugar, aplicando las normas de la expropiación forzosa (art. 54).

Especial referencia merece para el legislador actual la denominada "servidumbre acústica", pues el art. 4 Ley de navegación aérea ha sido modificado para adaptarse a la Ley 37/2003, de 17 de noviembre, del ruido. En concreto, en los aeropuertos del Estado, éste debe garantizar los objetivos de calidad acústica fijados en la normativa aplicable. Siempre que se cumplan estos objetivos será obligatorio soportar los niveles sonoros, sobrevuelos, frecuencias e impactos ambientales generados por la navegación aérea, sin perjuicio del derecho de los afectados a denunciar los incumplimientos de la normativa aeroportuaria o aeronáutica que pudieran producirse y a recabar su subsanación. El Estado aprobará planes de acción para incluir medidas correctoras. Para cada aeropuerto se creará una Comisión mixta que informará previa y preceptivamente el establecimiento de las servidumbres acústicas y los planes de acción asociados, velando asimismo por su cumplimiento.

El Reglamento (UE) 598/2014, de 16 de abril, relativo al establecimiento de normas y procedimientos con respecto a la introducción de restricciones operativas relacionadas con el ruido en los aeropuertos de la Unión dentro de un enfoque equilibrado y que deroga la Directiva 2002/30/CE, establece las normas y procedimientos con respecto a la introducción de restricciones operativas relacionadas con el ruido en los aeropuertos de la Unión.

10. DERECHOS ECONÓMICOS DERIVADOS DEL USO DE AEROPUERTOS Y AERÓDROMOS

10.1. Convenio de Chicago y Derecho comunitario

El art. 15 Convenio de Chicago dispone que todo aeropuerto de un Estado contratante que esté abierto a sus aeronaves nacionales para fines de uso público estará igualmente abierto, en condiciones uniformes y a reserva de lo previsto en el artículo 68 Convenio de Chicago (aeropuertos designados), a las aeronaves de todos los demás Estados contratantes.

El art. 15 Convenio de Chicago añade que los derechos que un Estado contratante imponga o permita que se impongan por el uso de tales aeropuertos e instalaciones y servicios para la navegación aérea por las aeronaves de cualquier otro Estado contratante, no deberán ser más elevados:

a) Respecto a las aeronaves que no se empleen en servicios aéreos internacionales regulares, que los derechos que pagarían sus aeronaves nacionales de la misma clase dedicadas a servicios similares.

b) Respecto a las aeronaves que se empleen en servicios aéreos internacionales regulares, que los derechos que pagarían sus aeronaves nacionales dedicadas a servicios aéreos internacionales similares.

Todos estos derechos serán publicados y comunicados a la Organización de la Aviación Civil Internacional.

La Directiva 2009/12/CE, de 11 de marzo, relativa a las tasas aeroportuarias, contiene normas comunes para aeropuertos grandes, pues para los pequeños no se entiende necesario la unificación. Establece que los Estados miembros velarán por que las tasas aeroportuarias no establezcan discriminaciones entre los usuarios de los aeropuertos, de conformidad con el Derecho comunitario. Los criterios deberán ser pertinentes, objetivos y transparentes (art. 3).

10.2. Las tarifas de AENA S.M.E. SA

La legislación utiliza diversos conceptos para designar los diferentes pagos a realizar por el empleo de los aeródromos. AENA S.M.E. SA lo engloba bajo el concepto general "tarifas" e incluye tanto prestaciones públicas de carácter patrimonial (como por los servicios de tránsito aéreo de aeródromo), como precios privados por otros conceptos como gestor aeroportuario. El concepto "tasa" es más restringido, aplicable al aprovechamiento del dominio público. Las tasas se abonan a ENAIRE E.P.E., por los servicios de tránsito aéreo de ruta y de aproximación.

Una importante cuestión en esta materia son las bonificaciones en la tarifa de pasajeros que se ofrecen en algunos aeropuertos, por ejemplo, a las aerolíneas que abran nuevas líneas desde ese aeropuerto. Estas bonificaciones han de ser públicas, a los efectos de no generar discriminaciones en el trato que los usuarios (compañías aéreas) reciben en un determinado aeropuerto.

Según la Ley de navegación aérea, corresponde al (extinguido) Ministerio del Aire fijar las tarifas de aterrizaje, salida y estacionamiento de aeronaves, ayudas a la navegación, comunicaciones aeronáuticas y demás servicios de los aeropuertos y aeródromos de carácter público (art. 47 Ley de navegación aérea). En la actualidad, en los aeropuertos de interés general, son tarifas aeroportuarias las contraprestaciones que tiene derecho a percibir AENA S.M.E. SA por los servicios aeroportuarios básicos. AENA S.M.E. SA publica las tarifas portuarias en los aeropuertos y helipuertos de interés general para su gestión. Las tarifas aeroportuarias se aplicarán a los usuarios de las instalaciones o servicios aeroportuarios de forma transparente y no discriminatoria, viniendo aquellas obligadas a su pago, sin perjuicio de que puedan repercutir las tarifas correspondientes a los servicios a pasajeros en los correspondientes contratos de transporte (Ley 32.6 Ley 18/2014, de 15 de octubre, de aprobación de medidas urgentes para el crecimiento, la competitividad y la eficiencia).

Respecto al importe percibido por sus servicios, AENA S.M.E. SA, según la naturaleza de éste, cobra precios privados sometidos al Derecho privado o prestaciones patrimoniales de carácter público (art. 68 Ley de seguridad aérea).

Con algunas excepciones, tiene la consideración de *precio privado* todo ingreso que perciba AENA en el ejercicio de su actividad como gestor aeroportuario (art. 68 Ley de seguridad aérea). La gestión y cobro de los precios privados por AENA S.M.E. SA se someten al Derecho privado (art. 69.1 Ley de seguridad aérea).

En cambio, no son precios privados, sino *prestaciones patrimoniales de carácter público*, las que perciba por prestaciones que la citada sociedad deba percibir en los siguientes supuestos (art. 68 Ley de seguridad aérea): por el uso de pistas y servicios para dicho uso; por los servicios de tránsito aéreo de aeródromo; por los servicios de meteorología; por los servicios de inspección y control de pasajeros y equipajes en los recintos aeroportuarios; por la puesta a disposición a los pasajeros de las instalaciones aeroportuarias no accesibles a los visitantes en terminales, plataformas y pistas, necesaria para poder hacer efectivo su contrato de transporte aéreo; por los servicios que permiten la movilidad general de los pasajeros y la asistencia necesaria a las personas con movilidad reducida; por la utilización de las zonas de estacionamiento de aeronaves habilitadas al efecto en los aeropuertos; por el uso de las instalaciones aeroportuarias para facilitar el servicio de embarque y desembarque de pasajeros a las compañías aéreas; por el uso del recinto aeroportuario para el transporte y suministro de combustibles y lubricantes; y, por el uso del recinto aeroportuario para la prestación de servicios de asistencia en tierra que no se encuentre gravado por otra contraprestación específica.

De acuerdo con la Disposición adicional cuadragésima tercera Ley 9/2017, de 8 de noviembre, de Contratos del Sector Público, las contraprestaciones económicas establecidas coactivamente que se perciban por la explotación de obras públicas o la prestación de servicios públicos, de forma directa mediante personificación privada o gestión indirecta, tendrán la condición de prestaciones patrimoniales de carácter público no tributario conforme a lo previsto en el art. 31.3 Constitución española de 1978. En concreto, aquellas exigidas por la explotación de obras o la prestación de servicios, en régimen de concesión, mediante sociedades de economía mixta, entidades públicas empresariales, sociedades de capital íntegramente público y demás fórmulas de derecho privado.

11. RESTRICCIÓN DE LAS AYUDAS ECONÓMICAS PÚBLICAS Y SUS EXCEPCIONES AEROPORTUARIAS

La Unión Europea ha mantenido en varias Decisiones que las disposiciones europeas en materia de ayudas estatales rigen también para los aeropuertos, pues el gestor obtiene una remuneración por sus servicios. Esta doctrina supondría la prohibición de ayudas públicas, si bien se ha matizado para permitir su compatibilidad en función del tamaño del aeropuerto medido en número de pasajeros, condicionado a que haya necesidad de transporte para asegurar la accesibilidad a una región.

Las Directrices de 2014 sobre ayudas estatales a aeropuertos y compañías aéreas se aplican a partir del 4 de abril de 2014 y sustituyen a las Directrices de aviación de 1994 y 2005 anteriores a partir de esa fecha. Las Directrices en vigor figuran en la Comunicación de la Comisión de Directrices sobre ayudas estatales a aeropuertos y compañías aéreas, 2014/C 99/03, disponible en https://bit.ly/42Uh6DX, consultada el 19 de mayo de 2023.

Las Directrices de 2014 distinguen tipos de aeropuertos a efectos de ayudas públicas. En los aeropuertos de categoría A (aeropuertos comunitarios) y los aeropuertos de categoría B (aeropuertos nacionales) se considera que la ayuda pública falsea o distorsiona la competencia. En los aeropuertos de categoría C (grandes aeropuertos regionales) y en los aeropuertos de categoría D (pequeños aeropuertos regionales), se entiende que no es probable que la ayuda pública tenga este efecto, pero ha de notificarse a la Comisión y se fijan unas cuantías máximas.

Por ejemplo, puede verse la Decisión UE 2017/1149, de la Comisión de 27 de septiembre de 2016 sobre la ayuda estatal SA.30931 (11/C) (ex N 185/10) concedida por Rumanía a los aeropuertos regionales rumanos; y la Decisión (UE) 2017/1861 de la Comisión, de 29 de julio de 2016, relativa a la ayuda estatal SA.33983 (2013/C) (ex 2012/NN) (ex 2011/N) ejecutada por Italia — Compensación a los aeropuertos de Cerdeña por obligaciones de servicio público (SIEG).

El Reglamento (UE) 651/2014, de 17 de junio, por el que se declaran determinadas categorías de ayudas compatibles con el mercado interior en aplicación de los artículos 107 y 108 Tratado de Funcionamiento de la Unión Europea, ha sido modificado por el Reglamento (UE) 2017/1084, de 14 de junio, en lo relativo a las ayudas a infraestructuras portuarias y aeroportuarias. En concreto, se introduce el art. 56 bis que explicita, en una norma de aplicación directa a los Estados miembros, las condiciones para financiar aeropuertos regionales con dinero público.

En todo caso, quedan fuera de la prohibición de las ayudas públicas las tareas que realiza el gestor como servicio público, como las relativas a seguridad, control del tráfico aéreo, policía, aduana, bomberos, servicios de urgencia, etc., las cuales admite que puedan prestarse por el gestor del aeropuerto o un tercero. Estas actividades y otras derivadas de las obligaciones de servicio público no se rigen por la prohibición de ayudas públicas, si bien la financiación pública debe destinarse a cubrir costes. Para dotar de seguridad jurídica a los Estados miembros de la Unión Europea de lo que está permitido o no, las Directrices de 2014 parten del análisis de la compatibilidad de la ayuda en función del tamaño del aeropuerto medido en número de pasajeros.

La Comunicación 2016/C 206/01, de la Comisión, relativa al concepto de ayuda estatal conforme al art. 107.1 del Tratado de Funcionamiento de la Unión Europea, avanza en ofrecer claridad sobre la legalidad o no de ciertas ayudas públicas a aeropuertos. Por ejemplo, la financiación de infraestructuras que no están destinadas a ser explotadas económicamente queda en principio excluida de la aplicación de las normas sobre ayudas estatales. Esto se refiere, por ejemplo, a infraestructuras que se utilizan para actividades que el Estado habitualmente desempeña en el ejercicio de la autoridad (por ejemplo, el control del tráfico aéreo en aeropuertos). Estas actividades no son de naturaleza económica y, por consiguiente, quedan fuera del ámbito de aplicación de las normas sobre ayudas estatales, como lo está, en consecuencia, la financiación pública de la correspondiente infraestructura (ap. 203).

Por tanto, el control del tráfico aéreo, el salvamento y lucha contra incendios de las aeronaves, la policía, las aduanas, y las actividades necesarias para proteger a la aviación civil en un aeropuerto contra actos de interferencia ilícita en general se considera que no son de naturaleza económica (ap. 214). Asimismo, cuando una infraestructura que, en principio, no se utilizaba para actividades económicas se reasigna posteriormente a un uso económico (por ejemplo, un aeropuerto militar que se transforma para uso civil) solo se tomarán en cuenta los costes incurridos para la conversión de la infraestructura para su uso económico al evaluarla en virtud de las normas sobre ayudas estatales (ap. 204).

Finalmente, la Comunicación 2016/C 206/01 indica que se acepta que hay ciertas ayudas públicas que no tienen entidad suficiente para afectar al intercambio entre los Estados miembros y, por tanto, no están prohibidas conforme al art. 107.1. Cita, entre otras, la financiación pública de pequeños aeropuertos (ap. 197).

12. EL SERVICIO AEROPORTUARIO DE ASISTENCIA EN TIERRA (*HANDLING*)

Los usuarios de un aeropuerto son definidos como las personas físicas o jurídicas que transporten por vía aérea pasajeros, correo o carga con origen o destino en ese aeropuerto (art. 2.a Real Decreto 1161/1999). La operación de aeronaves de transporte requiere una serie de comprobaciones y atenciones técnicas después de cada vuelo que debe efectuarse por personal especializado en cada aeropuerto. Además, han de realizarse las operaciones de facturación, embarque y desembarque de pasajeros, equipajes y cargas. Las compañías no pueden tener disponibles siempre *in situ* en cada uno de los aeropuertos su propio servicio (auto asistencia), por lo que han de solicitar el auxilio de terceros en tierra o *handling* o ser autorizados para practicar la auto asistencia.

El *servicio de asistencia en tierra* es una categoría que engloba todos los servicios prestados en los aeródromos que comprendan actividades relacionadas con la seguridad en los ámbitos de supervisión en tierra, despacho de vuelos y control de carga, asistencia a pasajeros, asistencia con equipajes, asistencia de carga y correo, asistencia a la aeronave en la plataforma, servicios para aeronaves, asistencia de combustible y lubricante y carga de productos de restauración, incluidos los casos en los que los operadores de las aeronaves se prestan a sí mismos dichos servicios de asistencia en tierra (auto asistencia) [art. 3.23 Reglamento (UE) 2018/1139].

En España, los servicios aeroportuarios de *handling* hasta mediados de 1960 eran prestados por la Administración Aeroportuaria a través de "Consignación y Despacho de Aeronaves" (CYDA). Alguna compañía disponía de equipos y personal para darse autoservicio. Luego llegó el monopolio de Iberia y, en 1973, se declaran servicios de naturaleza pública estatal y se atribuyen al organismo "Aeropuertos nacionales".

El Decreto 562/1972, de 23 de diciembre, que reestructuró la Subsecretaría de Aviación Civil, permitía la auto asistencia, previa concesión de la Subdirección General de Aviación Civil, pero "Aeropuertos Nacionales" podía concertar con terceros la gestión indirecta, que la obtuvo Iberia en 1974, sometida a pliegos de contratación y tarifas.

A partir de 1993, estos servicios dejaron de estar exentos de la libre competencia y España tuvo que proceder a la liberalización; se sacó a concurso todo el *handling* en los aeropuertos y volvió a ganar Iberia, con la que poco después se pactó un plan para la incorporación, a partir de abril de 1997 (fecha de liberalización del cabotaje comunitario) de nuevos operadores de *handling*. Así, ya ese año, actuaban Aldeasa, Eurohandling, Ogden, etc. Iberia fue adjudicataria de los servicios de rampa en la mayoría de los aeropuertos, pero por ejemplo perdió la concesión para operar en Barcelona. Entre las condiciones impuestas a los nuevos concesionarios, estaba la obligación de emplear a los anteriores trabajadores de Iberia, de ahí el conflicto de 28 de julio de 2006.

Hoy, las empresas de *handling* están autorizadas por la Agencia Estatal de Seguridad Aérea y tienen un contrato o han ganado un concurso público en el servicio de rampa para operar en cada aeropuerto.

12.1. Régimen jurídico

La Directiva 96/67/CE, de 15 de octubre, relativa al acceso al mercado de asistencia en tierra en los aeropuertos de la Comunidad, establece el marco común regulador de la prestación de dichos servicios en los Estados miembros. La norma comunitaria parte del carácter indispensable de la asistencia en tierra para el correcto funcionamiento del transporte aéreo y la utilización eficaz de las infraestructuras aeroportuarias y se orienta a su apertura al mercado en régimen de libre competencia, de forma progresiva y adaptada a las necesidades del sector.

La transposición de la Directiva al Derecho español empezó con la Ley 66/1997, de 30 de diciembre, de Medidas Fiscales, Administrativas y del Orden Social, que admitió la posibilidad de establecer por reglamento limitaciones a la prestación de servicios de asistencia en tierra a aeronaves, pasajeros y mercancías, así como al derecho de auto asistencia, con base en los criterios de tráfico anual de pasajeros o carga, capacidad del aeropuerto, razones operativas o de seguridad, protección social de los empleados, auto financiación de las entidades gestoras de los aeropuertos y reciprocidad con otros países. El Real Decreto 1161/1999, de 2 de julio, por el que se regula la prestación de los servicios aeroportuarios de asistencia en tierra, es la norma esencial en España en esta materia. En desarrollo y cumplimiento de esta normativa, la Agencia Estatal de Seguridad Aérea ha producido el documento "Guía para la obtención de autorizaciones para realizar servicios aeroportuarios de asistencia en tierra", disponible en https://bit.ly/42Y820b, consultado el 19 de mayo de 2023.

12.2. Categorías de servicios incluidos

El Real Decreto 1161/1999 agrupa estos servicios en 11 categorías: asistencia administrativa en tierra y supervisión, asistencia de pasajeros, asistencia de equipaje, asistencia de carga y correo, asistencia de operaciones en pista, asistencia de limpieza y servicio de la aeronave, asistencia de combustible y lubricante, asistencia de mantenimiento en línea, asistencia de operaciones de vuelo y administración de la tripulación, asistencia de transporte en superficie, asistencia de mayordomía (*catering*).

Ante esta magnitud, la clasificación se impone y puede llevarse a cabo según estos criterios:

a) Los servicios de rampa. Conforme al Real Decreto 1161/1999, son los que se prestan esencialmente en la rampa del aeropuerto, integrados por estas categorías:

- asistencia de equipajes (manipulación en sala de equipajes, preparación para su carga y descarga de la aeronave);
- asistencia a las operaciones en pista. Incluye guiado de la aeronave, estacionamiento y suministro de medios adecuados, comunicaciones entre la aeronave y la empresa de *handling*, carga y descarga de mercancías y embarque y desembarque de pasajeros y el transporte de los equipajes entre la aeronave y la terminal –salvo que estos los asuma el servicio ATC, de circulación aérea–, asistencia para el arranque, desplazamiento de la aeronave (*push back*) y suministro de medios adecuados;
- asistencia de combustible y lubricante;
- asistencia de carga y correo, en lo que respecta a la manipulación física entre la terminal del aeropuerto y el avión, tanto a la llegada como a la salida o en tránsito.

b) *Servicios de asistencia al pasajero.* Requieren al menos un stand de facturación (*check-in*) para su utilización durante un período de 2 ó 3 horas. Incluye la emisión de billetes (*ticketing*), la asistencia en la puerta de embarque y el *handling* del equipaje durante todo su procesamiento en el edificio terminal (desde que se factura y se escanea hasta que llega al agente de asistencia en tierra). En general, también incluye otros servicios como la información de vuelos a los pasajeros y utilización de salas (*lounges*).

c) *Según el grado de liberalización o de apertura a la competencia,* se distingue el *handling* de rampa del resto de servicios de asistencia en tierra, dado que la liberalización del primero está más limitada.

En los servicios de rampa, hay un concurso público y decide AENA S.M.E. SA (art. 14.1.a Real Decreto 1161/1999). En España, AENA S.M.E. SA ha resuelto en 2023 el concurso para licitar los servicios de rampa en todas las infraestructuras de su red (todas salvo los helipuertos).

En el resto de los servicios, debe tenerse en cuenta que la autorización de la Agencia Estatal de Seguridad Aérea no es suficiente para comenzar la prestación de los servicios de asistencia en tierra, sino que, como indica, el art. 8.1 Real Decreto 1161/1999, debe suscribirse un contrato con el operador del aeropuerto, esto es, AENA S.M.E. SA en la mayoría de los aeropuertos de interés general.

d) *Dependiendo de que exista o no coincidencia entre prestador y destinatario del servicio,* se puede clasificar la asistencia en *handling* a terceros o *handling* a secas, *autohandling* y, como modalidad de éste, el *autohandling* cooperativo o recíproco.

El art. 3.1 Real Decreto 1161/1999, dice que "los usuarios que dispongan del título habilitante regulado en el art. 9 (*sic* que estén autorizados por la Agencia Estatal de Seguridad Aérea) podrán practicar la auto asistencia en tierra, para el conjunto de los servicios enumerados en el anexo, *distintos de los de rampa,* en todos los aeropuertos de interés general". Por tanto, sin licitación. Salvo en los de rampa en que por razones de espacio no es posible que todos se hagan auto asistencia. En el resto, puede hacerlo sin licitación, si bien disponiendo de la autorización y de un seguro de responsabilidad civil.

La auto asistencia la puede hacer la propia compañía u otra sociedad del mismo grupo (que no es considerado un "tercero"), pero no puede celebrar ningún contrato con un tercero, cualquiera que sea la denominación, para la prestación de dichos servicios (art. 2.d Real Decreto 1161/1999).

Con todo, el detalle del funcionamiento de los servicios de *handling* no tiene rango jurídico, esto es, no se ha positivizado en una norma de obligado cumplimiento para operadores aeroportuarios y compañías aéreas.

Para unificar los procedimientos en todo el mundo ha sido la IATA, que agrupa a la mayoría de las compañías aéreas, la que ha aprobado documentos internos que constituyen la práctica al uso en el sector del *handling*. En concreto, según publicita la propia IATA, el documento AHM810 se centra en los principios de "lo que hay que hacer" y el *IATA Ground Operations Manual* (IGOM) alude al procedimiento, enfocándose en "cómo hay que hacerlo". Muchos de los manuales de gestión en tierra (GOM) de las compañías aéreas siguen el IGOM. En los contratos-tipo de servicios de handling también se contiene un listado de servicios: así, el anexo A del Standard Ground Handling Agreement (SGHA) de la Asociación Internacional del Transporte Aéreo (IATA) agrupa en 14 secciones una relación de hasta 54 servicios distintos.

12.3. Autorización de la Agencia Estatal de Seguridad Aérea como agente de asistencia en tierra a terceros y de auto asistencia para operadores aéreos en un aeropuerto de interés general

El art. 39 Ley de seguridad aérea establece una serie de obligaciones que deben cumplir los agentes y proveedores que operen en aeropuertos de interés general: disponer de la preceptiva autorización, cumplir con las normas y condiciones establecidas en ella, respetar las normas del aeropuerto, prestar sus servicios con seguridad y cumplir con la formación de su personal en materia de seguridad operacional y de la aviación civil.

Los interesados en obtener una autorización para prestar servicios de asistencia en tierra o de auto asistencia por parte de los usuarios (operadores aéreos) seguirán el procedimiento administrativo ante la Agencia Estatal de Seguridad Aérea (hasta 2009, la Dirección General de Aviación civil), en la que se precisarán, para cada aeropuerto, las categorías de servicio para las que se solicita. Se otorga por un período máximo de 7 años renovable, siempre y cuando se mantengan las mismas condiciones que validaron su emisión. En el caso de prestación del servicio por una unión temporal de empresas (UTE), será requisito que todas y cada una de ellas posean dicha autorización (art. 9 Real Decreto 1161/1999). Deben contar con un seguro de responsabilidad civil y disponer de un centro de explotación con capacidad operativa suficiente, adecuar su contabilidad al principio de separación contable del art. 15 y respetar las normas del aeropuerto, seguridad aeroportuaria y medio ambiente (art. 10). Si el solicitante es una persona física, se ha de inscribir también en el Registro Mercantil.

Como se ha dicho, la relación jurídica entre el operador de *handling* autorizado y la entidad gestora del aeropuerto se formaliza a través de un contrato. Si es un aeropuerto de interés general, con AENA S.M.E. SA (art. 8).

En cambio, la selección de los agentes de asistencia en tierra para los servicios de rampa requiere una licitación con un pliego de condiciones aprobado por AENA, publicada en el *Diario Oficial de las Comunidades Europeas,* en la que podrán participar todos los agentes de asistencia en tierra autorizados (art. 14.1.g). Serán seleccionados por AENA, previa consulta con el Comité de Usuarios del Aeropuerto.

La Directiva 96/67/CE y el Real Decreto 1161/1999 prevén la existencia de un Comité de Usuarios en los aeropuertos con más de un millón de pasajeros o 25000 toneladas de carga transportada en avión, para tener acceso a la información sobre el reparto de uso de las instalaciones aeroportuarias, art. 7 Real Decreto 1161/1999).

Los agentes de asistencia en tierra establecidos en un Estado miembro de la Unión Europea o en un Estado parte del Acuerdo sobre el Espacio Económico Europeo, pueden prestar servicios de *handling*, distintos de los servicios de rampa, en los aeropuertos de interés general.

12.4. Notificación de incidencias a la Agencia Estatal de Seguridad Aérea

Los operadores de asistencia en tierra deben comunicar a la Agencia Estatal de Seguridad Aérea obligatoriamente alguno de los sucesos de notificación obligatoria (*Mandatory Occurrence Reporting*, MOR), conforme al Reglamento (UE) 2015/1018, de 29 de junio, por el que se establece una lista de clasificación de los sucesos en la aviación civil de notificación obligatoria. Por ejemplo, una colisión del avión, mercancía húmeda, entre otras. No obstante, si hay algún suceso que se considere un riesgo a la seguridad operacional y no aparece en el listado, siempre se puede notificar a través de informes voluntarios (*Voluntary Occurrence Reporting*, VOR) como, por ejemplo, incidentes por chorro motor o daños a pasajeros. Las incidencias relacionadas con pasajeros conflictivos en puerta de embarque o a bordo de la aeronave, deberán reportarse como VOR.

12.5. Poderes y deberes especiales reconocidos a AENA S.M.E. SA

AENA S.M.E. SA podrá prestar directamente servicios de asistencia en tierra, sin someterse al procedimiento de selección o autorizar a otra empresa, controlada por la entidad, para su prestación (art. 14.2 Real Decreto 1161/1999). Sin embargo, desde 2001, en los aeropuertos cuyo tráfico supere los 2 millones de pasajeros o 50.000 toneladas de carga transportada por avión (al año), al menos uno de los agentes de asistencia en tierra debe ser independiente de AENA, y de los usuarios que transporte más del 25% de pasajeros o de carga en el aeropuerto en el año anterior.

Salvo que pueda acogerse a alguna excepción temporal de 3 años prevista en el art. 6 Real Decreto 1161/1999, para la prestación de cada categoría de servicios de rampa, AENA S.M.E. SA debe garantizar a los usuarios que puedan elegir, al menos, entre dos agentes de asistencia en tierra.

Además, en atención a condiciones objetivas, el Ministerio de Transportes, Movilidad y Agenda Urbana, a propuesta de AENA S.M.E. SA, puede limitar hasta un mínimo de dos, el número de usuarios autorizados a practicar la auto asistencia para una o varias categorías de servicios de rampa en aeropuertos cuyo tráfico anual sea igual a un millón de movimientos de pasajeros o a 25.000 toneladas de carga transportada por avión. Los que no alcancen estos umbrales, AENA S.M.E. SA puede o no autorizar la auto asistencia (art. 3).

Finalmente, el art. 5 Real Decreto 1161/1999 dice que corresponde a AENA S.M.E. SA la gestión de las infraestructuras aeroportuarias, tales como la clasificación del equipaje, limpieza de escarcha, depuración de aguas o distribución de combustible, que sirvan para proporcionar servicio de asistencia en tierra y cuya complejidad, coste o impacto no permita su división o duplicación. Puede exigir a los agentes de asistencia en tierra y a usuarios en auto asistencia que utilicen dichas infraestructuras.

12.6. Contrato entre el usuario y la empresa de handling

El contrato comercial entre la empresa de *handling* y la compañía suele durar un mínimo de un año, si bien hay acuerdos para períodos más extensos.

El modelo IATA *Standard Ground Handling Agreement (SGHA)*, con varias ediciones, es el más difundido. Es muy completo, con análisis detallado de cuestiones de interés para los contratantes, como la forma de provisión de servicios, buenas prácticas, subcontratación de servicios, representación de compañías aéreas, remuneración, responsabilidad e indemnización, arbitraje, modificación, duración y extinción del contrato, contrato combinado, con multitud de prestaciones de servicios, obra, compraventa, depósito, mandato (por ejemplo, el pago de las tarifas del aeropuerto en nombre de la compañía aérea), abono de las compensaciones económicas a los pasajeros por denegación de embarque, catering, alojamiento y transporte de pasajeros que no han podido volar por causa imputable a la compañía. Se amolda con flexibilidad a las necesidades de las partes, prevé tipos de servicios uniformes, pero no todos han de prestarse, dependiendo de la necesidad del usuario, pues puede celebrar servicios con otros agentes o prestarse asistencia en auto asistencia. La compañía debe pagar el precio y cumplir con los deberes de información y colaboración.

Otra de las cláusulas típicas del contrato SGHA es la exoneración de la empresa de *handling* frente al usuario por lesiones o muerte de las personas transportadas, de un empleado del transportista, por daños, retrasos y pérdidas de equipaje, así como por bienes o propiedades del transportista y a la inversa. En principio, son válidas y reconocidas por la jurisprudencia, salvo en caso de dolo o culpa grave.

13. LA GESTIÓN DE FRANJAS HORARIAS O *SLOTS* AEROPORTUARIOS (*AIRPORT SLOTS*)

13.1. Concepto y régimen jurídico

La franja horaria (*slot*) es "*el permiso dado por un coordinador para utilizar la infraestructura portuaria necesaria con fines de aterrizaje y despegue en una fecha y hora determinadas asignada por un coordinador*" [art. 2.a Reglamento (CEE) 95/93, de 18 de enero, sobre normas comunes para la asignación de franjas horarias en los aeropuertos comunitarios]. La franja es necesaria para una compañía aérea tanto en el despegue como en el aterrizaje y por tanto los horarios deben ser coherentes para asegurar el uso eficiente del aeropuerto y la capacidad del espacio aéreo.

Una serie de franjas horarias está compuesta como mínimo de cinco franjas horarias solicitadas para un período de programación a la misma hora, regularmente, el mismo día de la semana, y así asignada o aproximadamente a la misma hora [art. 2.k Reglamento (CEE) 95/1993].

La Asociación Europea de Coordinadores de Aeropuerto (EUACA) dice que una serie de *slots* generalmente cubre un período y consiste en al menos cinco operaciones requeridas a la misma hora del día en el mismo día de la semana y regularmente en el mismo período. La Comisión de las Comunidades Europeas constató en 2008 que los coordinadores comunitarios han desarrollado una base de datos conjunta sobre todas las franjas que han asignado. EUACA está registrada en Bélgica con más de 20 coordinadores y facilitadores de horarios en aeropuertos europeos, que en total son responsables de asignar los *slots* y gestionar más de 100 aeropuertos. Surgen de aquí prácticas recomendadas, intercambio de información, decisión sobre la acción común, así como para compartir sistemas informáticos. También lleva a cabo reuniones con compañías aéreas para que devuelvan *slots*, intercambiarlas, etc.

EUACA indica que una operación *ad hoc* es aquella sobre la que no pesan derechos adquiridos y que no forma parte de una serie de *slots*, pero en tráficos congestionados es mejor no asignarlos demasiado pronto (no antes del 31 de enero para preparar la temporada de verano, ni antes del 31 de agosto para la temporada de invierno), pues puede impedir la colocación de *slots* y como resultado se desperdicie capacidad. En algunos aeropuertos, ya se fijan horas de reserva para solicitudes *ad hoc*, por ejemplo, dos *slots* por 60 minutos en un día.

En España, la compañía aérea que pretenda que sus aeronaves despeguen o aterricen en aeropuertos de nivel 3 (Coordinados) o de nivel 2 (con Horarios Facilitados) habrá de contar, en general, con los permisos respectivos de los aeropuertos para despegar y aterrizar.

La congestión tiene lugar cuando el aeropuerto no tiene capacidad suficiente para operar sin retraso en el despacho de aeronaves, pasajeros y carga. Algunos aeropuertos abren las 24 horas del día para ampliar sus horarios de operaciones, como el de Barcelona, Madrid, Málaga y otros aeropuertos principales. Otros no congestionados tienen un horario de apertura más limitado. Con la finalidad de reducir o evitar la saturación, surgió la coordinación aeroportuaria. Las conferencias de tráfico o programación de la Asociación Internacional de Transporte Aéreo (IATA) tienen una función esencial en esta materia.

La distribución de las franjas o *slots* aeroportuarios en los aeropuertos españoles de interés general ha sido una competencia tradicional de la entidad pública empresarial AENA, desde su creación en 1993, a través de su Oficina de Coordinación de Horarios. Esta asignación de funciones ya no está vigente. En ejecución del Real Decreto 20/2014, de 17 de enero, por el que se completa el régimen jurídico en materia de asignación de franjas horarias en los aeropuertos españoles, y el Real Decreto-ley 1/2014, de 24 de enero, de reforma en materia de infraestructuras y transporte, y otras medidas económicas, el Ministerio de Fomento dictó la Orden FOM/1050/2014, de 17 de junio, por la que se designa al Coordinador y Facilitador de Franjas Horarias y al Director de Coordinación en los aeropuertos españoles y se establece la fecha para su puesta en funcionamiento efectivo. De acuerdo con la misma, se designa como Coordinador y Facilitador de Franjas Horarias en los aeropuertos españoles a la Asociación Española para la Coordinación y Facilitación de Franjas Horarias (AECFA). Este gestor de horarios no está sólo integrado por el gestor aeroportuario AENA S.M.E. SA, sino también por varias compañías aéreas.

AECFA es la responsable del uso óptimo de la capacidad disponible de los aeropuertos que hayan sido declarados como Coordinados o con Horarios Facilitados, coordinando las horas previstas de llegada y salida de todos los vuelos comerciales para evitar congestiones y retrasos.

Con el fin de coordinar los horarios en los aeropuertos, es preceptivo en todo caso la presentación del plan de vuelo a fin de obtener la conformidad al mismo, de acuerdo con lo establecido en el Reglamento de Circulación Aérea.

En todo caso, la asignación de un *slot* es un permiso de operación sujeto al control de AECFA y en ningún caso representa un derecho de propiedad.

13.2. *Tipos de aeropuertos a efectos de slots*

El Reglamento (CEE) 95/93 considera, en su preámbulo, que hay un desequilibrio entre la disponibilidad de los aeropuertos comunitarios para hacer frente a la demanda de las aeronaves. El actual sistema de asignación de franjas horarias en los aeropuertos saturados debe basarse en normas imparciales, no discriminatorias y transparentes. Para garantizar la imparcialidad, el Estado miembro responsable de dicho aeropuerto ha de tomar la decisión de "coordinar" dicho aeropuerto, nombrando a un "coordinador". Se distingue así entre:

- A*eropuerto Coordinado*, nivel 3. Es aquel en el cual, para aterrizar o despegar, las compañías aéreas y cualquier otro operador de una aeronave necesita una franja horaria asignada por el *coordinador de franjas horarias*, salvo que sean vuelos de Estado, aterrizajes de emergencia o vuelos con fines humanitarios [art. 2.g Reglamento (CEE) 95/93]. En España, por ejemplo, Alicante – Elche, Barcelona, Ibiza (temporada de verano), entre otros.
- A*eropuerto con Horarios Facilitados*, nivel 2. Es aquel donde exista un riesgo de congestión en determinados períodos del día, semana o año que pueda evitarse mediante la cooperación entre compañías y donde se haya designado un *facilitador de horarios* [art. 2.i Reglamento (CEE) 95/93]. En España, por ejemplo, A Coruña, Girona – Costa Brava o Granada – Jaén.
- A*eropuerto no Coordinado*, nivel 1. Son aquellos cuya capacidad aeroportuaria es la adecuada para satisfacer la demanda de transporte de las compañías aéreas.

13.3. *Derechos adquiridos para la próxima temporada*

La organización de las franjas horarias en los aeropuertos se lleva a cabo a través de una gestión semestral, dividida en dos temporadas: invierno y verano. De acuerdo con la Asociación Internacional del Transporte Aéreo (IATA), la temporada de verano se inicia el último domingo de marzo; la temporada de invierno se inicia el último domingo de octubre.

Los *slots* aeroportuarios no se otorgan para la próxima temporada en función de la eficiencia en su uso por la compañía aérea en la presente temporada, sino en base a sus *derechos adquiridos por su utilización.*

De acuerdo con el art. 8.2 Reglamento (CEE) 95/93, para que la compañía aérea siga teniendo la facultad de solicitar franjas horarias con precedencia histórica en el siguiente período, debe demostrar que ha utilizado la serie de franjas en cuestión como mínimo el 80% del tiempo durante el período de programación para el que ha sido asignada, en cuyo caso esa serie de franjas dará derecho a la misma serie de franjas en el siguiente período. Parece haber un uso o práctica de dar unos 5 ó 10 minutos de margen para que no cuente como retraso.

Si el coordinador considera que una serie de *slots* no ha sido operada al menos en un 80% del tiempo en que había sido asignada, todos los *slots* de la serie serán colocados en un fondo de reserva, salvo que la no utilización pueda ser justificada por una serie de razones específicas [art. 10.4 Reglamento (CEE) 95/93]: fuerza mayor como mal tiempo extremo, cierre de un aeropuerto o del espacio aéreo, no funcionamiento de los servicios aéreos que haga imposible o inservible para la compañía aérea ejecutar la operación. En cambio, EUACA considera que no está justificada la cancelación por razones comerciales o reparaciones. También considera que, si se devuelven con una antelación mínima de 5 semanas, no debería computar negativamente.

En caso de reclamación por la asignación de franjas horarias, decide el coordinador, asesorado por el comité de coordinación. Estado puede solicitar la mediación de una organización representativa de las compañías aéreas o de una tercera parte [art. 8.7 y 8.8 Reglamento (CEE) 95/93].

13.4. Intercambio y transferencias de slots entre compañías aéreas

El art. 8 bis 1 Reglamento (CEE) 95/93 establece que las franjas horarias pueden ser transferidas por una compañía aérea de una ruta a otra o de un tipo de servicio a otro, siempre que lo siga explotando ella misma, y transferirse entre empresa matriz y filiales y entre filiales, o como parte de la adquisición del control de capital de una compañía aérea o en el caso de adquisición total o parcial. También pueden intercambiarse, una a una, entre compañías aéreas.

Según el art. 8 bis 2 Reglamento (CEE) 95/93, las transferencias e intercambios deben notificarse al coordinador y no tendrán efecto hasta que éste los confirme de forma expresa, debiendo rechazarlo cuando no sean conforme a los requisitos de este reglamento y no tenga la certeza de que las operaciones aeroportuarias no sufren perjuicios habida cuenta de todos los condicionantes técnicos, operativos y medioambientales y se respetan las obligaciones de servicio público del art. 9.

El art. 8 bis 3 Reglamento (CEE) 95/93 añade que las franjas horarias atribuidas a un nuevo entrante no se podrán transferir durante dos períodos de programación equivalentes.

13.5. Mercado secundario de slots

La Comunicación COM/2008/0227, de 30 de abril, de la Comisión al Parlamento Europeo, al Consejo, al Comité Económico y Social Europeo y al Comité de las Regiones sobre la aplicación del Reglamento (CEE) 95/93, aborda este tema. En varios de los aeropuertos más congestionados de Europa, hay el denominado "mercado secundario de *slots*": las compañías aéreas se intercambian los *slots* por dinero. Se han planteado dudas sobre si estas operaciones son legales o no. La Comisión considera que ha tenido notables beneficios, como la creación de servicios adicionales en algunas rutas específicas. Dice que el Reglamento guarda silencio sobre la cuestión del cambio por dinero y que, como no está prohibido, si es transparente y cumple los otros requisitos, la Comisión no pretende sancionar a los Estados donde el intercambio tiene lugar.

13.6. Slots para compañías integradas en alianza aérea

Un grupo de compañías aéreas son dos o más que realizan servicios conjuntos, operaciones de franquicia o de reparto de códigos en la explotación de un servicio aéreo determinado [art. 2.f.ii Reglamento (CEE) 95/93].

Según el art. 10.8 Reglamento (CEE) 95/93, en el caso de servicios explotados por un grupo de compañías aéreas, sólo una de ellas podrá solicitar las franjas horarias necesarias y será la responsable. Las franjas asignadas a una compañía aérea podrán ser usadas por otra compañía aérea que participe en una explotación conjunta, siempre que en el vuelo compartido permanezca el código de identificación de la compañía a la que se hayan asignado las franjas.

13.7. Fondo de reserva y nuevos entrantes

El Reglamento (CEE) 95/93 también incluye disposiciones para permitir el acceso de nuevos entrantes en el mercado comunitario (art. 10). El fondo de reserva de franjas horarias está compuesto por las de reciente creación, las franjas no utilizadas (salvo que se acredite inmovilización de la aeronave, cierre del aeropuerto o del espacio aéreo u otro motivo excepcional), aquellas a las que una compañía ha renunciado durante o al final de una estación o que estén disponibles por cualquier motivo (art. 10.1).

A salvo de los derechos adquiridos, las franjas se distribuyen entre las compañías solicitantes. El 50% de las franjas se asignará a nuevos participantes (se incluye a los que tengan menos de 4 franjas diarias en dicho aeropuerto, art. 2), a menos que las solicitudes procedentes de nuevos participantes no alcancen el 50% (art. 10.8).

13.8. Igualdad de trato con compañías extracomunitarias

De acuerdo con el art. 12 Reglamento (CEE) 95/93, es deseable que los países terceros ofrezcan a las compañías aéreas comunitarias un trato equivalente y, si no es así, cabe incluso la suspensión total o parcial de las obligaciones derivadas del presente reglamento respecto a una compañía aérea de dicho país tercero que discrimina a las comunitarias.

13.9. Retribución del Coordinador de horarios

En España, la Ley de seguridad aérea, por efecto de la reforma legislativa del Real Decreto-ley 1/2014, prevé el derecho a ser retribuido del coordinador y facilitador de franjas horarias designado por el Ministerio de Fomento (actualmente, el Ministerio de Transportes, Movilidad y Agenda Urbana) por los servicios prestados a los gestores aeroportuarios y a los operadores aéreos en la asignación de franjas horarias en los aeropuertos coordinados y en el asesoramiento o recomendación de horarios en los aeropuertos facilitados. Están obligados al pago de esta prestación los gestores de los aeropuertos españoles designados como coordinados o facilitados y los operadores aéreos que dispongan de franjas horarias asignadas u horarios facilitados en dichos aeropuertos en la programación final de cada mes natural. Están exentos del pago de esta prestación los operadores aéreos que, para una temporada de programación, verano o invierno, en un aeropuerto coordinado o facilitado concreto, dispongan de un máximo de 10 franjas horarias o 10 horarios facilitados.

Mediante la prestación pública patrimonial de asignación de franjas horarias se retribuyen los servicios prestados por AECFA, si bien AENA S.M.E. SA tiene encomendada su facturación y cobro.

13.10. Sanciones en materia de slots

El respeto a los derechos adquiridos puede dar lugar al abuso por parte de las compañías que tienen permiso o *slot* para aterrizar o despegar a una determinada hora, lo que implica restricciones excesivas para otros operadores en detrimento de la libre competencia y en perjuicio, finalmente, de los legítimos intereses de consumidores y usuarios (Exposición de motivos del Real Decreto-ley 15/2001, de 2 de noviembre, por el que se adoptan medidas urgentes en materia de transporte aéreo, ya derogado).

El art. 49 Ley de seguridad aérea considera infracciones (modulada entre leve, grave y muy grave, si ha causado perjuicio y si hay reincidencia) que las compañías no devuelvan una o más series de franjas horarias que no vayan a utilizar; no haber obtenido previamente la franja horaria en aeropuertos donde es exigible o el uso reiterado en horas distintas a la autorizadas; las transferencias o intercambio de una o más series de franjas horarias no permitidos por la normativa vigente, así como la actuación negligente del personal aeronáutico, de vuelo o de tierra, que tenga como consecuencia el incumplimiento por una compañía de una o más series de franjas horarias.

El art. 55 Ley de seguridad aérea prevé sanciones a compañías aéreas que van de 4500 a 135.000 euros (leves), de 135.001 a 450.000 euros (graves) y de 450.001 a 4.500.000 euros (muy graves).

La potestad sancionadora en materia de aviación civil corresponde al Ministerio de Fomento (actual Ministerio de Transportes, Movilidad y Agenda Urbana) (art. 5.1.k Ley de seguridad aérea). Dentro del Ministerio, la instrucción de los procedimientos y la resolución corresponde al Subsecretario de Fomento (actual Subsecretario de Transportes, Movilidad y Agenda Urbana), en los supuestos de infracciones muy graves y en los de las graves cuando la cuantía de la multa supere la cantidad de 300.000 euros; y al Director General de Aviación Civil, en los demás casos (art. 58 Ley de seguridad aérea).

14. BIBLIOGRAFÍA COMPLEMENTARIA

ARIAS VARONA, F. J., "La asistencia en tierra en los aeropuertos («handling») y la responsabilidad del prestador del servicio", en *Revista de Derecho Mercantil*, nº 271, 2009, págs. 135-186; ARIAS VARONA, F. J., "Los efectos del concurso de los agentes de asistencia en tierra y el mantenimiento de su actividad", en *Revista de Derecho del Transporte*, nº 8, 2011, págs. 59-80; ARIMANY LAMOGLIA, E. y PÉREZ RIVARÉS, J. A., "Nuevo régimen jurídico del sistema aeroportuario español: ¿Hacia una mayor competencia entre aeropuertos?", en *Revista de Derecho del Transporte*, nº 9, 2012, págs. 111-136; ASHFORD, N. y MOORE, C. A., *La financiación de los aeropuertos*, INECO, 2003; ÁVILA RODRÍGUEZ, C. M., "Cambios en el régimen de gestión de las infraestructuras aeroportuarias en España tras la entrada en vigor del Real Decreto-Ley 8/2014, de 4 de julio, de aprobación de medidas urgentes para el crecimiento, la competitividad y la eficiencia", en PEINADO GRACIA, J. I. (Dir.), *Nuevos enfoques del derecho aeronáutico y espacial, XXXVIII Jornadas Latino Americanas de Derecho Aeronáutico y del Espacio*, Marcial Pons, 2015, págs. 75-86; ÁVILA RODRÍGUEZ, C. M., "Perspectivas de cambio en la gestión aeroportuaria tras la entrada en vigor del Real Decreto-Ley 8/2014, de 4 de julio, de aprobación de medidas urgentes para el crecimiento, la competitividad y la eficiencia", en *Revista de Derecho del Transporte*, nº 14, 2014, págs. 113-136: BELÓN LAURÍN, J. A., "La problemática de la circulación por puertos y aeropuertos", en *Revista de Responsabilidad Civil, Circulación y Seguro*, nº 8, 2021, págs. 30-37; BENCHARKI DE RIDUAAN AHSAIEN-AISSA, L., "La conjunción entre los modelos aeroportuarios europeos y la intermodalidad de pasajeros. La nueva realidad del espacio único de transportes", en GUERRERO LEBRÓN, M. J. (Coord.), *Cuestiones actuales del Derecho aéreo*, Marcial Pons, 2012, págs. 77-96; BLEDA RODRÍGUEZ, J., "Gestión aeroportuaria y abuso de posición dominante (Comentario a la Sentencia de lo Mercantil nº 3 de Elche, de 26 de marzo de 2012, nº 41/2012, «Ryanair Ltd.» v. «AENA Aeropuertos SA»", en *Revista de Derecho del Transporte*, nº 14, 2014, págs. 284-299; CALATAYUD PRATS, I., "Análisis crítico del régimen de los aeropuertos tras la creación de Aena SA", en SERRANO ACITORES, A. (Dir.), La intervención administrativa y económica en la actividad empresarial: el derecho público y la empresa, Bosch Editor, 2015, págs. 799-824; CARMONA, A. I., *Servicios aeroportuarios*, Fundación AENA, 2004; CASAMITJANA OLIVÉ, C., "La liberalización aeroportuaria en España", en MARTÍNEZ SÁNZ, F. y PETIT LAVALL, M. V. (Dirs.), *Estudios de Derecho aéreo: aeronave y liberalización*, Marcial Pons, 2009, págs. 341-356; CUYÁS, M. M., "Algunas reflexiones sobre la privatización aeroportuaria en la experiencia francesa", en *Revista Aragonesa de Adminis-*

tración Pública, nº 49-50, 2017, págs. 318-342; DE ALFONSO BOZZO, A., "¿Son «impuestos» las tasas aeroportuarias?: Sobre la difícil homologación europea en tarifas de aeropuertos españoles", en *Revista Española de Derecho Aeronáutico y Espacial*, nº 2 (Septiembre), 2022 (Ejemplar dedicado a: In memoriam Excmo. Sr. D. Rodolfo A. González-Lebrero), págs. 187-214; DE ALFONSO BOZZO, A., "Arrendamientos en AENA ¿qué hacer cuando se acaba la bonanza?: Aportaciones actualizadas al régimen jurídico de los arrendamientos comerciales en AENA", en *Revista Española de Derecho Aeronáutico y Espacial*, nº 1 (Septiembre), 2021, págs. 21-36; DOGANIS, R., *La empresa aeroportuaria*, Paraninfo, 1995; DOMINGO CALVO, D., *Descubrir el handling aeroportuario*, AENA, 2005; ESTEVE PARDO, J., *Régimen jurídico de los aeropuertos: servicio público y explotación comercial*, Tirant lo Blanch, 2001; FALCÓN Y TELLA, R., "Las «Prestaciones patrimoniales públicas» en favor de AENA: ¿Tasas o precios privados?", en *Quincena fiscal*, nº 9, 2012, págs. 9-14; FERNÁNDEZ RODRÍGUEZ, J., "Otras responsabilidades de la actividad aeronáutica: operadores de aeropuertos, controladores de vuelo y fabricantes de aeronaves", en SÁNCHEZ CALERO, F. (Dir.), *Estudios sobre el aseguramiento de la responsabilidad en la gran empresa*, Musini, 1994, págs. 785-816; FERNÁNDEZ TORRES, I. "El caso Charleroi y las Directrices de 2005 a examen tras la sentencia del TPI de 17 de diciembre de 2008: el problema del principio del inversor privado", en MARTÍNEZ SÁNZ, F. y PETIT LAVALL, M. V. (Dirs.), *Estudios de Derecho aéreo: aeronave y liberalización*, Marcial Pons, 2009, págs. 375-392; FERNÁNDEZ TORRES, J. R., "El régimen jurídico de los aeropuertos", en GONZÁLEZ GARCÍA, J. V. (Coord.), *Derecho de los bienes públicos*, 2ª ed. Tirant lo Blanch, 2009, págs. 819-922; GARCÍA ÁLVAREZ, B., "La eventual responsabilidad del operador de aeropuertos por los daños y perjuicios producidos con ocasión de la ejecución del contrato de transporte aéreo", en GUERRERO LEBRÓN, M. J. (Coord.), *Cuestiones actuales del Derecho Aéreo*, Marcial Pons, 2012, págs. 231-245; GUERRERO LEBRÓN, M., "El nuevo escáner corporal de los aeropuertos: ¿violación de derechos o aumento de seguridad", en *Revista de Derecho del Transporte*, nº 4, 2010, págs. 151-163; LÓPEZ PEREA, F. J., "Prevención y Seguridad en Entornos Aeroportuarios", *DOCRIM: Revista científica*, nº. 3, 2019; LUPETTI, G. P., "Los nuevos retos en la gestión de los aeropuertos", en NADAL GÓMEZ, I. (Dir.), *La aviación al servicio del desarrollo económico de la sociedad. Los nuevos retos de su regulación jurídica. XLIII Jornadas Latinoamericanas de Derecho aeronáutico y espacial*, Economist & Jurist Difusión Jurídica, 2019, págs. 115-147; MARCHIAFAVA, G., "I sister airports agreements", en *Revista de Derecho del Transporte*, nº 15, 2015, págs. 151-165; MAYOR MENÉNDEZ, P., "Régimen jurídico de la construcción, conservación y ampliación de aeropuertos. Los planes directores", en MENÉNDEZ MENÉNDEZ,

A. (Dir.), *Régimen jurídico del transporte aéreo,* Aranzadi, 2005, págs. 397-432; MORENO LISO, L., "La responsabilidad de aeropuertos, controladores y compañías de Handling", en GUERRERO LEBRÓN, M. J. (Dir.), *La responsabilidad del transportista aéreo y la protección de los pasajeros,* Marcial Pons, 2015, págs. 333-364; MORILLAS JARILLO, M. J., *La asistencia en tierra o handling. Actividad y contratos,* Comares, 2008; NAVARRO GÓMEZ, R., *Las tarifas como instrumentos de financiación de los servicios aeroportuarios en el Derecho español,* Reus S.A., 2021; NAVARRO GÓMEZ, R., "La fijación de las tasas aeroportuarias y la legitimación de los usuarios de los aeropuertos para su impugnación a la luz de la Directiva 2009/12/CE. Comentario a la Sentencia del Tribunal de Justicia de La Unión Europea (Sala 4.ª), de 21 de noviembre de 2019, asunto C-379/18", en *Revista de Derecho del Transporte,* nº 25, 2020, págs. 559-570; NIETO MENOR, M., "Examen del ruido de los aeropuertos y el derecho a la intimidad domiciliaria. Comentario crítico a la STS de 13 de octubre de 2008", en *Revista de Derecho del Transporte,* nº 2. 2009, págs. 254-269; NIETO MENOR, M., "La liberalización de los aeropuertos con respecto al Estado: intervención de otras administraciones públicas y sujetos privados en el sistema aeroportuario", en MARTÍNEZ SÁNZ, F. y PETIT LAVALL, M. V. (Dirs.), *Estudios de Derecho aéreo: aeronave y liberalización,* Marcial Pons, 2009, págs. 279-301; NIETO MENOR, M., "Modernización del sistema aeroportuario español: examen del Real Decreto Ley 13/2010", en *Revista de Derecho del Transporte,* nº 7, 2010, págs, 181-193; ORRÙ, E., "Tendenze evolutive e proposte di configurazione giuridica dei rapporti fra gli operatori aeroportuali e gli utenti dell'aeroporto", en GUERRERO LEBRÓN, M. J. (Coord.), *Cuestiones actuales del Derecho aéreo,* Marcial Pons, 2012, págs. 139-172; PARADA VÁZQUEZ, J. D., "La privatización de las líneas aéreas y los aeropuertos. La cláusula de la propiedad sustancial y el control efectivo", en *Poder Judicial,* nº 40, octubre-diciembre 1995, págs. 101-146; PAYÁ RICO, A., "Asistencia religiosa en aeropuertos", en *Revista General de Derecho Canónico y Derecho Eclesiástico del Estado,* nº 58, 2022; PETIT LAVALL, M. V., "El modelo español de gestión aeroportuaria", en MORENO, F., "Complejidad del proceso de certificación de proveedores del servicio de navegación aérea en el marco del cielo único europeo", en ALBA FERNÁNDEZ, M. y FORTES MARTÍN, A. (Coords.), *Público y privado en el derecho aeronáutico: Retos presentes y futuros,* Tirant lo Blanch, 2017, págs. 113-136; PETIT LAVALL, M. V., "La liberalización del transporte aéreo en la comunidad europea: los servicios de asistencia en tierra (handling)", en *Revista General Informática de Derecho,* nº 1, 2005; PETIT LAVALL, M. V. "La liberalización de los servicios de asistencia en tierra en los aeropuertos de la comunidad europea", en *Estudios jurídicos en homenaje al Profesor Vidal Guitarte,* vol. 2, Diputació de Castelló, 1999, págs. 751-758; PETIT LAVALL,

M. V., "La gestión de los aeropuertos españoles", en *Derecho de los negocios*, nº 196, 2007, págs. 18-40; PIRAS, M., "La responsabilità degli operatori di handling: l'esperienza italiana", en MARTÍNEZ SÁNZ, F. y PETIT LAVALL, M. V. (Dirs.), *Estudios de Derecho aéreo: aeronave y liberalización*, Marcial Pons, 2009, págs. 131-140; REGALES CRISTÓBAL, C., *La infraestructura aeroportuaria y el espacio aéreo como elementos del mercado de transporte aéreo. Su gestión, sistema normativo y Derecho comparado*, Instituto Iberoamericano de Derecho Aeronáutico y del Espacio, y de la Aviación Comercial, 2016; REGALES CRISTÓBAL, E., "Aeropuertos. Normativa. Relaciones con el gestor aeroportuario. AESA y el control de la actividad aeroportuaria", en *Curso de derecho aeronáutico práctico para operadores aéreos: trabajos de derecho aeronáutico*, Instituto Iberoamericano de Derecho Aeronáutico y del Espacio y de la Aviación Comercial, 2016, págs. 41-88; RIVAS CASTILLO, M. I. "Reflexiones sobre el gestor aeroportuario desde el Derecho administrativo", en GUERRERO LEBRÓN, M. J. y PEINADO GRACIA, J. I. (Dirs.), *El derecho aéreo entre lo público y lo privado: Aeropuertos, acceso al mercado, drones y responsabilidad*, Universidad Internacional de Andalucía, 2017, págs. 52-83; SÁNCHEZ DEL RÍO MORETA, I., SÁNCHEZ MANTIÑÁN, E. y SÁNCHEZ PAVÓN, B., "Los aeropuertos privados en el sistema aeroportuario español: hacia un nuevo marco jurídico capaz de adecuarse a la demanda de movilidad", en MARTÍNEZ SÁNZ, F. y PETIT LAVALL, M. V. (Dirs.), *Estudios de Derecho aéreo: aeronave y liberalización*, Marcial Pons, 2009, págs. 409-425; SÁNCHEZ PAVÓN, B., "Las ayudas públicas y su influencia sobre la competencia entre los aeropuertos europeos: análisis desde la normativa y jurisprudencia comunitarias", en *Unión Europea Aranzadi*, vol. 34, nº 12, 2007, págs. 5-15; SÁNCHEZ PAVÓN, B., "Liberalización y privatización en los sistemas aeroportuarios", en MARTÍNEZ SANZ, F. y PETIT LAVALL, M. V. (Dirs.), *Estudios de Derecho aéreo: aeronave y liberalización*, Marcial Pons, 2009, págs. 427-445; SÁNCHEZ PAVÓN, B., "Luces y sombras de la intervención de las Comunidades Autónomas y Entidades Locales en la gestión de los aeropuertos de interés general del Estado: ¿participación versus eficacia?", en *CEFLegal: Revista Práctica de Derecho. Comentarios y casos prácticos*, nº 81, 2007, págs. 79-132; SÁNCHEZ PAVÓN, B., "Reflexiones acerca de las ayudas públicas al desarrollo aeroportuario: entre la libertad de mercado y las teorías del desarrollo polarizado", en *Revista de Derecho del Transporte*, nº 1, 2008, págs. 181-229; SÁNCHEZ PAVÓN, B., *Planificación urbanística y aeropuertos de interés general: reflexiones acerca de la intervención de los municipios en la planificación aeroportuaria*, Fundació Carles Pi i Sunyer d'Estudis Autonòmics i Locals, 2004; SANCHO ALONSO, M., "Problemática de la exclusión del seguro obligatorio por hechos de la circulación en puertos y aeropuertos", en *Revista Acta Judicial*, nº. 1, 2018, págs. 89-113; SAURA FRUCTUO-

SO, C., *Transformación y nuevo régimen jurídico del sector aéreo en España: liberalización y privatización aeronáutica y aeroportuaria,* Tesis doctoral dirigida por R. E. Bocanegra Sierra, Universidad Complutense de Madrid, 2017; TEJADA ANGUIANO, J., *Descubrir los aeropuertos,* AENA, 2002; TRUYOLS MATEU, S., *Transporte aéreo e ingeniería aeroportuaria,* 8ª ed., Delta Publicaciones, 2014; URIARTE RICOTE, M., "Alcance actual de la compatibilidad entre el funcionamiento de los aeropuertos y los usos del suelo en sus inmediaciones", en GUERRERO LEBRÓN, M. J. y PEINADO GRACIA, J. I. (Dirs), *El derecho aéreo entre lo público y lo privado: Aeropuertos, acceso al mercado, drones y responsabilidad,* Universidad Internacional de Andalucía, 2017, págs. 112-131; VILLANUEVA TURNES, A., "Fuentes internacionales del derecho aéreo y distribución competencial entre el Estado y las Comunidades Autónomas en la Constitución Española", en GUERRERO LEBRÓN, M. J. y PEINADO GRACIA, M. J. (Dirs.), *El derecho aéreo entre lo público y lo privado: Aeropuertos, acceso al mercado, drones y responsabilidad,* Universidad Internacional de Andalucía, 2017, págs. 11-30; VILLAR ROJAS, F. J., "Las infraestructuras de transporte puertos y aeropuertos (infraestructuras y urbanismo)", en *REDETI: Revista de derecho de las telecomunicaciones e infraestructuras en red,* nº 30, 2007, págs. 67-114; ZAFRA RIASCOS, M., "Una estrategia global para un desarrollo del transporte aéreo respetuoso con el medio ambiente", en *Revista Europea de Derecho de la Navegación Marítima y Aeronáutica,* nº 9, 1993, págs. 1515-1534; ZAMARRO PARRA, J. L. y CANSECO MARTÍN, O. J., "La cuestionable adecuación a derecho de la recuperación de los costes de las pruebas sanitarias del Covid-19 en aeropuertos a través del documento de regulación aeroportuaria y su consiguiente repercusión a las compañías aéreas vía tarifas aeroportuarias", en *Anuario de Derecho Administrativo* 2021, págs. 659-672.

Capítulo VI
Operaciones aéreas

SUMARIO: 1. NORMAS Y PRÁCTICAS RECOMENDADAS DEL ANEXO 6 DEL CONVENIO DE CHICAGO. SEGURIDAD OPERACIONAL. 2. EL REGLAMENTO (UE) 965/2012 (AIR OPS). OPERACIONES A LAS QUE SE APLICA Y EXCLUIDAS. 3. APLICACIÓN DE AIR OPS A OPERACIONES DE TRANSPORTE COMERCIAL POR AVIÓN (CAT). 4. OBLIGACIONES Y RESPONSABILIDAD DEL OPERADOR DE AERONAVE EN EL TRANSPORTE COMERCIAL. 5. CERTIFICADO DE OPERADOR AÉREO Y DE LICENCIA DE EXPLOTACIÓN COMERCIAL COMO COMPAÑÍA COMUNITARIA. 6. PROCEDIMIENTO ADMINISTRATIVO ANTE LA AGENCIA ESTATAL DE SEGURIDAD AÉREA PARA OBTENER EL CERTIFICADO DE OPERADOR AÉREO (AOC). 6.1. Aprobación del certificado de operador aéreo. 6.2. Algunas aprobaciones específicas: mercancías peligrosas, lista de equipo mínimo y programa de mantenimiento. 7. PROCEDIMIENTO ANTE LA AGENCIA ESTATAL DE SEGURIDAD AÉREA PARA OBTENER LA LICENCIA DE EXPLOTACIÓN PARA EL TRANSPORTE COMERCIAL POR AVIÓN. 7.1. Tipos de licencia. 7.2. Requisitos técnicos y jurídicos de la solicitud. 7.3. Revocación de la licencia de explotación. 8. DERECHOS Y OBLIGACIONES DE LAS COMPAÑÍAS COMUNITARIAS. 9. ACREDITACIÓN DE OPERADORES EXTRACOMUNITARIOS DE AERONAVES DE TRANSPORTE COMERCIAL. 10. (SIGUE) LAS LISTAS NEGRAS. 11. LA TRIPULACIÓN DE VUELO. EL PILOTO AL MANDO/COMANDANTE. 12. (SIGUE) LICENCIAS Y HABILITACIONES DE LA TRIPULACIÓN DE VUELO (FCL). 13. LA TRIPULACIÓN DE CABINA DE PASAJEROS EN EL TRANSPORTE COMERCIAL. 14. (SIGUE) CERTIFICADOS DE TRIPULACIÓN DE CABINA DE PASAJEROS EN EL TRANSPORTE AÉREO COMERCIAL (CC). 15. OPERACIONES NO COMERCIALES CON AERONAVES MOTOPROPULSADAS COMPLEJAS (NCC) Y NO COMPLEJAS (NCO), CON ARREGLO A AIR OPS. 16. OPERACIONES ESPECIALIZADAS, COMERCIALES O NO (SPO), CON ARREGLO A AIR OPS. 17. OPERACIONES ESPECÍFICAS, SEGÚN AIR OPS. 18. OPERACIONES COMERCIALES CON PLANEADORES. 19. OPERACIONES COMERCIALES CON GLOBOS TRIPULADOS. 20. OPERACIONES AÉREAS ESPECIALES: LUCHA CONTRA INCENDIOS Y SALVAMENTO Y RESCATE (COE). 21. DEMOSTRACIONES AÉREAS. 22. OPERACIONES CON AERONAVES MOTORIZADAS ULTRALIGERAS (ULM). 23. OPERACIONES CON ALA DELTAS, PARAPENTES, PLANEADORES, TRAJES AÉREOS Y CUALQUIER OTRA AERONAVE CUYO PESO TOTAL AL DESPEGUE SEA INFERIOR A 70 KILOGRAMOS. 24. OPERACIÓN DE AERONAVES NO TRIPULADAS (UAV, UAS, RPA, DRON). 25. BIBLIOGRAFÍA COMPLEMENTARIA.

1. NORMAS Y PRÁCTICAS RECOMENDADAS DEL ANEXO 6 DEL CONVENIO DE CHICAGO. SEGURIDAD OPERACIONAL

Se entiende por “seguridad operacional” el estado en el que los riesgos asociados a las actividades de aviación relativas a la operación de las aeronaves, o que apoyan directamente dicha operación, se reducen y controlan a un nivel aceptable.

El Convenio de Chicago y en especial su anexo 6, con las normas y prácticas recomendadas sobre operaciones de aeronaves, establecen las condiciones para operar aeronaves empleadas en el ámbito internacional, en el transporte comercial o no. Sus normas y prácticas recomendadas tienen un ámbito de aplicación específico a un tipo de aeronaves, generalmente las de mayor tamaño y empleadas en la aviación internacional. En cambio, muchas otras aeronaves quedan excluidas y la seguridad operacional se regula por otras normas, como las regionales de la Unión Europea o nacionales.

Es comprensible que los países quieran tener garantías de las condiciones de seguridad operacional, no sólo de las aeronaves matriculadas en su país, sino también de aquellas aeronaves matriculadas en un país extranjero, pero que entran en su territorio nacional. Para dar seguridad jurídica a los Estados parte del Convenio de Chicago al respecto de la operación de aeronaves, se incluyen normas de obligado cumplimiento (en el texto del Convenio de Chicago) y en las normas y prácticas recomendadas, que operan como principios mínimos de seguridad en la operación de aeronaves.

El art. 37 Convenio de Chicago, llamado "adopción de normas y procedimientos internacionales" dispone que cada Estado contratante se compromete a colaborar, a fin de lograr el más alto grado de uniformidad posible, en las reglamentaciones, normas, procedimientos y organización relativos a las aeronaves, en todas las cuestiones en que tal uniformidad facilite y mejore la navegación aérea.

El art. 38 Convenio de Chicago añade que cualquier Estado que considere impracticable cumplir, en todos sus aspectos, con cualesquiera de tales normas o procedimientos internacionales, o concordar totalmente sus reglamentaciones o métodos con alguna norma o procedimiento internacionales, después de enmendados estos últimos, o que considere necesario adoptar reglamentaciones o métodos que difieran en cualquier aspecto particular de lo establecido por una norma internacional *notificará inmediatamente a la Organización de la Aviación Civil Internacional las diferencias entre sus propios métodos y lo establecido por la norma internacional.*

Por su parte, el anexo 6 del Convenio de Chicago comprende 3 partes:

- I. *Transporte aéreo comercial internacional. Aviones.* Su contenido son las normas y prácticas recomendadas adoptados por la Organización de la Aviación Civil Internacional, como normas mínimas aplicables a la operación de aviones por los explotadores autorizados a realizar operaciones de transporte aéreo comercial internacional (capítulo

2). Estas operaciones de transporte aéreo comercial internacional incluyen los servicios aéreos internacionales regulares y no regulares de transporte de pasajeros, mercancías o correo, efectuadas por remuneración o arrendamiento (preámbulo, "Aplicación"). El anexo rige tanto para los aviones grandes, como para los pequeños, que se distinguen según su masa máxima certificada de despegue sea mayor o igual/inferior a 5.700 kilogramos. Sin embargo, hay normas y prácticas recomendadas distintas según este parámetro de masa, más exigentes para los aviones grandes. Incluye reglas sobre operaciones de vuelo; limitaciones de utilización de las performances del avión; instrumentos, equipo y documento de vuelo del avión; equipo de comunicaciones y de navegación a bordo; mantenimiento del avión; tripulación de vuelo del avión; encargado de operaciones de vuelo/despachador de vuelo; manuelas, libros de a bordo y registros; tripulación de cabina; seguridad, entre otras.

- II. *Aviación general internacional. Aviones.* La "aviación general" es definida como aquella operación de aeronave distinta de la de transporte aéreo comercial o de la de trabajos aéreos (capítulo 1.1, definiciones). Por tanto, la parte II del anexo 6 del Convenio de Chicago se aplica específicamente a aeronaves que no están dedicadas al transporte aéreo comercial, regular o no regular. Incluye así la aviación corporativa, deportiva, privada, escuelas de aviación. Tampoco se aplica esta parte 2 del anexo 6 del Convenio de Chicago a las aeronaves empleadas en los "trabajos aéreos", que define como operación de aeronave en la que ésta se aplica a servicios especializados tales como agricultura, construcción, fotografía, levantamiento de planos, observación y patrulla, búsqueda y salvamento, anuncios aéreos, etc. Entre la aviación general, esta parte 2 no rige para todos las aeronaves. Se restringe a las operaciones de la aviación general internacional con aviones con una masa máxima certificada de despegue de más de 5.700 kg (calificado como avión grande por estas normas y prácticas recomendadas); o en aviones equipados con uno o más motores turborreactores (art. 3.1.1). A ésta se añaden requisitos adicionales para aviones grandes y de turborreactor y operaciones de la aviación corporativa (capítulo 1.2, "aplicación"). En general, las normas de seguridad son menos rigurosas y se llevan a cabo con más libertad que las operaciones de transporte aéreo comercial sujetas a la Parte I del anexo 6 del Convenio de Chicago.
- III. *Operaciones internacionales. Helicópteros.* Se aplica a las operaciones de los helicópteros dedicados a la aviación civil internacional, la aviación general y asimismo las operaciones del transporte aéreo comer-

cial. El helicóptero es definido como el aerodino que se mantiene en vuelo principalmente en virtud de la reacción del aire sobre uno o más rotores propulsados por motor que giran alrededor de ejes verticales o casi verticales. Las normas y prácticas recomendadas de la Parte III se aplican a todos los helicópteros dedicados a operaciones de transporte aéreo comercial internacional o a operaciones de la aviación general internacional, pero no a los helicópteros dedicados a trabajos aéreos (capítulo 2, "aplicación").

2. EL REGLAMENTO (UE) 965/2012 (AIR OPS). OPERACIONES A LAS QUE SE APLICA Y EXCLUIDAS

En España, el derogado Real Decreto 220/2001, de 2 de marzo, por el que se determinan los requisitos exigibles para la realización de las operaciones de transporte aéreo comercial por aviones civiles, adaptados a los requisitos conjuntos de aviación para las operaciones de transporte comercial aéreo -avión–(reglas JAR-OPS 1) acordados por las Autoridades Aeronáuticas Conjuntas (JAR). Sin embargo, esta forma de incorporación de los requisitos del anexo 6 sobre operaciones de aeronaves del Convenio de Chicago ha sido superado por la labor normativa de la Unión Europea. Primero, por el Reglamento (CE) 859/2008, de 20 de agosto de 2008, relativo a los requisitos técnicos y los procedimientos administrativos comunes aplicables al transporte comercial por avión (conocido como EU-OPS). Y segundo, por el vigente Reglamento (UE) 965/2012 (conocido como AIR OPS).

La norma esencial comunitaria en materia de operaciones aéreas es el Reglamento (UE) 965/2012, de la Comisión, de 5 de octubre de 2012, por el que se establecen requisitos técnicos y procedimientos administrativos en relación con las operaciones aéreas en virtud del Reglamento (CE) 216/2008 del Parlamento Europeo y del Consejo. Sigue vigente bajo el nuevo Reglamento Base, Reglamento (UE) 2018/1139. Es conocido como el *AIR-OPS Regulation*, y así vamos a referirnos al mismo aquí también.

El Reglamento (UE) 965/2012 establece normas detalladas para las operaciones de *transporte aéreo comercial* con aviones y helicópteros, incluidas las inspecciones en pista de las aeronaves de operadores bajo la supervisión de seguridad operacional de otro Estado cuando hayan aterrizado en aeródromos situados en el territorio sujeto a las disposiciones del Tratado (art. 1.1).

También prevé las normas para la expedición, el mantenimiento, la modificación, la limitación, la suspensión o la revocación de los certificados de operadores de las aeronaves, salvo en lo que se refiere a los globos y planeadores, que participen en operaciones de *transporte aéreo comercial*, las atribuciones y las responsabilidades de los titulares de los certificados, así como las condiciones para la prohibición, limitación o sujeción a ciertas condiciones de las operaciones en interés de la seguridad operacional (art. 1.2).

El Reglamento (UE) 965/2012 establece también disposiciones de aplicación que regulan las condiciones y los procedimientos para la declaración por parte de los operadores que efectúan *operaciones comerciales especializadas de aeronaves y helicópteros u operaciones no comerciales de aeronaves motopropulsadas complejas* (art. 1.3).

El Reglamento (UE) 965/2012 regula igualmente disposiciones de aplicación sobre las condiciones en las cuales determinadas *operaciones comerciales especializadas de alto riesgo* estarán sujetas a autorización en aras de la seguridad (art. 1.4).

En resumen, el Reglamento (UE) 965/2012 tiene el siguiente ámbito de aplicación de operaciones aéreas:

- El transporte comercial en avión (CAT);
- Aprobaciones específicas (SPA);
- Operaciones no comerciales con aeronaves motopropulsadas complejas (NCC);
- Operaciones no comerciales con aeronaves no motopropulsadas complejas (NCO);
- Operaciones comerciales especializadas (SPO).

El Reglamento (UE) 965/2012 rige en toda la Unión Europea y para todos los operadores de aeronaves y helicópteros los operadores de aeronaves establecidos, residentes o con un centro de actividad principal en el territorio de un Estado miembro de la Unión Europea.

En cambio, el Reglamento (UE) 965/2012 no se aplica a las operaciones aéreas en actividades o servicios militares, de aduanas, policía, búsqueda y salvamento, lucha contra incendios, guardacostas o similares [art. 1.5, por remisión al anterior Reglamento Base, Reglamento (CE) 216/2008]. Tampoco se aplica a las operaciones aéreas con dirigibles (art. 1.6), ni con globos y planeadores (art. 1.7).

3. APLICACIÓN DE AIR OPS A OPERACIONES DE TRANSPORTE COMERCIAL POR AVIÓN (CAT)

El Reglamento (UE) 965/2012 o AIR OPS contiene normas sobre las operaciones comerciales con aeronaves y helicópteros (*Commercial Air Transport*, CAT), incluidas las inspecciones en pista de las aeronaves de operadores bajo la supervisión de seguridad operacional de otro Estado cuando hayan aterrizado en aeródromos situados en el territorio sujeto a las disposiciones del Tratado de Funcionamiento de la Unión Europea (art. 1.1).

La operación de transporte comercial por avión es definida como la explotación de una aeronave para el transporte de pasajeros, mercancías o correo a cambio de remuneración o de cualquier otro tipo de contraprestación económica, según el Reglamento (UE) 965/2012.

4. OBLIGACIONES Y RESPONSABILIDAD DEL OPERADOR DE AERONAVES EN EL TRANSPORTE COMERCIAL

Cuando la aeronave se utiliza en el transporte comercial por avión de personas, mercancías o correo, el operador debe disponer de un certificado de operador aéreo, que incluya las aeronaves que opera, y de una licencia de explotación para llevar a cabo operaciones de transporte aéreo comercial (pasajeros, mercancías y/o correo) con aviones y/o helicópteros a cambio de remuneración o de cualquier otro tipo de contraprestación económica [art. 3.24 Reglamento (UE) 2018/1139]. Recibe en estos casos la denominación legal de "compañía aérea", "*air carrier*", "*vettore*", "*transporteur*", etc., según las diversas traducciones del Reglamento (UE) 965/2012, de 5 de octubre, por el que se establecen requisitos técnicos y procedimientos administrativos en relación con las operaciones aéreas en virtud del Reglamento (CE) 216/2008.

El operador de aeronaves es cualquier persona física o jurídica que explota o desea explotar una o más aeronaves [art. 3.13 Reglamento (UE) 2018/1139]. Es la persona que ostenta la posesión de la aeronave, la opera y se hace responsable del desarrollo de su navegación aérea. Cada aeronave es operada por un solo operador, aunque esta condición puede cambiar: 1) En virtud de un contrato de compraventa (el comprador adquiere la propiedad y comienza a operar la aeronave). 2) A través del llamado contrato de arrendamiento sin tripulación (*dry lease*), esto es, un acuerdo celebrado entre empresas y en virtud del cual la aeronave se explota al amparo del certificado de operador aéreo del arrendatario o, en el caso de las operaciones comerciales distintas de las operaciones de transporte aéreo comercial (CAT), bajo la responsabilidad del arrendatario [anexo I.40 Reglamento (UE) 965/2012].

Por tanto, el hecho determinante es la posesión y operación de la aeronave, a los efectos de responsabilidad, no si el operador es o no propietario.

El operador es el responsable civil, penal, administrativo, de la operación de la aeronave. Responde tanto por sus hechos propios como por hechos de sus auxiliares (art. 1903 Código civil español). Será responsable por:

- los daños y perjuicios causados por el incumplimiento de contratos ("responsabilidad contractual"), establecida en los arts. 1101 y ss. Código Civil,
- como por los daños o perjuicios ocasionados a terceros (con quien no tiene contrato alguno) durante la operación de la aeronave ("responsabilidad extracontractual"), prevista en el art. 1902 Código Civil.

La causación de daños y perjuicios a otro contratante o a un tercero (trabajador, empresa de *handling*, terminal aeroportuaria, pasajero, dueño de la mercancía, otro operador de aeronave, etc.) no supone, por sí sola, que el operador sea "responsable" legalmente de los mismos. Es imprescindible que tenga lugar la imputación de responsabilidad, esto es, que, por propio reconocimiento del operador o por decisión judicial o arbitral, se vinculen la acción u omisión del operador a los daños y perjuicios causados.

Como regla general, sólo procede la imputación de responsabilidad al operador cuando intervenga culpa o negligencia, propia o de sus auxiliares (por ejemplo, no respetar las normas de seguridad, negligencia del comandante de la aeronave, etc.). Es el principio de la responsabilidad subjetiva o por culpa. En cambio, no hay imputación si los daños y perjuicios son causados, bien por un supuesto de fuerza mayor o caso fortuito (por ejemplo, desastres naturales, guerras), bien porque es imputable a un tercero del cual no responde el operador. Salvo que haya normas especiales que impongan una responsabilidad objetiva o por riesgo, el principio general en el ámbito aeronáutico también es la responsabilidad subjetiva o por culpa.

Precisamente, hay dos excepciones a la responsabilidad por culpa en el sector aeronáutico. Por un lado, se considera una actividad de riesgo dedicarse al transporte comercial en avión de pasajeros. Como resultado, producido el daño, aunque no haya culpa o negligencia y hayan sido diligentes el operador y sus auxiliares, procede la imputación de responsabilidad del operador de forma objetiva por la muerte o lesiones de los pasajeros. Se trata de la responsabilidad objetiva o por riesgo prevista en el Convenio de Montreal 1999, cuyo art. 17.1 dice: "*El transportista es responsable del daño causado en caso de muerte o de lesión corporal de un pasajero por la sola razón de que el accidente que causó la muerte o lesión se haya producido a bordo de la aeronave o durante cualquiera de las operaciones de embarque o desembarque*". Ello sin perjuicio de poder reclamar la indemnización pagada por el operador (o su asegurador) al causante, si hay, del daño. Por ejemplo, el constructor de la aeronave, otro pasajero, etc.

Por otro lado, también hay responsabilidad objetiva en el caso de daños a la superficie. Así, en España, el art. 119 Ley de navegación aérea dispone que "*La razón de indemnizar tiene su base objetiva en el accidente o daño y procederá, hasta los límites de responsabilidad que en este capítulo se establecen, en cualquier supuesto, incluso en el de accidente fortuito y aun cuando el transportista, operador o sus empleados justifiquen que obraron con la debida diligencia*".

El operador de aeronaves, si se le imputa responsabilidad por los daños y perjuicios causados a otro contratante o a un tercero, asume responsabilidad civil universal, con todos sus bienes presentes y futuros, para compensar los daños causados (art. 1910 Código Civil). Sin embargo, también hay excepciones legales a este principio, pues es común la "limitación de responsabilidad" en caso de ciertos daños y perjuicios causados. El valor de la vida humana y de la integridad física del pasajero durante el transporte aéreo (pasa lo mismo en el ámbito marítimo y en el terrestre) tiene un importe máximo fijado por la legislación aplicable (por ejemplo, art. 21 Convenio de Montreal 1999, para daños en los pasajeros). La misma excepción rige según el art. 119 Ley de navegación aérea para daños en la superficie causados por aeronaves.

La obligación de responder por los daños y perjuicios ocasionados a terceros incluye:

- los actos u omisiones propios,
- los de aquellas personas de quienes se debe responder (art. 1903, párrafo primero Código Civil). Esto es aplicable al operador con respecto a sus auxiliares: responden "*los dueños o directores de un establecimiento o empresa respecto de los perjuicios causados por sus dependientes en el servicio de los ramos en que los tuvieran empleados, o con ocasión de sus funciones*" (art. 1903, párrafo cuarto Código Civil). Es la *culpa in eligendo.*

5. CERTIFICADO DE OPERADOR AÉREO Y DE LICENCIA DE EXPLOTACIÓN COMERCIAL COMO COMPAÑÍA COMUNITARIA

En la Unión Europea, para realizar operaciones de transporte aéreo comercial, el operador debe obtener el *certificado de operador aéreo* (*Air Operator Certificate*, AOC). Acredita que el beneficiario posee la capacidad profesional y la organización necesaria para garantizar la seguridad de las operaciones especificadas en el mismo, según se prevé en las disposiciones de Derecho comunitario aplicables o en la normativa nacional, según proceda [art. 2.8 Reglamento (CE) 1008/2008].

El operador habrá de demostrar su capacidad jurídica, profesional y financiera para gestionar el negocio del transporte comercial por avión o helicóptero y obtener, además del certificado de operador aéreo, una *licencia de explotación* (*Operating Licence*). Se trata de una autorización concedida por la autoridad competente a un operador, por la que se le permite prestar servicios aéreos en las condiciones que figuren en la licencia [art. 2.1 Reglamento (CE) 1008/2008]. En ese momento se convierte en «Compañía aérea comunitaria» (art. 2.11).

El certificado de operador aéreo y la licencia de explotación las emiten las autoridades estatales del país del cual el operador sea nacional.

- Si es una persona física o natural, el país de su nacionalidad.
- Si es una persona jurídica, como una sociedad mercantil (sociedad anónima, sociedad limitada u otra forma social), el país donde tenga su domicilio. Por ejemplo, en España, el art. 8 del Real Decreto Legislativo 1/2010, de 2 de julio, por el que se aprueba el texto refundido de la Ley de Sociedades de Capital, dispone que "*serán españolas y se regirán por la presente ley todas las sociedades de capital que tengan su domicilio en territorio español, cualquiera que sea el lugar en que se hubieran constituido*".

Una compañía dedicada al transporte comercial en avión tiene una nacionalidad, la de su domicilio social, aunque opere en muchos países y tenga diversas bases operativas. Nacionalidad sólo tiene una y compete a sus propietarios decidir dónde va a tener su domicilio social. Esto tiene efectos jurídicos directos, pues es precisamente el Estado de la nacionalidad de la compañía aérea el encargado de comprobar, verificar y emitir los certificados oportunos que autorizan a esa compañía a dedicarse profesionalmente al transporte comercial por avión.

En España, la autoridad competente para la concesión, mantenimiento y control del certificado de operador aéreo y de la licencia de explotación es la Agencia Estatal de Seguridad Aérea que depende del Ministerio de Transportes, Movilidad y Agenda Urbana. El Ministerio es una autoridad civil, no militar. Por tanto, a diferencia de otros países que pueden seguir confiando estas tareas y otras de índole aeronáutica al ejército, en España es tarea de las autoridades civiles.

La Agencia Estatal de Seguridad Aérea tiene publicadas en su página web las guías, disponibles *on line*, respectivas para obtener el certificado de operador aéreo y para la concesión de la licencia de explotación de aeronaves comerciales.

Por ejemplo, Vueling es una compañía de nacionalidad española, por cuanto tiene su domicilio social en España. Por razón de este domicilio, compete al Ministerio de Transportes, Movilidad y Agenda Urbana, a través de la Agencia Estatal de Seguridad Aérea, la tarea de verificar que cumple las normas comunitarias de seguridad arriba citadas y, si es así, haberle emitido el certificado de operador aéreo y la licencia de explotación para dedicarse al transporte comercial por avión. Vueling tiene así la autorización española, pero gracias a la Unión Europea, es considerada una "compañía comunitaria".

En otras palabras, todas las personas físicas o jurídicas europeas dedicadas al transporte comercial en avión han de obtener la licencia "comunitaria" para operar, pero es su nacionalidad la que determina qué autoridad estatal es competente para emitir tanto el certificado de operador aéreo como la licencia de explotación.

Para hacer realidad el mercado interior de la Unión Europea, hay un principio de confianza entre las autoridades nacionales de los diferentes Estados de que la compañía autorizada por otro Estado cumple las normas comunes de seguridad. Por ejemplo, cuando Ryanair tuvo problemas con la escasez de combustible de sus aviones, con rapidez las autoridades de otros Estados se dirigieron a las irlandesas, como autoridad emisora del certificado de operador aéreo y de la licencia de explotación, para que fuesen estrictas en exigirle el cumplimiento de las normas.

Esta atribución de competencia administrativa en función del domicilio social de la compañía nos lleva al elemento clave de la seguridad. ¿Qué hacer cuando las autoridades nacionales no tienen capacidad, medios o voluntad para implementar ni siquiera los estándares mínimos de las normas y prácticas recomendadas del Convenio de Chicago? Como falta la confianza frente a estos Estados, quiebra el principio de reconocimiento de certificados por los demás Estados. El resultado es, por ejemplo, las listas negras comunitarias, donde no se admiten aeronaves certificados por países incapaces para implementar las normas de seguridad. Estas aeronaves excluidas de la Unión Europea terminarán siendo operadas en países menos exigentes en cuanto a la seguridad, con el riesgo que para la vida humana ello supone en países en vías de desarrollo.

6. PROCEDIMIENTO ADMINISTRATIVO ANTE LA AGENCIA ESTATAL DE SEGURIDAD AÉREA PARA OBTENER EL CERTIFICADO DE OPERADOR AÉREO (AOC)

6.1. Aprobación del certificado de operador aéreo

Cuando una persona física española o una sociedad mercantil domiciliada en España quiere empezar a operar con aeronaves para dedicarlas al transporte comercial en avión (con finalidad de lucro), primero ha de solicitar a la Agencia Estatal de Seguridad Aérea la emisión del correspondiente certificado de operador aéreo.

Es un trámite administrativo complejo, coherente con el alto grado de exigencia de seguridad operacional exigible.

El certificado de operador aéreo es un documento administrativo por el cual el Estado acredita que una empresa o grupo de empresas posee la capacitación técnico-profesional y la organización necesaria para garantizar la operación de aeronaves en condiciones de seguridad. Este proceso contempla la emisión inicial, la modificación y la vigilancia continuada del certificado de operador aéreo de avión y helicóptero, necesario para la realización de transporte aéreo comercial, conforme al Reglamento (UE) 965/2012.

Para obtener el certificado de operador aéreo para el transporte comercial por avión o helicóptero hay que adjuntar abundante información a la Agencia Estatal de Seguridad Aérea y ser autorizado a operar (no se puede operar sin certificado de operador aéreo). Si se cumple lo exigido, la Agencia Estatal de Seguridad Aérea emitirá un certificado de operador aéreo con el número ES-AOC-tres cifras.

En particular, el operador proporcionará la siguiente información a la autoridad competente [ORO-AOC-100 Reglamento (UE) 965/2012]; mucha de ella está normalizada en modelos suministrados y disponibles *on line* en la web de la Agencia Estatal de Seguridad Aérea:

1. El *nombre oficial y el nombre comercial* (*doing business as*, dba, por ejemplo, Air Europa), *la razón social* (por ejemplo, Air Europa Líneas Aéreas S.A.) *y la dirección postal del solicitante.*
2. Una *descripción de la operación propuesta, incluidos los tipos y el número de aeronaves con los que operará.* En concreto, si se va a dedicar al transporte de personas y/o de mercancías, la zona de operaciones, si requiere aprobaciones especiales (como si llevará mercancías peligrosas, si se usa en operaciones con baja visibilidad, si es un helicóptero, entre muchas otras opciones). La Agencia Estatal de Seguridad Aérea emite, con el certificado de operador aéreo, un documento de "especificaciones de operaciones" para cada modelo de aeronave utilizada (por ejemplo, un AIRBUS A320-200) operado por una compañía aérea española, según condiciones aprobadas en el Manual de Operaciones. Indica el modelo, tipo de operaciones comerciales (pasajeros, carga, otros) y las autorizaciones especiales que tenga. Otro documento es el relativo a las concretas aeronaves que opera el operador autorizado bajo su certificado de operador aéreo. Es un documento de listado de matrículas de aeronaves adjunto al certificado de operador aéreo. Para cada modelo de aeronave operado por el operador, se indica la matrícula específica de la aeronave. Ha de irse actualizando con las altas y bajas en las aeronaves empleadas por el operador durante el tiempo que se dedique al transporte aéreo comercial.
3. Una *descripción del sistema de gestión, incluida la estructura organizativa.*
4. El *nombre del director responsable y los nombres de las personas designadas como responsables de operaciones de vuelo, entrenamiento de las tripulaciones, operaciones en tierra y mantenimiento de la aeronavegabilidad,* junto con sus cualificaciones y experiencia. Junto al certificado de operador aéreo, la Agencia Estatal de Seguridad Aérea emite un documento de especificaciones de las operaciones, donde con nombres y apellidos se identifica a este "personal responsable" en cada uno de estos ámbitos de gestión de la compañía aérea.
5. Los *nombres de las personas designadas en virtud de lo requerido en ORO. AOC.135, letra a), junto con sus calificaciones y experiencia.* Esto es, de la persona responsable de las áreas de operaciones de vuelo, de formación de los miembros de la tripulación, de operaciones en tierra y de mantenimiento de la aeronavegabilidad o el contrato de la gestión

del mantenimiento de la aeronavegabilidad de conformidad con el Reglamento (UE) 1321/2014, según corresponda.

6. También hay que incorporar una *copia del manual de operaciones.* En efecto, para obtener el certificado de operador aéreo para el transporte comercial, es preceptivo aportar a la Agencia Estatal de Seguridad Aérea una copia del Manual de operaciones exigido en ORO. MLR.10. Se presenta, pero no es objeto de una aprobación específica por AESA. La compañía titular del certificado de operador aéreo tiene la obligación de operar de acuerdo con las autorizaciones que le han sido concedidas. Se crea así un entorno y procedimientos de operación aprobados por las Autoridades Aeronáuticas como seguros. Dicho entorno se plasma en un documento maestro conocido como Manual de operaciones (OM, por sus siglas en inglés *Operations Manual*). Sirve como guía para la planificación y toma de decisiones de manera que se garantice la seguridad, al recoger los criterios y directrices conforme a los que se han de desarrollar las operaciones. La estructura principal del OM es la siguiente [ORO-MLR-101 Reglamento (UE) 965/2012]: parte A: aspectos generales/básicos, comprenderá todas las políticas, instrucciones y procedimientos operativos no relacionados con un tipo particular de aeronave; parte B: temas relativos a la operación de la aeronave, comprenderá todas las instrucciones y procedimientos relacionados con el tipo de aeronave, teniendo en cuenta las diferencias entre tipos/clases, variantes o aeronaves individuales utilizadas por el operador; parte C: operaciones de transporte aéreo con fines comerciales, en particular las instrucciones e información sobre ruta/función/zona y aeródromo/zona de operaciones; parte D: entrenamiento. Todos los vuelos deberán ejecutarse conforme a las disposiciones del Manual de operaciones [ORO.GEN.110 Reglamento (UE) 965/2012]. Todo el personal de operaciones dispondrá de un acceso fácil a las partes del Manual de operaciones que resulten relevantes para sus funciones. El Manual de operaciones se mantendrá actualizado. Todo el personal estará informado de los cambios que afecten a sus propias funciones. A cada miembro de la tripulación se le entregará una copia personal de las secciones del Manual de operaciones que incumban a sus funciones. Cada miembro de la tripulación en posesión de un Manual de operaciones o de las partes correspondientes del mismo, se responsabilizará de mantener actualizada su copia integrando las actualizaciones o revisiones facilitadas por el operador [ORO.MLR.100 Reglamento (UE) 965/2012].

7. Una *declaración de que el solicitante ha verificado toda la documentación enviada a la autoridad competente y ha comprobado que cumple los requisitos aplicables, según el modelo oficial.*
8. *Documentación complementaria.* Además de la solicitud, durante el procedimiento ha de aportarse más documentación relativa a la gestión y organización del operador, como su estructura organizativa, funciones y responsabilidades, cargos responsables, control y supervisión, bases y estaciones, instalaciones y oficinas, administración y control del Manual de operaciones, divulgación de información e instrucciones operacionales, certificados, aprobaciones y autorizaciones de la autoridad, leasing, programa de seguridad de la compañía, entrenamiento del personal, medidas preventivas de seguridad contra actos de interferencia ilícita y medidas en caso de que ésta tenga lugar. Además, hay que aportar exhaustiva información sobre el sistema de calidad; la gestión de programa de seguridad en vuelo; el tratamiento de accidentes e incidentes y sus sistemas de notificación; la preparación, apoyo, seguimiento y control del vuelo; la programación de tripulaciones, entrenamiento y verificación de estas; operaciones en vuelo; operaciones en tierra (*ground handling*); aeronave: equipo e instrumentos; y, transporte de mercancías peligrosas.
9. Justificante *del pago de las tasas administrativas por este servicio público.*

6.2. Algunas aprobaciones específicas: mercancías peligrosas, lista de equipo mínimo y programa de mantenimiento

Para darle trámite a la solicitud del certificado de operador aéreo, se forma un equipo técnico de evaluación dentro de la Agencia Estatal de Seguridad Aérea. Dicho equipo está encargado de tramitar la solicitud de certificado de operador aéreo, y coordinar con el resto de las solicitudes de aprobaciones específicas que acompañan a la emisión de un certificado de operador aéreo y que se tramitan de forma paralela. Entre otras, las siguientes:

- Es preceptiva la autorización de AESA al operador para *el transporte de mercancías peligrosas* (*Dangerous Goods*, DG) [CAT.GEN.MPA.200 Reglamento (UE) 965/2012] y se tramita de la misma forma que el resto de las aprobaciones Específicas. El anexo 18 de transporte de mercancías peligrosas del Convenio de Chicago contiene normas y prácticas recomendadas.

- También es preceptiva la aprobación por la Agencia Estatal de Seguridad Aérea de la *lista de equipo mínimo (MEL)*. En efecto, las compañías que disponen, o que están en proceso de solicitud, de certificados de operador aéreo, deben someter a aprobación de la Agencia Estatal de Seguridad Aérea la lista de equipo mínimo (MEL). Existen situaciones en las que un avión puede llevar dos y hasta tres unidades idénticas del mismo equipo o sistemas, de manera que en caso de fallo de uno de ellos siempre hay una alternativa. Las condiciones para permitir o rechazar el despacho del avión con determinados equipos o sistemas inoperativos se recogen en un documento llamado "lista de equipos mínimos" (conocido por sus siglas en inglés MEL, *Minimum Equipment List*). Cada compañía ha de preparar una de estas listas para cada una de sus flotas (en caso contrario, la más mínima avería implicaría la inmovilización del avión hasta su reparación). La Agencia Estatal de Seguridad Aérea aprueba estas listas una vez verificado que su contenido es como mínimo tan restrictivo como la denominada "lista maestra de equipos mínimos" (*Master MEL* por sus siglas en inglés) que la autoridad aeronáutica certificadora ha aprobado al constructor de la aeronave para ese modelo concreto. El operador establecerá una MEL, que asegure la operación de la aeronave, en condiciones especificadas, con determinados instrumentos, elementos del equipamiento o funciones no operativas al comienzo del vuelo. Este documento se elaborará para cada aeronave individual, teniendo en cuenta las condiciones operativas y de mantenimiento del operador pertinente, y la MEL deberá estar basada en la lista maestra de equipo mínimo (MMEL). La MEL y cualquier modificación de esta deberán ser aprobadas por la autoridad competente. La aprobación de la lista de equipos mínimos (MEL) está recogida en el art. 9 y ARO.OPS.205 Reglamento (UE) 965/2012, para el transporte Aéreo Comercial (CAT). También para operaciones comerciales, incluyendo las operaciones especializadas (SPO comercial), y operaciones no comerciales con aeronaves complejas (NCC).
- *El Programa de mantenimiento de la aeronave.* La autoridad competente de un Estado parte de la Unión Europea también recibirá para su aprobación, con la solicitud inicial de un certificado de operador aéreo y, cuando corresponda, con cualquier variación aplicada y para cada tipo de aeronave que se vaya a operar, el programa de mantenimiento de la aeronave. Para los operadores situados en España, la Agencia Estatal de Seguridad Aérea es la encargada de aprobar el programa de mantenimiento de las aeronaves dedicadas al transporte aéreo comercial. El vigente Reglamento (UE) 1321/2014, de

26 de noviembre, sobre mantenimiento de la aeronavegabilidad de las aeronaves y productos aeronáuticos, componentes y equipos y aprobación de las organizaciones y personal que participan en estas tareas, toma la experiencia de las Autoridades Conjuntas de la Aviación (JAA) y del derogado Reglamento (CE) 2042/2003, de 20 de noviembre, sobre el mantenimiento de la aeronavegabilidad de las aeronaves y productos aeronáuticos, componentes y equipos y sobre la aprobación de las organizaciones y personal que participan en dichas tareas. El Reglamento (UE) 1231/2014 establece normas técnicas y procedimientos administrativos comunes para asegurar el mantenimiento de la aeronavegabilidad de aeronaves, con inclusión de los elementos instalados en las mismas, que estén: a) matriculadas en un Estado miembro, o b) matriculadas en un país tercero y sean utilizadas por un operador cuyo funcionamiento es supervisado por un Estado miembro. Las disposiciones del mismo Reglamento son aplicables a las compañías comunitarias. El Reglamento (UE) 1321/2014 define el mantenimiento como una o más de las siguientes actividades: revisión general, reparación, inspección, sustitución, modificación o rectificación de defectos de una aeronave o de un elemento. La inspección prevuelo no queda dentro de este concepto (art. 2.h). En España, *la aprobación de la Agencia Estatal de Seguridad Aérea está basada en el programa que haya sido aprobado al fabricante de la aeronave por la autoridad aeronáutica correspondiente durante la certificación de tipo.* El operador realizará sobre el programa de mantenimiento impuesto por el fabricante las adaptaciones necesarias de acuerdo con las peculiaridades de la operación de esa aeronave por la compañía, pero sin que pueda ser más restrictivo que el primero. El operador debe demostrar que el mantenimiento de las aeronaves que va a operar será realizado por organizaciones adecuadamente capacitadas. Pueden formar parte de la misma compañía o haber sido contratadas por ésta, pero las organizaciones que se encarguen del mantenimiento deben estar previamente autorizadas por la Agencia Estatal de Seguridad Aérea. El mantenimiento de la aeronavegabilidad de aeronaves y elementos quedará garantizado con arreglo a las disposiciones del anexo I (Parte M). Las organizaciones y el personal que participen en el mantenimiento de la aeronavegabilidad de aeronaves y elementos, inclusive los trabajos de mantenimiento cumplirán las disposiciones del anexo I (Parte M). *Las organizaciones que participen en el mantenimiento de una aeronave de gran tamaño o de una aeronave utilizada para transporte aéreo comercial, así como los elementos que vayan a ser instalados en ellas, serán aprobadas* de conformidad con las

disposiciones del anexo II (Parte 145). El personal de la compañía que realice tareas de mantenimiento, así como el personal de las organizaciones externas que haya sido contratado para el mantenimiento de las aeronaves de aquélla, debe disponer de las *licencias de técnicos de mantenimiento de aeronaves* emitida por la Agencia Estatal de Seguridad Aérea en los casos que lo requiere la normativa. Estas licencias se emiten cuando el interesado demuestra los conocimientos teóricos y prácticos necesarios mediante la superación de exámenes. En España, rige aún el derogado Real Decreto 284/2002, de 22 de marzo, por el que se determinan las condiciones para el ejercicio de las funciones de los técnicos de mantenimiento y personal certificador de mantenimiento de las aeronaves civiles. El Real Decreto 728/2022 lo deroga, pero afirma que seguirá siendo aplicable para la expedición y obtención de las licencias de los técnicos de mantenimiento de aviones sencillos no autorizados para realizar transporte aéreo comercial, aerostatos y planeadores, hasta que se adopte la normativa específica que regule el mantenimiento de los planeadores y las aeronaves a que se refiere el anexo I del Reglamento (UE) 2018/1139 (disposición derogatoria quinta).

7. PROCEDIMIENTO ANTE LA AGENCIA ESTATAL DE SEGURIDAD AÉREA PARA OBTENER LA LICENCIA DE EXPLOTACIÓN PARA EL TRANSPORTE COMERCIAL POR AVIÓN

El Reglamento (CE) 1008/2008 exige para los empresarios establecidos en los Estados miembros de la Unión Europea una "licencia de explotación". Este reglamento sustituye y deroga los Reglamentos (CEE) 2407/92, de 23 de julio, sobre la concesión de licencias a las compañías aéreas; (CEE) 2408/92, de 23 de julio, relativo al acceso de las compañías aéreas de la Comunidad a las rutas aéreas intracomunitarias; y el Reglamento (CEE) 2409/1992, de 23 de julio, sobre tarifas y fletes de los servicios aéreos.

El control administrativo no termina, en efecto, con la emisión del certificado de operador aéreo de aeronaves. Además, el operador ha de obtener la licencia como compañía comunitaria dedicada al transporte aéreo comercial, también emitida en España por la Agencia Estatal de Seguridad Aérea. De nuevo, esta Agencia ha producido una guía para los solicitantes, denominada "Procedimiento para la obtención de licencias para la explotación del transporte aéreo".

El Reglamento (CE) 1008/2008 reconoce en su preámbulo que las compañías aéreas que cuentan con bases operativas en varios Estados miembros tienen una importancia creciente. No obstante, añade que es necesario garantizar una supervisión eficaz de la misma, *siendo el mismo Estado el que sea responsable tanto del certificado de operador aéreo, como de la licencia de explotación.*

El art. 10 Reglamento (CE) 1008/2008 exige que la autoridad competente para la concesión de licencias resuelva sobre la solicitud de concesión lo antes posible y a más tardar en el plazo de tres meses desde la presentación de la documentación.

En España, la Orden TMA/105/2020, de 31 de enero, establece las normas para la concesión y mantenimiento de las licencias de explotación de servicios aéreos.

7.1. Tipos de licencia

La licencia de explotación es la autorización que la Agencia Estatal de Seguridad Aérea concede a una compañía para el transporte aéreo de pasajeros, correo y carga, a cambio de remuneración o pago de alquiler, en las condiciones que figuren en la licencia.

La licencia de explotación tipo A permite la explotación de servicios de pasajeros, cargo y/o correo, a cambio de una remuneración económica y/o pago de alquiler, con aviones de cualquier peso y/o cualquier número de asientos.

La licencia de explotación tipo B se limita a aviones de peso máximo al despegue inferior a 10 toneladas, y/o menos de 20 asientos.

7.2. Requisitos técnicos y jurídicos de la solicitud

Para tener derecho a una licencia de explotación de la Agencia Estatal de Seguridad Aérea y mantenerla evitando la revocación, se requiere cumplir con las condiciones previstas en el art. 4 Reglamento (CE) 1008/2008. La autoridad competente para la concesión de licencias de un Estado miembro concederá licencias de explotación a empresas a condición de que:

a) *Tengan su centro de actividad principal en dicho Estado miembro.* La Agencia Estatal de Seguridad Aérea es competente para expedir las licencias de explotación a compañías comunitarias dedicadas al transporte aéreo comercial que tengan "*el domicilio social o sede social de una compañía aérea comunitaria en el Estado miembro a partir del cual se realizan las principales funciones financieras y el control operativo, incluida la gestión continua de aeronavegabilidad, de la compañía aérea comunitaria*" [art. 2.26 Reglamento (CE) 1008/2008].

b) *Sean titulares de un certificado de operador aéreo válido expedido por una autoridad nacional del mismo Estado miembro cuya autoridad competente para la concesión de licencias sea responsable de la concesión, denegación, revocación o suspensión de la licencia de explotación de la compañía aérea comunitaria.*

c) *Tengan a su disposición una o más aeronaves en propiedad o mediante acuerdo de arrendamiento sin tripulación.* De acuerdo con la Agencia Estatal de Seguridad Aérea, la concesión de la licencia de explotación requiere disponer, al menos, de una aeronave matriculada e inscrita a nombre de la empresa solicitante de la licencia en el Registro de Matrícula de Aeronaves, en propiedad, arrendamiento financiero, arrendamiento, o cualquier otro título inscribible. En este sentido, véase el documento de solicitud: https://bit.ly/3ot1JTF, consultado el 19 de mayo de 2023. Por tanto, no es necesario que el operador sea propietario ni de una sola aeronave, basta que tenga la posesión y disfrute en base a un contrato de arrendamiento, y la tenga matriculada en España. Podrá utilizar otras muchas aeronaves sin matricularlas, especialmente en los arrendamientos de corta duración.

d) *Su principal actividad sea realizar servicios aéreos*, bien de forma exclusiva o bien en combinación con cualquier otra explotación comercial de aeronaves o de reparación y mantenimiento de aeronaves.

e) *Su estructura empresarial permita a la autoridad competente para la concesión de licencias aplicar las disposiciones del presente capítulo.* El anexo I Reglamento (CE) 1008/2008 requiere que se detalle la identidad de los accionistas, su nacionalidad y el tipo de acciones que se posean, así como los estatutos de la sociedad y si forma parte de un grupo de sociedades, información sobre el mismo. El documento de la Agencia Estatal de Seguridad Aérea exige información sobre la sociedad capital social, relación de socios y porcentajes de participación en el accionariado (sociedad anónima) o participación social (sociedad limitada).

f) *Más del 50% de la propiedad de la compañía, así como su control efectivo (ya sea directo, a través de una o varias empresas intermediarias), recaigan en los Estados miembros o sus nacionales*, salvo que se disponga otra cosa en acuerdos celebrados con terceros países en los que la Comunidad sea parte [art. 4.f Reglamento (CE) 1008/2008]. En caso de fusión o adquisición o cambio de uno o más elementos de la situación jurídica de una compañía aérea, las autoridades decidirán si dicha licencia ha de someterse o no a una nueva aprobación (art. 8.7).

g) *Cumplan las condiciones financieras* especificadas en el artículo 5. Se vincula financiación a seguridad. Las condiciones son diferentes para las empresas que pretendan obtener una licencia de tipo A o de tipo B. Las condiciones deben mantenerse sobre todo en sus dos primeros años de existencia, que son especialmente críticos para la supervivencia de la compañía aérea comunitaria.

h) *Cumplan los requisitos de seguro* previstos en el artículo 11 Reglamento (CE) 1008/2008 y en el Reglamento (CE) núm. 785/2004, de 21 de abril, sobre los requisitos de seguro de las compañías y operadores aéreos, para los supuestos de accidente y responsabilidad frente a pasajeros, equipajes, mercancías y terceros. El art. 11 Reglamento (CE) 1008/2008 amplía la responsabilidad civil también para el transporte aéreo de correo.

i) *Cumplan lo dispuesto sobre la buena reputación de los responsables* con arreglo a lo especificado en el artículo 7 Reglamento (CE) 1008/2008. Las personas que dirigirán de manera continua y efectiva las operaciones han de presentar pruebas de buena reputación o de que no se les ha declarado en concurso por insolvencia. Se prueba mediante certificados emitidos por los Estados en donde la persona tenga su residencia permanente o, en su defecto, por declaración jurada ante autoridad administrativa o judicial competente o ante notario u organismo profesional cualificado [art. 7 Reglamento (CE) 1008/2008].

7.3. Revocación de la licencia de explotación

El art. 9 Reglamento (CE) 1008/2008 regula la suspensión y revocación de la licencia de explotación por parte de las autoridades, que en todo momento pueden valorar su situación financiera y pueden revocar o suspenderla si deja de constarles que pueda hacer frente por un período de 12 meses a las obligaciones que haya contraído o pueda contraer. También si hay indicios claros de dificultad financiera o se ha iniciado un procedimiento de insolvencia contra ella, informando a la Comisión sobre sus decisiones. Asimismo, si hay retraso en comunicar las cuentas anuales auditadas, requerirá sin demora la entrega y si pasado un mes no las tiene, puede revocar o suspender la licencia. Igualmente, si se suspende o retira el certificado de operador aéreo, la autoridad para conceder la licencia retirará inmediatamente la licencia de explotación a esa compañía.

La compañía puede ver suspendido temporalmente o perder definitivamente el certificado de operador aéreo y la licencia si no es capaz de mantener el alto grado de seguridad profesional, técnica, organizativa, de aeronaves, de componentes y equipos, exigible a quien pretenda prestar servicios aéreos al público (sentencia del Tribunal Supremo, Sala de lo Contencioso-administrativo, de 1 de julio de 2013, de suspensión de la licencia a Air Madrid).

8. DERECHOS Y OBLIGACIONES DE LAS COMPAÑÍAS COMUNITARIAS

El Reglamento (CE) 1008/2008 entiende por compañía aérea comunitaria "*la empresa con una licencia de explotación válida o equivalente*" (art. 2.10). La licencia es "*una autorización concedida por la autoridad competente para la concesión de licencias a una empresa, por la que se le permite prestar servicios aéreos en las condiciones que figuren en la licencia*" (art. 2.1).

En primer lugar, no se permitirá a ninguna compañía domiciliada en un Estado de la Unión Europea transportar por vía aérea pasajeros, correo o carga, a cambio de remuneración o pago de alquiler, si no tiene un certificado de operador aéreo y la licencia de explotación correspondiente. De otro modo, sería discriminatorio con respecto a las otras compañías que sí han superado este procedimiento administrativo. Además, una compañía sin certificado de operador y sin licencia supone un riesgo de seguridad.

En segundo lugar, significa que hay igualdad de trato entre compañías aéreas comunitarias. Cualquiera que haya sido el Estado de la Unión Europea que le haya dado el certificado de operador aéreo y la licencia de explotación. Hay un principio de confianza en que los demás Estados aplicarán las normas comunitarias con el mismo rigor que lo haría el propio Estado.

Las compañías aéreas comunitarias tienen libre acceso al mercado del transporte aéreo comunitario para hacer realidad el mercado interior de la aviación, según afirma el considerando 10 y el art. 15 Reglamento (CE) 1008/2008. La Comunidad Europea nació como un mercado común de mercancías y ahora la Unión Europea tiende a ser un mercado común también de personas y organizaciones. De forma que la compañía autorizada a operar por un Estado tiene los mismos derechos que otra compañía autorizada por otro Estado de la Unión Europea. Por su condición de compañía comunitaria, se le aplican las siguientes normas que contienen obligaciones y derechos:

- La tenencia de una licencia de explotación comunitaria da derecho a dedicarse al transporte comercial por avión de personas, mercancías y correo entre dos Estados de la Unión Europea o dentro de un Estado de la Unión Europea (*rutas aéreas intracomunitarias*). En especial, el Reglamento (CE) 1008/2008 consagra, para las compañías aéreas que dispongan de una licencia expedida por un Estado miembro de la Unión Europea, los principios de prestar libremente y sin restricción alguna a servicios aéreos en las rutas aéreas intracomunitarias, así como para fijar libremente los precios de sus tarifas. En otras palabras, por su condición de compañía comunitaria, tiene "derechos de tráfico" en las rutas intracomunitarias. En todo caso, la compañía comunitaria, si opera con aeropuertos coordinados o con horarios facilitados, donde es necesario disponer de *slots* para aterrizar y despegar, deberá preocuparse de negociar los mismos con los coordinadores de franjas aeroportuarias.
- El Reglamento (CE) 1008/2008 permite a un Estado miembro restringir parcialmente esas libertades mediante la imposición de lo que se denominan *obligaciones de servicio público*, normalmente reconociendo el monopolio u oligopolio en una ruta de baja densidad de tráfico o con las islas a una compañía comunitaria que haya ganado el concurso público para explotar esta ruta. Normalmente, son rutas deficitarias, con subvención pública de los gastos a la compañía que presta el servicio y derecho de exclusiva en el servicio durante el tiempo que dura la concesión administrativa [arts. 16 a 18 Reglamento (CE) 1008/2008].
- La tenencia de una licencia de explotación comunitaria también da derecho a dedicarse al transporte comercial por avión de personas, mercancías y correo entre un Estado de la Unión Europea y otro Estado que no pertenece a la Unión Europea (*rutas aéreas extracomunitarias*). El Estado de la Unión Europea puede ser el mismo que ha emitido la licencia o ser otro distinto. Aquí también puede haber restricciones, porque por ejemplo el convenio bilateral de servicios aéreos regulares con el país extracomunitario limite el número de aerolíneas o de operaciones semanales. Será necesario convocar un

> concurso público para otorgar derechos de tráfico, al que podrán concurrir todas las compañías comunitarias interesadas establecidas en sus territorios respectivos , según el art. 2 Reglamento (CE) 847/2004, de 29 de abril, de negociación y aplicación de acuerdos de servicios de transporte aéreo entre Estados miembros y países terceros; desarrollado en España por el Real Decreto 1678/2011, de 18 de noviembre, por el que se regula la información sobre los derechos de tráfico aéreo procedentes de los acuerdos con terceros Estados en los que España sea parte y el régimen de su ejercicio.

De acuerdo con el punto 10 del preámbulo del Reglamento (CE) 847/2004, el establecimiento en el territorio de un Estado de la Unión Europea supone el ejercicio efectivo y real de la actividad de transporte aéreo conforme a disposiciones estables. La forma jurídica de dicho establecimiento sea el establecimiento principal, una sucursal, la matriz o una filial con personalidad jurídica, no debe ser el factor determinante a este respecto. Cuando una empresa esté establecida en el territorio de varios Estados miembros, de acuerdo con lo definido en el Tratado, debe asegurar, para evitar que se eluda la legislación nacional, que cada uno de los establecimientos cumple las obligaciones.

El Reglamento (CE) 847/2004, y sucesivas normas nacionales, se adapta a la doctrina en la materia de los tribunales comunitarios. En especial, el Tribunal de Justicia de las Comunidades Europeas, en sentencia de 5 de noviembre de 2002 estableció que, en virtud del derecho de libre establecimiento de las normas comunitarias, ningún Estado miembro de la Comunidad Europea puede concluir un acuerdo bilateral de transporte que excluya a una "compañía comunitaria" de la posibilidad de ser designada para disponer de los derechos de tráfico previstos en el acuerdo bilateral. El Tribunal de Justicia aclara así que las compañías aéreas comunitarias tienen derecho a beneficiarse del derecho de establecimiento en la Comunidad, incluido el derecho de acceso no discriminatorio al mercado. Se acaba así con el privilegio de exclusividad de la "compañía de bandera" sobre los vuelos que llegan y salen del territorio nacional. La Organización de la Aviación Civil Internacional en 2003 preparó un modelo de cláusula para incluir en los tratados bilaterales centrada en el criterio de establecimiento, sobre el "principal lugar de negocios" o "efectivo control" o "residencia permanente" de la compañía aérea, ya no en la "nacionalidad". Ahora puede optar en el concurso público para ser designado cualquier nacional o compañía de un Estado miembro de la Unión Europea. El Estado designador exige que la compañía comunitaria esté establecida en su país. Por ejemplo, en España, conforme al art. 6 Real Decreto 1678/2011, únicamente podrán concurrir al procedimiento de asignación de derechos de tráfico obtenidos por España en virtud de un acuerdo bilateral de servicios aéreos suscritos con un tercer Estado, las compañías aéreas establecidas en España que cuenten con una licencia de explotación otorgada de acuerdo con lo establecido en el Reglamento (CE) 1008/2008.

Entre compañías comunitarias, hay derecho a no ser discriminada con respecto a las compañías autorizadas por otro Estado de la Unión Europea. Por ejemplo, en la sentencia del Tribunal de Justicia de la Unión Europea, Gran Sala, de 18 de marzo de 2014, se indica que no es coherente con el art. 18 Tratado de Funcionamiento de la Unión Europea una norma estatal que requiere a la compañía titular de una licencia de explotación emitida por otro Estado miembro, además, un permiso estatal para entrar en su espacio aéreo para realizar vuelos privados no regulares procedentes de terceros países con destino a ese Estado. Influye en la decisión del Tribunal de Justicia de la Unión Europea que tal permiso estatal no sea requerido a compañías con licencia de explotación emitidas por ese mismo Estado. En cambio, si las normas no son iguales para todas las compañías comunitarias, hay discriminación y la liberalización del mercado interior no se consigue.

La compañía comunitaria debe cumplir las obligaciones de las normas comunitarias, nacionales, regionales y locales publicadas relativas a la seguridad, la protección del medio ambiente y la asignación de franjas o *slots* aeroportuarios [art. 19.1 Reglamento (CE) 1008/2008].

9. ACREDITACIÓN DE OPERADORES EXTRACOMUNITARIOS DE AERONAVES DE TRANSPORTE COMERCIAL

Antes de emprender operaciones de transporte aéreo comercial en la Unión Europea u operaciones de entrada o salida en dicho territorio, los operadores de terceros países deberán solicitar y obtener una autorización expedida por la Agencia Europea de Seguridad Aérea (EASA), de acuerdo con las normas técnicas previstas en el Reglamento (UE) 452/2014, de 29 de abril, por el que se establecen requisitos técnicos y procedimientos administrativos para las operaciones aéreas de los operadores de terceros países en virtud del Reglamento (CE) 216/2008. Esta autorización a cargo de la Agencia Europea de Seguridad Aérea está llamada a sustituir los permisos a los operadores extracomunitarios que vienen emitiendo las autoridades nacionales de cada Estado miembro de la Unión Europea.

En España, el Real Decreto 1392/2007 establece *todavía* un sistema de acreditación a cargo de la Dirección General de la Aviación Civil (ahora se ocupa la Agencia Estatal de Seguridad Aérea) para controlar con carácter previo a la realización de las operaciones aéreas y comerciales la capacidad y competencia de las compañías extracomunitarias y que deseen explotar derechos de tráfico aéreo en territorio español (salvo las de vuelos de carácter humanitario, operaciones ocasionales, ya que el tiempo requerido para obtener la acreditación hacen inviable la operación, pero sí que siguen sujetas a autorización previa). La acreditación se plasma en un documento emitido por la Agencia Estatal de Seguridad Aérea a nombre de una compañía extracomunitaria (art. 2).

La Agencia Estatal de Seguridad Aérea debe, en todo caso, respetar el Reglamento (CE) 474/2006, de 22 de marzo, por el que se establece la lista comunitaria de las compañías aéreas objeto de una prohibición de explotación en la Comunidad, analizado a continuación.

10. (SIGUE) LAS LISTAS NEGRAS

El art. 33 Convenio de Chicago dispone que los certificados de aeronavegabilidad, de aptitud, y las licencias de un Estado parte en el que esté matriculada la aeronave se reconocerán como válidos por los demás Estados parte, siempre que los requisitos sobre los cuales se han expedido o convalidado dichos certificados sean iguales o superiores a las normas mínimas que oportunamente se establezcan en aplicación de este Convenio.

Si un Estado no cumple, los otros Estados no están obligados a reconocer la validez del certificado de aeronavegabilidad y pueden prohibir el acceso a su espacio aéreo a sus aeronaves, incluso cuando ambos Estados se hayan concedido recíprocamente derechos en virtud del art. 6 Convenio de Chicago (vuelos no regulares) o en los tratados bilaterales (así se hace constar expresamente en estos (vuelos regulares).

Por ejemplo, los Estados Unidos aprobaron el *International Aviation Safety Assessment Program* (IASA) en 1991, para excluir aeronaves de Estados que no cumplen y lo va actualizando. Dejaron fuera en 2008 a Nicaragua, Haití, Bangladesh, Paraguay, Serbia y Montenegro, Ucrania, entre otros. También el Reino Unido ha puesto en la lista negra algunas compañías de Guinea Ecuatorial, Liberia, Albania, etc., que no pueden surcar sus cielos.

Francia prohibió algunas compañías de Corea del Norte, Tailandia, Mozambique, etc. Bélgica a otras compañías de Egipto, Armenia, Ucrania, etc.

También a nivel de la Unión Europea, el Reglamento (CE) 2111/2005 fija normas relativas la adopción y la publicación de una lista comunitaria, sobre la base de criterios comunes, de las compañías aéreas que, por razones de seguridad, están sujetas a una prohibición de explotación en la Comunidad Europea. El Reglamento (CE) 476/2006 va actualizando el listado de compañías aéreas extracomunitarias de su anexo A. Sin embargo, se puede permitir el ejercicio de derechos de tráfico a las compañías aéreas enumeradas si éstas utilizan aeronaves arrendadas con tripulación a una compañía aérea que no esté sujeta a una prohibición de explotación, a condición de que se cumplan las normas de seguridad pertinentes.

El anexo B del mismo Reglamento enumera compañías aéreas cuya explotación queda sujeta a restricciones en la Comunidad Europea, normalmente para impedir que operen determinadas aeronaves, identificadas por su matrícula, en esta zona geográfica.

Estas listas negras no impiden en ningún caso que operen en otras zonas geográficas, donde las compañías estén autorizadas. Por ejemplo, es común incluir algunas compañías domiciliadas en países extracomunitarios en esta lista que operan aeronaves que ya no son suficientemente seguras. No debe descartarse que algunas de estas aeronaves hayan participado alguna vez anteriormente en el tráfico aéreo comercial de la Unión Europea (interno, o con destino u origen en la Unión Europea).

La Organización de la Aviación Civil Internacional también ha empezado a realizar auditorías para valorar la transposición de las normas de cumplimiento de las normas por parte de los países: si tienen legislación, normas específicas sobre operaciones, órganos de aviación civil, entrenamiento y cualificación de personal, procedimientos, obligaciones de licencia y certificación, vigilancia y resolución de cuestiones de seguridad.

11. LA TRIPULACIÓN DE VUELO. EL PILOTO AL MANDO/COMANDANTE

En los textos jurídicos vigentes se utiliza el término personal o tripulación de vuelo para referirse a las personas que, a bordo de la aeronave, participan en la operación de ésta. El art. 2.12 Reglamento (UE) 1178/2011, de 3 de noviembre de 2011, por el que se establecen requisitos técnicos y procedimientos administrativos relacionados con el personal de vuelo de la aviación civil, señala que "personal de vuelo" incluye:

– la tripulación de vuelo, y
– la tripulación de cabina.

Un miembro de la tripulación de vuelo es el miembro de la tripulación, titular de la correspondiente licencia, a quien se asignan obligaciones esenciales para la operación de la aeronave durante el período de servicio de vuelo (capítulo 1, de definiciones del anexo 1 sobre licencias de personal del Convenio de Chicago).

El Reglamento (UE) 2018/1139, Reglamento Base, se refiere a la tripulación de vuelo como "pilotos" (art. 21).

El Reglamento (UE) 965/2012 dedica también especial atención a la tripulación de vuelo de aeronaves dedicadas al transporte comercial (ORO-FC-005 y siguientes). Se establecen los requisitos que debe cumplir un operador que realice operaciones de transporte aéreo comercial en relación con la formación, la experiencia y las cualificaciones de la tripulación de vuelo. La composición y el número de tripulantes de vuelo no serán inferiores al mínimo especificado en el manual de vuelo de la aeronave o en las limitaciones operativas establecidas para la aeronave. Puede incluir miembros adicionales si lo requiere el tipo de operación y no será inferior al número establecido en el Manual de operaciones. Un piloto perteneciente a la tripulación de vuelo, cualificado como piloto al mando es designado por el operador piloto al mando/comandante [ORO.FC.105 Reglamento (UE) 965/2012].

El comandante de la aeronave es la persona designada por el operador para estar al mando y encargarse de la realización segura del vuelo. Así lo dispone el art. 59 Ley de navegación aérea, tal y como ha sido modificado por el Real Decreto-ley 38/2020, de 29 de diciembre, por el que se adoptan medidas de adaptación a la situación de Estado tercero del Reino Unido de Gran Bretaña e Irlanda del Norte tras la finalización del periodo transitorio previsto en el Acuerdo sobre la retirada del Reino Unido de Gran Bretaña e Irlanda del Norte de la Unión Europea y de la Comunidad Europea de la Energía Atómica, de 31 de enero de 2020. La redacción anterior del art. 59 Ley de navegación aérea aludía a la nacionalidad o el disfrute de derechos civiles de una figura cuya designación corresponde y es responsabilidad únicamente de los operadores aéreos españoles, de acuerdo con lo dispuesto por la normativa europea (preámbulo Real Decreto-ley 38/2020).

El comandante designado por el operador desempeñará el mando de la aeronave y será el responsable de ésta y de su tripulación, de los viajeros y equipajes, de la carga y del correo desde que se haga cargo de aquélla para emprender el vuelo, aunque no asuma su pilotaje material (art. 60 Ley de navegación aérea). También es el responsable de reflejar las incidencias en la documentación a bordo (art. 26 Ley de navegación aérea). Además, aun siendo un particular, puede desarrollar funciones de naturaleza pública, cuando así se lo atribuya la ley: por ejemplo, celebrar matrimonios en caso de peligro de muerte (art. 52.3 Código Civil).

Más detallado respecto a las atribuciones del comandante de aeronaves dedicadas al transporte comercial en avión es el CAT.GEN.MPA.105 del Reglamento (UE) 965/2012:

- responsable de la seguridad y de la operación;
- con autoridad para dar órdenes y disciplinaria;
- hacer desembarcar a quien considere un riesgo potencial o negar el embarque a quien considere que puede poner en peligro la seguridad de la aeronave o de sus ocupantes;
- asegurar la información de los pasajeros;
- garantizar que se cumplan todos los procedimientos operacionales y listas de comprobación de acuerdo con el manual de operaciones.

12. (SIGUE) LICENCIAS Y HABILITACIONES DE LA TRIPULACIÓN DE VUELO (FCL)

El art. 32 Convenio de Chicago establece que el piloto y los demás miembros de la tripulación operativa de toda aeronave que se emplee en la navegación internacional han de estar provistos de certificados de aptitud y de licencias expedidos o convalidados por el Estado en el que la aeronave esté matriculada. Añade que un Estado contratante se reserva el derecho a no reconocer dichos certificados de aptitud y licencias otorgadas a sus súbditos por otro Estado contratante.

No obstante, si una aeronave matriculada en un Estado contratante del Convenio de Chicago es explotada en arrendamiento, fletamento o intercambio de aeronaves, o cualquier arreglo similar, por un explotador que tenga su oficina principal o, de no tener tal oficina, su residencia permanente en otro Estado contratante, el Estado de matrícula, mediante acuerdo con ese otro Estado, podrá transferirle todas o parte de sus funciones y obligaciones como Estado de matrícula con respecto a dicha aeronave. El Estado de matrícula quedará relevado de su responsabilidad con respecto a las funciones y obligaciones transferidas (art. 83 bis Convenio de Chicago, introducido por Protocolo de 1980, con 180 Estados parte el 19 de mayo de 2023, según OACI (https://bit.ly/3BGPDJI).

El anexo 1 sobre licencias al personal del Convenio de Chicago establece normas y métodos recomendados internacionales, para el otorgamiento de licencias a la tripulación de vuelo:

- piloto privado — aeronaves de despegue vertical, avión, dirigible o helicóptero;
- piloto comercial — aeronaves de despegue vertical, avión, dirigible o helicóptero;
- piloto de aeronaves de varios tripulantes — avión;
- piloto de transporte de línea aérea — aeronaves de despegue vertical, avión o helicóptero;
- piloto de planeador;
- piloto de globo libre;
- navegante;
- mecánico de a bordo.

La Unión Europea contiene normas para homogeneizar los títulos aeronáuticos del personal de vuelo, incluida la tripulación de vuelo. Sobre estos, son las normas conocidas como *Flight Crew Licensing* o FCL. Las normas principales son las siguientes:

- El Reglamento Base, Reglamento (UE) 2018/1139. Los pilotos deberán ser titulares de una licencia de piloto y de un certificado médico de piloto apropiados para la operación que se vaya a realizar, con algunas excepciones [art. 21 Reglamento (UE) 2018/1139].
- El Reglamento (CE) 1178/2011 regula las diferentes habilitaciones de las licencias de pilotos, las condiciones para expedir, mantener, modificar, limitar, suspender o revocar las licencias, las atribuciones y responsabilidades de los titulares de licencias, las condiciones para la conversión en licencias de piloto de las licencias de piloto y de las licencias de mecánico de a bordo nacionales en vigor, así como las condiciones para la aceptación de las licencias de terceros países (art. 3). El texto original de 2011 ha sufrido numerosas modificaciones, especialmente desde la aprobación del nuevo Reglamento

Base, Reglamento (UE) 2018/1139. Estas enmiendas o modificaciones se han realizado a través de varios Reglamentos posteriores (2019/1747/UE, 2019/430/UE, 2019/27/UE, 2018/1974/UE, entre otros). Además, "*todos los miembros de la tripulación de vuelo serán titulares de la licencia y de las habilitaciones expedidas o aceptadas de conformidad con el Reglamento UE 1178/2011 y apropiadas para las funciones asignadas*" [ORO-FC-100.c) Reglamento (UE) 965/2012].

Las normas europeas sobre licencias de la tripulación de vuelo son de aplicación directa en cada Estado miembro, y han sido desarrolladas por normas nacionales. Además, los organismos europeos no emiten las licencias, sino que corresponde a cada Estado. En España, la norma básica es el Real Decreto 728/2022, de 6 de septiembre, por el que se establecen las disposiciones complementarias de la normativa europea en materia de títulos y licencias del personal de vuelo de las aeronaves civiles y restricciones operativas por ruido, que deroga el anterior Real Decreto 270/2000, de 25 de febrero, por el que se determinan las condiciones para el ejercicio de las funciones del personal de vuelo de las aeronaves civiles. A su vez, éste sustituyó el anterior Real Decreto 959/1990, de 8 de junio, sobre títulos y licencias aeronáuticas civiles. El Real Decreto 728/2022 mantiene, actualizadas, las singularidades del ordenamiento jurídico interno sobre los títulos del personal de vuelo y las licencias de mecánico de a bordo, aspectos no cubiertos por el Reglamento (UE) 1178/2011. La autoridad competente es la designada por el Estado miembro al que una persona solicita la emisión de las licencias de piloto o habilitaciones o certificados asociados (FCL.001). En España, *corresponde a la Agencia Estatal de Seguridad Aérea la expedición de los títulos y las licencias comunitarias civiles de piloto de avión y de helicóptero, en cualquiera de sus modalidades*, de piloto de planeador, y de piloto de globo libre, así como de la licencia de mecánico de a bordo (art. 1 Real Decreto 728/2022). Acreditados todos los requisitos exigidos por la normativa vigente para obtener por primera vez las mencionadas licencias, la Agencia Estatal de Seguridad Aérea expide, al tiempo que la correspondiente licencia y sin ningún trámite adicional, el correspondiente título que acreditará el cumplimiento de tales requisitos. El título se obtiene una sola vez, su vigencia es indefinida y no habilita, por sí mismo, para el ejercicio de las atribuciones propias de las respectivas licencias y habilitaciones (art. 1 Real Decreto 728/2022).

El Tribunal de Justicia de la Unión Europea, en sentencia de 5 de julio de 2017, resolvió una cuestión prejudicial planteada por un tribunal nacional entorno a la interpretación del Reglamento (UE) 1178/2011. Señaló que, de acuerdo con el Reglamento (UE) 1178/2011, la prohibición a los titulares de una licencia de piloto que hayan cumplido 65 años de actuar como piloto al mando (anexo I, punto FCL.065, letra b) es válida. No obstante, no se prohíbe a dicho piloto intervenir como piloto en vuelos en vacío o vuelos de traslado, efectuados en el marco de la actividad comercial de la compañía, en los que no se transporten ni pasajeros, ni carga ni correo. Tampoco tiene prohibido dicho piloto ejercer actividades de instructor y/o examinador a bordo de aeronave sin formar parte de la tripulación de vuelo.

13. LA TRIPULACIÓN DE CABINA DE PASAJEROS EN EL TRANSPORTE COMERCIAL

Los tripulantes de cabina de pasajeros en el transporte aéreo comercial forman parte del personal de vuelo.

Un miembro de la tripulación de cabina de pasajeros es el miembro de la tripulación que dispone de cualificaciones apropiadas, diferentes de las de los miembros de la tripulación de vuelo o la tripulación técnica, al que un operador confía las tareas relacionadas con la seguridad de los pasajeros y el vuelo durante la operación [art. 2.11 Reglamento (UE) 1178/2011].

Con relación a la tripulación de cabina, el ORO.CC.100 Reglamento (UE) 965/2012 aborda el tema del número y composición de ésta.

Para la asignación de funciones, han de ser evaluados conforme a los requisitos del Reglamento (UE) 1178/2011, haber completado con éxito todo el entrenamiento y verificaciones aplicables para comprobar que son competentes para desarrollar los procedimientos especificados en el manual de operaciones [ORO.CC.110 Reglamento (UE) 965/2012].

Si se requiere más de un tripulante de cabina, el operador nombrará un sobrecargo. Entre otras funciones, es el responsable ante el comandante de la realización de los procedimientos normales y de emergencia previstos en el manual de operaciones [ORO-CC-200 Reglamento (UE) 965/2012].

14. (SIGUE) CERTIFICADOS DE TRIPULACIÓN DE CABINA DE PASAJEROS EN EL TRANSPORTE AÉREO COMERCIAL (CC)

El art. 22 Reglamento (UE) 2018/1139 establece que los tripulantes de cabina de pasajeros que participen en actividades de transporte aéreo comercial deberán ser titulares de un certificado. Se podrá exigir también a los tripulantes de cabina de pasajeros que realicen actividades distintas de las del transporte aéreo comercial que sean titulares de un certificado. Los certificados se expedirán previa solicitud, cuando el solicitante haya demostrado que cumple con las normas establecidas en los actos de ejecución del presente Reglamento Base.

En concreto, los miembros de la tripulación de cabina que participen en la explotación de las aeronaves matriculadas en un Estado miembro de la Unión Europea o en un tercer país si el operador es comunitario, deben cumplir los requisitos técnicos y los procedimientos administrativos que establece el anexo IV del Reglamento (CE) 1178/2011, sobre aptitud psicofísica (art. 11), y del anexo V (*Cabin Crew*, CC), sobre cualificaciones (art. 11 bis).

Los titulares de un Certificado de miembro de tripulación de cabina de pasajeros válido solo operarán en una aeronave si están cualificados de acuerdo con los requisitos aplicables de la parte ORO, ORO.CC.105 y ss. del Reglamento (UE) 965/2012.

Los Estados miembros designarán a una o más entidades como autoridad competente; a ellas se asignarán las responsabilidades y los poderes necesarios para la certificación y la supervisión [art. 12 Reglamento (CE) 1178/2011]. En España, es la Agencia Estatal de Seguridad Aérea.

15. OPERACIONES NO COMERCIALES CON AERONAVES MOTOPROPULSADAS COMPLEJAS (NCC) Y NO COMPLEJAS (NCO), CON ARREGLO A AIR OPS

El empleo de aeronaves en operaciones no comerciales puede quedar también sometido al cumplimiento del Reglamento AIR OPS, salvo que estén excluidas. Las normas distinguen entre aeronaves motopropulsadas complejas (las de mayor tamaño) o no complejas. Por ejemplo, el lanzamiento de paracaidistas, fotografía, agricultura, vuelos acrobáticos, etc, operarán las aeronaves de conformidad con AIR OPS.

El Reglamento (UE) 965/2012, AIR OPS, establece en efecto disposiciones que regulan las condiciones y los procedimientos para la declaración por parte de los operadores que efectúan operaciones no comerciales de aeronaves motopropulsadas complejas, de su capacidad y su disponibilidad de medios para cumplir las responsabilidades asociadas con la operación de la aeronave, así como las condiciones y procedimientos para supervisar a dichos operadores (art. 1.3). Además de otras menciones en el Reglamento AIR OPS, en su anexo VI, se abordan las operaciones no comerciales con aeronaves motopropulsadas complejas (*non-commercial air operations with complex motor-powered aircraft*, NCC) y, en su anexo VII, las operaciones no comerciales con aeronaves propulsadas no complejas (*non-commercial air operations with other than complex, motor-powered aircraft*, NCO). Se aplican en toda la Unión Europea y a todos los operadores de aeronaves y helicópteros cuyo centro de actividad principal, estén establecidos o residan en un Estado miembro de la Unión Europea.

Para distinguir la aeronave, el art. 140 del Reglamento (UE) 2018/1139, por referencia a la definición del anterior Reglamento Base, define la aeronave motopropulsada compleja como:

i) un avión:

— con una masa máxima certificada de despegue superior a 5 700 kg, o
— certificado para una configuración máxima de más de 19 asientos de pasajeros, o
— certificado para operar con una tripulación mínima de dos pilotos, o
— equipado con un turborreactor o con más de un motor turbohélice, o

ii) un helicóptero certificado:

— para una masa máxima certificada de despegue superior a 3 175 kg, o
— para una configuración máxima de más de nueve asientos de pasajeros, o
— para operar con una tripulación mínima de dos pilotos, o

iii) una aeronave de rotor basculante;

Conforme al art. 5.3 Reglamento (UE) 965/2012, los operadores de aviones y helicópteros motopropulsados complejos que efectúen operaciones no comerciales deberán declarar que disponen de capacidad y de medios para cumplir sus responsabilidades en relación con la operación de dichas aeronaves y que operarán las aeronaves de conformidad con las disposiciones de los anexos III y VI.

En cambio, cuando dichos operadores estén realizando operaciones no comerciales especializadas, deberán operar las aeronaves de conformidad con las disposiciones especificadas en los anexos III y VIII.

16. OPERACIONES ESPECIALIZADAS, COMERCIALES O NO (SPO), CON ARREGLO A AIR OPS

El Reglamento (UE) 965/2012, AIR OPS, contiene normas con aeronaves y helicópteros sobre operaciones especializadas, *Specialized Operacions* o SPO, tanto si tienen carácter comercial como si no. Se aplican en toda la Unión Europea y a todos los operadores de aeronaves y helicópteros cuyo centro de actividad principal, estén establecidos o residan en un Estado miembro de la Unión Europea.

La operación especializada es definida como cualquier operación distinta de una operación de transporte aéreo comercial en la que se utiliza una aeronave para actividades especializadas, como agricultura, construcción, fotografía, vigilancia, observación y patrulla, publicidad aérea, y vuelos de verificación de mantenimiento (art. 2.7 del Reglamento (UE) 965/2012]. No es una lista cerrada. La Agencia Estatal de Seguridad Aérea señala que el material guía GM1 SPO.GEN.005 incluye un listado de aquellas operaciones que se consideran como operaciones especializadas, como los vuelos acrobáticos; vuelos de reconocimiento, incluidas operaciones de cartografía aérea, actividad de control de la contaminación; operaciones de reconocimiento con helicóptero; operaciones de paracaidismo y caída libre; trabajo en vertidos de petróleo; operaciones para provocar aludes. Para asistir a los operadores el AMC1 SPO.GEN.005 establece el criterio que deben seguir los operadores para determinar si la operación que pretenden realizar se considera como una operación especializada, valorando las siguientes condiciones:

- La aeronave vuela cerca de la superficie para realizar la operación.
- Se realizan maniobras anormales.
- Se requiere equipo especializado para realizar la operación el cual puede afectar a la maniobrabilidad de la aeronave.
- Se lanzan o rocían sustancias desde la aeronave durante el vuelo.
- Se elevan o remolcan cargas externas.

- Entran o salen personas en la aeronave durante el vuelo.

Los operadores comerciales especializados antes del inicio de la actividad han de presentar una declaración ante la autoridad competente [ORO.DEC.100, del Reglamento (UE) 965/2012].

Si se trata de operaciones comerciales especializadas de alto riesgo, el operador debe obtener previamente la autorización de la autoridad competente [art. 2.8 y ARO.OPS.150, del Reglamento (UE) 965/2012]. En España, es la Agencia Estatal de Seguridad Aérea.

17. OPERACIONES ESPECÍFICAS, SEGÚN AIR OPS

El anexo V (parte SPA) del Reglamento (UE) 965/2012 prevé una serie de operaciones específicas que requieren aprobación, como las operaciones de baja visibilidad (SPA.GEN.100). Pueden requerir esta aprobación operadores que disponen o están en proceso de obtención de un certificado de operador aéreo emitido de conformidad con el Reglamento (UE) 965/2012 así como operadores de aeronaves que realicen operación no comercial (Anexo VI y VII del Reg. 965/2012 (partes NCC/NCO) y Operación comercial Especializada (Anexo VIII del Reg. 965/2012 (parte SPO). La autoridad competente para la expedición de una aprobación específica es la Agencia Estatal de Seguridad Aérea.

18. OPERACIONES COMERCIALES CON PLANEADORES

También se les conoce normalmente por el nombre de veleros y el vuelo con planeador como vuelo a vela.

Únicamente en el caso de realizar operaciones comerciales es necesario presentar una declaración de cumplimiento, que habilita a realizar este tipo de operaciones con planeadores, con arreglo al punto 5 del Preámbulo y el art. 3 Reglamento de Ejecución (UE) 2018/1976, de 14 de diciembre de 2018, establece disposiciones de aplicación para la operación de planeadores en virtud del Reglamento (UE) 2018/1139.

19. OPERACIONES COMERCIALES CON GLOBOS TRIPULADOS

Se entiende como operaciones con globos las que tengan por objeto una operación para transporte de pasajeros con fines turísticos o de experiencia de vuelo, y una operación, comercial o no, de paracaidismo, saltos de parapente, vuelos de exhibición, vuelos de competición, o actividades especializadas similares [anexo I.17 y 21 Reglamento (UE) 2018/395].

El operador debe presentar a la Agencia Estatal de Seguridad Aérea una declaración de cumplimiento, de acuerdo con lo indicado en el art. 3.2 del Reglamento (UE) 2018/395 de 13 de marzo, en la que se incluirá la información general del operador, las aeronaves que utilizará y el tipo de operaciones que va a realizar. La declaración y operación del globo se efectuarán de conformidad con los requisitos establecidos en el citado Reglamento (UE) 2018/395.

20. OPERACIONES AÉREAS ESPECIALES: LUCHA CONTRA INCENDIOS Y SALVAMENTO Y RESCATE (COE)

Corresponde a la Agencia Estatal de Seguridad Aérea la certificación y autorización de los operadores y las aeronaves dedicadas a las actividades de lucha contra incendios y búsqueda y salvamento (arts. 3.2 y 5 Real Decreto 750/2014, de 5 de septiembre, por el que se regulan las actividades aéreas de lucha contra incendios y búsqueda y salvamento y se establecen los requisitos en materia de aeronavegabilidad y licencias para otras actividades aeronáuticas.

Según informa la Agencia Estatal de Seguridad Aérea, con la publicación del Real Decreto 750/2014, se aprueban las normas que regulan las actividades aéreas de lucha contra incendios y búsqueda y salvamento, y las aplicables en materia de aeronavegabilidad y personal de vuelo a las actividades de aduanas, policía, guardacostas u otras similares.

De acuerdo con lo establecido en la Disposición final sexta del Real Decreto 750/2014, desde el 1 de junio de 2015 todo operador aéreo que desee realizar este tipo de operaciones deberá haberse adaptado a los requisitos establecidos en el mismo Real Decreto y disponer de un Certificado de Operador Aéreo Especial o COE. La Agencia Estatal de Seguridad Aérea publica documentación orientativa para los solicitantes del COE.

21. DEMOSTRACIONES AÉREAS

El Real Decreto 1919/2009, de 11 de diciembre, por el que se regula la seguridad aeronáutica en las demostraciones aéreas civiles. es aplicable a toda demostración aérea civil en la que se ofrezca una exhibición o espectáculo en el curso de un acontecimiento anunciado públicamente y abierto al público en general o de acceso restringido, incluidos los vuelos realizados fuera del programa de la demostración aérea en los que se realicen exhibiciones de vuelo o acrobacias con objeto de promocionar la demostración.

Para realizar una demostración aérea civil se requiere, con carácter general, la emisión por parte de la Agencia Estatal de Seguridad Aérea de la correspondiente declaración de conformidad, una vez se hayan comprobado el cumplimiento con los requisitos establecidos en el Real Decreto 1919/2009.

22. OPERACIONES CON AERONAVES MOTORIZADAS ULTRALIGERAS (ULM)

El preámbulo del Real Decreto 765/2022, de 20 de septiembre, que regula el uso de aeronaves motorizadas ultraligeras (ULM), explica que el art. 2.8 Reglamento (UE) 2018/1139, Reglamento Base, permite a los Estados miembros excluir de su aplicación a las actividades de diseño, producción, mantenimiento y explotación de aviones, helicópteros, planeadores y planeadores a motor tripulados que no tengan más de dos asientos y que reúnan determinadas condiciones, entre otras, una masa máxima certificada de despegue en el entorno de los 600 o 650 kilogramos. Se habla así de un "ultraligero de tercera generación", con un límite de peso máximo al despegue de 600 kilogramos, que supera el límite tradicional de 200 kilogramos que preveía el derogado Real Decreto 2876/1982, de 15 de octubre, por el que se regulaba el Registro y uso de aeronaves de estructura ultraligera y se modifica el registro de aeronaves privadas no mercantiles.

El preámbulo del Real Decreto-ley 14/2022 añade que, al ampliar, de conformidad con la posibilidad conferida a los Estados miembros por normativa europea, la masa máxima al despegue para considerar a una aeronave ultraligera y excluirla de la aplicación de la normativa europea, se incrementa el número de aeronaves afectadas a las que se le aplica la normativa nacional.

Entre las normas específicas aplicables a los ultraligeros, estas aeronaves deben despegar y aterrizar desde infraestructuras aeronáuticas que cumplan con la normativa de aplicación (art. 4.1 Real Decreto 765/2022). Asimismo, para la formación de los pilotos de ultraligero, las escuelas de vuelo de ultraligeros deberán haber sido autorizadas, con carácter previo al inicio de su actividad, por la Agencia Estatal de Seguridad Aérea (art. 5).

Los ultraligeros utilizan para la marca de matrícula dos letras que se formarán sucesivamente, según el orden alfabético y a las que sigue un número, del 1 al 9, de forma también sucesiva, (según señala la disposición adicional 3ª Real Decreto 384/2015, de 22 de mayo, por el que se aprueba el Reglamento de matriculación de aeronaves civiles). Se integran en el Registro de Matrícula de Aeronaves Civiles, conservando la validez de la matrícula y de la Cédula de Identificación (disposición adicional 4ª).

El régimen especial aplicable se completa con la Orden de 14 de noviembre de 1988, por la que se establecen los requisitos de aeronavegabilidad para las Aeronaves Ultraligeras Motorizadas (*Ultralight Motorised Aircraft*, ULM), que tiene como objeto establecer los requisitos para la expedición de un certificado de tipo, sin el cual no se permitirá la operación de las Aeronaves Ultraligeras Motorizadas, y sus reglas se aplicarán a la construcción en serie y a la importación de estos vehículos (art. 1).

Además, el Real Decreto 123/2015, de 27 de febrero, por el que se regula la licencia y habilitaciones del piloto de ultraligero, tiene por objeto regular los requisitos y el procedimiento para la obtención de la licencia y las habilitaciones para los pilotos de ultraligeros, así como los requisitos de la enseñanza y pruebas para su obtención (art. 1).

23. OPERACIONES CON ALA DELTAS, PARAPENTES, PLANEADORES, TRAJES AÉREOS Y CUALQUIER OTRA AERONAVE CUYO PESO TOTAL AL DESPEGUE SEA INFERIOR A 70 KILOGRAMOS

El Real Decreto 765/2022 considera que, a efectos de éste, no son ultraligeros motorizados los parapentes, ala deltas, planeadores, trajes aéreos y cualquier otra aeronave cuyo peso total al despegue, descontado el peso del piloto, sea inferior a 70 kilogramos. No obstante, señala que sus arts. 4.1 y 4.2 le son de aplicación, como la exigencia de operar fuera de los espacios aéreos controlados, restringidos, prohibidos, sobre zonas peligrosas activadas, zonas urbanas y aglomeraciones de personas. No rige la obligación de partir y llegar a infraestructuras aeronáuticas.

El art. 3 Real Decreto 384/2015 los exime de inscripción y matrícula en el Registro de Matrícula de Aeronaves Civiles.

La Agencia Estatal de Seguridad Aérea informa que no existe legislación aeronáutica que establezca la documentación a bordo, ni la licencia aeronáutica para volar estas aeronaves. En función de la Comunidad Autónoma y federación deportiva correspondiente, puede que se exija algún documento (https://bit.ly/3yfrA31, consultada el 19 de mayo de 2023).

24. OPERACIÓN DE AERONAVES NO TRIPULADAS (UAS, UAV, RPA, DRON)

De gran actualidad en el campo militar y con un gran potencial de crecimiento en el ámbito civil, reciben diversos nombres como drones, RPA (por sus siglas en inglés, *Remotely Piloted Aircraft*), UAV (por sus siglas en inglés, *Unmanned Aerial Vehicle*) o UAS (por *Unmanned Aircraft Systems*).

El art. 8 Convenio de Chicago señala que "*Ninguna aeronave capaz de volar sin piloto volará sin él sobre el territorio de un Estado contratante, a menos que se cuente con autorización especial de tal Estado y de conformidad con los términos de dicha autorización*", pero no ofrece una definición de la aeronave no tripulada.

En la Unión Europea, el Reglamento Delegado (UE) 2019/945 de la Comisión, de 12 de marzo de 2019, sobre los sistemas de aeronaves no tripuladas y los operadores de terceros países de sistemas de aeronaves no tripuladas, establece los requisitos para el diseño y la fabricación de sistemas de aeronaves no tripuladas. Define el sistema de aeronave no tripulada (UAS) como la "*aeronave no tripulada y el equipo para controlarla de forma remota*".

El Reglamento de ejecución (UE) 2019/947, de 24 de mayo, sobre normas y los procedimientos aplicables a la utilización de aeronaves no tripuladas, en lo que sea incompatible con el Derecho español, es prevalente. Añade, en el punto 16 de su preámbulo, que los operadores de aeronaves no tripuladas deben registrarse si utilizan una aeronave no tripulada dotada de un sensor que pueda captar datos personales, teniendo en cuenta el riesgo que ello supone para la privacidad y la protección de dichos datos.

No obstante, su art. 9.2.1 aclara que no deben hacerlo si se considera que la aeronave no tripulada es un juguete.

El Reglamento de Ejecución (UE) 2021/664 de la Comisión, de 22 de abril de 2021, establece normas y procedimientos para la seguridad de las operaciones de vehículos aéreos no tripuladas en el espacio aéreo *U-Space*, para la integración segura de las aeronaves no tripuladas en el sistema de aviación y para la prestación de servicios de *U-Space.* Es definido como la zona geográfica de aeronaves no tripuladas designada por los Estados miembros, en la que solo se permite que se lleven a cabo operaciones de aeronaves no tripuladas con el apoyo de servicios de *U-Space.*

En España, en virtud del Real Decreto-ley 26/2020, de 7 de julio, de medidas de reactivación económica para hacer frente al impacto del COVID-19 en los ámbitos de transportes y vivienda, ha dado una nueva definición de aeronave, además de la anterior del art. 11.a Ley de navegación aérea, en el art. 11.b: "*Cualquier máquina no tripulada que pueda sustentarse en la atmósfera por reacciones del aire que no sean las reacciones de la misma contra la superficie de la tierra y opere o esté diseñada para operar de forma autónoma o para ser pilotada a distancia sin un piloto a bordo*".

En cuanto a su régimen jurídico, el art. 150.2 Ley de navegación aérea (según nueva redacción dada por el Real Decreto-ley 26/2020) dispone que las aeronaves civiles no tripuladas, cualesquiera que sean las finalidades a las que se destinen, quedarán sujetas a lo establecido en esta ley y en sus normas de desarrollo, en cuanto les sean aplicables. Estas aeronaves no estarán obligadas a utilizar infraestructuras aeroportuarias autorizadas, salvo en los supuestos en los que así se determine expresamente en su normativa específica

En complemento de la Ley de navegación aérea, el Real Decreto 1036/2017, de 15 de diciembre, regula la utilización civil de aeronaves pilotadas por control remoto. Tiene por objeto establecer el régimen jurídico aplicable a las aeronaves civiles pilotadas por control remoto (RPA) a las que no es aplicable el Reglamento (CE) 216/2008 [anterior Reglamento Base, sustituido por el vigente Reglamento (CE) 2018/1139], así como a las operaciones y actividades realizadas por ellas (art. 1.1). *Rige para las aeronaves civiles pilotadas por control remoto cuya masa máxima al despegue sea inferior a los 150 kilogramos o, cualquiera que sea su masa máxima al despegue, cuando estén excluidas de la aplicación del Reglamento Base,* por concurrir alguna de las circunstancias que se especifican en su anexo II, que efectúen operaciones aéreas especializadas o vuelos experimentales (art. 2.1.a). También se aplica el Real Decreto 1036/2017 a las aeronaves civiles pilotadas por control remoto), cualquiera que sea su masa máxima al despegue, que efectúen actividades de aduanas, policía, búsqueda y salvamento, lucha contra incendios, guardacostas o similares (art. 2.1.b).

En cambio, quedan excluidas del Real Decreto 1036/2017 las aeronaves pilotadas por control remoto utilizadas exclusivamente para exhibiciones aéreas, actividades deportivas, recreativas o de competición, incluidas las actividades lúdicas propias de las aeronaves de juguete. En todo caso, de acuerdo con el art. 42 bis Ley de seguridad aérea, el Real Decreto 1036/2017 señala que su utilización no puede interferir y poner en riesgo la seguridad y regularidad de las operaciones aéreas (preámbulo y art. 1.2).

El art. 9.1 Real Decreto 1036/2017 dispone que las aeronaves pilotadas por control remoto con una masa máxima certificada de despegue que no exceda de 25 kg quedan exceptuadas de los requisitos de inscripción en el Registro de Matrícula de Aeronaves Civiles y de la obtención del certificado de aeronavegabilidad previstos, respectivamente, en los artículos 29 y 36 Ley de navegación aérea. Al resto de las aeronaves pilotadas por control remoto les serán exigibles los requisitos sobre matriculación y certificado de aeronavegabilidad previstos en la normativa de aplicación, con las singularidades establecidas en este capítulo

El art. 33 Real Decreto 1036/2017 utiliza la expresión de "*pilotos remotos*" y fija sus requisitos: tener 18 años de edad cumplidos, ser titulares de un certificado médico, disponer de los conocimientos teóricos necesarios (a través de una licencia de piloto, incluyendo de ultraligero o acreditarlos de otra forma fehaciente, art. 34); gozar de un documento que constate que se dispone de los conocimientos adecuados acerca de la aeronave del tipo que vayan a pilotar y sus sistemas, así como formación práctica en su pilotaje. Este documento podrá emitirse por el operador en relación con sus pilotos remotos, por el fabricante de la aeronave o una organización capacitada al efecto conforme a lo previsto en el párrafo siguiente, así como por una organización de formación, en ningún caso, por el piloto para el que se solicita la autorización o se presenta la declaración. Asimismo, para vuelos en espacio aéreo controlado, ha de disponer de los conocimientos necesarios para obtener la calificación de radiofonista, acreditados mediante habilitación anotada en una licencia de piloto o certificación emitida por una organización de formación aprobada.

25. BIBLIOGRAFÍA COMPLEMENTARIA

ALONSO LECUIT, J., "Capítulo XII. Drones, Seguridad y Ciberseguridad", en BARRIO ANDRÉS, M. (Dir.), *Derecho de los Drones,* La Ley Wolters Kluwer, 2018, págs. 376-378; ANAYA LÓPEZ, V., "Un análisis de la competencia judicial internacional del personal de vuelo a propósito del modelo de Ryanair y la última sentencia del Tribunal Supremo, de 24 de enero de 2019", en NADAL GÓMEZ, I. (Dir.*), La aviación al servicio del desarrollo económico de la sociedad. Los nuevos retos de su regulación jurídica. XLIII Jornadas Latinoamericanas de Derecho aeronáutico y espacial,* Economist & Jurist Difusión Jurídica, 2019, págs. 611-628; BARRIO ANDRÉS, M. (Dir.), *Derecho de los Drones,* La Ley Wolters Kluwer, 2018; BRAVO NAVARRO, M., *El comandante de aeronave: condición y régimen jurídico,* Consejo Superior de Investigaciones Científicas Instituto Francisco de Vitoria, 1966; BRUFAO CURIEL, P. "El régimen jurídico internacional, europeo y español de las aeronaves no tripuladas o drones y su influencia en el mercado, la gestión y el derecho aeronáutico", en *Revista Aranzadi Doctrinal,* nº 6, 2015, págs. 223-254; BUSTOS MORENO, Y. B., "La irrupción de los drones (sistemas de aeronaves no tripuladas, UAS) y la responsabilidad civil: El futuro de los UAS autónomos", en ATAL LÓPEZ, J. y COBACHO GÓMEZ, J. A. (Coords.), *Cuestiones clásicas y actuales del Derecho de daños: estudios en homenaje al profesor Dr. Roca Guillamón,* vol. 1, Aranzadi Thomson Reuters, 2021, págs. 889-950; CASTELLANOS RUIZ, M. J., "El futuro del transporte aéreo: los <coches voladores> y su posible marco regulatorio", en PETIT LAVALL, M. V. y PUETZ, A. (Dirs.), *El transporte como motor del desarrollo socioeconómico,* Marcial Pons, 2018, págs. 443-462; CASTELLANOS RUIZ, M. J., "Régimen jurídico de los drones: el nuevo Reglamento (UE) 2018/1139", en, *Cuadernos de Derecho Transnacional,* vol. 11, nº 1, págs. 171-234; CASTELLANOS RUIZ, M. J., "Comparativa entre los buques no tripulados y las aeronaves no tripuladas (drones)", en GARCÍA-PITA y LASTRE, J. L., QUINTÁNS EIRAS, R. y DÍAZ DE LA ROSA, A. (Coords.), *El derecho marítimo, las nuevas tecnologías y los retos del progreso,* Thomson Reuters Aranzadi, 2021, págs. 525-555; CONTRERAS DE LA ROSA, I., "Eficiencias competitivas en el mercado aéreo asociadas a los modelos de empleo de las aerolíneas y las nuevas tendencias europea antes este fenómeno", en *Revista de Derecho del Transporte,* nº 22, 2018, págs. 61-79; CUERNO REJADO, C., "Situación actual de la certificación e integración de las aeronaves no tripuladas en el espacio aéreo no segregado", en AREAL LUDEÑA, S. (Coord.), *Actividad aeronáutica: nuevos retos y reflexiones desde un punto de vista multidisciplinar,* Gobierno Vasco, 2013, págs. 35-74; DE ALVEAR TENOR, I., "Algunos retos del derecho en relación con la regulación de la operación civil y militar de drones y RPAS", en DE TOMÁS MORALES, S. (Dir.), *Retos del derecho ante las* *nuevas amenazas*, 2015, Dykinson, 2015, págs. 125-136; DÍAZ DÍAZ, E., "Regulación europea del espacio aéreo U-Space", en *Revista Aranzadi Doctrinal*, nº 3, 2022; DE SANTIS, A. J., *Piloto comercial*, Paraninfo, 2021; ESCOBAR SAAVEDRA, M., "La empresa aérea como explotador aeronáutico. Propuestas para una regulación", en NADAL GÓMEZ, I. (Dir.), *La aviación al servicio del desarrollo económico de la sociedad. Los nuevos retos de su regulación jurídica. XLIII Jornadas Latinoamericanas de Derecho aeronáutico y espacial*, Economist & Jurist Difusión Jurídica, 2019, págs. 35-55; DOPAZO FRAGUÍO, P., "Actividades con aeronaves no tripuladas (drones): nuevo tratamiento jurídico Y consideraciones sobre su impacto (riesgos operacionales y privacidad)", en *Revista General de Derecho Administrativo*, nº 58, 2021; DOPAZO FRAGUÍO, P., "Drones y medioambiente: principales aspectos técnicos y jurídicos para un uso respetable de estas aeronaves y sistemas operativos", en *Revista Aranzadi de Derecho ambiental*, nº 50, 2021, págs. 227-294; ESCRIBANO TORTAJADA, P.M., "Drones y derecho a la intimidad y la propia imagen: Estado de la cuestión y problemas que se plantean en la actualidad", en GUERRERO LEBRÓN, M. J. y PEINADO GRACIA, J. I. (Dirs.), *El derecho aéreo entre lo público y lo privado: Aeropuertos, acceso al mercado, drones y responsabilidad*, Universidad Internacional de Andalucía, 2017, págs. 238-259; FANEGO OTERO, D., "El régimen jurídico aplicable a las aeronaves no tripuladas", en ALBA FERNÁNDEZ, M. y FORTES MARTÍN, A. (Coords.), *Público y privado en el derecho aeronáutico: Retos presentes y futuros*, Tirant lo Blanch, 2017, págs. 43-91; FERNÁNDEZ GONZÁLEZ, C. M., AYLLÓN SANTIAGO, H. S. y NIETO BALLESTEROS, J. A., *El uso legal de los drones (RPA): Ámbito policial y uso privado*, Reus S.A., 2018; FERNÁNDEZ VALLEJO, A., "La regulación europea de los drones y el U-space", en *Revista General de Derecho Europeo*, nº 52, 2020; FOTINOPOULO BASURKO, O., "La banalización de la tripulación de aeronaves: ¿Colaboración empresarial o cesión ilegal de trabajadores? (A propósito de la Sentencia de la Sala de lo Social del Tribunal Supremo nº 5.913, de 20 de julio de 2007)", en MARTÍNEZ SÁNZ, F. y PETIT LAVALL, M. V. (Dirs.), *Estudios de Derecho aéreo: aeronave y liberalización*, Marcial Pons, 2009, págs. 167-183; FRANCO GARCÍA, M. A., "El régimen jurídico de las aeronaves civiles pilotadas por control remoto: análisis del Real Decreto-Ley 8/2014, de 4 de julio de 2014", en *Diario La Ley*, nº 8370, 4 de septiembre de 2014; GILMARTÍN PÉREZ, T., "Aeronaves no tripuladas y aeromovilidad urbana", en *Actualidad jurídica Aranzadi*, nº 969, 2020; GONZÁLEZ BOTIJA, F., *Los drones y el derecho de la Unión Europea. Reglamento (UE) nº 2018/1139 y propuestas de EASA*, Atelier, 2018; GÓNZÁLEZ BOTIJA, F., "Los drones y la Unión Europea", en *Revista Española de Derecho Europeo*, nº 65, 2018, págs. 37-71; GONZÁLEZ DE OLANO, G., "La aviación general y los trabajos aéreos", en MENÉNDEZ MENÉNDEZ, A. (Dir.), *La regulación de la industria aeronáutica*, 2ª ed., Aranzadi, 2016, págs. 431-449; GONZÁLEZ PUENTE, C. y GONZÁLEZ BOTIJA, F. "Los drones y los derechos fundamentales en la UE", en *Revista Universitaria Europea*, nº 29, 2018, págs. 77-114; GUERRERO LEBRÓN, M. J., "La regulación transitoria de los operadores de aeronaves civiles pilotadas por control remoto", en *La Ley Mercantil*, nº 6, septiembre, 31 de julio de 2014; GUERRERO LEBRÓN, M. J. (Dir.), *La regulación civil y militar de las aeronaves civiles pilotadas por control remoto: comentario al RD 1036/2017, de 15 de diciembre*, Marcial Pons, 2018; GUERRERO LEBRÓN, M. J., "Nueva regulación de los drones: la responsabilidad civil y el seguro como cuestiones pendientes", en *Revista del Treball, Economia i Societat*, nº 89, julio 2018, págs. 1-29; GUERRERO LEBRÓN, M. J., CUERNO REJADO, C. y MÁRQUEZ LOBILLO, P., "Aeronaves no tripuladas: estado de la legislación para realizar su integración en el espacio aéreo no segregado", en *Revista de Derecho del Transporte*, nº 12, 2013, págs. 63-106; HERNÁNDEZ CAMPOS, R. G., *Safety & Security: Estudio jurídico sobre la seguridad del aerotransporte civil internacional*, Instituto Iberoamericano de Derecho Aeronáutico y del Espacio y de la Aviación Comercial, 2008; LARA, B., "¿Amenazan los «drones» el Derecho Internacional?", en *Política exterior*, vol. 28, nº 159, 2014, págs. 94-101; LÓPEZ PÉREZ, F., "La respuesta del Derecho al fenómeno de los drones militares y civiles. Evolución normativa", en *Revista de Derecho del Transporte*, nº 28, 2021, págs. 119-151; LÓPEZ PÉREZ, F., "Retos jurídicos de la integración de los drones en la ciudad", en *Revista de Derecho Urbanístico y Medio Ambiente*, nº 351, 2022, págs. 47-99; LÓPEZ-JACOISTE DÍAS, M. E., "Drones armados y el derecho internacional humanitario", en *Boletín IEEE*, nº 11, 2018, págs. 802-820; LOUSTAU FERRÁN, F., "El transporte aéreo, servicio público y el pasajero", en *Revista Europea de Derecho de la Navegación Marítima y Aeronáutica*, nº 8, 1992, págs. 1393-1400; LUCAS TOBAJAS, A. B. y GONZÁLEZ PULIDO, P., "La utilización de las aeronaves pilotadas por control remoto (RPAS) en la gestión de riesgos: una visión jurídica desde el Derecho Transnacional", en BUJOSA VADELL, L. M. y DA SILVA VEIGA, F. (Coords.), *Derecho transnacional iberoamericano*, vol. 2, Tirant lo Blanch, 2021, págs. 137-149; MÁRQUEZ LOBILLO, P., "Análisis preliminar del futuro marco jurídico europeo para las operaciones con aeronaves pilotadas por control remoto: hacia la armonización plena", en *Revista de Derecho del Transporte*, nº 21, 2018, págs. 13-44; MÁRQUEZ LOBILLO, P., "Incidencia de la aprobación del Reglamento (UE) 2016/679 de 27 de abril de 2016 sobre la captura y tratamiento de datos personales en operaciones con «drones»", en *La Ley mercantil*, nº 28 (septiembre), 2016, págs. 2-2; MÁRQUEZ LOBILLO, P., "Las aeronaves civiles pilotadas por control remoto en la Ley 18/2014, de 15 de octubre", en *Revista de Derecho Mercantil*, nº 294, 2014, págs. 425-462; MORA RUIZ, M., "La necesaria ordenación jurídico-administrativa de los drones en el derecho español: entre la libre competencia y la protección del interés general", en *Revista de Derecho del Transporte*, nº 18, 2016, págs. 63-87; MORA RUIZ, M., "La ordenación jurídico-administrativa de los 'drones' en el derecho español: Entre la libre competencia y la protección del interés general", en GUERRERO LEBRÓN, M. J. y PEINADO GRACIA, J. I., *El derecho aéreo entre lo público y lo privado: Aeropuertos, acceso al mercado, drones y responsabilidad*, Universidad Internacional de Andalucía, 2017, págs. 210-237; MORILLAS JARILLO, M. J., "La aeronave como cosa compuesta. La singularidad del régimen de los motores", en MARTÍNEZ SANZ, F. y PETIT LAVALL, M. V. (Dirs.), *Estudios de Derecho aéreo: aeronave y liberalización*, Marcial Pons, 2009, págs. 91-107; MORSELLO, M. F., "Aspectos jurídicos principales de las aeronaves sin piloto", en PEINADO GRACIA, J. I. (Dir.), *Nuevos enfoques del derecho aeronáutico y espacial, XXXVIII Jornadas Latino Americanas de Derecho Aeronáutico y del Espacio*, Marcial Pons, 2015, págs. 513-538; MURILLO GONZÁLEZ, A. A., "Drones en un entorno internacional: Estudio de caso", en *Biolex: Revista Jurídica del Departamento de Derecho*, vol. 7, nº 13, 2015, págs. 89-98; NADAL GÓMEZ, I., "Cuestiones procesales al hilo de la integración en espacio aéreo no segregado de los RPAS", en PEINADO GRACIA, J. I. (Dir.), *Nuevos enfoques del derecho aeronáutico y espacial, XXXVIII Jornadas Latino Americanas de Derecho Aeronáutico y del Espacio*, Marcial Pons, 2015, págs. 559-580; NAVARRO PERAL, M., "Las operaciones de transporte aéreo comercial realizadas por empresas sin licencia de explotación", en GUERRERO LEBRÓN, M. J. y PEINADO GRACIA, J. I. (Dirs.), *El derecho aéreo entre lo público y lo privado: Aeropuertos, acceso al mercado, drones y responsabilidad*, Universidad Internacional de Andalucía, 2017, págs. 195-209; NAVARRO PERAL, M., *Derecho aéreo para pilotos de drones (RPAS)*, Paraninfo, 2020; NAVAS GARCÍA, J. L., *La regulación legal de la formación de pilotos de líneas aéreas en España: especial consideración de la normativa de la Unión Europea*, tesis doctoral dirigida por C. J. Molina del Pozo, Universidad de Alcalá, 2015; OLMEDO PERALTA, E., "El control de las concentraciones de compañías aéreas por la Comisión Europea: ¿Es necesaria una actualización de criterios para analizar las fusiones y adquisiciones en la nueva era digital?", en *Revista de Derecho del Transporte*, nº 25, 2020, págs. 187-235; PARADA VÁZQUEZ, J. D., "La privatización de las líneas aéreas y los aeropuertos. La cláusula de la propiedad sustancial y el control efectivo", en *Poder Judicial*, nº 40, octubre-diciembre 1995, págs. 101-146; PAUNER CHULVI, C., "El uso emergente de drones civiles en España. Estatuto jurídico e impacto en el Derecho de la protección de datos", en *Revista de Derecho Político de la UNED*, nº 95, enero-abril 2016, págs. 83-116; PEINADO GRACIA, J. I. y MÁRQUEZ LOBILLO, P., "Operaciones con sistemas de aeronaves pilotadas por control remoto (UAS) en el ordenamiento español: el camino hacia U-Space (1)", en *La Ley mercantil*, nº 96 (noviembre), 2022; PEINADO GRACIA, J. I. y MÁRQUEZ LOBI-

LLO, P., “Remotely Piloted Aircraft (RPA): operaciones y responsabilidades en el Derecho europeo”, en *Revista de derecho del transporte*, nº 26, 2020, págs. 33-78; PÉREZ PINZÓN, M. C., “La regulación de aeronaves remotamente tripuladas con fines comerciales y civiles”, en *Revista de Derecho, Comunicaciones y Nuevas Tecnologías*, nº 16, 2016; PERRUCA ALBADALEJO, V., “Evolución del sistema legal español y europeo de vuelos civiles no tripulados (UAV), comparados con los drones militares y sus precauciones antiterroristas”, en *Revista de Derecho del Transporte*, nº 23, 2019, págs. 207-263; PERRUCA ALBADALEJO, V., “El uso de la fuerza con drones militares armados en la lucha contraterrorista”, en *Revista de Derecho del Transporte*, nº 24, 2019, págs. 303-349; RECARTE CASANOVA, J., “El comandante como máxima autoridad de la aeronave en materia de pasajeros indisciplinados”, en NADAL GÓMEZ, I. (Dir.), *La aviación al servicio del desarrollo económico de la sociedad. Los nuevos retos de su regulación jurídica. XLIII Jornadas Latinoamericanas de Derecho aeronáutico y espacial*, Economist & Jurist Difusión Jurídica, 2019, págs. 593-610; RECARTE CASANOVA, J., *Funciones, atribuciones, obligaciones y responsabilidades del comandante de aeronave*, 3ª ed., Aeroley, 2017; RODRÍGUEZ ROMERO, R., *La liberalización del sector aeronáutico y su impacto sobre las relaciones laborales individuales del personal a bordo de aeronaves*, Thomson Reuters Aranzadi, 2022; SÁNCHEZ BARTOLOMÉ, J. M., “El control europeo de la seguridad operacional de las compañías aéreas de terceros Estados”, en *Revista de Derecho del Transporte*, nº, 21, 2018, págs. 121-153; SIERRA NOGUERO, E., “El certificado de operador aéreo en el transporte aéreo comercial”, en *Revista Española de Derecho Aeronáutico y Espacial*, núm. 3, 2023; TORRUBIA CHALMETA, B., “Aeronaves civiles no tripuladas. Contexto y regulación”, en CERRILLO i MARTÍNEZ, A. y PEGUERA POCH, M. (Coords.), *Retos jurídicos de la inteligencia artificial*, Aranzadi, 2020, págs. 255-267; TORRUBIA CHALMETA, B., “El registro de los operadores de UAS y de los sistemas de aeronaves no tripuladas (UAS) certificados en derecho español”, en *Revista Española de Derecho Administrativo*, nº 219, 2022, págs. 59-98; TORRUBIA CHALMETA, B., *El régimen jurídico de las aeronaves civiles pilotadas a distancia*, Aranzadi, 2020; VÁZQUEZ RUANO, T., “Implicaciones legales de las aeronaves tripuladas por control aéreo en el ámbito comercial. Protección de la información personal”, en *Revista de Derecho del Transporte*, nº 17, 2016, págs. 151-178; ZAMPONE, A., “Riflessioni in tema di responsabilità nell'esercizio di remotely-piloted aircraft system (RPAS), en PEINADO GRACIA, J. I. (Dir.), *Nuevos enfoques del derecho aeronáutico y espacial, XXXVIII Jornadas Latino Americanas de Derecho Aeronáutico y del Espacio*, Marcial Pons, 2015, págs. 493-511.

Capítulo VII

La aeronave. Tipos, certificación y nacionalidad. El registro de matrícula de aeronaves

1. DEFINICIÓN LEGAL DE AERONAVE

El Convenio de Chicago no define lo que ha de entenderse, desde un punto de vista jurídico, por aeronave. La laguna del texto del Convenio de Chicago ha sido cubierta por su anexo 7 sobre marcas de nacionalidad y de matrícula de las aeronaves, elaborado en el seno de la Organización de la Aviación Civil Internacional. Según estas normas y prácticas recomendadas, la aeronave es "*toda máquina que pueda sustentarse en la atmósfera por reacciones del aire, que no sean las reacciones del mismo contra la superficie de la tierra*" (art. 1).

En España, el art. 11.a Ley de navegación aérea tiene un concepto que difiere del concepto de las normas y prácticas recomendadas del anexo 7 del Convenio de Chicago. La aeronave es "*toda construcción apta para el transporte de personas o cosas, capaz de moverse en la atmósfera merced a las reacciones del aire, sea o no más ligero que éste y tenga o no órganos motopropulsores*".

2. AERONAVES DE ESTADO: MILITARES Y NO MILITARES DESTINADAS EXCLUSIVAMENTE A SERVICIOS ESTATALES NO COMERCIALES

El art. 3 Convenio de Chicago dispone que "*El presente Convenio se aplica solamente a las aeronaves civiles y no a las aeronaves del Estado. Se consideran aeronaves de Estado las utilizadas en servicios militares, de aduanas o de policía*". Adopta un criterio funcional del uso de la aeronave a estos servicios, con independencia de las consideraciones de la propiedad (Lefebvre d'Ovidio, Pescatore y Tullio, pág. 249).

En España, el art. 14 Ley de navegación aérea señala que son aeronaves del Estado español las aeronaves militares y las no militares dedicadas en exclusiva a servicios estatales no comerciales. El Real Decreto 57/2002, que aprueba el Reglamento de Circulación Aérea, dispone también que se considerarán aeronaves de Estado las aeronaves militares y las aeronaves no militares destinadas exclusivamente a servicios estatales no comerciales. A su vez, añade que, en el contexto específico de entorno RVSM (por *Reduced Vertical Separation Minima o Minimum* o separación vertical mínima reducida), se considerarán aeronaves de estado las aeronaves utilizadas para servicios militares, de aduanas y de policía (capítulo I, de definiciones). El propio Real Decreto 57/2002 define el espacio aéreo RVSM como Volumen de espacio aéreo determinado, desde nivel de vuelo 290 y hasta un nivel de vuelo superior especificado, dentro del cual se aplica, en virtud de un acuerdo regional de navegación aérea, una separación vertical mínima entre aeronaves de 300 metros (1.000 pies) (capítulo I de definiciones).

Específicamente para las aeronaves militares, el Real Decreto 57/2002 las define como "*Aeronave que tiene como misión la defensa nacional o está mandada por un militar comisionado al efecto*" (capítulo I de definiciones). Las aeronaves militares tienen un registro especial distinto al resto de aeronaves. El registro de aeronaves militares está gestionado por el Ministerio del Aire, según el art. 28 Ley de navegación aérea. No obstante, como éste ya no existe, esta función la asume el Ejército del Aire (Orden PRE/1720/2012, de 20 de julio, por la que se regula el registro y matriculación de aeronaves militares y el procedimiento para establecer la designación militar de las mismas).

También disponen de otras normas especiales en materia de investigación de accidentes de aeronaves militares (Real Decreto 1099/1994, de 27 de mayo, por el que se regulan las investigaciones e informes técnicos sobre los accidentes de aeronaves militares).

Asimismo, se aplican a las aeronaves militares las normas resultantes de la participación de España en el Tratado del Atlántico Norte (OTAN), hecho en Washington el 4 de abril de 1949.

Por otra parte, las aeronaves de Estado (militares y no militares) gozan, a diferencia de las aeronaves privadas, de las "*inmunidades soberanas del Estado*" al que pertenecen, conforme al art. 2 de la Ley orgánica 16/2015, de 27 de octubre, sobre privilegios e inmunidades de los Estados extranjeros, las Organizaciones Internacionales con sede u oficina en España y las Conferencias y Reuniones internacionales celebradas en España. La define como "*una aeronave perteneciente a un Estado extranjero, operada o explotada por él y utilizada exclusivamente para un servicio público no comercial, tales como servicios militares, de aduana o de policía*".

Las inmunidades soberanas del Estado derivan: 1) De la soberanía de cada país, 2) De su independencia respecto a los demás y, 3) De la igualdad entre ellos. Las inmunidades significan, por un lado, que los tribunales de un Estado no pueden juzgar a otro Estado ("*inmunidad de jurisdicción*", dictando sentencia contra ese Estado). Esto supone también que no se podría plantear una demanda judicial en otro Estado contra la propia aeronave de Estado tampoco.

Por otro lado, los tribunales de un Estado tampoco pueden ejecutar lo juzgado contra otro Estado ("*inmunidad de ejecución*"). La ejecución significa hacer cumplir forzosamente la sentencia dictada, por ejemplo, contra otro Estado. Así no sería posible trabar embargos sobre las propiedades de otro Estado, por ejemplo, sobre las aeronaves de Estado.

Además de las inmunidades estatales de que gozan las aeronaves de Estado en otros países, este tipo de aeronaves sigue el principio de extraterritorialidad. El art. 6 Ley de navegación aérea señala que "*la aeronave de Estado se considera territorio español, cualquiera que sea el lugar o espacio en que se encuentre*". En especial para las aeronaves militares, el art. 11.1 párrafo segundo Código Civil español señala también que las aeronaves militares se consideran como parte del territorio del Estado al que pertenezcan. Ello supone que las aeronaves de Estado sólo quedan sometidas al Derecho de su propio Estado, aunque estén en un país extranjero. No obstante, no cabe impunidad, ni ataque a la soberanía nacional del Estado en el que se encuentren.

3. AERONAVES QUE NO SON DE ESTADO: AERONAVES PRIVADAS

El art. 3 Convenio de Chicago indica que se aplica a las aeronaves civiles y no a las aeronaves de Estado. Utiliza así el concepto "*civil*", igual que en el título del Convenio de Chicago se destaca que regula la aviación "*civil*". Se utiliza como antónimo de la aviación "*militar*", que son las aeronaves de Estado más características.

En España, la Ley de navegación aérea opta por el concepto de aeronave "privada", y no por aeronave civil. Igual denominación sigue el Real Decreto 57/2002, que aprueba el Reglamento de circulación aérea. Las define negativamente: "*Se considerarán aeronaves privadas todas aquellas que no tengan consideración de aeronave de Estado*" (capítulo I de definiciones).

Las aeronaves civiles o privadas pueden, si se dan ciertas condiciones, ser matriculadas en un Estado y, con ello, adquirir la nacionalidad de dicho Estado.

Las aeronaves pueden pertenecer a una o varias personas. En este último caso, se habla de propiedad *proindiviso,* pues el bien pertenece a dos o más personas sin estar dividido. Los propietarios están sometidos al régimen de comunidad que tienen sobre la aeronave que comparten (arts. 392 y ss. Código Civil español).

El propietario de una aeronave puede ser una persona física (por ej., Juan Pérez Rovira) o de una persona jurídica (por ejemplo, Rovira Trabajos Aéreos Sociedad Limitada o Reial Automòbil Club de Catalunya).

La persona jurídica propietaria a su vez puede ser de naturaleza privada (como una sociedad mercantil u otra entidad con personalidad jurídica) o de naturaleza pública (el Estado, una Comunidad Autónoma, un municipio). En cambio, si las aeronaves de titularidad pública están destinadas exclusivamente a un servicio estatal no comercial siguen el régimen jurídico de las aeronaves de Estado, no de las aeronaves privadas.

4. CLASIFICACIÓN DE LAS AERONAVES

El Reglamento de Circulación Aérea, aprobado por Real Decreto 57/2002, adapta las normas y prácticas recomendadas de los anexos 2, 10, 11 y 15 del Convenio de Chicago relativos, respectivamente, al "Reglamento del Aire", "Telecomunicaciones Aeronáuticas, "Servicios de Transporte

Aéreo" y "Servicios de Información Aeronáutica", así como en los Documentos 4444 (Procedimientos para los Servicios de Navegación Aérea) y 7030 (Procedimientos Suplementarios Regionales). Además, contiene una clasificación de los tipos de aeronaves.

4.1. *Aerodinos y aerostatos*

El Reglamento de Circulación aérea distingue entre:

- *Aerodino*: toda aeronave que, principalmente, se sostiene en el aire en virtud de fuerzas aerodinámicas (como el avión, el helicóptero, el giroplano y el ornitóptero).
- *Aerostato*: toda aeronave que, principalmente, se sostiene en el aire en virtud de su fuerza ascensional, (como el dirigible y el globo).

4.2. *Aeronave ligera, media y pesada*

El Reglamento de Circulación aérea clasifica entre.

- *Aeronave ligera*: aquella que tiene una masa máxima certificada de despegue (MTOM por sus siglas en inglés de *Maximum Take Off Mass*) de 7.000 kilogramos o menos.
- *Aeronave media*: aquella que tiene una masa máxima certificada de despegue de más de 7.000 kilogramos y menos de 136.000 kilos.
- *Aeronave pesada*: aquella con una masa máxima certificada de despegue de más de 136.000 kilos.
- El anexo 6 sobre operación de aeronaves del Convenio de Chicago distingue entre aviones grandes y pequeños, según su masa sea superior o igual/inferior a 5.700 kilogramos, respectivamente.

5. RÉGIMEN ADMINISTRATIVO DE LA CONSTRUCCIÓN DE AERONAVES.

La peculiaridad de la construcción de aeronaves es que, como resultado de ésta, surge una cosa nueva (*res nova*), diferente de los elementos que son empleados para la construcción y se adquiere la propiedad de forma originaria (Lefebvre d'Ovidio, Pescatore y Tullio, pág. 284).

El Derecho aeronáutico de la construcción de aeronaves está compuesto de numerosas normas de Derecho administrativo para asegurar que sean realizadas conforme a estrictas exigencias legales. No ocurre con todos los sectores económicos, que no están tan hiper-regulados, pero que tampoco entrañan los riesgos para las personas y las cosas que implica la aeronave y sus componentes (motores, hélices, etc.).

Legalmente se distingue entre el régimen administrativo de la construcción por aficionados y para fines no lucrativos, distinto del régimen de la construcción en masa, en serie, de aeronaves y productos aeronáuticos, y con una finalidad mercantil. En el primer caso, el control administrativo existe, pero es mínimo, en comparación con el segundo caso, donde la intervención de la Administración Pública y la exigencia del Derecho administrativo son mucho más intensas. En particular, hay normas de Derecho público para:

- la construcción por aficionados;
- la construcción de prototipos que puedan servir como modelo de futuras construcciones en serie;
- la construcción en serie o de forma industrial, tanto de aeronaves, como de componentes de éstas.

Las normas administrativas imponen el *certificado de tipo* para las aeronaves y sus componentes,

También hay una *aprobación de los fabricantes y diseñadores de los productos aeronáuticos*, para dedicarse a esta actividad empresarial. Dedicarse comercialmente a fabricar aeronaves, equipos, piezas y productos relacionados con ellas es una actividad en principio libre (no restringida a un número determinado de constructores o a un monopolio público). Sin embargo, la libertad de empresa ha de ejercerse en el marco de la protección del interés general, que justifica la fuerte interferencia administrativa en la construcción aeronáutica. En particular, en la Unión Europea, la Agencia Europea de Seguridad Aérea aprueba a las entidades de fabricación y diseño de aeronaves, pero sólo aprueba las Organizaciones de Producción (*Production Organisations Approvals*, POA), las Organizaciones de Mantenimiento (*Maintenance Organisations Approvals*, MOA), las Organizaciones de Formación de Mantenimiento (*Maintenance Training Organisations Approvals*, MTOA) y de las Organizaciones de Gestión de la Aeronavegabilidad (*Continuing Airworthiness Management Organisation*, CAMO), que tienen su centro de establecimiento principal fuera de la Unión Europea. Si están domiciliadas en la Unión Europea, la aprobación administrativa de estos organismos es competencia de la autoridad nacional del Estado miembro de su lugar de establecimiento [art. 77.2.b Reglamento (UE) 2018/1139]. En España, la Agencia Estatal de Seguridad Aérea (AESA).

La cuestión es, por un lado, qué normas jurídicas se han de cumplir para fabricar aeronaves y productos aeronáuticos y para dedicarse a esta actividad. Y, por otro lado, qué Estado se va a ocupar administrativamente de verificar los certificados de tipo de las aeronaves y otros productos aeronáuticos, así como de las organizaciones que fabrican y diseñan. La primera respuesta posible es que sea cada Estado quien decida en base a sus normas nacionales. Ello conforme al principio de soberanía estatal. Sin embargo, ello se conjuga mal con el tráfico internacional, pues las normas pueden ser distintas entre Estados y el nivel de exigencia de las autoridades administrativas ser diferente, generando desconfianza entre Estados y las aeronaves, productos y fabricantes que certifica cada uno. De ahí que surja el interés nacional en cooperar técnicamente entre Estados para lograr normas comunes y sistemas uniformes de certificación, que redunden positivamente en la confianza entre Estados y el tránsito internacional de aeronaves y sus componentes.

El Estado que no participe en este consenso internacional privará a sus productos aeronáuticos y fabricantes de fiabilidad, que quedarán excluidos del mercado. Hay, pues, un interés general en cooperar con otros Estados.

La razón de la unificación normativa de la construcción de las aeronaves, sus componentes y las organizaciones de diseño, producción, mantenimiento y de gestión de la aeronavegabilidad es la preeminente seguridad aeronáutica, que hace de este sector uno de los más detalladamente regulados. Se trata de una especialidad de las aeronaves y de sus componentes, en tanto que bienes muebles destinados a circular como un todo (aeronave) o como parte de un todo (sus componentes, piezas y equipos), traspasando fronteras. Los Estados intentan reducir riesgos de construcción creando normas comunes a nivel internacional y a nivel regional, que faciliten el reconocimiento recíproco de certificados entre Estados. Para ello, es imprescindible el principio de confianza mutua.

Otra opción supondría que cada Estado habría de verificar previamente las condiciones de seguridad de las aeronaves certificadas en otros Estados. El resultado sería negativo para el tránsito de aeronaves, piezas y componentes, y tendría efectos económicos perniciosos.

6. CONSTRUCCIÓN POR AFICIONADOS

A las aeronaves de construcción por aficionados no les es aplicable la regulación europea por tratarse de uno de los tipos de aeronave excluidos. Son aeronaves "no EASA". En efecto, el Reglamento (UE) 2018/1139, Reglamento Base, ha dejado fuera de su ámbito de aplicación "*las aeronaves, incluidas las que se suministran en forma de equipo, que hayan sido construidas o montadas por lo menos en un 51 % por un aficionado o una asociación de aficionados sin ánimo de lucro, para sus propios fines y sin objetivo comercial alguno*" (anexo I, 1.c).

De acuerdo con lo anterior, la operación de estas aeronaves queda sujeta a la normativa nacional de cada Estado. En España, la normativa específica aplicable a estas aeronaves es:

- La Ley de navegación aérea,
- La Orden de Ministerio de Transportes, Turismo y Comunicaciones de 31 de mayo de 1982 por la que se aprueba un nuevo Reglamento para la Construcción de Aeronaves por Aficionado ("Reglamento")
- La Resolución de 15 de junio de 1994 de la Dirección General de Aviación Civil sobre: Limitaciones asociadas a los certificados de aeronavegabilidad restringidos de las construidas por aficionados.

La construcción no es libre, sino sometida a la supervisión administrativa en atención a los riesgos inherentes a la actividad. En particular, las aeronaves construidas por aficionados deberán contar para su utilización con un *Certificado de Aeronavegabilidad Restringido* (CAR), pudiendo dedicarse solamente a fines de educación y recreo y nunca a fines lucrativos, limitándose al sobrevuelo del territorio nacional y pudiendo sólo realizar los vuelos acrobáticos que figuren expresamente en la documentación anexa al CAR (art. 1 Reglamento). Además, para la operación de estas aeronaves se exigirá el título aeronáutico de piloto privado y la licencia correspondiente, así como la calificación que corresponda (art. 4).

La Agencia Estatal de Seguridad Aérea es la autoridad competente para la tramitación de los certificados de aeronavegabilidad provisionales y restringidos de las aeronaves no EASA construidas por aficionados.

El procedimiento de autorización de las aeronaves construidas por aficionados está regulado en el Reglamento. La Agencia Estatal de Seguridad Aérea publicita en su página web una guía de emisión del CAR (https://bit.ly/44sSzqu). Una vez autorizada la construcción por la Agencia Estatal de Seguridad Aérea, el proceso de inspección recae en la Oficina de Seguridad en Vuelo (OSV) correspondiente al lugar de construcción. La OSV debe estar también autorizada previamente también por la Agencia Estatal de Seguridad Aérea. Tras la construcción, hay que solicitar el certificado de aeronavegabilidad provisional. Culminadas las pruebas en vuelo, se ha de solicitar y obtener el Certificado de Aeronavegabilidad Restringido. El propietario de la aeronave ha de tener cubierta su responsabilidad civil por un seguro por daños a terceros en la superficie o a personas transportadas (art. 12 Reglamento).

La matriculación de la aeronave de aficionado se realizará después de concedido el Certificado de Aeronavegabilidad Restringido, debiendo figurar como propietario de la aeronave el constructor o constructores, de acuerdo con la documentación prestada. La propiedad de una aeronave de aficionado no será transmisible hasta pasados los primeros cuatro años a partir de la matriculación (art. 16 Reglamento).

La Resolución de 15 de junio de 1994 especifica las limitaciones asociadas a los certificados de aeronavegabilidad restringidos de aeronaves construidas por aficionados. En particular, excepto para la ejecución de maniobras autorizadas de aproximación y despegue en aeródromos o aeropuertos o cuando expresamente se determine otra cosa por la Dirección General de Aviación Civil, no podrán efectuar vuelos sobre edificios en ciudades, pueblos o lugares habitados, o sobre reuniones de personas al aire libre. Esto no es aplicable a las aeronaves ultraligeras, que tienen su propio régimen específico.

Por último, a diferencia del régimen de las aeronaves civiles, la construcción por aficionados de aeronaves militares está supervisada por el Ministerio de Defensa (Real Decreto 866/2015, de 2 de octubre, por el que se aprueba el Reglamento de Aeronavegabilidad de la Defensa).

7. CONSTRUCCIÓN DE PROTOTIPOS Y EN SERIE. CERTIFICADOS ADMINISTRATIVOS Y CERTIFICADOS PRIVADOS DE CALIDAD DE LA INDUSTRIA AERONÁUTICA

7.1. *Derecho internacional y comunitario*

La norma internacional de referencia en la construcción de aeronaves civiles empleadas en la aviación internacional es el Convenio de Chicago. Éste atribuye a la Comisión de Aeronavegación de la Organización de la

Aviación Civil Internacional la recomendación para la adopción de las normas y prácticas recomendadas. En particular, el anexo 8 sobre aeronavegabilidad es aplicable a las aeronaves empleadas en la aviación internacional.

De la preocupación por homogeneizar las normas de aeronavegabilidad y certificación de las aeronaves, productos aeronáuticos y entidades fabricantes, surge, también en el ámbito europeo, la cooperación entre Estados. Primero en el marco de las Autoridades Conjuntas de Aviación (JAA) y ahora dentro de la Agencia Europea de Seguridad Aérea. Analizamos a continuación el proceso europeo de formación de las normas de Derecho público sobre construcción de aeronaves.

1) Las Autoridades Conjuntas de Aviación elaboraron los Requisitos Aeronáuticos Conjuntos (Joint Aviation Requirements) relativos a los procedimientos para la certificación de aeronaves civiles y productos y piezas relacionados con ellas (los llamados JAR-21).

Los JAR-21 toman como referencia lo establecido en el anexo 8 Convenio de Chicago, para cubrir los diferentes asuntos que en él se contemplan, de modo que garantizan el cumplimiento de los requisitos sustanciales de dicho anexo 8 e, incluso, *establecen unos estándares de seguridad superiores.* En concreto, las reglas JAR-21 han unificado en el ámbito europeo:

- Los requisitos de procedimiento exigibles para la emisión y modificación de certificados de tipo para productos aeronáuticos (aeronaves, motores y hélices),
- La emisión de certificados y aprobaciones de aeronavegabilidad para productos aeronáuticos, así como para piezas e instrumentos destinados a ser instalados en aeronaves.
- La autorización de las entidades dedicadas a la producción y diseño de productos aeronáuticos y de piezas e instrumentos destinados a ser instalados en aeronaves. La finalidad es garantizar la libre circulación de los productos. Los certificados emitidos de acuerdo con estas normas y los procedimientos conjuntos asociados se aceptan sin ninguna otra formalidad, en cualquiera de los Estados europeos que los hayan adoptado, por estar sujetos en su emisión a requisitos y procedimientos comunes.

En España, como Estado parte de las Autoridades Conjuntas de Aviación, las reglas JAR-21 se integraron en el Derecho español mediante el Real Decreto 660/2001, de 22 de junio, por el que se regula la certificación de las aeronaves civiles y de los productos y piezas relacionados con ellas.

2) *Este proceso de creación de normas de seguridad aeronáutica cambió paulatinamente gracias a la labor de la Unión Europea, conduciendo a la sustitución en la labor normativa de las JAA.*

El Reglamento (CE) 1592/2002, Reglamento (CE) del Parlamento Europeo y del Consejo, de 15 de julio de 2002, sobre normas comunes en el ámbito de la aviación civil y por el que se crea una Agencia Europea de Seguridad Aérea, es el primer Reglamento Base. Creó normas técnicas comunes de aplicación directa y vinculante a los Estados parte para la certificación de aeronaves, productos y fabricantes y diseñadores de productos aeronáuticos. Además, atribuyó a *la Agencia Estatal de Seguridad Aérea*, EASA, que crea, la labor de emisión de:

- El certificado de tipo de las aeronaves y de productos aeronáuticos, dentro de su ámbito de aplicación.
- El certificado a las entidades que participan en su fabricación y diseño.

En cambio, el Reglamento (CE) 1592/2002 no era de aplicación cuando tales productos, componentes, equipos, personal y organizaciones tomaban parte en operaciones militares, aduaneras, de policía o similares (art. 1.2). Tampoco a aeronaves y productos recogidos en su anexo II (por ejemplo, aeronaves de aficionado, aeronaves para uso exclusivo de investigación, aeroplanos que no tenga más de dos plazas, etc.). La razón esencial puede ser, aunque no se dice expresamente, que estas aeronaves están ideadas esencialmente para un uso "nacional", por lo que el control, a diferencia de las aeronaves comerciales, es puramente estatal.

El Reglamento (CE) 1592/2002 entró en vigor en septiembre de 2002 y lo estuvo hasta que fue derogado por el Reglamento (CE) 216/2008.

El Reglamento (CE) 216/2008 del Parlamento Europeo y del Consejo, de 20 de febrero de 2008, sobre normas comunes en el ámbito de la aviación civil y por el que se crea una Agencia Europea de Seguridad Aérea, constituyó el siguiente Reglamento Base del Derecho comunitario. Éste reitera las competencias de la Agencia Europea de Seguridad Aérea en el certificado de tipo y en la certificación de las entidades. Tampoco se aplica a productos, componentes y equipos usados en actividades o servicios militares, de aduanas, policía, búsqueda y salvamento, lucha contra incendios, guardacostas o similares (art. 1.2.a), y a las de su anexo II (similares a las anteriores).

El Reglamento (CE) 216/2008 entró en vigor en abril de 2008 y estuvo en vigor hasta que ha sido derogado por el vigente Reglamento Base, Reglamento (UE) 2018/1139.

El vigente Reglamento Base, Reglamento (UE) 2018/1139, se aplica al diseño, producción, mantenimiento y operación de aeronaves, así como sus motores, hélices, componentes, equipos no instalados y equipos asociados para controlar aeronaves a distancia, cuando la aeronave esté o vaya a estar matriculada en un Estado miembro de la Unión Europea o un tercer Estado si está explotada por un operador establecido en la Unión Europea (art. 2.1).

En cambio, el Reglamento (UE) 2018/1139 no se aplica a las aeronaves y sus motores, hélices, componentes, equipos no instalados y equipos para controlar la aeronave a distancia, cuando lleven a cabo actividades o servicios militares, de aduanas, policía, búsqueda y salvamento, lucha contra incendios, control fronterizo, vigilancia costera o similares, bajo el control y la responsabilidad de un Estado miembro (art. 2.3), ni a las aeronaves de su anexo I (art. 2.3.d), en general, las de menor tamaño y para usos no comerciales. Son las Aeronaves no EASA.

En materia de aeronavegabilidad de aeronaves en Derecho comunitario, el Reglamento (UE) 748/2012 [dictado con arreglo al derogado Reglamento (CE) 216/2008] establece las disposiciones de aplicación sobre la certificación de aeronavegabilidad y medioambiental de las aeronaves y los productos, componentes y equipos relacionados con ellas, así como sobre la certificación de las organizaciones de diseño y de producción (EASA 21).

Otras normas comunitarias en esta materia son el Reglamento (UE) 2015/640 de la Comisión, de 23 de abril de 2015, sobre especificaciones adicionales de aeronavegabilidad para un determinado tipo de operaciones y por el que se modifica el Reglamento (UE) 965/2012; Reglamento (UE) 1321/2014 de la Comisión, de 26 de noviembre de 2014 , sobre el mantenimiento de la aeronavegabilidad de las aeronaves y productos aeronáuticos, componentes y equipos y sobre la aprobación de las organizaciones y personal que participan en dichas tareas; el Reglamento de Ejecución (UE) 2018/1976 de la Comisión, de 14 de diciembre de 2018, por el que se establecen disposiciones de aplicación para la operación de planeadores en virtud del Reglamento (UE) 2018/1139; y, el Reglamento Delegado (UE) 2019/945 de la Comisión, de 12 de marzo de 2019, sobre los sistemas de aeronaves no tripuladas y los operadores de terceros países de sistemas de aeronaves no tripuladas.

En la Unión Europea, las normas nacionales de los Estados Miembros, incluidas las españolas, ceden ante la primacía del Derecho comunitario, en particular, frente al Reglamento Base y estos Reglamentos de desarrollo, con relación a las aeronaves y productos aeronáuticos incluidas en su ámbito de aplicación respectivo (*Aeronaves EASA*).

7.2. Derecho español

En España, el Real Decreto 660/2001 mantiene su vigencia adaptando su ámbito de aplicación a las aeronaves, productos y piezas relacionados con ellas, excluidas del ámbito de aplicación del Reglamento (UE) 748/2012, así como de la normativa nacional, entre otras, sobre aeronaves ultraligeras y de construcción por aficionado (*Aeronaves no EASA*).

En España, el art. 34 Ley de navegación aérea señala que son libres el estudio y las iniciativas para la *construcción de prototipos* de aeronaves y motores, así como de sus accesorios. Se entiende por prototipo las primeras unidades construidas para comprobar prácticamente la eficacia de una concepción técnica. Las demás unidades del mismo tipo se considerarán en serie. El art. 34 Ley de navegación aérea, además, atribuye la autorización al Ministerio del Aire, que en realidad corresponde en la actualidad al Ministerio de Transportes, Movilidad y Agenda Urbana, a través de la Agencia Estatal de Seguridad Aérea. El prototipo necesita una matrícula. Para su inscripción y matrícula en el Registro de Matrícula de Aeronaves Civiles, las marcas de matrícula consistirán, además de la marca de nacionalidad compuesta por las letras EC, en un grupo formado por una letra empezando por la A y tres números, que se asignarán por orden sucesivo (art. 17 Real Decreto 384/2015).

Para inscribir el prototipo en el Registro de Bienes Muebles del Registro Mercantil, si el propietario fuera el constructor, se considera título de adquisición la declaración de propiedad del dueño. La firma será legitimada notarialmente (art. 180, ap. 4º Reglamento del Registro Mercantil 1956).

El art. 35 Ley de navegación aérea añade que la construcción de aeronaves y motores en serie, así como la de sus accesorios específicos, necesitan la garantía de un técnico legalmente autorizado y, en todo caso, el permiso e inspección del Ministerio del Aire (actualmente, corresponde a la Agencia Estatal de Seguridad Aérea), quien podrá suspender la construcción cuando no se ajuste a las condiciones en que fue autorizada. La satisfacción de los requerimientos y la adecuación de la aeronave se prueba mediante el certificado de aeronavegabilidad (arts. 36 a 38 Ley de navegación aérea.

El certificado de tipo acredita que se han cumplido los requisitos de diseño de ésta. El art. 38 Ley de navegación aérea remite a las normas reglamentarias de desarrollo el establecimiento de los requisitos y pruebas necesarios para la certificación.

7.3. *Certificados privados de sistemas de calidad*

Además de las certificaciones administrativas de la Agencia Europea de Seguridad Aérea (EASA) o de la Agencia Estatal de Seguridad Aérea (AESA), la industria aeronáutica sigue "sistemas de calidad" que acrediten que cumple con las normas. La certificación de calidad conocida como AS 9100 en Estados Unidos de Norteamérica, EN 9100 en Europa y JISQ 9100 en Japón, basada en la norma ISO 9001, es la norma internacionalmente reconocida para el sistema de calidad específica de la industria aeronáutica. Cuenta con la adhesión de los fabricantes aeronáuticos más importantes (Airbus, Boeing, GEAE y Rolls Royce, entre otros) y es un requisito básico requerido por las empresas aeronáuticas a sus proveedores. Contar con la EN 9100 significa la confirmación de que los sistemas de producción y de operación cumplen las normas reconocidas internacionalmente, lo que mejora las oportunidades de negocio del fabricante o proveedor que han de vender a estas grandes industrias.

Estas certificaciones privadas son de tal importancia que en los contratos se indica que las entregas o transmisiones sucesivas de la propiedad de la aeronave durante su construcción se entienden efectuadas bajo condición resolutoria (se puede rescindir el contrato) si la aeronave no satisface las normas técnicas y de *performance* del mercado (Morillas, Petit y Guerrero).

8. CERTIFICADO DE TIPO EMITIDO POR LA AGENCIA EUROPEA DE SEGURIDAD AÉREA O LA AGENCIA ESTATAL DE SEGURIDAD AÉREA, SEGÚN LA AERONAVE

De acuerdo con la presentación de la Organización de la Aviación Civil Internacional del anexo 8 sobre Aeronavegabilidad del Convenio de Chicago, las aeronaves deben ser diseñadas, construidas y explotadas de acuerdo con los requisitos de aeronavegabilidad que fije el Estado de matrícula y nacionalidad de éstas. El Estado de matrícula habría de seguir las exigencias técnicas resultantes de las normas y prácticas recomendadas, a los efectos de obtener una homogeneidad técnica entre los Estados que son parte del Convenio de Chicago.

Cada producto aeronáutico, incluyendo la aeronave, ha de disponer de un certificado de tipo (*type certificate*) que acredite que cumple las condiciones técnicas para su uso. El tipo/modelo de aeronave es determinado por el fabricante (por ejemplo, Airbus 320, Boeing 737, Ultracruiser, Airtractor-401, etc.).

El certificado de tipo también es, en general, exigible para los componentes y piezas empleadas en el sector aeronáutico, no sólo al prototipo de aeronave.

Para las aeronaves EASA, esto es, incluidas dentro del ámbito de aplicación del Reglamento (UE) 2018/1139, la Agencia Europea de Seguridad Aérea es la encargada de la certificación de tipo para productos aeronáuticos, componentes y equipos (art. 11),

En España, las organizaciones que diseñen productos, componentes y equipos fuera del ámbito de aplicación del Reglamento (UE) 2018/1139 (Aeronaves no EASA), deben seguir ante la Agencia Estatal de Seguridad Aérea el procedimiento para la obtención de aprobaciones de diseños de tipo no EASA, fuera del ámbito de aplicación del Reglamento (UE) 2018/1139, tanto para aeronaves ultraligeros como otro tipo de aeronaves no EASA (https://bit.ly/3VH1h0e).

9. CERTIFICADO DE AERONAVEGABILIDAD EMITIDO POR LA AGENCIA ESTATAL DE SEGURIDAD ÁEREA. ANOTACIONES

En España, el art. 35 Ley de navegación aérea señala que la construcción de aeronaves y motores en serie, así como la de sus accesorios específicos, necesita la garantía de un técnico legalmente autorizado y, en todo caso, el permiso de la inspección del Ministerio del Aire, quien podrá suspender la construcción cuando no se ajuste a las condiciones en que fue autorizada o darle el certificado de aeronavegabilidad.

El art. 36 Ley de navegación aérea añade que ninguna aeronave, con algunas excepciones previstas en su art. 151, será autorizada para el vuelo sin la previa expedición de un certificado de aeronavegabilidad, que es el documento que sirve para identificar técnicamente la aeronave, definir sus características y expresar la calificación que merece para su utilización.

Compete al Ministerio de Transportes, Movilidad y Agenda Urbana (antes, Ministerio de Fomento) extender el certificado de aeronavegabilidad de las aeronaves civiles y determinar e inspeccionar para su aprobación las expresadas pruebas, tanto respecto de la aeronave en su conjunto como de las piezas. La inspección puede realizarla directamente o a través de empresas colaboradoras. En España, corresponde a la Agencia Estatal de Seguridad Aérea la emisión del certificado de aeronavegabilidad de aeronaves, así como la autorización de vuelo, incluida la aprobación de condiciones de vuelo, también de las de aeronaves sujetas al ámbito de aplicación del Reglamento (UE) 2018/1139 (Aeronaves EASA) [21.1 Reglamento (UE) 748/2012].

El Reglamento (UE) 748/2012, de 3 de agosto, por el que se establecen las disposiciones de aplicación sobre la certificación de aeronavegabilidad y medioambiental de las aeronaves y los productos, componentes y equipos relacionados con ellas, así como sobre la certificación de las organizaciones de diseño y de producción, incorpora el modelo de certificado de aeronavegabilidad, formulario EASA 25.

La Agencia Estatal de Seguridad Aérea también asume la emisión del certificado de aeronavegabilidad de aeronaves excluidas del ámbito de aplicación del Reglamento (UE) 2018/1139 por su Anexo I (Aeronaves no EASA). Así como la autorización de vuelo no EASA, como vuelos de prueba, vuelos de demostración o aceptación.

La navegabilidad aérea o aeronavegabilidad de una aeronave se acredita como regla general cuando un Estado le otorga el certificado de aeronavegabilidad (*airworthiness certificate*). Reconoce la aeronave para la navegación y al efecto le suministra este imprescindible documento.

El art. 31 Convenio de Chicago dispone que toda aeronave que se emplee en la navegación internacional estará provista de un certificado de aeronavegabilidad expedido o convalidado por el Estado en el que esté matriculada, que se llevará a bordo. No obstante, si una aeronave matriculada en un Estado contratante del Convenio de Chicago es explotada en arrendamiento, fletamento o intercambio de aeronaves, o cualquier arreglo similar, por un explotador que tenga su oficina principal o, de no tener tal oficina, su residencia permanente en otro Estado contratante, el Estado de matrícula, mediante acuerdo con ese otro Estado, podrá transferirle todas o parte de sus funciones y obligaciones como Estado de matrícula con respecto a dicha aeronave. El Estado de matrícula quedará relevado de su responsabilidad con respecto a las funciones y obligaciones transferidas (art. 83 bis Convenio de Chicago, introducido por Protocolo de 1980, con 180 Estados parte el 19 de mayo de 2023, según OACI (https://bit.ly/3BGPDJI).

Para facilitar la importación y exportación de aeronaves, y su arrendamiento, fletamento e intercambio, así como su operativa comercial, el art. 33 Convenio de Chicago impone al Estado de matrícula la obligación de reconocer y convalidar los certificados de aeronavegabilidad expedidos por otro Estado parte del Convenio de Chicago.

El Acuerdo Multilateral relativo a los certificados de aeronavegabilidad de las aeronaves importadas de 1961, en vigor desde el 24 de agosto de 1961, con 16 Estados parte, entre ellos España (a 19 de mayo de 2023, según OACI, https://bit.ly/42WMT6R) es la norma de referencia. Dispone que, si un Estado Contratante recibe una solicitud de certificado de aeronavegabilidad para una aeronave importada que se vaya a importar en su territorio y que posteriormente haya de matricularse en su registro, deberá convalidar el certificado de aeronavegabilidad existente de dicha aeronave o bien expedir un nuevo certificado.

Son necesarias ciertas normas armonizadoras para facilitar la libre circulación de certificados de aeronavegabilidad entre Estados parte del Convenio de Chicago. Por ello, los requisitos conforme a los cuales se han expedido o convalidado estos certificados de aeronavegabilidad han de ser iguales o superiores a las normas mínimas de la Organización de la Aviación Civil Internacional, esto es, las que figuran en el anexo 8 sobre aeronavegabilidad (las normas y prácticas recomendadas) del Convenio de Chicago, y otras disposiciones de desarrollo de la Organización de la Aviación Civil Internacional.

El art. 39 Convenio de Chicago añade que toda aeronave o pieza de ésta, respecto a la cual exista una norma internacional de aeronavegabilidad o de comportamiento de vuelo y que deje de satisfacer en algún aspecto dicha norma en el momento de su certificación, debe llevar anotada en el certificado de aeronavegabilidad, o agregada a éste, una numeración completa de los detalles respecto a los cuales deje de satisfacer dicha norma. En este caso, el art. 40 Convenio de Chicago añade que *ninguna aeronave cuyos certificados estén así anotados podrán participar en la navegación internacional sin permiso del Estado o Estados en cuyo territorio entren.* La matriculación o empleo de tales aeronaves, o de cualquier pieza certificada de aeronave, en un Estado que no sea aquel en el que se certificaron originariamente, quedará a discreción del Estado en el que se importen las aeronaves o la pieza. Por ejemplo, esto supone que hay aeronaves que no pueden entrar en determinados Estados por no disponer de los certificados de aeronavegabilidad sin anotaciones. En cambio, esas mismas aeronaves sí podrían circular en otros Estados menos exigentes. Se genera así una dualidad de las exigencias técnicas, aunque todos los Estados sean partes del Convenio de Chicago; quien cumple y quien no cumple. *El resultado es que volar es más seguro en unos países que en otros; por más que haya una ley internacional común, si se incumple, es inoperativa.*

10. CERTIFICADO DE NIVELES DE RUIDO PARA AERONAVES SUJETAS AL REGLAMENTO (UE) 2018/1139. PROTECCIÓN MEDIOAMBIENTAL CONFORME AL ANEXO 16 CONVENIO DE CHICAGO

Corresponde al fabricante de la aeronave proceder de acuerdo con la normativa específica de control de ruidos y emisiones, a los efectos de obtener el correspondiente certificado de tipo de la aeronave.

Además del certificado de tipo para cada modelo de aeronave, las aeronaves individuales estarán sujetas a certificación y se expedirá a su favor un certificado acústico (art. 14.1). En España, las aeronaves incluidas en el ámbito de aplicación del Reglamento (UE) 2018/1139, que se inscriban en el Registro de Matrícula de Aeronaves español, fabricadas en España o importadas de otros Estados, sean miembros de la Agencia Europea de Seguridad Aérea o terceros, y sean las aeronaves nuevas o usadas, han de disponer del certificado de niveles de ruido, que se tramita y emite la Agencia Estatal de Seguridad Aérea, conforme al Reglamento (CE) 748/2012.

El Apéndice VII del Reglamento (CE) 748/2012 incorpora el modelo de certificado de niveles de ruido.

En efecto, también corresponde a la Agencia Estatal de Seguridad Aérea la emisión del certificado de niveles de ruido, si es la autoridad competente, de aeronaves sujetas al ámbito de aplicación del Reglamento (UE) 2018/1139 (Aeronaves EASA), conforme al art. 21.1 Reglamento (UE) 748/2012.

El art. 9.2 del Reglamento (UE) 2018/1139 dispone que, en lo que se refiere al ruido y las emisiones, las aeronaves y sus motores, hélices, componentes y equipos no instalados incluidos en su ámbito de aplicación han de cumplir los requisitos de protección medioambiental, todos ellos aplicables el 1 de del anexo 16 Convenio de Chicago (protección del medio ambiente). Tanto en cuanto al ruido como con relación a las emisiones.

11. INSPECCIÓN ADMINISTRATIVA DE AERONAVES

El art. 16 Convenio de Chicago indica que las autoridades competentes de cada Estado contratante tienen derecho a inspeccionar sin causar demoras innecesarias, las aeronaves de los demás Estados parte del Convenio de Chicago, a la llegada y a la salida, y a examinar los certificados y otros documentos previstos en el Convenio de Chicago.

La inspección aeronáutica en general, como actividad global en el sector, está regulada en los arts. 20 y ss. Ley de seguridad aérea, y desarrollada por Real Decreto 98/2009, de 6 de febrero, por el que se aprueba el Reglamento de inspección aeronáutica. El art. 20 Ley de seguridad aérea indica que la función de inspección aeronáutica comprende la vigilancia y el control de cumplimiento de las normas que ordenan las distintas actividades propias de la aviación civil y la supervisión para verificar los requisitos exigidos para obtener, conservar y renovar los certificados, aprobaciones, autorizaciones, licencias, habilitaciones y, en general, documentos oficiales que habilitan para el ejercicio de funciones, la realización de actividades y la prestación de servicios aeronáuticos (art. 20.1).

La inspección aeronáutica se extiende a todas las aeronaves, productos y equipos aeronáuticos, a los sistemas aeroportuarios y de navegación aérea, a los servicios y actividades relacionados con la aviación civil, tanto en operaciones de vuelo como de tierra, al personal aeronáutico y a los titulares o explotadores de dichos servicios y actividades (art. 20.2 Real Decreto 98/2009).

Las aeronaves matriculadas en otros Estados que tenga entrada o salida de territorio español y sus tripulaciones están sujetas a inspección, de acuerdo con el Derecho español, el Derecho comunitario y los tratados internacionales (art. 20.3 Real Decreto 98/2009).

La ordenación, dirección y ejecución de la inspección en materia de aviación civil, en el ámbito de las competencias del Estado, corresponde al Ministerio de Transportes, Movilidad y Agenda Urbana. Las actuaciones propias de dicha inspección serán realizadas por la Dirección General de la Aviación Civil, directamente o a través de personas físicas o jurídicas, con capacidad y solvencia técnica acreditadas, que actuarán bajo la dirección y supervisión de dicho órgano directivo (art. 21 Real Decreto 98/2009). Sin embargo, desde el Real Decreto 184/2008, de 8 de febrero, por el que se aprueba el Estatuto de la Agencia Estatal de Seguridad Aérea, se atribuye a este organismo el ejercicio de las potestades inspectoras y sancionadoras en materia de aviación civil.

12. DOCUMENTOS A BORDO DE LA AERONAVE

Los documentos a bordo permiten controlar que la aeronave cumple con ciertas prescripciones legales. Para facilitar la circulación de las aeronaves, el art. 29 Convenio de Chicago establece cuáles son los documentos que llevar a bordo. En concreto, el certificado de matrícula; el certificado de aeronavegabilidad; las licencias apropiadas para cada miembro de la tripulación; el diario de a bordo a cargo del comandante, si está provista de aparatos de radio, la licencia de la estación de radio de la aeronave; si lleva pasajeros, una lista de sus nombres y lugares de embarco y destino; y, si transporta carga, un manifiesto y declaraciones detalladas de la carga.

Ha de añadirse que, además, la aeronave llevará a bordo cualquier otro documento que reglamentariamente pueda exigirse por la ley nacional de su matrícula.

En España, el art. 20 Ley de navegación aérea, tal y como ha sido modificado por el Real Decreto-ley 14/2022, señala que, sin perjuicio de la normativa europea que sea de aplicación, las aeronaves tripuladas deben llevar a bordo:

- el certificado de matrícula;
- el certificado de aeronavegabilidad y, si procede, el certificado de niveles de ruido;
- la licencia, con la anotación de las habilitaciones correspondientes, de cada miembro de la tripulación;
- el diario de a bordo de la aeronave o registro equivalente;
- la licencia de estación de radio, si la aeronave está provista de ella;
- el manual de vuelo de la aeronave o documentación equivalente;
- el certificado de los seguros que resulten exigibles;
- en el caso de aeronaves que realicen transporte aéreo, una lista de sus nombres y lugares de embarque y puntos de destino, si transporta pasajeros, y un manifiesto y declaración de carga, si transporta carga;
- cualquier otro documento o información que reglamentariamente pueda exigirse.

El art. 21 Ley de navegación aérea, también modificado por el Real Decreto-ley 14/2022, flexibiliza las exigencias sobre los documentos que deben llevarse a bordo de la aeronave permitiendo que se conserve en el aeródromo de salida y llegada.

13. LA AERONAVE COMO BIEN MUEBLE REGISTRABLE. DOBLE REGISTRO EN ESPAÑA: REGISTRO DE MATRÍCULA Y REGISTRO DE BIENES MUEBLES

Jurídicamente, la aeronave es considerada un bien mueble, pues tiene la aptitud para desplazarse (art. 335 Código Civil). Es la diferencia con los bienes inmuebles, como una finca o una casa.

Sin embargo, la aeronave como bien mueble tiene una característica similar a los inmuebles: ha de inscribirse en un registro público. Esto no ocurre con la mayoría de los bienes muebles (menaje de la casa, cámaras de video y fotográficas, etc.), que no se inscriben. En cambio, la relevancia económica y la valoración social de las aeronaves (como los buques) supone mayor exigencia para su control administrativo a través del Registro de Matrícula de Aeronaves Civiles, de carácter obligatorio; así como de la publicidad de quién es el propietario y qué derechos reales gravan la aeronave, como la aeronave, que puede inscribirse en el Registro Mercantil.

En concreto, el régimen registral de las aeronaves en España es complejo dada la existencia de estos registros públicos, con funciones distintas (uno de concesión de la matrícula española y otro de publicidad de la propiedad y de los actos y derechos reales sobre la aeronave inscrita), pero interconectados. En otros países, hay un único registro de aeronaves y es más sencillo. En concreto, en España coexisten:

- Un registro público, de matrícula, llevado por la Agencia Estatal de Seguridad Aérea, como organismo especializado del Ministerio de Transportes, Movilidad y Agenda Urbana (antes Ministerio de Fomento), con sede en Madrid. Pensado como sistema registral único para todas las aeronaves civiles, con el fin de otorgar la matrícula y la nacionalidad española a las aeronaves. Los datos anotados en este Registro no prejuzgan las cuestiones de propiedad, cumplimiento de contratos y, en general, otras cuestiones de naturaleza civil o mercantil que puedan suscitarse respecto de las aeronaves (art. 5 Real Decreto 384/2015).
- Otro registro público, el Registro de Bienes Muebles de Madrid del Registro Mercantil, llevado por registradores mercantiles, dependiente del Ministerio de Justicia. En su "Sección de Buques y Aeronaves" se inscriben la propiedad, la hipoteca, compraventas, leasing y cualesquiera contratos, anotaciones de embargo y demás gravámenes sobre buques y aeronaves. La razón de esta inscripción es que se considera imprescindible dar publicidad de estos hechos que afectan

a una aeronave. Los posibles compradores, acreedores y otros interesados pueden conocer en qué estado jurídico se encuentra dicha aeronave. Por ejemplo, si el que quiere vender la aeronave es realmente su propietario, si sobre la aeronave pesa una hipoteca por no haber completado la devolución del préstamo solicitado para su adquisición, etc.

La coordinación entre ambos Registros públicos, conforme a la normativa aplicable, es la siguiente:

- La primera inscripción de la aeronave se realiza en el Registro de Matrícula de Aeronaves Civiles de la Agencia Estatal de Seguridad Aérea y concluye con la asignación de una matrícula definitiva (art. 10.2 Real Decreto 384/2015).
- Los actos jurídicos posteriores a la matriculación de las aeronaves que sean inscribibles en el Registro de Bienes Muebles, conforme a su legislación específica, se inscriben primero en dicho registro.
- Si cambia la propiedad, se anota en el Registro de Matrícula, a petición de los interesados, siempre que quede acreditada la inscripción previa en el Registro de Bienes Muebles mediante la comunicación efectuada por éste.
- Las cargas y gravámenes se anotan en el Registro de Matrícula de oficio (sin necesidad de petición de los interesados), en virtud del comunicado recibido del Registro de Bienes Muebles (art. 10.3 Real Decreto 384/2015). Se intenta garantizar esta transferencia de información entre ambos, facilitando el intercambio telemático.
- Las aeronaves pueden ser objeto de hipoteca, usufructo (uso y disfrute del bien: usar y derecho a obtener los frutos, como las rentas que genere el bien por haberlo arrendado a un tercero, por ejemplo) y demás derechos que las leyes autoricen. Estos actos pueden acceder al Registro de Matrícula de Aeronaves Civiles, pero sólo tiene efectos informativos, no prejuzgan las cuestiones de propiedad, cumplimiento de contratos y cuantas otras de naturaleza civil o mercantil puedan suscitarse respecto de las aeronaves (art. 5 Real Decreto 384/2015), para lo cual la inscripción necesaria es la del Registro de Bienes Muebles del Registro Mercantil.

14. MATRÍCULA Y NACIONALIDAD DE LA AERONAVE CIVIL. INSCRIPCIÓN EN EL REGISTRO DE MATRÍCULA DE AERONAVES CIVILES

La nacionalidad de una aeronave la determina el registro nacional en que la aeronave está matriculada (arts. 17 Convenio de Chicago y 16 y 17 Ley de navegación aérea). Ninguna aeronave puede estar válidamente matriculada en más de un Estado, pero su matrícula puede cambiarse de un Estado a otro (art. 18 Convenio de Chicago). El art. 19 Ley de navegación aérea confirma la pérdida de la nacionalidad española si la aeronave se inscribe en otro Estado.

La matriculación se efectuará de acuerdo con las leyes y reglamentos de cada Estado parte (art. 19 Convenio de Chicago). En el caso español, el Decreto 416/1969, de 13 de marzo, por el que se aprueba el Reglamento del Registro de Matrícula de Aeronaves, con posteriores actualizaciones, desarrolló las condiciones necesarias para la inscripción de aeronaves. Ha sido sustituido por el citado Real Decreto 384/2015.

Cada aeronave usada en el tráfico internacional debe llevar las correspondientes marcas de nacionalidad y matrícula (art. 20 Convenio de Chicago). El anexo 7 sobre marcas de nacionalidad y de matrícula de las aeronaves del Convenio de Chicago establece las normas mínimas. La Unión Internacional de Telecomunicaciones atribuye a cada Estado una marca de nacionalidad. Por ejemplo, en el caso de España es EC, más las marcas de matrícula, que son un grupo de tres letras del alfabeto español, pintadas en las alas y la aeronave. En las aeronaves de construcción por aficionados, empiezan por Y, Z o X (disposición adicional 3ª Real Decreto 384/2015).

El Estado de matrícula debe suministrar a Organización de la Aviación Civil Internacional y a otros Estados, a petición, informes de los datos sobre propiedad y control de las aeronaves de su registro (art. 21 Convenio de Chicago).

15. AERONAVES CIVILES MATRICULABLES EN ESPAÑA

Las aeronaves habrán de ser matriculadas necesariamente en el Registro de matrícula de aeronaves civiles, según las obligaciones establecidas reglamentariamente (art. 29 Ley de navegación aérea). Para la matrícula, no es necesario una certificación o comunicación previa del Registro de

Bienes Muebles del Registro Mercantil de Madrid (nueva redacción del art. 130 Ley de navegación aérea, tras el Real Decreto-ley 14/2022).

El art. 18 Ley de navegación aérea dispone que ciertas aeronaves son inscribibles en el Registro de Matrícula de Aeronaves del Estado español. El Real Decreto 384/2015 desarrolla el procedimiento de matriculación, a lo que ha de sumarse los modelos normalizados aprobados por la Agencia Estatal de Seguridad Aérea y disponibles en su página web http://www.seguridadaerea.gob.es/.

Como regla general, se matriculan las aeronaves por parte de su propietario, pero cabe también registro sin propiedad. En particular, las aeronaves inscribibles en el Registro de matrícula son las siguientes:

1.º "*Las pertenecientes a personas físicas o jurídicas que disfruten de la nacionalidad española o de alguno de los países miembros del Espacio Económico Europeo*". Por tanto, será necesario acreditar la propiedad para acceder a la inscripción y la obtención de la matrícula española.

2.º "*A instancia del arrendatario, las aeronaves arrendadas a quienes posean la nacionalidad española o de algún país miembro del Espacio Económico Europeo*". Aquí tenemos la excepción, donde un arrendatario, esto es, una persona que tiene la posesión de la aeronave en virtud de un contrato de arrendamiento, pero no la propiedad, puede igualmente matricularla en España. Si la aeronave está matriculada en otro país, los términos del contrato de arrendamiento deben dejar claro que el propietario-arrendador admite que, durante el período del contrato, a su aeronave le cambien la matrícula y nacionalidad. Por ejemplo, una compañía aérea que ha alquilado una aeronave sin tripulación ha de matricularla en España durante el tiempo del contrato de arrendamiento (pero si es de corta duración, se excluye la obligación de matrícula). Como no es posible que una aeronave tenga dos matrículas y dos nacionalidades, durante el tiempo de matrícula en España, hay que cancelar la matrícula en el país anterior.

3.º "*Las aeronaves de uso privado pertenecientes o arrendadas a personas físicas o jurídicas de terceros Estados que tengan, respectivamente, su residencia habitual o un establecimiento permanente en España*".

Salvo las aeronaves con matrícula de prueba, ninguna aeronave puede circular sin matrícula. El adquirente de la aeronave, por cualquier título, sea *inter vivos* (compraventa, donación) o *mortis causa* (herencia, legado) está obligado a instar la inscripción de matriculación o la anotación registral de cambio de titularidad de una aeronave. En caso de falta de matrícula, se imponen las sanciones de la Ley de seguridad aérea (art. 16 Real Decreto 384/2015).

La inscripción en el Registro de Matrícula se practica (art. 13 Real Decreto 384/2015) en virtud de:

- Un documento público, como una escritura notarial de compraventa de la aeronave o un acto judicial de adjudicación de la aeronave como la subasta.
- Un documento privado de un contrato de compraventa, que acredite la adquisición de la propiedad o de la posesión.

De acuerdo con la Ley de navegación aérea, tienen legitimación activa para solicitar la inscripción las personas previstas en el art. 11 Real Decreto 384/2015, presentando la documentación exigida en el art. 12 del mismo Real Decreto.

En el marco del procedimiento de matriculación definitiva y con carácter previo a la concesión, el Registro de Matrícula asigna una matrícula provisional, si dispone del certificado de tipo y del certificado de aeronavegabilidad (art. 21 Real Decreto 384/2015). Practicada la inscripción definitiva, el Director de Seguridad de Aeronaves emite el certificado de matrícula definitivo, conforme a un modelo normalizado.

El Registro de Matrícula se lleva por cada aeronave, no por cada persona. Cada aeronave matriculada tiene una hoja en el Registro de Matrícula, donde se hacen constar sus datos técnicos, el título jurídico por el que se adquiera la propiedad, el contrato de arrendamiento u otro título por el cual se traslade la posesión o uso de la aeronave, los seguros aéreos obligatorios, las cargas y gravámenes (como una hipoteca), los cambios de titularidad que puedan producirse sobre la aeronave. La hoja se cierra con la cancelación de la matrícula, cuando tenga lugar (art. 8 Real Decreto 384/2015).

Como se ha adelantado, en cambio, no se inscriben los arrendamientos de corta duración, definidos como los de duración igual o inferior a seis meses (una temporada), aunque para su uso hay que tener autorización de la Agencia Estatal de Seguridad Aérea (art. 8 Real Decreto 384/2015). Es decir, para alquilar un avión unos pocos meses, no hay que matricularlo en España (sería una burocracia enorme, por cuanto supone cambiar la nacionalidad de la aeronave), pero la Agencia Estatal de Seguridad Aérea ha de autorizar este arrendamiento.

El Registro de Matrícula de Aeronaves Civiles es público, accesible a cuantas personas acrediten un interés legítimo. A instancia de parte interesada, la Agencia Estatal de Seguridad Aérea puede emitir certificados de titularidad, de flota y de historia registral de una aeronave (art. 6 Real Decreto 384/2015).

16. AERONAVES NO INSCRIBIBLES EN EL REGISTRO DE MATRÍCULA DE AERONAVES CIVILES

El art. 3 Real Decreto 384/2015 libera de inscripción y matrícula a determinadas aeronaves: ala delta y otras de vuelo libre, parapentes, parapentes motorizados, aeronaves que precisen del esfuerzo físico para aterrizar o despegar, micro planeadores, otras aeronaves cuyo peso total al despegue, sin contar el del piloto, sea de menos de 70 kilogramos, globos cautivos, globos libres no tripulados, aeromodelos y aeronaves no tripuladas cuya inscripción no proceda. El art. 3 Real Decreto 384/2015 define algunas de estas aeronaves.

17. BIBLIOGRAFÍA COMPLEMENTARIA

ARROYO MARTÍNEZ, I., "Estatuto jurídico de los vehículos de la navegación marítima y de la aeronave", en MENÉNDEZ MENÉNDEZ, A. y ROJO FERNÁNDEZ RÍO, Á. (Dir.), *Lecciones de derecho mercantil: Volumen II*, 2022, Thomson Reuters Civitas, págs. 675-714; CUERNO REJADO, C., *Aeronavegabilidad y certificación de aeronaves*, Paraninfo, 2008; LÓPEZ QUIROGA, J., "La seguridad aérea y la inspección aeronáutica ("*safety*"), en MENÉNDEZ MENÉNDEZ, A. (Dir.), *La regulación de la industria aeronáutica*, 2ª ed., Aranzadi, 2016, págs. 967-1006; LOSTAU, F., *La aeronave y su régimen jurídico*, Instituto Francisco de Vitoria, 1958; MOLINA HERNÁNDEZ, C., "La responsabilidad social corporativa en la gobernanza de las compañías dedicadas al transporte aéreo: la gestión de los derechos de emisión de la aviación por parte de los administradores en el marco de la responsabilidad medioambiental", en *Revista de Derecho del Transporte*, nº 217, 2016, págs. 213-239; MOLINA HERNÁNDEZ, C., *El registro de la unión de derechos de emisión de gases de efecto invernadero como medio de articulación de la representación y del comercio de estos instrumentos financieros*, Tesis doctoral dirigida por A. Martínez-Echevarría y García de Dueñas, Universidad CEU San Pablo, 2015; MORILLAS JARILLO, M. J., "La aeronave como cosa compuesta. La singularidad del régimen de los motores", en MARTÍNEZ SANZ, F. y PETIT LAVALL, M. V. (Dirs.), *Estudios de Derecho aéreo: aeronave y liberalización*, Marcial Pons, 2009, págs. 91-107; ZAFRA RIASCOS, M., "Una estrategia global para un desarrollo del transporte aéreo respetuoso con el medio ambiente", en *Revista Europea de Derecho de la Navegación Marítima y Aeronáutica*, nº 9, 1993, págs. 1515-1534.

Capítulo VIII

La adquisición de la propiedad y constitución de derechos de garantía sobre la aeronave y sus componentes. Registro mercantil y registro internacional de Ciudad del Cabo

1. OPERACIONES PARA FINANCIAR LA ADQUISICIÓN DE LA AERONAVE

Para la adquisición de una aeronave de nueva construcción, de una aeronave nueva, pero ya construida o de una aeronave de segunda mano, los fondos disponibles por el futuro comprador no son siempre suficientes. Existen mecanismos de financiación del ahorro privado para obtener capital para invertir en aeronaves y otras necesidades de la compañía aérea. Primero, mediante *ampliaciones de capital social.* Es habitual entre compañías aéreas con forma de sociedad anónima recurrir al ahorro privado a través de ampliaciones de capital que conviertan en accionistas a los que aportan financiación. Las acciones son los valores de renta "variable" por antonomasia. Si la compañía aérea forma parte de algún mercado de valores es una sociedad "cotizada" y se aprovecha de los beneficios de integrarse en un mercado organizado. Por ejemplo, es más fácil encontrar posibles adquirentes de las acciones. Las acciones tienen una cotización oficial diaria (resultante de las operaciones de ese día sobre esas acciones), que es orientativo de su valor, aunque las partes contratantes deciden libremente el precio. El mercado de valores tradicional son las "Bolsas de Valores". Las acciones de la sociedad anónima (u otro nombre que en cada país reciba la participación en el capital social de la sociedad) pueden ser emitidas y revendidas en estos mercados de valores. Cuando necesite dinero, la sociedad anónima puede realizar ampliaciones de capital, mediante la agrupación de nuevas acciones en emisiones. Se pretende captar dinero a cambio de hacer socio o de la posibilidad de ser socio en el futuro, normalmente sin riesgo de perder el control de la sociedad, en base al carácter minoritario de los múltiples inversores y su falta de participación en la junta de accionistas. El inversor espera obtener un beneficio con los dividendos que distribuya la sociedad y/o también con la plusvalía obtenida con la reventa de las acciones de la sociedad de la que es parte como accionista. El inversor no puede, como regla general, exigir a la sociedad anónima la devolución de la inversión.

Segundo, mediante *emisión de deuda*. Las sociedades anónimas, especialmente las que forman parte de un mercado de valores como la Bolsa, pueden financiarse a través de la emisión de bonos, pagarés, obligaciones u otros valores similares representativos de un préstamo. Son los valores de renta "fija". La finalidad de la emisión de obligaciones es lograr dinero de terceros que pasan a ser acreedores de la sociedad anónima –no accionistas ni socios: son acreedores–. A cambio de la aportación, reciben el compromiso de la sociedad anónima de pagar los intereses estipulados y devolver el capital en el tiempo pactado. El acreedor puede esperar al vencimiento o ceder su derecho de crédito a un tercero con anterioridad.

Tercero, el particular o el operador comercial de aeronaves puede optar por financiar la adquisición de la aeronave con un *préstamo o crédito*, cuando no disponga de dinero suficiente para el pago en metálico. El mercado del denominado *aircraft financing* atrae aerolíneas que buscan financiación, bancos, compañías de arrendamiento de motores y aeronaves, fabricantes de aeronaves y motores, agencias de créditos de exportación, abogados, consultores, fondos de cobertura, firmas de capital privado, tasadores de aeronaves, compañías de mantenimiento, reguladores, compañías de seguros y otras compañías implicadas en financiar la aviación.

Sin ánimo exhaustivo, la financiación de la compraventa puede operar de diversas formas. Por un lado, para facilitar la exportación de aeronaves fabricada en un país, las agencias de crédito a la exportación (ECA) de cada Estado, privadas o públicas, pueden facilitar la compraventa. Unas veces conceden directamente el crédito al comprador, lo que supone un apoyo directo a la industria aeronáutica nacional. Otras veces, la ECA se limita a conceder garantías (como avales) a las entidades de crédito que financian la compraventa (*pure cover*). También puede usar sistemas mixtos. La versión de 1 de septiembre de 2011 del llamado *Aircraft Sector Understanding* (ASU), de la Organización para la Cooperación y el Desarrollo Económico (OCDE) es un documento de referencia en materia de financiación por ECA.

Por otro lado, más difundido es el préstamo o crédito comercial por un banco o por un grupo de entidades de crédito. Es habitual que participen varias entidades de crédito agrupadas en un *syndicate* en la financiación de la aeronave o de la flota adquirida con financiación. La aeronave por financiar puede ser nueva o usada, e incluso de nueva construcción. Para el financiador es esencial contar con garantías de devolución del crédito o préstamo concedido, siendo la hipoteca el derecho real por antonomasia que grava la aeronave hasta su completa devolución.

2. GARANTÍAS DEL FINANCIADOR

En España, la hipoteca sobre aeronaves se regula de forma específica en la Ley de 16 de diciembre de 1954 sobre hipoteca mobiliaria y prenda sin desplazamiento de posesión. Además, le son aplicables analógicamente las normas sobre hipotecas sobre otros bienes que sean compatibles con su naturaleza especial.

Podrá hipotecarse la aeronave en construcción, siempre que se haya invertido en ella un tercio de su valor y se hubiere inscrito previamente la propiedad en dicho Registro. El financiador de la aeronave en construcción dispone de un derecho real de hipoteca que grava la aeronave, desde la construcción hasta el completo pago del préstamo o crédito hipotecario. Le permite solicitar la venta judicial de la aeronave para cobrar lo que tenga pendiente.

La existencia de hipotecas de aeronaves en construcción se hace constar, en España, en el Registro de Bienes Muebles del Registro Mercantil. La inscripción previa, a efectos de la hipoteca de la aeronave en construcción, se considerará provisional, y una vez concluida aquélla se practicará la inscripción definitiva (art. 187 Reglamento del Registro Mercantil 1956).

Asimismo, durante el proceso de construcción, el financiador exige normalmente que el propietario contrate a su costa un seguro de daños para el supuesto de destrucción de la aeronave en construcción. También el fabricante dispone de seguros de responsabilidad civil para el caso en que fuese culpable de dicha destrucción. El acreedor hipotecario tiene un derecho de preferencia sobre el cobro de las indemnizaciones del seguro. El requisito es que la hipoteca de la aeronave en construcción esté debidamente inscrita en el Registro Mercantil a efectos de que todos puedan saber de su existencia sobre la aeronave.

Otra opción es el *contrato de arrendamiento financiero* (*finance lease*), que se trata más adelante al tratar los arrendamientos de aeronaves. Es una operación por la cual el arrendatario obtiene financiación para obtener la posesión de la aeronave que necesita, normalmente por toda la vida útil de la misma o una parte importante de la misma, en general, con opción de compra a la terminación del plazo. A diferencia del acreedor hipotecario, el financiador, que suele ser un establecimiento de crédito o una entidad de crédito, conserva la propiedad durante toda la duración del contrato. Por tanto, no tiene un derecho real de hipoteca, pues es el dueño de la aeronave. No obstante, como la aeronave es operada por el arrendatario puede generar la apariencia de propiedad a su favor. Para evitar que terceros de buena fe puedan pensar que el arrendatario es realmente el propietario y puedan trabar embargos sobre la aeronave, el propietario-arrendador ha de difundir públicamente que él es el auténtico propietario, por marcas en el propio avión, por la inscripción de su propiedad en registros nacionales y por la inscripción en el registro internacional de Ciudad del Cabo. Estas manifestaciones de propiedad intentan garantizarle el éxito para recuperar su aeronave mediante el ejercicio judicial de una "tercería de dominio", en que alega que él es el dueño, frente a posibles embargos que practiquen terceros de buena fe. Recordemos, por ejemplo, el concurso por insolvencia de la compañía aérea Spanair. Los propietarios de las aeronaves solicitaron que sus aeronaves no se integrasen en la masa activa del concurso para venderse y pagar a los acreedores concursales de Spanair.

3. EL CONTRATO DE ADQUISICIÓN DE AERONAVES EN CONSTRUCCIÓN

En el capítulo VII se ha analizado el régimen administrativo que ha de cumplir el constructor de la aeronave. Aquí se trata de la relación de Derecho mercantil, de naturaleza privada, entre el constructor y el que encarga la construcción de la aeronave.

El contrato de construcción es un arrendamiento de obra (art. 1544 Código Civil) por el cual el comitente (que puede ser el futuro operador, una entidad de *leasing o* una sociedad de venta de aeronaves, por ejemplo) encarga, normalmente a una empresa fabricante, la construcción de una o más aeronaves, conforme a un plano, proyecto, prototipo o de acuerdo con un certificado de tipo, a cambio de la prestación convenida. No basta con prestar el servicio, hay que concluir con la entrega de la aeronave, que es la obra pactada. Hay una nota de encargo de construcción y un proceso de fabricación, que se desarrolla por cuenta exclusiva del fabricante. La conformidad del aparato construido con el plano, prototipo o tipo puede acreditarse por expertos designados por las partes o por sociedades de certificación o clasificación independientes, como AENOR o Bureau Veritas (Morillas, Petit y Guerrero).

El contrato de construcción de aeronaves está presidido por la libertad de las partes para estipular lo que tengan por conveniente, siempre que no sea contrario a la ley, la moral y el orden público (art. 1255 Código Civil).

El contrato de construcción de aeronaves es, desde un punto vista jurídico, "atípico". Significa que el legislador no ha considerado necesario regularlo legalmente, ni en su contenido básico. Se opta por asegurar que el fabricante esté sometido a un exhaustivo control administrativo, pero se deja que la operación, normalmente de gran envergadura económica, esté presidida por la libertad de las partes para pactar lo que tengan por conveniente. La "ley" no determina el contenido del contrato, lo hacen los contratantes.

Asimismo, también es frecuente que los contratantes se sometan, porque así lo deciden o una parte lo impone y la otra lo acepta, mediante una cláusula específica del contrato, a árbitros especializados en resolver las controversias usuales en estos contratos de construcción. Es una forma de evitar que los litigios sean resueltos por jueces y tribunales de la jurisdicción ordinaria, quienes, en defecto de pacto en contrario, conocerían del litigio. La razón básica es la publicidad del litigio (las sentencias son públicas) y que el proceso se puede alargar, debido a las posibles apelaciones a tribunales superiores, que hagan interminable el procedimiento. El laudo arbitral, en cambio, es confidencial y normalmente no puede apelarse ante los tribunales judiciales (*one shot system*).

Incluso antes de llegar a un arbitraje, pueden preverse sistemas de resolución amistosa de las divergencias que, normalmente, tendrán un carácter técnico, por ejemplo, porque no se ha cumplido exactamente las órdenes de construcción. Las partes confían a una organización que designe técnicos que examinen si ha habido desvíos del proyecto y fije indemnizaciones que eviten un conflicto y el recurso al arbitraje.

Los términos de los contratos de construcción de una o varias aeronaves son confidenciales. Las cláusulas usuales de este contrato incluyen la facultad de aportar materiales, de dar instrucciones, derechos de verificación e inspección, obligaciones de colaboración, de secreto y de ejecución de la obra. Normalmente se pacta la entrega de la aeronave una vez está construida totalmente, momento hasta el cual asume los riesgos de destrucción el propio fabricante. Se estipula que, si los materiales los pone el comprador, los riesgos corren de su cuenta.

Para la cobertura de estos riesgos de destrucción de la aeronave, las partes contratan los correspondientes seguros de daños y de responsabilidad civil durante la construcción.

Por otra parte, el art. 180, ap. 1º Reglamento del Registro Mercantil 1956 indica que la inscripción primera de las aeronaves en el Registro Mercantil (hoy el Registro de Bienes Muebles de Madrid) será de dominio (propiedad) y se podrá practicar en virtud del contrato de entrega o de venta de la entidad constructora, en unión al certificado administrativo de su matrícula.

La inscripción de las aeronaves construidas en el extranjero podrá practicarse en virtud de documento público o privado que tenga testimonio notarial o consular de legitimación de firmas (art. 180, ap. 2º Reglamento del Registro Mercantil 1956).

Luego establece el caso de adquisición de aeronave por medio de un contrato de construcción, en el que se considera título de adquisición la escritura pública de entrega, otorgada por el constructor a favor del propietario, en la que se haga constar el precio, la forma y condiciones de pago (art. 180, ap. 3º Reglamento del Registro Mercantil 1956).

4. LA RESPONSABILIDAD CIVIL DEL FABRICANTE DE AERONAVE POR PRODUCTOS DEFECTUOSOS

La recepción de la aeronave por el comprador no libera al constructor por su responsabilidad por los vicios ocultos (Morillas, Petit y Guerrero). Esto significa que el fabricante de aeronaves y el fabricante de sus componentes, como productores, pueden asumir responsabilidad contractual frente al comprador o extracontractual frente a otros terceros, en caso de que la aeronave o algún producto o equipo en la misma sean defectuosos. Como productores, en caso de daño, pueden no quedar exonerados de responsabilidad, aunque prueben haber ejercido la debida diligencia (art. 140 Texto Refundido de la Ley General para la Defensa de los Consumidores y Usuarios). Quedan sometidos a unos topes de indemnización mucho más altos (art. 141) que los previstos en las normas de responsabilidad de la compañía aérea transportista (en el Convenio de Montreal de 1999, por ejemplo). De ahí que, en caso de accidente, se aconseje a veces litigar contra el fabricante y no contra la compañía aérea y en las jurisdicciones nacionales donde las indemnizaciones son más altas (Morillas, Petit y Guerrero).

Un caso emblemático de responsabilidad del fabricante aeronáutico en España es el del Tupolev en el Lago Constanza en 2002. Con adolescentes rusos que venían a España, esta aeronave se estrelló en el lago Constanza de Alemania, al chocar en pleno vuelo con un Boeing de DHL. Ambos aviones iban dotados del sistema anticolisión TCAS II, versión 7.0, de las compañías norteamericanas Honey Well y ACSS. Los familiares de las víctimas demandaron en Estados Unidos, pero los tribunales de este país se declararon incompetentes y les remitieron a España. El proceso pasó sucesivamente por el Juzgado de Primera Instancia, por la Audiencia Provincial de Barcelona y, finalmente, por el Tribunal Supremo (sentencia de 13 de enero de 2014), que consideró probado el defectuoso sistema TCAS II, versión 7.0 y un error del centro de control aéreo de Zúrich. Aplicando el Derecho norteamericano y rebajando la cuantía por la concurrencia de culpas con el centro de control (el controlador fue asesinado luego por un viudo y padre que perdió esposa e hijos), el Tribunal Supremo reconoció unas indemnizaciones muy superiores a las que hubieran correspondido en una demanda contra la compañía aérea en caso de muerte de los pasajeros. La normativa aplicada por el Tribunal Supremo fue la de los Estados de Arizona y Nueva Jersey, de domicilio de las dos empresas fabricantes.

Si el Tribunal Supremo hubiera aplicado el Derecho español, hubiera regido el Texto Refundido de la Ley General para la Defensa de los Consumidores y Usuarios, ya citado. De acuerdo con éste, se entiende por producto defectuoso aquel que no ofrece la seguridad que cabría legítimamente esperar teniendo en cuenta todas las circunstancias y, especialmente, su presentación, el uso razonablemente previsible del mismo y el momento de su puesta en circulación (art. 137.1). Se añade que, en todo caso, un producto es defectuoso si no ofrece la seguridad normalmente ofrecida por los demás ejemplares de la misma serie (art. 137.2). Se entiende por productor el fabricante o importador en la Unión Europea de un producto terminado o de cualquier elemento integrado en un producto terminado o una materia prima. Si el proveedor no puede ser identificado (es difícil dado que los fabricantes de aeronaves y sus componentes han de estar certificados), será responsable el proveedor del producto, salvo que identifique el productor (art. 138). Si hay varios sujetos responsables, asumen responsabilidad solidaria frente a los perjudicados, sin perjuicio de las acciones de repetición de lo pagado por uno frente a los demás responsables (art. 132).

Videla señala que no es descartable tampoco la posible reclamación de responsabilidad del Estado, en cuanto que supervisor de la idoneidad del constructor.

5. EL CONTRATO DE COMPRAVENTA DE AERONAVES

Es una forma derivativa de adquisición de la propiedad de la aeronave, pues el derecho del comprador deriva o proviene del derecho previo que ostenta el vendedor sobre la misma. No sería posible de otra forma, pues no es posible vender lo que no es suyo. De ahí la importancia de los registros públicos, para verificar que quien dice ser el propietario, realmente lo sea y la compraventa no se frustre por falta de derecho del vendedor.

5.1. Formalidades del contrato

La adquisición, modificación o extinción de los derechos sobre una aeronave deben constar necesariamente en un documento público o privado (art. 12 Ley de navegación aérea). El contrato oral no es suficiente para hacer surgir las obligaciones principales de la compraventa (pago del precio a cambio de la entrega de la aeronave con efectos transmisores de la propiedad). Se tiene por no celebrado y no produce efectos jurídicos, ni obligaciones ni derechos para los contratantes. Es necesario un documento escrito, firmado por ambos contratantes.

Sin embargo, por seguridad jurídica, es recomendable formalizar dicho contrato en un documento público, normalmente una escritura pública firmada ante notario como garantía de que luego ninguna parte negará la veracidad de la firma o el contenido del contrato. El notario da fe pública de la identidad de cada parte y conserva un ejemplar del contrato. Además, si el comprador no dispone de dinero suficiente y opta por financiar la compraventa, generalmente, con una entidad de crédito, ésta exigirá constituir una hipoteca, un derecho real que grave la aeronave hasta la completa devolución del préstamo o crédito hipotecario. Para inscribir tanto la transmisión de la propiedad, como la constitución de la hipoteca sobre la aeronave, en el Registro de Bienes Muebles del Registro Mercantil, es necesario una escritura pública u otro documento auténtico (art. 182 Reglamento del Registro Mercantil 1956).

Otro documento auténtico es el auto de adjudicación de un bien adquirido en subasta u otro medio de ejecución de bienes en el marco de un procedimiento judicial.

Los documentos públicos, cuando sean otorgados en territorio extranjero, deberán ser objeto de legalización conforme a lo estipulado en el Real Decreto 1497/2011, de 24 de octubre, por el que se determinan los funcionarios y autoridades competentes para realizar la legalización única o apostilla prevista por el Convenio XII de la Conferencia de La Haya de Derecho Internacional Privado, de 5 de octubre de 1961.

En conclusión, con un documento privado de compraventa, el contrato es válido, pero para que ese contrato produzca efectos jurídicos frente a terceros, hay que formalizar una escritura pública de compraventa ante notario e inscribirla en el Registro de Bienes Muebles. Esto significa que el comprador de una aeronave que no se preocupa de verificar el cambio de nombre en el Registro de Bienes Muebles está en riesgo, si el vendedor vuelve a venderla a un tercero de buena fe y éste sí inscribe su propiedad. El Derecho protege al tercero comprador que ha visto que la aeronave era propiedad del vendedor, al no constar la primera compraventa en el Registro. El primer comprador tendrá acción contra el vendedor por fraude, pero habrá de entregar la aeronave a su legítimo propietario, el tercero de buena fe que compró después de él.

Para tener seguridad antes de comprar (igual que cuando se compra un piso y se consulta el Registro de la Propiedad Inmobiliaria para conocer su propietario y si hay cargas hipotecarias), el tercero de buena fe puede pedir una certificación al Registro de Bienes Muebles del Registro Mercantil de Madrid. El art. 183 Reglamento del Registro Mercantil 1956 dispone que la certificación que emite el Registro Mercantil acredita la propiedad de la aeronave y es el único medio para justificar la libertad de cargas o los gravámenes que la afecten. El comprador puede confiar en lo que diga el certificado de cargas, tanto en lo positivo (por ejemplo, si dice que no tiene hipotecas, aunque las tuviese no le serían oponibles por no estar debidamente inscritas) y en lo negativo (por ejemplo, si hay hipoteca inscrita, la reipersecutoriedad supone que el comprador de la aeronave ha de asumir que éste garantiza el pago del préstamo/crédito).

Además de los efectos privados, dado que la aeronave tiene una matrícula y está inscrito en el registro administrativo de matrícula, el art. 130 ap. 2º Ley de navegación aérea señala que, para la plena eficacia administrativa de las transferencias de propiedad de la aeronave, es necesario que se haga asiento de éstas en el Registro de Matrícula de Aeronaves Civiles. Esta inscripción se efectúa mediante certificación o comunicación del Registro de Bienes Muebles del Registro Mercantil de Madrid.

5.2. Contenido del contrato de compraventa

En España, la compraventa de aeronaves nuevas o usadas se regula, a falta de normas más específicas, por las de la compraventa mercantil (art. 325 a 345 Real Decreto de 22 de agosto de 1885 por el que se publica el Código de Comercio) y de la compraventa civil (arts. 1445 a 1525 Código Civil).

El contrato de compraventa de aeronaves es un contrato mercantil cuando se vaya a destinar a un uso comercial, y puede calificarse como contrato civil cuando se destine a un uso privado (Morillas, Petit y Guerrero, pág. 509).

Además, si es un consumidor y destina la aeronave a uso privado, pueden resultar de aplicación las defensas y derechos que le reconoce el Texto Refundido de la Ley general de defensa de consumidores y usuarios.

Un contrato complejo como éste no puede depender de lo que digan las leyes, normalmente incompletas pues no pretenden sustituir la voluntad de las partes. Por ello, lo normal es que el contrato sea lo más detallado posible para prever el mayor número de detalles. En el ámbito comercial, también en el aéreo, es muy habitual que existan "formularios-tipo" para todo tipo de contratos, preparados por los propios vendedores u organismos privados como patronales de empresarios del sector. La finalidad es permitir que los contratantes se centren en la negociación en los aspectos esenciales (precio, garantías, fecha de entrega, etc.), pues el formulario-tipo de la compraventa contempla los detalles. Se consigue así que las partes comiencen la negociación con una lista de las condiciones y cláusulas contractuales más usuales en la práctica del contrato y no con un papel en blanco. Por defecto, el formulario-tipo ya tiene las cláusulas que reflejan los intereses esenciales del comprador y del vendedor y las partes pueden completar el contrato-tipo con otras cláusulas o borrar o modificar las predispuestas para acomodarlo a sus exigencias.

A modo de ejemplo, en aviones ya usados, puede consultarse el formulario-tipo "*Master used aircraft purchase agreement*, 2012", preparado por *Aviation Working Group* (AWG) y la *International Air Transport Association* (IATA).

Un contrato extenso y muy detallado da seguridad jurídica respecto a los derechos y obligaciones de las partes. Se conoce a priori qué ofrece cada contratante y qué puede exigir al otro contratante. En lo no previsto en el contrato, habrá que aplicar un Derecho nacional. Éste puede estar elegido en el propio contrato, habitualmente junto a la cláusula de elección de los tribunales nacionales o arbitrales para conocer de los litigios derivados del contrato de compraventa

El contrato de compraventa de una aeronave usada incluye, como uso o costumbre del sector, la denominada cláusula *as is, where is*. En su virtud, el comprador debe asegurarse de comprobar el estado de la aeronave, pues el vendedor no ofrece garantía de vicios ocultos y el comprador renuncia contractualmente a exigir ninguna responsabilidad al respecto al vendedor o a sus auxiliares.

La entrega y los riesgos inherentes a ésta se materializa cuando ambas partes firman un documento por el cual el vendedor firma la carta de venta (*bill of sale*) y el comprador el documento de aceptación (*acceptance certificate*).

6. OTRAS FORMAS DE ADQUIRIR LA PROPIEDAD DE LAS AERONAVES

La propiedad de las aeronaves, como cualquier otro bien mueble (móvil), puede tener lugar por cualquiera de las formas reconocidas por el Derecho. La adquisición puede ser originaria o derivativa (Morillas, Petit y Guerrero, págs. 496 y ss., y Lefebvre d'Ovidio, Pescatore y Tullio, págs. 283 y ss.). Los supuestos más habituales son las ya analizadas: la construcción, como modo de adquisición originaria; la compraventa, como modo de adquisición derivativa.

La adquisición *originaria* tiene lugar cuando el propietario adquiere la propiedad de la aeronave de forma independiente a un derecho anterior que pueda corresponder a otra persona. No hay un propietario previo.

En cambio, la adquisición *derivativa* es aquella donde la aeronave procede de otro propietario anterior y, normalmente, en virtud de un contrato de compraventa, cambia de dueño a favor del comprador. Sin embargo, hay otras formas de transmitir la propiedad a otro, que la adquiere derivativamente, tanto entre vivos (*inter vivos*), como por causa de muerte (*mortis causa*), como la permuta o intercambio y la donación.

También cambia la propiedad cuando la aeronave se aporta al capital social de una sociedad mercantil. Por ejemplo, un socio de una sociedad mercantil (anónima, limitada o de otro tipo) transmite la propiedad de la aeronave a la sociedad mercantil. A cambio, percibe acciones de la sociedad mercantil, ahora propietaria de la aeronave.

Igualmente se transmite la propiedad en caso de fusión de sociedades, de modo que la sociedad absorbente o la de nueva creación deviene propietaria de todos los activos de la sociedad absorbida o absorbidas: una aerolínea absorbe otra más pequeña y deviene propietaria de los aviones de ésta.

El abandono de la aeronave también es posible. Es una estipulación de algunos seguros de aeronaves, que permite al asegurado ceder la propiedad de la aeronave siniestrada al asegurador a cambio de percibir el total de la indemnización por siniestro total.

También cabe dación o cesión en pago de deudas de la aeronave a los acreedores, normalmente vinculado a la falta de liquidez del deudor y como forma de reducir la deuda pendiente o incluso, si el valor de la aeronave es suficiente, para cancelar definitivamente la deuda.

La cesión de la cuota de copropiedad al otro comunero tiene lugar cuando hay dos o más personas que comparten la copropiedad de una aeronave. Por efecto de la cesión, venta, donación, etc. de la cuota de un comunero al otro, éste deviene el propietario único de la aeronave.

Finalmente, la transmisión de la propiedad puede tener lugar por causa de muerte (*mortis causa*). Las formas posibles de adquirir la propiedad de una aeronave por causa de muerte son las siguientes. Por un lado, mediante herencia, que incluya entre el patrimonio hereditario una aeronave, cuya propiedad pueda corresponder al heredero o herederos, si aceptan la herencia. Mediante legado, en que el legatario pueda convertirse en propietario de la aeronave.

7. INSCRIPCIÓN DE LA PROPIEDAD DE LA AERONAVE, DERECHOS REALES Y ARRENDAMIENTOS EN EL REGISTRO DE BIENES MUEBLES DE MADRID

La regla general en Derecho es que los títulos de dominio o propiedad y otros derechos reales sobre aeronaves (la hipoteca es el derecho real por antonomasia), los contratos de arrendamiento y otras anotaciones sobre la aeronave, han de constar en el Registro de Bienes Muebles del Registro Mercantil. Hay que consultar este registro si se está interesado en una aeronave, aunque hay conexión de información entre el registro de matrícula y el de bienes muebles, pero quien emite el certificado de cargas con valor legal es el Registro de Bienes Muebles (art. 183 Reglamento del Registro Mercantil 1956).

A falta de esta inscripción, estos derechos no inscritos no perjudican al tercero de buena fe. Si la hipoteca está inscrita en este registro, el comprador ha de respetar los derechos del acreedor hipotecario (derecho de reipersecutoriedad, comentado más adelante). En cambio, en el hipotético caso en que no se inscriba la hipoteca, el comprador compra *libre de cargas.*

No hay un Registro de Bienes Muebles para aeronaves en todas y cada una de las provincias de España. De hecho, sólo hay uno en la actualidad. Se trata del Registro de Bienes Muebles del Registro Mercantil de Madrid. No hubiera valido la pena descentralizar más por razón de la carga de trabajo que supone. Esto explica que, por ejemplo, una aeronave que opera normalmente en el aeropuerto de Sabadell (Barcelona) haya que matricularla en Madrid en el Registro de Matrícula de la Agencia Estatal de Seguridad Aérea e inscribir, en su caso, la hipoteca también en el Registro Mercantil de Madrid.

La Dirección General de Seguridad Jurídica y Fe Pública (DGSJFP), llamada hasta 2020 Dirección General de los Registros y del Notariado (DGRN), es el órgano del Ministerio de Justicia, superior de los registradores, ante el cual se pueden recurrir sus decisiones. Por ejemplo, por negar la inscripción porque se considera que un documento extranjero no se presenta en la forma exigida. Así, mediante Resolución de 29 de enero de 2001, la Dirección General de los Registros y del Notariado admitió que pueda inscribirse el motor de la aeronave en el Registro de Bienes Muebles, si tienen marca, modelo y otros signos distintivos, pues a veces, sobre todo en las aeronaves más antiguas, el motor es lo que conserva un mayor valor.

La Resolución de 20 de diciembre de 2016 de la Dirección General de los Registros y del Notariado confirmó la denegación de la inscripción de un contrato de arrendamiento financiero de una aeronave, por falta de previa inscripción de la aeronave a favor del arrendador financiero, sin que el contrato de arrendamiento sirva como título para la matrícula de la aeronave.

La normativa registral aplicable a la inscripción en el Registro de Bienes Muebles es el Decreto de 14 de diciembre de 1956 por el que se aprueba el Reglamento del Registro Mercantil y el Arancel de los honorarios que devengarán los Registradores Mercantiles. Sigue en vigor sólo en aspectos muy concretos, como en el registro de buques y aeronaves. En lo demás, ha sido sustituido por el Real Decreto 1784/1996, de 19 de julio, por el que se aprueba el Reglamento del Registro Mercantil.

El art. 177 Reglamento del Registro Mercantil 1956 dispone que en el Registro Mercantil de la provincia donde hubiere matrícula de aeronaves se abrirá una Sección especial para la inscripción del "*dominio y demás actos y contratos de trascendencia real relativos a las mismas*":

- El "dominio" es la propiedad;
- "los demás actos y contratos" incluyen el arrendamiento de la aeronave, el usufructo, el embargo preventivo y la hipoteca sobre la aeronave.

8. (SIGUE) INSCRIPCIÓN DE LA HIPOTECA SOBRE LA AERONAVE

La aeronave es un bien susceptible de hipoteca, para lo cual es necesario que la propiedad y la hipoteca estén inscritas en el Registro de Bienes Muebles del Registro Mercantil de Madrid. Este Registro comunica la inscripción de la hipoteca de oficio al Registro de Matrícula (arts. 130 Ley de navegación aérea y 10.3 Real Decreto 384/2015).

El art. 12 Ley de navegación aérea indica que la adquisición, modificación o extinción de los derechos sobre una aeronave deberá constar necesariamente, como hemos visto, en documento público (escritura notarial, acto judicial de adjudicación del bien, como en una subasta judicial) o en documento privado.

Sin embargo, para inscribir una compraventa y la hipoteca de una aeronave en el Registro de Bienes Muebles se necesita escritura pública o documento auténtico (art. 182 Reglamento del Registro Mercantil 1956), por lo que tanto la compra como la hipoteca se formalizan normalmente ante notario mediante escritura pública. Si se hace en un documento privado, no se podrá registrar la propiedad y la hipoteca en el Registro de Bienes Muebles.

Con el contrato de compraventa nace la propiedad y ya es oponible *inter partes* (comprador y vendedor) y frente a terceros que conozcan su existencia. La inscripción, además, hace oponible el derecho frente a cualquier tercero. La inscripción, por tanto, es declarativa, no es un requisito de la validez de la compraventa. En cambio, la hipoteca para ser válida ha de ser inscrita, es un requisito para su válida constitución (art. 1875 Código Civil y art. 3 Ley de hipoteca mobiliaria y prenda sin desplazamiento).

El art. 131 Ley de navegación aérea dice que sólo podrán ser objeto de hipoteca las aeronaves matriculadas en España. Como se ha comentado, la primera inscripción de una aeronave se practica en el Registro de Matrícula, los actos posteriores se inscriben primero en el Registro de Bienes Muebles, que pasa la información al Registro de Matrícula (art. 10.3 Real Decreto 384/2015).

El art. 38 de la Ley de hipoteca mobiliaria y de prenda sin desplazamiento de 1954 dispone que sólo pueden ser objeto de hipoteca mobiliaria las aeronaves inscritas en el Registro de Bienes Muebles del Registro Mercantil. Así:

1) La inscripción de la aeronave en el Registro de Bienes Muebles del Registro Mercantil es *obligatoria* para las aeronaves de nacionalidad española y de propiedad privada dedicadas a un fin comercial o industrial (art. 179 Reglamento del Registro Mercantil 1956).

2) La inscripción es *voluntaria* para las aeronaves de propiedad privada dedicadas a un uso privado no mercantil o industrial. Sin embargo, en la práctica, también suelen inscribirse. La razón es que normalmente las aeronaves se adquieren gracias a la financiación de entidades de crédito y éstas quieren garantías de devolución del crédito o préstamo, constituyen hipotecas sobre la aeronave.

El art. 38 de la Ley de hipoteca mobiliaria y de prenda sin desplazamiento de 1954 añade que "*La aeronave en construcción podrá hipotecarse cuando se hubiere invertido un tercio de la cantidad total presupuestaria. La inscripción provisional en el Registro Mercantil deberá convertirse en definitiva una vez terminada la construcción*". El art. 187 Reglamento del Registro Mercantil 1956 reitera que la aeronave en construcción puede hipotecarse cuando se hubiere invertido en ella un tercio de su valor y se hubiera inscrito previamente. Esto supone que la entidad de crédito exige la inscripción de la aeronave, aunque sea de uso privado, también en dicho registro, para también inscribir la hipoteca mobiliaria sobre la aeronave. Todo con ánimo de garantizarse la devolución del préstamo o crédito hipotecario concedido al propietario para adquirir la aeronave.

El art. 39 Ley de hipoteca mobiliaria y prenda sin desplazamiento dice que la hipoteca de un avión comprende, salvo pacto en contrario, la célula, los motores, hélices, aparatos de radio y navegación, herramientas, accesorios mobiliarios y, en general, pertrechos y enseres destinados al servicio de la aeronave, aunque sean separables de ésta. Por tanto, salvo que en la escritura pública de hipoteca se excluyan expresamente, se entienden incluidos en la cobertura de hipoteca. Por el contrario, los repuestos de almacén sólo quedan hipotecados si están escriturados expresamente.

9. (SIGUE) PREFERENCIA DE COBRO DEL ACREEDOR HIPOTECARIO Y SUS EXCEPCIONES: LOS ACREEDORES PRIVILEGIADOS

En virtud de la inscripción en el Registro de Bienes Muebles del Registro Mercantil, el acreedor hipotecario dispone de reipersecutoriedad o derecho de persecución de la cosa, que le permite ejecutar la aeronave hipotecada, aunque cambie de dueño, en garantía del crédito pendiente de pago.

El acreedor hipotecario tiene preferencia de cobro frente a los demás acreedores del propietario en caso de embargo y venta judicial o notarial de la aeronave o sobre la indemnización del seguro en caso de destrucción de ésta.

La preferencia de cobro del acreedor hipotecario sobre lo obtenido en caso de venta de aeronave o sobre la indemnización del seguro en caso de destrucción tiene una importante excepción: *los acreedores privilegiados*, que cobran antes.

Estos acreedores reciben su privilegio de las propias leyes, sin necesidad de estar inscritos. Por eso, se les denomina "derechos ocultos". Son, por tanto, las leyes, las que consideran que hay ciertos acreedores (muy pocos y por una cuantía limitada) merecedores de protección y que deben cobrar por delante de la totalidad de los acreedores del deudor, incluidos los hipotecarios con hipotecas a su favor inscritas en el Registro de Bienes Muebles del Registro Mercantil.

Los acreedores privilegiados están recogidos en el art. 133 Ley de navegación aérea. En particular, los créditos que, legalmente, tienen privilegio de preferencia de cobro son los siguientes:

a) los créditos por impuestos, derechos y arbitrios del Estado, por la última anualidad y la parte vencida de la corriente;
b) los salarios debidos a la tripulación por el último mes;
c) los créditos de los aseguradores por las dos últimas anualidades o dividendos que se les adeuden;
d) las indemnizaciones que la Ley de navegación aérea establece en concepto de reparación de daños causados a personas o cosas, sin perjuicio de lo dispuesto en su art. 119;
e) Los gastos de auxilio o salvamento de la propia aeronave, accidentada o en peligro.

El art. 133 Ley de navegación aérea señala también que el privilegio aeronáutico les permite a estos acreedores incluso separar la aeronave de la masa activa en caso de concurso por insolvencia del propietario. Es decir, que no se venda dentro del concurso para pagar a los acreedores. En concreto, el art. 241 Real Decreto Legislativo 1/2020, de 5 de mayo, por el que se aprueba el Texto Refundido de la Ley Concursal, dispone que los titulares de créditos con privilegio sobre los buques y las aeronaves podrán separar estos bienes de la masa activa del concurso, mediante el ejercicio, por el procedimiento correspondiente, de las acciones que tengan reconocidas en su legislación específica. Si de la ejecución resultara remanente a favor del concursado, se integrará en la masa activa. Sin embargo, si la ejecución separada no se hubiera iniciado en el plazo de un año desde la fecha de la declaración de concurso, ya no podrá efectuarse, y la clasificación de estos créditos se regirá por lo establecido en esta ley.

10. (SIGUE) INSCRIPCIÓN DEL CONTRATO DE ARRENDAMIENTO DE LA AERONAVE

El Registro de Bienes Muebles del Registro Mercantil también es esencial para inscribir los contratos de arrendamiento de aeronaves, tan comunes en el transporte aéreo comercial. Por ejemplo, cuando una aeronave matriculada en España y usada por una aerolínea española no le pertenece en propiedad, sino que sólo es arrendatario, siendo propiedad de un arrendador (*aircraft lessor*). Esta empresa ya se cuida de imponer que se inscriba en el Registro de Bienes Muebles su condición de propietaria, siendo la compañía aérea la arrendataria.

La finalidad de esta inscripción es preservar los derechos del propietario-arrendador frente a terceros de buena fe, que puedan pensar que la aeronave pertenece al arrendatario y, por tanto, puedan intentar embargarla en caso de impago de deudas. Gracias a esta inscripción, el arrendador puede demostrar su propiedad con el certificado de cargas solicitado y emitido por el Registro de Bienes Muebles del Registro Mercantil de Madrid.

La inscripción es suficiente para que el arrendador pueda recuperar la posesión de la aeronave, por ejemplo, en caso de concurso de la arrendataria. Los acreedores frustrados de la compañía aérea no podrán embargar la aeronave, pues es del arrendador. No es necesario que, en efecto, hayan consultado el Registro de Bienes Muebles para verificar que la aeronave estaba arrendada; basta que el contrato de arrendamiento esté inscrito y que el registro sea público.

La Ley 28/1998, de 13 de julio, de venta a plazos de bienes muebles, permite la inscripción de los contratos de leasing sobre bienes muebles en el Registro de Bienes Muebles. En caso de incumplimiento de un contrato de leasing, el arrendador podrá pretender la recuperación del bien (disposición adicional 1ª). El Real Decreto 1828/1999, de 3 de diciembre, por el que se aprueba el Reglamento del Registro de Condiciones Generales de la Contratación, crea el Registro de Bienes Muebles, y en su desarrollo, la Ordenanza para el Registro de Venta a Plazos de Bienes Muebles de 19 de julio de 1999 permite inscribir la venta a plazos de bienes muebles, el arrendamiento financiero y el arrendamiento con o sin opción de compra.

11. (SIGUE) INSCRIPCIÓN DEL EMBARGO PREVENTIVO DE LA AERONAVE. IMPOSIBILIDAD POR RAZÓN DE PATENTES

El embargo preventivo es una medida judicial de naturaleza cautelar, en el sentido de que pretende garantizar el cumplimiento de una futura sentencia judicial que reconozca derechos a una persona. Como la sentencia, si es condenatoria del deudor titular de la aeronave, tardará en dictarse, la finalidad del embargo preventivo por parte del acreedor es obtener unas garantías económicas (un aval bancario, un compromiso de una aseguradora) de que dicha sentencia podrá ejecutarse satisfactoriamente. Una vez que el deudor deposita en el juzgado dichas garantías, a satisfacción del acreedor, se libera el embargo preventivo y la aeronave puede seguir circulando.

Cuando un mandamiento judicial ordene la práctica de una anotación preventiva de embargo de un bien mueble no inscrito, el acreedor o demandante podrá solicitar del juez, en el mismo procedimiento, que requiera del deudor o del demandado la inscripción previa y el depósito o secuestro judicial del bien, bajo advertencia de que, en otro caso, dicha anotación abrirá folio en el Registro de Venta a Plazos de Bienes Muebles para asegurar la ejecución de la resolución judicial (disposición adicional 2ª Ley 28/1998). Las anotaciones preventivas de embargo de aeronaves en el Registro de Bienes Muebles del Registro Mercantil se ajustan a lo dispuesto en los títulos tercero y cuarto del Reglamento de la Ley de hipoteca mobiliaria y prenda sin desplazamiento (art. 189 Reglamento del Registro Mercantil 1956).

El embargo preventivo de aeronave está previsto en su art. 132 Ley de navegación aérea, pero indica que no producirá la interrupción del servicio público a que estén destinadas. Para su embargo preventivo se sigue la Ley 1/2000, de 7 de enero, de Enjuiciamiento Civil, de modo que el juez puede concederlo, siempre y cuando haya un principio de prueba de apariencia de buen derecho del embargante (*fumus bonus iuris*), riesgo de impago por el deudor y depósito de fianza por el embargante cuya conveniencia e importe decide el juez.

El Convenio de Roma para la unificación de ciertas reglas relativas al embargo preventivo de aeronaves de 1933, del cual es parte España, también prohíbe el embargo preventivo que produzca la interrupción del servicio de: a) aeronaves dedicadas a un servicio de Estado; b) aeronaves destinadas a un servicio público en línea regular y las aeronaves de reserva indispensables; c) aeronaves implicadas en un transporte no regular de personas o cosas cuando estén preparadas para partir para efectuar un transporte. Igualmente, el Convenio de Roma señala que se levantará el embargo preventivo automáticamente si se presta fianza.

Finalmente, debe abordarse un supuesto legal específico. El art. 27.a Convenio de Chicago contiene una norma especial sobre patentes, según la cual mientras una aeronave de un Estado contratante esté empleada en la navegación aérea internacional, la entrada autorizada en el territorio de otro Estado contratante o el tránsito autorizado a través de dicho territorio, con o sin aterrizaje, no darán lugar a embargo o detención de la aeronave ni a reglamentación alguna contra su propietario u operador ni a injerencia alguna por parte o en nombre de este Estado o de cualquier persona que en él se halle, basándose en que la construcción, el mecanismo, las piezas, los accesorios o la operación de la aeronave infringen los derechos de alguna patente, diseño o modelo debidamente concedidos o registrados en el Estado en cuyo territorio haya penetrado la aeronave, entendiéndose que en dicho Estado no se exigirá en ningún caso un depósito de garantía por la exención anteriormente mencionada de embargo o detención de la aeronave.

El art. 27.b Convenio de Chicago añade que se aplicarán también al almacenamiento de piezas y equipo de repuesto para aeronaves, así como al derecho de usarlos e instalarlos en la reparación de una aeronave de un Estado contratante en el territorio de cualquier otro Estado contratante.

El art. 27.c Convenio de Chicago indica que los beneficios de este artículo se aplicarán sólo a los Estados, partes en el presente Convenio, que: 1) sean partes en la Convención Internacional para la Protección de la Propiedad Industrial (se refiere a la denominada Convención de París de 1883) y sus enmiendas, o 2) hayan promulgado leyes sobre patentes que reconozcan y protejan debidamente las invenciones de los nacionales de los demás Estados que sean partes en el presente Convenio.

12. SISTEMAS DE RECONOCIMIENTO INTERNACIONAL DE LOS DERECHOS DE LOS FINANCIADORES DE LA AERONAVE. EL REGISTRO INTERNACIONAL DEL CONVENIO DE CIUDAD DEL CABO

12.1. Reconocimiento internacional de garantías sobre la aeronave

La aeronave de propiedad privada es, por definición, un bien mueble que traspasa fronteras nacionales, quedando de esta manera sometida a las leyes nacionales donde se encuentre. La cuestión es la siguiente: ¿deben las leyes nacionales de un Estado reconocer los derechos del acreedor hipotecario o del arrendador de una aeronave extranjera? Esto que parece tan obvio, no lo es, pues cada Estado es soberano para determinar qué reconoce y qué no. En España, se reconocerán las hipotecas inscritas en el Registro de Bienes Muebles sobre una aeronave española, pero si es una aeronave extranjera con hipotecas inscritas en el extranjero, este reconocimiento puede no darse o no ser tan automático. De ahí la preocupación, especialmente entre las entidades de crédito que financian la adquisición de aeronaves y de la industria de los *aircrafts lessors* que operan a nivel mundial (por ejemplo, AerCap) en buscar fórmulas legales que garanticen que sus derechos sobre la aeronave serán reconocidos, cualquiera que sea el país en que la aeronave se encuentre.

La primera solución a la necesidad de los financiadores de aeronaves de obtener seguridad es el Convenio de Ginebra de 19 de junio de 1948 sobre reconocimiento internacional de derechos sobre aeronaves, en vigor desde el 17 de septiembre de 1953. A 19 de mayo de 2023, 91 Estados son parte (según OACI, https://bit.ly/3ItPddI). España no es un Estado contratante.

El Convenio de Ginebra prevé el reconocimiento recíproco entre los Estados de:

- El derecho de propiedad;
- El derecho concedido al tenedor de una aeronave de adquirir su propiedad por compra (opción de compra);
- El derecho a la tenencia de una aeronave originado por un contrato de arrendamiento de seis meses como mínimo, y;
- La hipoteca, *mortgage* y derechos similares sobre una aeronave creados convencionalmente en garantía de pago de una deuda y siempre que este derecho se haya constituido conforme a la ley del Estado de matrícula y debidamente inscrito en el registro público de dicho Estado.

También están vigentes el Convenio relativo a garantías internacionales sobre elementos de equipo móvil, firmado en Ciudad del Cabo el 16 de noviembre de 2001 (Convenio de Ciudad del Cabo) y el Protocolo sobre cuestiones específicas de los elementos del equipo aeronáutico, del Convenio de Ciudad del Cabo, firmado en la misma ciudad también el 16 de noviembre de 2001. Ambos constituyen un texto consolidado y es el instrumento legal esencial de uso diario para el mercado de financiación de aeronaves.

El Convenio de Ciudad del Cabo crea un registro público de carácter internacional, que coexista con cada uno de los registros estatales, de modo que se refuerce la protección de los financiadores de aeronaves. Rige en el ámbito aeronáutico para células de aeronaves, motores de aeronaves y helicópteros (art. 2.3).

El Protocolo de Ciudad del Cabo adapta el Convenio para responder a las exigencias particulares de la financiación aeronáutica y extiende el ámbito de aplicación del Convenio a los contratos de venta de elementos de equipo aeronáutico. El 19 de mayo de 2023, según OACI, 83 Estados son parte del Convenio (https://bit.ly/3MhLn8q) y Protocolo de Ciudad del Cabo (https://bit.ly/3ons9X1).

12.2. Prioridad de cobro del financiador frente a acreedores inscritos posteriormente o no inscritos

El Registro Internacional del Convenio de Ciudad del Cabo trata de evitar la frustración de los acreedores hipotecarios y arrendadores de aeronaves y equipos aeronáuticos que defienden sus derechos en otros países, para que se reconozca la existencia de estos derechos, pero también la prioridad de sus garantías frente a otros acreedores, si hay otros. También pretende proteger los derechos de los acreedores, especialmente en países en vías de desarrollo y cuyos ordenamientos jurídicos no responden a la necesidad de los acreedores de sentirse seguros (Goode). Por ejemplo, cuando por ley nacional se crean privilegios de cobro sobre la aeronave de la compañía insolvente, esto va en detrimento del acreedor hipotecario, que aumentará los costes de la financiación. En esencia, se trata de evitar sorpresas, se pretende blindar a la entidad de crédito o *aircraft finance lessor* que financia la compra de la aeronave (y tiene una hipoteca o un arrendamiento financiero), reconociéndole prioridad legal de cobro frente a garantías inscritas posteriormente, y frente a garantías no inscritas –aunque no sean inscribibles (como los acreedores privilegiados "ocultos", arriba mencionados.

El Registro Internacional es de respeto obligatorio entre los Estados parte. Para ello, será imprescindible que el acreedor hipotecario o el arrendador de la aeronave inscriba su garantía hipotecaria o su arrendamiento no sólo en el registro nacional donde está inscrita la aeronave, sino también en el Registro Internacional del Convenio de Ciudad del Cabo.

12.3. *Garantías y derechos inscribibles en el Registro Internacional de Ciudad del Cabo: hipoteca, reserva de dominio y derecho del arrendador sobre la aeronave*

El Convenio de Ciudad del Cabo idea el concepto de garantía internacional inscribible y puede ser de tres clases:

a) un contrato de garantía (como una hipoteca);
b) una cláusula de reserva de dominio en un contrato de compraventa;
c) la propiedad que se reserva el arrendador frente el arrendatario en un contrato de arrendamiento.

Como puede verse, se tiende a la protección legal del acreedor hipotecario y del arrendador de la aeronave. Aquí se añade la *reserva de dominio*; es una cláusula típica de la compraventa pagada a plazos en donde el vendedor cede la posesión, pero la propiedad no se transmite hasta el último pago. Es una garantía a favor del vendedor. Si la compraventa está financiada por una entidad de crédito, ésta puede reservarse el dominio y ceder la posesión al comprador hasta que le devuelvan íntegramente el importe de la financiación.

Gracias al Registro Internacional del Convenio de Ciudad del Cabo, los titulares de estas garantías pueden dar publicidad de los derechos que la inscripción en un registro nacional ya les da. Por ejemplo, de la hipoteca, del arrendamiento financiero o de la reserva de dominio en el Registro de Bienes Muebles del Registro Mercantil. Así, la hipoteca, la reserva de dominio o el arrendamiento habrán de constituirse conforme a los derechos nacionales e inscribirse en los registros nacionales.

Si las garantías o derechos sujetos a Ley española fueran también susceptibles de inscripción en el Registro Internacional, los interesados pueden solicitar expresamente del Registro de Bienes Muebles que formalice esta inscripción para ganar prioridad internacional (disposición adicional 6ª Real Decreto 384/2015).

12.4. *Otros derechos inscribibles, incluso la mera perspectiva de una garantía es inscribible*

Además de estas tres garantías internacionales, también son inscribibles otro tipo de garantías, como el derecho de retención de la aeronave por parte del reparador.

Incluso es posible inscribir la mera perspectiva de una garantía, por ejemplo, desde que se comienza a negociar un préstamo, antes de que se haya concluido. De esta manera, si finalmente se concede y se registra, la entidad financiera tiene prioridad desde que inscribió la prioridad de su derecho (Goode).

12.5. *Funcionamiento del registro; falta de control de legalidad de lo inscrito*

Las garantías inscritas pueden recaer sobre aeronaves, pero también equipo móvil aeronáutico. La Organización de la Aviación Civil Internacional eligió a la sociedad mercantil Aviareto, con sede en Dublín, como registrador y aprobó las normas del registro. El Registro Internacional funciona como un registro electrónico, abierto todos los días y a todas horas. No hay nadie humano para verificar la inscripción, efectuar el registro, realizar la búsqueda o emitir el certificado de búsqueda. La finalidad es marcar la prioridad. Como se ha dicho, la inscripción en el Registro Internacional crea una preferencia de cobro: permite al titular de la garantía preservar su rango y oponibilidad frente a terceros y otorga prioridad frente a las garantías nacionales no inscritas en el Registro Internacional.

En cualquier caso, los términos en que se va a compatibilizar y aplicar el Convenio de Ciudad del Cabo, en España, con respecto a lo dispuesto para los acreedores privilegiados de la Ley de navegación aérea y, especialmente, con el régimen de clasificación de acreedores de la Ley concursal cuando el deudor sea insolvente, es objeto de debates jurídicos.

Una debilidad esencial del registro internacional de Ciudad del Cabo es que no garantiza las titularidades, es un registro de mera publicidad, esto es, sin la calificación de la legalidad. Significa que Aviareto no se hace responsable por la inexactitud (por ejemplo, que no existe tal hipoteca o tal arrendamiento financiero o la reserva de dominio) (art. 28 Convenio). Para tener esta certeza, la clave es que fuesen los registros nacionales, que controlan la legalidad de la inscripción, los únicos puntos de acceso necesario de datos. Sin embargo, el registrador del sistema de Ciudad del Cabo puede recibir los datos electrónicamente por parte de quien tenga interés (acreedor hipotecario, con reserva de dominio o arrendador) con el consentimiento de la otra parte (deudor hipotecario, comprador o arrendatario) y los inscribe sin entrar a dirimir ninguna cuestión jurídica.

13. BIBLIOGRAFÍA COMPLEMENTARIA

ARAGONÉS SEIJO, S., "Dificultad ejecutiva en España de las garantías internacionales sobre elementos del equipo aeronáutico", en *Revista de Derecho del Transporte*, nº 20, 2017, págs. 47-62; AREAL LUDEÑA, S., *La responsabilidad del fabricante de aeronaves en los Estados Unidos: estudio de derecho internacional privado*, Dykinson, 1997; CARRASCO PERERA, A. y TORRALBA MENDIOLA, E., "El <borrador> de Anteproyecto de Ley de Garantías Mobiliarias no es congruente con el sistema de garantías sobre aeronaves diseñado por el Convenio de Ciudad del Cabo (BOE de 4 de octubre de 2013)", en *Diario La Ley*, nº 8365, de 30 de julio de 2014; CASTELLANOS RUIZ, M. J., "Comentarios a las resoluciones de la Dirección General de los Registros y del Notariado de 20 de diciembre de 2016, sobre la inscripción en el Registro de Bienes Muebles de Madrid de varios contratos de arrendamiento financiero sobre aeronaves", en *Cuadernos de Derecho Transnacional*, vol. 9, nº 2, 2017, págs. 650-665; CASTELLANOS RUIZ, M. J., "Funcionamiento de los registros internacionales sobre aeronaves, tanto tripuladas como no tripuladas (drones)", en *Anuario Español de Derecho Internacional Privado*, nº 21, 2020, págs. 269-302; CASTELLANOS RUIZ, M. J., "El registro internacional: implementación en España del convenio de Ciudad del Cabo sobre garantías internacionales y su protocolo aeronáutico", en *Cuadernos de Derecho Transnacional*, vol. 9, nº 1, 2017, págs. 49-81; CASTELLANOS RUIZ, M. J., *Compraventa internacional de grandes aeronaves civiles*, Dykinson, 2017; CORDERO LOBATO, E., "Garantías internacionales sobre elementos de equipo móvil: España se adhiere al Convenio de Ciudad del Cabo (BOE de 4 de octubre de 2013)", en *Diario La Ley*, nº 8189, 12 de noviembre de 2013; CORDERO LOBATO, E., "Inversiones en el sector aeronáutico: oportunidades y retos del sistema de Ciudad del Cabo", en *Diario La Ley*, nº 8832, 27 de septiembre de 2016; CORREIA, V., "El convenio y el protocolo aeronáutico de ciudad del cabo y la Unión Europea. Aspectos de derecho público", en VEIGA COPO, A., (Dir.), *Retos y desafíos de las garantías reales: Cátedra Uría Menéndez-ICADE de regulación de los mercados*, Civitas Thomson Reuters, 2021, págs. 499-512; CRUZ RIVERO, D., "Hacia un Protocolo sobre los bienes de equipo espacial al Convenio de Ciudad del Cabo", en *Revista de Derecho del Transporte*, nº 5, 2010, págs. 125-159; GÓMEZ GALLIGO, J. y HEREDIA CERVANTES, I., "El Convenio de Ciudad del Cabo y su protocolo sobre bienes de equipo espacial", en *Revista Crítica de Derecho Inmobiliario*, nº 731, 2012, págs. 1415-1449; GÓMEZ GALLIGO, J., "La garantía internacional sobre bienes de equipo en el Convenio de Ciudad del Cabo y su incidencia en la legislación española sobre garantías mobiliarias", en CUADRADO IGLESIAS, M. y NÚÑEZ BOLUDA, M. D.,

(Dirs.), *Estudios jurídicos en homenaje al profesor Manuel García Amigo*, vol. 2, La Ley, 2015, págs. 1257-1276; GONZÁLEZ LEBRERO, R. A., "El embargo preventivo de aeronaves", en MARTÍNEZ SÁNZ, F. y PETIT LAVALL, M. V. (Dirs.), *Estudios de Derecho aéreo: aeronave y liberalización*, Marcial Pons, 2009, págs. 53-56; GOODE, R., *Convention relative aux garanties internationales portant sur des matériels d'équipement mobiles et Protocole relatif portant sur les questions spécifiques aux matériels d'équipement aéronautiques. Commentaire officiel*, Unidroit, 2002; GOODE, R., *Official Commentary on the Convention on International Interests in Mobile Equipment and the Protocol thereto on Matters specific to Aircraft Equipment*, 5ª ed., Unidroit, 2008; GUERRERO LEBRÓN, M. J., «Algunas consideraciones sobre el Convenio de Ciudad del Cabo (CCC) y el Protocolo para elementos del equipo aeronáutico (PEEA)", en MARTÍNEZ SÁNZ, F. y PETIT LAVALL, M. V. (Dirs.), *Estudios de Derecho aéreo: aeronave y liberalización*, Marcial Pons, 2009, págs. 57-70; GUTIÉRREZ GILSANZ, A., "El llamado leasing de aeronaves. Tipología. Problemática concursal", en MARTÍNEZ SÁNZ, F. y PETIT LAVALL, M. V. (Dirs.), *Estudios de Derecho aéreo: aeronave y liberalización*, Marcial Pons, 2009, págs. 185-201; HEREDIA CERVANTES, I., «Insolvencia en el sector aeronáutico: garantías internacionales y Brexit (1)», en *La Ley Unión Europea*, nº 92, 2021; HEREDIA CERVANTES, I., "La adhesión de España al Protocolo aeronáutico del Convenio de Ciudad del Cabo", en ALBA FERNÁNDEZ, M. y FORTES MARTÍN, A. (Coords.), *Público y privado en el derecho aeronáutico: Retos presentes y futuros*, Tirant lo Blanch, 2017, págs. 209-256; LAMOTHE FERNÁNDEZ, P. y OTERO RODRIGUEZ, J., "Valoración de garantías de valor residual en la industria aeronáutica: Un enfoque basado en la teoría de opciones reales", en *Documentos de trabajo en finanzas de empresas*, nº 8, 2005; LÓPEZ QUIROGA, J., "Algunas consideraciones acerca de los créditos aeronáuticos privilegiados", en MARTÍNEZ SÁNZ, F. y PETIT LAVALL, M. V. (Dirs.), Estudios de Derecho aéreo: aeronave y liberalización, Marcial Pons, 2009, págs. 73-90; LUCAS TOBAJAS, A. B. y GONZÁLEZ PULIDO, P., "La utilización de las aeronaves pilotadas por control remoto (RPAS) en la gestión de riesgos: una visión jurídica desde el Derecho Transnacional", en BUJOSA VADELL, L. M. y DA SILVA VEIGA, F. (Coords.), *Derecho transnacional iberoamericano*, vol. 2, Tirant lo Blanch, 2021, págs. 137-149; MARTÍNEZ MUÑOZ, M., "La hipoteca de aeronave", en VEIGA COPO, A. (Dir.), *Retos y desafíos de las garantías reales: Cátedra Uría Menéndez-ICADE de regulación de los mercados*, Civitas Thomson Reuters, 2021, págs. 473-498; MUÑIZ ESPADA, E., «El convenio de Cape Town y sus protocolos sobre garantías mobiliarias», en LAUROBA LACASA, M. E. y MARSAL GUILLAMET, J. (Coords.), *Garantías reales mobiliarias en Europa*, Marcial Pons, 2006, págs. 209-230; NAVARRO CODERQUE, F. y LAFARGUE FERNANDO, F.

N., "Posibles efectos prácticos del Convenio de Ciudad del Cabo sobre operaciones de financiación de elementos de equipo aeronáutico españoles", en *Diario La Ley*, nº 8472, 4 de febrero de 2015; PARADA VÁZQUEZ, J. D., "Los derechos sobre la aeronave y su reconocimiento internacional", en *Actualidad Civil*, nº 1, 1998, págs. 59-76; PÉREZ RODRIGUEZ, D. J., "El Convenio de Ciudad del Cabo relativo a las garantías internacionales sobre elementos de equipo móvil y su protocolo ferroviario: un primer enfoque práctico", *en Actualidad Jurídica Uría Menéndez*, nº 58, 2022, págs. 200-211; PUETZ, A., "¿Regulación eficiente o atentado a la seguridad jurídica?: el Convenio de Ciudad del Cabo de 16 de noviembre de 2001", en *Revista Crítica de Derecho Privado*, nº 6, 2009, págs. 305-333; PUETZ, A., "Garantías mobiliarias sobre el material aeronáutico: ¿conviene que España se adhiera al Convenio de Ciudad del Cabo?", en GUERRERO LEBRÓN, M. J. (Coord.), *Cuestiones actuales del derecho aéreo*, Marcial Pons, 2012, págs. 353-379; RODRÍGUEZ DE LAS HERAS BALLELL, T., "El concepto funcional de garantía en el Convenio de Ciudad del Cabo relativo a garantías internacionales sobre elementos del equipo móvil", en *Anuario de Derecho Civil*, vol. 65, nº 4, 2012, págs. 1605-1651; RODRÍGUEZ DE LAS HERAS BALLELL, T., "Las operaciones internacionales de financiación garantizada sobre el equipo aeronáutico: el Convenio de Ciudad del Cabo y su Protocolo", ALBA FERNÁNDEZ, M. y FORTES MARTÍN, A. (Coords.), *Público y privado en el derecho aeronáutico: Retos presentes y futuros*, Tirant lo Blanch, 2017, págs. 171-208; RODRÍGUEZ DE LAS HERAS BALLELL, T., *Las Garantías mobiliarias sobre equipo aeronáutico en el comercio internacional : el convenio de Ciudad del Cabo y su protocolo*, Centro de Derecho del Transporte Internacional, 2012; RODRÍGUEZ DE LAS HERAS, BALLELL, T., "Las normas de insolvencia en el Convenio de Ciudad del Cabo y el Protocolo Aeronáutico: reflexiones sobre su interpretación autónoma y su aplicación uniforme", en *Revista General de Insolvencias & Reestructuraciones*, nº 4, 2021, págs. 79-108.

Capítulo IX

Los contratos de arrendamiento de aeronaves

SUMARIO: 1. CONCEPTO Y RÉGIMEN JURÍDICO. 2. CONTRATOS DE ARRENDAMIENTO SIN TRIPULACIÓN (*DRY LEASE*). 2.1. El contrato de arrendamiento financiero de aeronave. 2.2. El contrato de arrendamiento operativo de aeronave. 2.3. Inscripción registral del contrato de arrendamiento sin tripulación en el Registro Mercantil y en el Registro Internacional del Convenio de Ciudad del Cabo. 2.4. Obligación de matrícula de las aeronaves arrendadas en el extranjero por compañías aéreas españolas. 2.5. Aprobación de la Agencia Estatal de Seguridad Aérea de arrendamientos de corta duración de aeronaves sin tripulación, sin cambio de matrícula. 3. CONTRATOS DE ARRENDAMIENTO CON TRIPULACIÓN (*WET LEASE*). 3.1. Concepto. 3.2. Aprobación de la Agencia Estatal de Seguridad Aérea para la toma en arrendamiento corta duración de aeronaves con tripulación. 3.3. Fletamento o chárter aéreo. 3.4. Contrato *ACMI, Aircraft, Crew, Maintenance, Insurance.* 3.5. Contrato *DAMP Lease.* 3.6. *Ad hoc lease.* 4. BIBLIOGRAFÍA COMPLEMENTARIA.

1. CONCEPTO Y RÉGIMEN JURÍDICO

El contrato de arrendamiento es aquel por el cual un arrendador otorga el derecho de poseer o de controlar un objeto (con o sin opción de compra) a un arrendatario a cambio de un alquiler u otra forma de pago. Ésta es la definición del art. 1.q) Convenio relativo a garantías internacionales sobre elementos de equipo móvil, hecho en Ciudad del Cabo el 16 de noviembre de 2001. El objeto del arrendamiento es generalmente una aeronave completa (*aircraft lease*). También es posible el arrendamiento de componentes, singularmente de motores.

El operador de la aeronave puede disponer de la misma sin necesidad de incurrir en los gastos asociados a la compra en propiedad y evitar los riesgos de su obsolescencia. El contrato de arrendamiento dispone de una duración determinada, a cuya terminación, el operador puede arrendar otra aeronave más moderna.

A pesar de la importancia de estos contratos, no existe apenas una regulación de estos en el Derecho aeronáutico, sino sólo algunas menciones en la normativa española y comunitaria. Además, se centra en el arrendamiento de aeronaves dedicadas al transporte comercial por avión. No se regula el arrendamiento para aeronaves de uso distinto, por lo que habrá que aplicar a estos el régimen general del derecho de las obligaciones y de los contratos.

En el Derecho y en la práctica aeronáutica, se distinguen dos tipos de arrendamiento de la aeronave, con y sin tripulación. Se les denomina *wet lease* y *dry lease*, respectivamente. En concreto, en el *transporte aéreo comercial* (*Commercial Air Transport*, CAT), el Reglamento (CE) 1008/2008, de 24 de septiembre de 2008, sobre normas comunes para la explotación de servicios aéreos en la Comunidad, distingue dos tipos de arrendamiento en el marco del transporte comercial en avión:

- Acuerdo de arrendamiento sin tripulación: un acuerdo entre empresas según el cual la aeronave opera con el certificado de operador aéreo del arrendatario (art. 2.24).
- Acuerdo de arrendamiento con tripulación: un acuerdo entre compañías aéreas según el cual la aeronave opera con el certificado de operador aéreo del arrendador (art. 2.25).

El Reglamento (UE) 965/2012 de la Comisión, de 5 de octubre de 2012, por el que se establecen requisitos técnicos y procedimientos administrativos en relación con las operaciones aéreas en virtud del Reglamento (CE) 216/2008, confirma esta distinción entre el acuerdo de arrendamiento sin tripulación: un acuerdo celebrado entre empresas y en virtud del cual la aeronave se explota al amparo del certificado de operador aéreo del arrendatario (anexo I, art. 2.39), y; el acuerdo de arrendamiento con tripulación: un acuerdo entre compañías aéreas según el cual la aeronave se explota con el certificado de operador aéreo (AOC) del arrendado (anexo I, art. 2.123).

El art. 13 Reglamento (CE) 1008/2008 admite que las compañías aéreas comunitarias podrán disponer de una o varias aeronaves en régimen de arrendamiento con o sin tripulación y fija varias reglas:

1ª En general, es libre arrendar aeronaves matriculadas en otros Estados de la Unión Europea.

2ª Se requiere aprobación de la autoridad competente del domicilio social de la compañía comunitaria para cualquier arrendamiento sin tripulación y para un arrendamiento con tripulación si es arrendatario la compañía comunitaria.

3ª Se requiere aprobación de la autoridad competente para que las compañías comunitarias alquilen aeronaves con tripulación matriculadas en Estados que no sean de la Unión Europea.

El Reglamento (UE) 965/2012, en la Subparte OPS, de Operaciones Aéreas, Sección I, trata sobre la "Certificación de operadores de transporte aéreo comercial". La norma ARO.OPS.110, titulada "Acuerdos de Arrendamiento" y siguientes regulan en detalle la aprobación por parte de las autoridades competentes de los Estados miembros de la Unión Europea de los contratos de arrendamiento de aeronaves para empleo comercial. ARO.OPS.110 enumera qué contratos deben ser objeto de aprobación administrativa por la autoridad competente.

En España, la Autoridad competente es la Agencia Estatal de Seguridad Aérea para la aprobación de los arrendamientos. Ha publicado una guía que describe las distintas fases y requisitos para cubrir las actividades que incluyan la aprobación y la notificación de arrendamientos de aeronaves para usos comerciales o actividades afines a cambio de remuneración (https://bit.ly/3FoTMV8, consultada el 19 de mayo de 2023).

El procedimiento ante AESA es a través de la sede electrónica. En caso de toma en arrendamiento de aeronave por operador español, la solicitud se presenta por la arrendataria, independientemente de la nacionalidad del arrendador. En caso de cesión en arrendamiento de aeronave a un operador extranjero la solicitud será presentada por el arrendador.

2. CONTRATOS DE ARRENDAMIENTO SIN TRIPULACIÓN (*DRY LEASE*)

El contrato de arrendamiento sin tripulación (*dry lease*) más habitual es el arrendamiento operativo (*operating lease*). Otro contrato de arrendamiento sin tripulación es el arrendamiento financiero (*finance lease*), de naturaleza mixta entre arrendamiento y financiación.

Si se trata de una aeronave destinada al transporte aéreo comercial (*Commercial Air Transport*, CAT), mientras dura el contrato de arrendamiento sin tripulación, el arrendatario-operador posee la aeronave y ha de incluirla en la lista de las aeronaves que le permite su certificado de operador aéreo.

2.1. *El contrato de arrendamiento financiero de aeronave*

El *finance lease* o arrendamiento financiero es una forma de financiación para la utilización de bienes muebles, como aeronaves, camiones, maquinaria, etc., así como de inmuebles o establecimientos mercantiles, para ser utilizadas en el marco de una actividad empresarial, sin necesidad de adquirir la propiedad. A diferencia de la compraventa con la que se adquiere la propiedad plena, el arrendador financiero es poseedor de la aeronave, pero sólo se convierte en propietario a la terminación del plazo de arrendamiento y si ejerce la "opción de compra". Si no es así, devuelve la aeronave a su propietario. El arrendador es normalmente una entidad de crédito o una empresa específicamente dedicada al arrendamiento financiero y operativo de aeronaves. Gracias al arrendador (*lessor*), el arrendatario obtiene la financiación necesaria para disponer de la aeronave durante el período de arrendamiento.

Normalmente se trata de aeronaves nuevas, pero no es imprescindible. Es común prever el derecho del arrendatario a elegir qué aeronave ha de ser comprada por el arrendador a tercero (fabricante o proveedor) para cedérselo al arrendatario por el tiempo pactado y a cambio de las cuotas. El arrendatario asume plenamente el riesgo de defectos en el bien, con acciones que correspondan al arrendador frente al proveedor. La entrega se realiza directamente del proveedor, no del arrendador.

La duración del contrato es más larga en el arrendamiento financiero que en el arrendamiento operativo. La razón es que el contrato de arrendamiento financiero o leasing de aeronaves suele ser, pero no necesariamente, un acuerdo de financiación del arrendador al arrendatario que opera más como un préstamo sobre el 100% del valor del avión y por toda su vida útil. Al ser de mayor duración, el riesgo económico de quedar la aeronave desfasada lo asume el arrendatario financiero. El arrendatario ha de seguir pagando las cuotas durante toda la duración del contrato. Abandonar el contrato y dejar de pagar supone un incumplimiento contractual.

La aeronave en leasing es propiedad del arrendador y puede recuperarla tan pronto como haya un incumplimiento e interponer una acción de daños y perjuicios contra el arrendatario.

El cálculo de las cuotas mensuales que ha de satisfacer el arrendatario al arrendador por disponer de la aeronave suele tener como punto de referencia el valor global de compra que ha abonado el arrendador, más otros conceptos, entre ellos, su ganancia adicional.

Las cantidades suelen pagarse mensualmente. Son propiedad del arrendador sin retorno al arrendatario. Por ciertos gastos excepcionales, el arrendador sí que los reembolsará al arrendatario.

Como característica principal de la legislación española, el arrendamiento financiero incluye una opción de compra de la aeronave al final del período de arrendamiento y a cambio de un precio estipulado (disp.

Adicional 3ª Ley 10/2014, de 26 de junio, de ordenación, supervisión y solvencia de entidades de crédito). Al final del período, el arrendatario tiene la opción de comprar la aeronave al precio predeterminado, que puede ser una cantidad puramente nominal (*bargain purchase option*) o bien una cantidad significante (*balloon payment*). Si no ejerce su derecho, la empresa de leasing puede alquilarla de nuevo a terceros o prorrogárselo si está interesado el primero.

En los contratos sometidos a un derecho extranjero, puede no ser obligatorio incluir esta opción de compra a favor del arrendatario.

El arrendamiento financiero funciona en condiciones *net lease*: significa que el arrendatario es responsable por todos los costes asociados a la aeronave y sus operaciones y sus obligaciones no están afectadas por transacciones, defensas, reconvenciones, quiebra, cambio en el derecho u otra circunstancia.

En España, la aeronave ha de ser usada en el marco de las actividades empresariales, profesionales del usuario. La duración mínima es de 2 años para bienes muebles y de 10 para bienes inmuebles. En el contrato deben constar separadamente los costes de recuperación por la arrendadora y la carga financiera exigida por la misma.

La cuota de leasing es fiscalmente deducible de la imposición personal del usuario. Las empresas de leasing han de ser establecimientos o entidades de crédito autorizadas por el Ministerio de Asuntos Económicos y Transformación Digital e inscritos en el Registro del Banco de España.

Para que tenga efectos frente a terceros y sea oponible a ellos, ha de constar en el Registro de Bienes Muebles del Registro Mercantil, así como en placas visibles y en el certificado de matrícula.

El contrato detalla las condiciones a ser cumplidas por las partes antes de tomar posesión del avión en leasing: el arrendatario ha de disponer del certificado de operador aéreo; todos los permisos y autorizaciones estatales en regla; primera cuota abonada; fianza depositada con la obligación de actualizarla a solicitud del arrendador; contrato firmado; certificado de seguro contratado por el arrendatario; aeronave en condición de entrega.

Otras cláusulas usuales son las siguientes:

- El arrendatario debe indemnizar al arrendador por todas las pérdidas derivadas del arrendamiento, uso u operación de la aeronave.
- La prohibición al arrendatario de ceder o subarrendar sus derechos a un tercero sin permiso del arrendador.

- La reserva de la propiedad del arrendador hasta que el usuario no ejercite la opción de compra.
- El compromiso del arrendatario de usar la aeronave sólo en la actividad pactada.
- El compromiso del arrendatario de pagar las reparaciones y repuestos.
- El deber del arrendatario de contratar un seguro de daños.
- La determinación de la cuota total y las cuotas periódicas. Las cuotas pueden ser iguales o crecientes. El período de arrendamiento y las cuotas son de tal duración y cuantía que efectivamente el arrendatario tiene pleno uso de la aeronave durante toda su vida útil o buena parte de ésta.
- No cabe subarrendamiento de la aeronave sin aprobación del arrendador.
- No cabe cesión del contrato por el arrendatario a un tercero, sin aprobación del arrendador. Significa que un tercero pase a ser el arrendatario.
- Las operaciones deben cumplir con todas las leyes aplicables al arrendatario, al arrendador y a la aeronave.
- Mantenimiento ejecutado de acuerdo con el programa de mantenimiento aprobado por el Estado y conforme con el programa del fabricante.
- Instalación de placas sobre el armazón (*airframe*) y motores para manifestar los intereses del arrendador (normalmente, la propiedad de éste).
- El arrendador puede inspeccionar la aeronave durante el período de leasing y a la devolución.
- Obligación del arrendatario de mantener indemne al arrendador y a la aeronave. Por ejemplo, no tener deudas pendientes con EUROCONTROL o países por sobrevuelo o tasas de aterrizaje, que pueden haber dado lugar a un crédito privilegiado sobre la aeronave.
- En caso de falta de pago regular y puntual de las cuotas; falta de pago de las primas de seguro; o por no cumplir con las condiciones esenciales como no mantener la posesión o dedicar la aeronave a transportes prohibidos o ilegales, el arrendador puede resolver el contrato, pedir la devolución de la aeronave, tomar posesión de la misma, la baja en la matrícula para llevárselo a su país, reclamar pago por daños, demandar para que le devuelvan la posesión, demandar los pagos, incluidos los futuros.

2.2. El contrato de arrendamiento operativo de aeronave

La Asociación Internacional de Transporte Aéreo (IATA) señala que, desde la década de 1980, cuando los arrendamientos operativos de aeronaves representaban menos del 5% del total de aeronaves en operación, el número de arrendamientos operativos de aviones ha crecido significativamente. Las aerolíneas se han dado cuenta de la ventaja de arrendamiento de aeronaves: agregar aeronaves a la flota actual por un período de tiempo conveniente, sin asumir el coste ni el riesgo vinculado a la propiedad.

Naturalmente, cuando se trata de aviones vinculados al transporte comercial, se trata de un contrato complejo. De ahí que la Asociación Internacional de Transporte Aéreo, como patronal de la mayor parte de aerolíneas, haya preparado un documento que, a modo de formulario-tipo, resuelva anticipadamente las cuestiones más habituales de este tipo de contrato. Se denomina *Guidance material and best practices for aircraft leases*, de mayo de 2017. Se trata de un modelo de contrato de arrendamiento por el cual, a cambio de un precio o renta, el arrendador (*lessor*) cede la posesión, uso y disfrute de la aeronave al arrendatario (*lessee*). El arrendador suele ser el propietario de la aeronave, como una compañía aérea, una entidad de crédito o una empresa de arrendamiento de aeronaves. El arrendatario es normalmente un operador dedicado al transporte comercial en avión, que quiere evitar los costes vinculados a operar una aeronave de su propiedad. Gracias al arrendamiento, el arrendatario deviene operador y asume el control operacional y comercial de una aeronave ajena.

La responsabilidad derivada de la operación de la aeronave corresponde al arrendatario. Por ello, la legislación dispone lo siguiente: un arrendamiento sin tripulación (*dry lease*) es un acuerdo celebrado entre empresas y en virtud del cual la aeronave se explota al amparo del certificado de operador aéreo del arrendatario [anexo I, 40, Reglamento (UE) 965/2012]. El arrendatario-operador pinta normalmente la aeronave con sus colores propios, nombra al comandante y piloto y a los tripulantes de cabina y pagará todos los costes fijos y variables vinculados a la operación de la aeronave.

En cuanto a las partes del contrato de arrendamiento operativo, el arrendador suele ser un empresario cuyo objeto social es comprar aeronaves a los principales fabricantes (Boeing, Airbus y otros), así como aeronaves usadas, para incorporarlas a su cartera (*porftolio*) y arrendarlas en régimen de arrendamiento operativo o financiero con ánimo de lucro. Otras veces, el arrendador es también una compañía aérea que arrienda sus aeronaves a otras compañías aéreas a través de *interchange agreements* u otro pacto. La aeronave pasa a ser usada por otra compañía en sus líneas respectivas y con su propio personal.

El arrendatario suele ser una compañía aérea, como Iberia, American Airlines o cualquier otra compañía aérea comercial, que no pueden disponer en régimen de propiedad de todas las aeronaves que explotan comercialmente y, a cambio de una remuneración periódica, las arriendan. Gracias al arrendamiento operativo, consiguen aeronaves modernas a cambio del desembolso mensual de la renta y no asumen el riesgo de depreciación de la aeronave, al ser normalmente de menor duración que el leasing. Al acabar el arrendamiento, devuelven la aeronave al propietario-arrendador y pueden alquilar otra más moderna y segura.

Los contratos detallan de forma pormenorizada los derechos y obligaciones de las partes y se firman por escrito. Conforme al contrato firmado por las partes, el arrendatario también firma y entrega un *certificado de aceptación* al recibir la aeronave. Este documento es una prueba concluyente entre ambos de que los expertos técnicos del arrendatario han examinado e investigado la aeronave y los motores y que están en condiciones de aeronavegabilidad y en un buen estado de funcionamiento y la aeronave y motores y la documentación de la aeronave carecen de defectos (sean o no descubiertos a la entrega) y en todo caso son satisfactorios para el arrendatario.

El contrato suele ir acompañado, si la aeronave no es nueva, de un poder del arrendador para darla de baja en el registro nacional de matrícula, sin perjuicio de su formalización en escritura pública cuando resulte pertinente a efectos de registro (art. 1279 Código Civil).

A continuación, se detallan algunas de las principales cláusulas usadas en el contrato de arrendamiento operativo de aeronaves comerciales, extraído de un contrato real.

- El arrendador se obliga a ceder el uso de la aeronave. Ésta ha de quedar claramente identificada en el contrato, que incluye mención al modelo y el fabricante (por ejemplo, Boeing 737-800), a la referencia a si es nueva o usada, al número de serie del fabricante, a la matrícula de registro, al modelo de motores y fabricante y a los números de serie de los motores.
- En el apartado contractual dedicado a la definición de los términos principales del contrato, se indica qué debe entenderse por aeronave el armazón, los motores, sus partes y la documentación de la aeronave.

- En la cesión, también se incluye el diario de a bordo (*log book*), archivos de la aeronave (*aircraft records*), Manual de operación y otros documentos suministrados al arrendatario en conexión con la aeronave y los documentos administrativos exigidos por las autoridades de aviación.
- En el momento de la entrega estipulado, la aeronave debe cumplir las especificaciones recogidas en el contrato.
- Siempre y cuando la aeronave cumpla con las condiciones contractuales, una vez que el arrendador la ponga a su disposición, el arrendatario aceptará la aeronave y la fecha de la puesta a disposición será considerada como día de entrega a todos los efectos del contrato, incluyendo, pero no limitado, el inicio de la obligación del arrendatario de pagar la renta.
- El lugar de entrega de la aeronave arrendada puede ser cualquiera que acuerden las partes, designado en el contrato o ser objeto de un acuerdo escrito u oral posterior. Puede tratarse, por ejemplo, de un aeródromo específico, o en las instalaciones del fabricante si la aeronave es de nueva construcción. En este caso, el contrato prevé el acuerdo expreso entre el arrendador y el arrendatario conforme la entrega de la aeronave al arrendatario está condicionada, y ocurrirá simultáneamente, con la entrega de la aeronave del fabricante al arrendador.
- Una cláusula común en los contratos establece que el arrendador no será responsable de ningún daño o perjuicio, o lucro cesante, que surja de cualquier retraso o incumplimiento de la entrega de la aeronave al arrendatario, salvo que sea imputable a la culpa del propio arrendador y, en ningún caso, será responsable por el incumplimiento o retraso atribuible al fabricante o a un proveedor de sus equipamientos.
- A la entrega de la aeronave usada, el arrendatario asume y acepta la aeronave *as is, where is* (como está, donde está), lo que supone una renuncia clara, terminante e inequívoca, sin condicionante alguno, a la reclamación sobre la base de vicios o defectos ocultos que pudiere adolecer la aeronave arrendada. No hay problemas de validez, en principio, al tratarse de contratos mercantiles donde rige la libertad de las partes para decidir los términos de su contrato. Es también una cláusula usual de este tipo de contratos, ampliamente difundida en este tráfico.
- Obligación de entregar al arrendatario una cesión de derechos contra el fabricante y el fabricante del motor.

- Derecho del arrendador a instalar placas sobre el armazón y motores para manifestar la auténtica propiedad de la aeronave. Por ejemplo, en caso de concurso del arrendatario y a los efectos de oponer su propiedad frente a terceros.
- Derecho a inspeccionar la aeronave y redactar informes durante el período de arrendamiento. Debe suministrar informes anuales o más habituales sobre la condición y configuración de la aeronave.
- Derecho a resolver automáticamente el contrato en caso de ciertos incumplimientos del arrendatario identificados en el contrato, como la falta de pago regular y puntual; la falta de pago de primas de seguro; no cumplir con las condiciones esenciales (perder la posesión, no mantener la personalidad jurídica, etc.); o, en caso de concurso voluntario del arrendatario por insolvencia.

Respecto a las obligaciones y derechos del arrendatario de aeronaves dedicadas al transporte aéreo comercial, suelen constar entre otros los siguientes:

- Obligación de pagar la renta en la moneda pactada y conforme a la tabla adjunta en el contrato para toda la duración del contrato.
- Sobre aeronaves nuevas, el contrato prevé el derecho del arrendatario a la inspección durante la fase final de ensamblaje de la aeronave y en el momento de la entrega de nombrar un representante para que pueda inspeccionarla y asegurarse de su conformidad con las necesidades del arrendatario y con los términos del arrendamiento. También se le reconocen derechos de inspección en tierra y vuelo de prueba previo a la aceptación. A cambio, en el contrato, el arrendatario reconoce que al aceptar la aeronave confía en su propia inspección y conocimiento en determinar si la aeronave cumple con los requisitos del contrato.
- Antes de la entrega de la aeronave usada al nuevo arrendatario, suele pactarse que sea sometida a una inspección de mantenimiento y repaso a fondo para preparar la aeronave para el nuevo servicio. Esta labor debe necesariamente ser llevada a cabo por una empresa certificada para ello cuando ni el arrendatario ni el arrendador disponen del certificado oportuno. El contrato prevé también una serie de requisitos que debe cumplir el arrendatario en relación con la entrega.
- Durante todo el período del contrato y hasta la fecha de terminación, el arrendatario contratará y mantendrá, a su costa, con todo vigor y efecto las clases de seguro y cantidades aseguradas (inclu-

yendo franquicias) a través de los corredores y con los aseguradores favorablemente considerados en la industria de aerolíneas. Para probárselo al arrendador, debe entregar al arrendador un certificado emitido por el corredor de seguro que acredite la existencia de seguros cubriendo: todos los riesgos de pérdida material o daño a la aeronave por cualquier causa, con ciertas exclusiones especificadas, por la suma asegurada de la aeronave en la cantidad de determinada y franquicias establecidas por cada pérdida; daños a las piezas los riesgos de pérdida física o daños a las partes de la aeronave, piezas de recambio o motores en todo momento cuando sean extraídos de la aeronave por cualquier causa; responsabilidad civil por aviación y como compañía comercial, cubriendo daños a terceros por la aeronave, a pasajero, equipaje, carga y correo y responsabilidad civil de la aerolínea (incluyendo responsabilidad por locales comerciales, hangar de aeronaves y productos defectuosos) por un importe no menor a una cantidad fijada para cada accidente o incidente.

- Obligación de disponer del certificado de operador aéreo y todos los permisos y autorizaciones estatales en regla.
- Obligación de depositar fianza estipulada, con la obligación de actualizarla a solicitud del arrendador.
- Obligación de mantener la posesión. No cabe subarrendamiento sin aprobación del arrendador.
- Prohibición al arrendatario de ceder el contrato, esto es, decidir que otro sea el arrendatario, pues este contrato de arrendamiento operativo es *intuitus personae*: el arrendador ha estipulado el contrato con el arrendatario, no con un tercero que éste decida.
- Obligación de cumplir durante las operaciones de la aeronave todas las leyes aplicables.
- Obligación de llevar a cabo el mantenimiento de la aeronave de acuerdo con el programa de mantenimiento aprobado por el Estado y el fabricante.
- El arrendatario asume todo el riesgo operacional, técnico y de responsabilidad por la aeronave. El arrendatario debe indemnizar al arrendador por todas las pérdidas derivadas del arrendamiento, uso u operación de la aeronave.
- Obligación de pagar inmediatamente todas las tasas de ruta y de servicios de navegación y cualquier otra pagadera por el arrendatario por el uso de los servicios suministrados por cualquier aeropuerto, tanto en relación con la aeronave arrendada u otra del arrendatario

e indemnizará y mantendrá indemne al arrendador en relación con las mismas.

- Prohibición de utilizar o permitir que la aeronave sea usada en forma o con un propósito que no esté cubierto por las pólizas de seguro que el arrendatario está obligado a llevar y mantener de conformidad con este contrato.
- El arrendatario no transportará mercancías de ninguna clase que puedan invalidar o limitar esas pólizas de seguro, ni realizará ni permitirá los actos de los que razonablemente se pueda esperar que invaliden o limiten estas pólizas de seguros.

En cuanto a la extinción, el contrato suele disponer de una cláusula específica dedicada a la duración del arrendamiento operativo. El plazo comienza a correr a partir de la fecha de entrega y tendrá una duración de un tiempo determinado libremente estipulado entre las partes. La fecha de terminación es el último día del período de duración del contrato y en el cual el arrendatario está obligado a devolver la aeronave al arrendador en las condiciones establecidas en el contrato.

En la hipótesis en que la entrega de la aeronave sea imposible por destrucción fortuita previa, el contrato suele prever que ningún contratante es responsable frente al otro, quedando sólo obligado el arrendador a devolver el depósito o cualquier renta anticipada que haya recibido del arrendatario.

El arrendamiento se extinguirá en fecha posterior a la de terminación fijada en el contrato si tiene lugar un incumplimiento y el arrendatario devuelve la aeronave más allá del término fijado o cuando tenga lugar un incumplimiento y el arrendador retoma la posesión de la aeronave o de otro modo resuelve el arrendamiento conforme a los derechos que le reconoce el contrato.

2.3. *Inscripción registral del contrato de arrendamiento sin tripulación en el Registro Mercantil y en el Registro Internacional del Convenio de Ciudad del Cabo*

El arrendamiento, sea financiero u operativo, no es una forma de adquisición por sí misma de la propiedad. Es un contrato por el cual el arrendatario tiene el uso y el disfrute derivado de la posesión, pero no tiene efectos transmisores o translativos de la propiedad. La misma la mantiene el dueño-arrendador durante toda la duración del contrato de arrendamiento.

El resultado es que, pese a las apariencias, muchos de los aviones en donde nos embarcamos para viajar no son en realidad de quien parece que son (la aerolínea que vendió el billete, la operadora que tiene la posesión).

La propiedad pertenece, en cambio, a una entidad distinta que suministra el avión (y que lo querrá recuperar inmediatamente si no le pagan las rentas mensuales o si el arrendatario se declara insolvente y los acreedores quieren embargar la aeronave en garantía). Se suelen poner placas encima de las puertas de entrada de la aeronave comercial, del tipo "*this aircraft belongs to...*". No obstante, podría no ser suficiente frente a terceros de buena fe guiados en las apariencias (aeronave pintada con los colores de la aerolínea, billete comprado a la aerolínea, etc.). Por lo que conviene dar publicidad registral de esta propiedad. De esta preocupación surge la posibilidad de inscribir el contrato de arrendamiento sobre la aeronave en los registros nacionales y, actualmente, también en el Registro Internacional del Convenio de Ciudad del Cabo.

La forma usual es que conste en el Registro de Bienes Muebles del Registro Mercantil de la aeronave española de la cual el arrendatario no es el propietario. O en otro registro nacional del país de matrícula de la aeronave. Lo inscrito en este registro se presume conocido por todos y se destruye la apariencia de que la aeronave pertenece a la compañía aérea.

La inscripción de la propiedad y los arrendamientos en el Registro Internacional creado por el Convenio de Ciudad de Cabo de 2001, del cual España también es parte, intenta también proteger los derechos del propietario-arrendador cuando pretende defender su propiedad en países extranjeros. La inscripción en el Registro de Bienes Muebles del Registro Mercantil puede no ser reconocida en ciertos países y lo mismo puede pasar con otros certificados registrales de otros países. El Convenio de Ciudad de Cabo intenta, a través de un registro internacional, mejorar en la seguridad jurídica de los propietarios-arrendadores de aeronaves.

2.4. Obligación de matrícula de las aeronaves arrendadas en el extranjero por compañías aéreas españolas

Como regla general, el Registro de Matrícula de Aeronaves es de propiedad. Sin embargo, un título jurídico de arrendamiento o cualquier otro traslativo de posesión por el que no se transfiera la propiedad de la aeronave es suficiente para obtener el certificado de matrícula. Su condición especial es que este certificado sólo tendrá vigencia durante el plazo de validez del título que dio origen a la inscripción (art. 25.2 Real Decreto

384/2015). Si se renueva el contrato o se adquiere la plena propiedad, por ejemplo, por ejercer la opción de compra en el arrendamiento financiero, se debe comunicar al Registro antes de que finalice la duración del contrato de arrendamiento (art. 25.3).

La matrícula española de aeronaves en régimen de arrendamiento lo permite expresamente la Ley de navegación aérea:

- Cuando el arrendatario sea español o de algún país miembro del Espacio Económico Europeo (integrado por los Estados de la Unión Europea, más Noruega, Islandia y Liechtenstein) (art. 18.2).
- Cuando las aeronaves de uso privado arrendadas a personas físicas o jurídicas (*sic*, una sociedad anónima o limitada, por ejemplo) de terceros Estados que tengan, respectivamente, su residencia habitual o un establecimiento permanente en España (art. 18.3).

Por tanto, si el arrendatario de la aeronave es español, europeo y, si es una aeronave de uso privado, incluso extracomunitario con residencia en España, podrá matricularla en España y la aeronave tendrá temporalmente la nacionalidad española. Este criterio legal de la Ley de navegación aérea lo confirma el art. 11 Real Decreto 384/2015.

Las aeronaves dedicadas al transporte comercial por avión y que son arrendadas disponen de un régimen específico. Las compañías aéreas con licencia de explotación concedida por la Agencia Estatal de Seguridad Aérea deberán matricular en España las aeronaves que utilicen de forma permanente para el desarrollo habitual de su actividad, inscribiéndolas a su nombre en el Registro de Matrícula de Aeronaves Civiles a título de propiedad, arrendamiento, arrendamiento financiero o cualquier otro título jurídico inscribible que faculte su disponibilidad. Se consideran aeronaves de utilización permanente las aeronaves en propiedad o en cualquier régimen de arrendamiento sin tripulación bajo contratos de duración superior a 6 meses, incluidas sus prórrogas (art. 13 Orden TMA/115/2020).

Para que las compañías aéreas con licencia de explotación concedida por la Agencia Estatal de Seguridad Aérea puedan operar aeronaves mediante acuerdos de arrendamiento de aeronaves sin tripulación, deben cumplir lo previsto en el art. 13 Reglamento (CE) 1008/2008 y el Reglamento (UE) 965/2012 (art. 14.1 Orden TMA/115/2010).

2.5. *Aprobación de la Agencia Estatal de Seguridad Aérea de arrendamientos de corta duración de aeronaves sin tripulación, sin cambio de matrícula*

En el Registro de Matrícula de Aeronaves español no se anotarán los títulos jurídicos de arrendamiento o subarrendamiento de aeronaves de duración igual o inferior a seis meses. El subarrendamiento significa que se alquila no directamente del propietario-arrendador sino de un arrendatario, que se convierte en subarrendador respecto al que opera el buque, que es un subarrendatario. Para utilizar aeronaves sometidas a arrendamientos o subarrendamientos de corta duración, será sólo necesario obtener previamente la autorización pertinente de la Agencia Estatal de Seguridad Aérea.

En concreto, el Real Decreto 384/2015 dispone que "*no se anotarán los títulos jurídicos de arrendamiento o subarrendamiento de aeronaves de duración igual o inferior a 6 meses*" (art. 27). Significa que no es necesario ni cambiar la matrícula de la aeronave extranjera, ni siquiera comunicar al Registro de Matrícula de Aeronaves Civiles la existencia de este arrendamiento. Sólo es necesario pedir y obtener una aprobación previa de la Dirección de Seguridad de Aeronaves de la Agencia Estatal de Seguridad Aérea la toma en arrendamiento de aeronaves sin tripulación de cualquier persona física o jurídica, aunque no sea compañía aérea, matriculadas en los Estados miembros de la Unión Europea o en terceros países (art. 14.2 TMA/115/2010).

También es preceptiva dicha aprobación de la Agencia Estatal de Seguridad Aérea en el supuesto de cesión en arrendamiento sin tripulación de aeronaves registradas en España a cualquier operador aéreo o persona física o jurídica (art. 14.2 TMA/115/2010).

3. CONTRATOS DE ARRENDAMIENTO CON TRIPULACIÓN (*WET LEASE*)

Entre los contratos de arrendamiento con tripulación (*wet lease*), el *chárter* o fletamento es el más conocido, pero la práctica conoce de muchas variedades contractuales. Si se trata de una aeronave destinada al transporte comercial, el arrendador no pierde la posesión, continúa siendo el operador de la aeronave, que sigue figurando en su certificado de operador aéreo, si bien queda a la disposición comercial del arrendatario mientras dure el contrato.

3.1. Concepto

Hay muchos tipos de contratos de arrendamiento con tripulación. No están regulados legalmente y son fruto de los usos y prácticas del sector aeronáutico. En efecto, para disponer de un avión, más sencillo que la compraventa o el arrendamiento *dry lease* es el fletamento, el *chárter*, el arrendamiento con tripulación, que vamos a entender como conceptos sinónimos.

Un acuerdo de arrendamiento con tripulación (*wet lease*) se da en dos supuestos [anexo I, 127 Reglamento (UE) 965/2012]:

- en el caso de las operaciones de transporte aéreo comercial (CAT), un acuerdo celebrado entre compañías aéreas y en virtud del cual la aeronave se explota al amparo del certificado de operador aéreo del arrendador, o
- en el caso de las operaciones distintas de las operaciones de trasporte aéreo comercial, un acuerdo celebrado entre operadores según el cual la aeronave se explota bajo la responsabilidad del arrendador.

Los contratos de arrendamiento con tripulación (*wet lease*) se diferencian de los contratos de *dry lease* en que el arrendador nunca pierde la posesión de la aeronave. A través de la tripulación, nombrada y cuyos salarios abona el arrendador, éste mantiene su condición de operador de la aeronave y responsable de sus operaciones. Si es una aeronave dedicada al transporte comercial, la aeronave continúa incluida en su certificado de operador aéreo; el contrato de arrendamiento con tripulación a un tercero no afecta a esta situación.

El arrendador *wet lease* puede ser propietario de la aeronave. O disponer de la misma a través de un contrato de arrendamiento *dry lease* (operativo o financiero) previo con un tercero. Sea de su propiedad o no, a efectos administrativos, el arrendador es operador de la aeronave y está incluida en su certificado de operador aéreo si se dedica al transporte comercial en avión.

3.2. Aprobación de la Agencia Estatal de Seguridad Aérea para la toma en arrendamiento de corta duración de aeronaves con tripulación

Para que las compañías aéreas con licencia de explotación concedida por la Agencia Estatal de Seguridad Aérea puedan operar aeronaves mediante acuerdos de arrendamiento de aeronaves con tripulación, deben cumplir lo previsto en el art. 13 Reglamento (CE) 1008/2008 y el Reglamento (UE) 965/2012 (art. 14.1 Orden TMA/105/2020).

Además, hay que obtener la aprobación previa de la Dirección de Seguridad de Aeronaves de la Agencia Estatal de Seguridad Aérea para la toma en arrendamiento de aeronaves con tripulación operadas por compañías aéreas de la Unión Europea o de terceros países (art. 14.2 Orden TMA/105/2020).

Para la aprobación de la toma en arrendamiento con tripulación de aeronaves operadas por compañías aéreas de la Unión Europea (art. 14.3 Orden TMA/105/2020), la Agencia Estatal de Seguridad Aérea ha de comprobar que la compañía aérea que solicita la aprobación para el desarrollo ordinario de sus actividades no depende excesivamente de estos arrendamientos. A estos efectos, se considerará que existe dependencia excesiva cuando el número de aeronaves arrendadas con tripulación que operen simultáneamente superen un tercio de su propia flota. No obstante, cabe aprobar estos arrendamientos por encima de dicha proporción, si se acredita que la organización, la dirección y el sistema de gestión del operador siguen siendo adecuados a la magnitud y alcance de sus actividades, en particular cuando se trate de compañías con flotas inferiores a cuatro aeronaves.

La Agencia Estatal de Seguridad Aérea también comprobará que el arrendamiento no excede de siete meses prorrogables hasta un máximo de doce meses. No obstante, también puede aprobar arrendamientos y prórrogas por períodos más amplios (art. 14.3 *in fine* Orden TMA/105/2020).

3.3. Fletamento o chárter aéreo

A cambio de un precio, el arrendador-operador únicamente pone el avión y su tripulación a las órdenes del arrendatario. Por ejemplo, el operador que celebra un contrato de fletamento como fletante con una agencia de viajes, como fletadora. Ésta ha vendido viajes combinados de alojamiento y transporte a sus clientes y necesita transportarlos hasta destino y traerlos de vuelta. Si la agencia de viajes no es una experta en transporte aeronáutico ni en aeronaves, lo más sencillo es alquilar una aeronave con tripulación a un operador aeronáutico. El negocio de la agencia de viajes es el margen comercial entre lo que paga por el flete al operador y lo que cobra de los billetes vendidos a sus clientes. A su vez, el operador tiene un contrato más o menos largo, según pactado, con la agencia de viajes, y no tiene que preocuparse por comercializar los asientos, ya se ocupa el fletador.

El fletamento o *chárter* puede ser para un singular viaje o para varios viajes dentro de un tiempo.

Otro ejemplo, un club de futbol o una selección que quiera disponer de un avión a su disposición, evitando que sus jugadores estén pendientes de las líneas regulares.

En fin, los *flight operating agreements* entre compañías aéreas son aquellos por los cuales una compañía aérea se obliga, a cambio de un precio, a operar con sus aeronaves propias y su propia tripulación en otras líneas de otra compañía, que se sirve de estas aeronaves para aumentar temporalmente su flota (Morillas, Petit y Guerrero).

3.4. Contrato ACMI, Aircraft, Crew, Maintenance, Insurance

Es un contrato de arrendamiento, normalmente de corta duración. Por ejemplo, para incrementos estacionales de la demanda, por estar las aeronaves propias en mantenimiento, para aerolíneas que prueban rutas nuevas, pero también para agencias de viajes, clubes deportivos, etc.

La aeronave está totalmente preparada para funcionar técnicamente, queda a la disposición comercial del arrendatario. Éste asume los costes variables, como el fuel, tarifas aeroportuarias y costes de *handling*, tasas de ruta (a veces paga primero el arrendador y luego reclama al arrendatario). Se suele pactar un coste por horas de vuelo efectivo (*block hour, chock to chock*), con un mínimo garantizado para el arrendador. Por ejemplo, Airbus A320, 2750 dólares estadounidenses, *per block hour*, 250 horas al mes garantizadas. Total mínimo: 687.500 dólares, más un mes de depósito.

3.5. Contrato DAMP Lease

Incluye sólo pilotos, no tripulación de cabina, que la pone el arrendatario.

3.6. Ad hoc lease

Es un aerotaxi, en donde se paga para un concreto viaje. Normalmente es con tripulación. Si el arrendatario dispone de la titulación y quiere pilotar directamente es posible si el arrendador así lo permite.

4. BIBLIOGRAFÍA COMPLEMENTARIA

AGUAYO SIERRA, C., "La aeronave: contratos de adquisición y utilización", en *Seminario de Derecho Aeronáutico,* Instituto de Derecho Aeronáutico y del Espacio y de la Aviación Comercial, 2003, págs. 148-158; CASTELLANOS RUIZ, M. J., *Compraventa y leasing internacional de grandes aeronaves civiles,* tesis doctoral dirigida por A. Calvo-Caravaca, Universidad Carlos III de Madrid, 2016; CASTELLANOS RUIZ, M. J., "Responsabilidad contractual o extracontractual en un contrato de «wet lease». Comentario a la STS 646/2020, de 30 noviembre (RJ 2020, 4794)", en *Cuadernos Civitas de jurisprudencia civil,* nº 117, 2021, págs. 107-118; CONDE TEJÓN, A., *El contrato de charter aéreo. Especial atención a las responsabilidad en caso de retrasos y cancelaciones, accidentes, daño a los equipajes y overbooking,* Comares, 2008; DÍEZ RAMOS, D., "El control operacional de la aeronave como elemento diferenciador entre el <wet lease agreement> y el charter aéreo", en MARTÍNEZ SÁNZ, F. y PETIT LAVALL, M. V. (Dirs.), *Estudios de Derecho aéreo: aeronave y liberalización,* Marcial Pons, 2009, págs. 141-149; FOLCHI, M. O., "Los contratos de utilización de las aeronaves", en MARTÍNEZ SÁNZ, F. y PETIT LAVALL, M. V. (Dirs.), *Estudios de Derecho aéreo: aeronave y liberalización,* Marcial Pons, 2009, págs. 21-51; GUTIÉRREZ GILSANZ, A., "El llamado leasing de aeronaves. Tipología. Problemática concursal", en MARTÍNEZ SÁNZ, F. y PETIT LAVALL, M. V. (Dirs.), *Estudios de Derecho aéreo: aeronave y liberalización,* Marcial Pons, 2009, págs. 185-201; HUGUET MONFORT, J., "El arrendamiento de aeronaves y la atribución del control operacional en los <dry lease> y <wet lease agreements>", en MARTÍNEZ SANZ, F. y HUGUET MONFORT, J., "El arrendamiento de aeronaves tras el Reglamento (CE) nº 1008/2008, de 24 de septiembre", en MARTÍNEZ SÁNZ, F. y PETIT LAVALL, M. V. (Dirs.), *Estudios de Derecho aéreo: aeronave y liberalización,* Marcial Pons, 2009, págs. 261-277; MARTÍNEZ SANZ, F. y PETIT LAVALL, M. V. (Dirs.), *Régimen del transporte en un entorno económico incierto,* 2011, Marcial Pons, págs. 351-368; MARTÍNEZ SANZ, F., "El contrato de charter aéreo", en PETIT LAVALL, M. V. (Coord.), *Lecciones de derecho del turismo,* Tirant lo Blanch, 2000; MECA GAVILÀ, I. y LÓPEZ-QUIROGA, J. , "Los contratos de utilización de aeronaves y la responsabilidad contractual en el Convenio de Montreal de 1999", en FOLCHI, M. O., GUERRERO LEBRÓN, M. J. y MADRID PARRA, A. (Coords.), *Estudios de Derecho aeronáutico y espacial,* Marcial Pons, 2008, págs. 193-203; MORILLAS JARILLO, M. J., "Algunos aspectos del leasing de aeronaves en España", en *Revista de Derecho Mercantil,* nº 208, 1993, págs. 471-586; PULIDO MÉNDEZ, A. M., "Riesgos en los contratos de fletamento y seguros aeronáuticos en el Proyecto de Código Aeronáutico Latinoamericano", en NADAL GÓMEZ,

I. (Dir.), *La aviación al servicio del desarrollo económico de la sociedad. Los nuevos retos de su regulación jurídica. XLIII Jornadas Latinoamericanas de Derecho aeronáutico y espacial*, Economist & Jurist Difusión Jurídica, 2019, págs. 105-111; RODRÍGUEZ ARTIGAS, F., "El chárter aéreo: una aproximación al estudio de su régimen jurídico", en *Revista de Derecho Mercantil*, nº 134, 1974, págs. 429-484; SIERRA NOGUERO, E., *Esquemas de Derecho de los contratos mercantiles. Incluye los contratos de la navegación marítima y aérea*, 5ª ed., Tirant lo Blanch, 2022.

Capítulo X

El transporte aéreo comercial de personas y mercancías. Interlining y alianzas aéreas

1. RÉGIMEN JURÍDICO DEL CONTRATO DE TRANSPORTE AÉREO DE PASAJEROS

Cuando el operador de una aeronave se dedica al transporte comercial de pasajeros lo hace con ánimo de lucro. Se denomina compañía aérea, porteador, transportista, etc.

La libertad de empresa es un derecho constitucionalmente reconocido en el art. 38 Constitución española 1978. La libertad de empresa ha de ejercerse de conformidad con las normas, que pretende que el ejercicio de este derecho sea compatible con el interés general y los derechos de los demás. En concreto, esta compatibilidad se traduce en garantizar la seguridad de los pasajeros a bordo, así como sus derechos como consumidor frente a posibles abusos.

La primera protección del pasajero es el Derecho del consumo. En las relaciones de Derecho privado, entre particulares, rige el principio de igualdad. No obstante, hay supuestos en que el legislador admite la existencia de una "parte débil" merecedora de protección legal frente a posibles abusos por la otra parte, generalmente una empresa. Así surge el Derecho del consumo, con normas que nos protegen en ocasiones frente a la "letra pequeña" de los contratos que celebramos, y que nos garantizan ciertos derechos. En todo caso, la mejor protección legal es verificar antes cuáles las condiciones del contrato para el consumidor, pues firmado el contrato, éste es válido y obligatorio hasta que un juez declare que alguna o varias de sus cláusulas son nulas por ser abusivas frente al consumidor o usuario. En España, la norma principal es el Texto refundido por el que se aprueba la Ley General de Defensa de los Consumidores y Usuarios de 2007. La renuncia previa a los derechos que esta norma reconoce a los consumidores y usuarios es nula (art. 10).

En segundo lugar, además de las normas generales del Derecho del consumo, el transporte aéreo de pasajeros dispone de normas especiales, específicas para proteger a los usuarios de las compañías aéreas dedicadas al transporte comercial por avión. En este marco, hemos de incluir el Convenio de Montreal, el Reglamento (CE) 261/2004 y otras normas que constituyen la ley especial.

Sin embargo, el Derecho aeronáutico como *lex specialis* no solo protege al pasajero. La Ley es una expresión de los intereses a proteger; velar por los derechos de la compañía aérea es también el objeto de la norma jurídica, pues la regulación de la actividad empresarial ofrece seguridad jurídica a los transportistas. En primer lugar, el art. 29 Convenio de Montreal, dice que "*En el transporte de pasajeros, de equipaje y de carga, toda acción de indemnización de daños, sea que se funde en el presente Convenio, en un contrato o en un acto ilícito, sea en cualquier otra causa, solamente podrá iniciarse con sujeción a condiciones y a límites de responsabilidad como los previstos en el presente Convenio*". Esto da seguridad jurídica a las transportistas, pues conocen previamente las bases de su responsabilidad. En principio, la compañía aérea no va a aceptar la aplicación de una norma jurídica distinta que sea contradictoria y que empeore su situación legal. Los límites de responsabilidad (arts. 21 y 22 Convenio de Montreal) son el ejemplo más impactante de cómo la norma protege al empresario. Producido el daño al pasajero e imputado el mismo a la compañía aérea, el transportista (y su asegurador de responsabilidad civil), en principio, no abona nada por encima de un límite indemnizatorio fijado previamente en la Ley. En la Unión Europea, el Reglamento (CE) 261/2004 reconoce unos derechos mínimos al pasajero en caso de denegación de embarque, cancelación de vuelo y retrasos. Sin embargo, también dota de seguridad jurídica a las compañías aéreas de la aeronave comercial. Así, limita a una cuantía económica la compensación económica si se producen estas incidencias; no prohíbe la práctica del *overbooking*, ni lo restringe a un porcentaje máximo de los asientos del avión, e; impide que nazca el derecho a compensación en caso de que la compañía aérea cancele el vuelo, pero ofrece un vuelo alternativo dentro de una horquilla temporal fijada legalmente.

Como puede verse, se han aludido a normas internacionales (Convenio de Montreal), y comunitarias [Reglamento (CE) 261/2004], pero las normas nacionales, esto es, aquellas aprobadas por los parlamentos nacionales respectivos, resultan de la mayor importancia en los contratos privados de transporte aéreo de pasajeros. Es así porque todo contrato ha de enmarcarse en una ley nacional (española, colombiana, canadiense, etc.). Estos convenios internacionales y normas comunitarias son manifiestamente incompletos en su regulación; sólo regulan los aspectos básicos. Quedan muchos detalles que deben ser resueltos por el contenido de la ley aplicable al contrato. Por ejemplo, el Convenio de Montreal señala que, si el transportista prueba la negligencia del afectado, queda exonerado de responsabilidad (art. 20). No obstante, no dice cómo se prueba la negligencia: depende del derecho nacional aplicable a la reclamación. O cuando los citados arts. 21 y 22 Convenio de Montreal fijan un techo de indemnización por muerte, lesiones, retraso, el juez aplicará el derecho nacional para cuantificar con exactitud la vida humana, las lesiones corporales, los daños morales no físicos, las secuelas del accidente, etc.

Por todo ello, es importante conocer:

1°. Las reglas jurídicas "básicas" del Convenio de Montreal, pues prevalece en materia de transporte aéreo de pasajeros sobre el Convenio de Varsovia en caso de que los Estados de origen y destino sean parte de ambos convenios. Las normas del transporte aéreo de pasajeros del Convenio de Varsovia y enmiendas posteriores siguen vigentes en España, pero las del Convenio de Montreal son preeminentes. Por ello, la explicación se centra en el Convenio de Montreal y no en el Convenio de Varsovia. Además, las normas de responsabilidad civil por del Convenio de Montreal han sido incorporadas al Derecho comunitario.

2º. Qué tribunal judicial es competente para resolver el litigio, en el supuesto en que las partes no hayan logrado una solución amistosa, extrajudicial y normalmente confidencial a su conflicto.

3º. Cómo se selecciona el Derecho nacional aplicable a cada reclamación por muerte, daños o retraso de los pasajeros y sus equipajes por vía aérea. El Derecho nacional nos indicará si en este ordenamiento está o no en vigor el Convenio de Montreal y serán aplicables el resto de las normas de este ordenamiento.

2. EL CONVENIO DE MONTREAL Y SU INCORPORACIÓN AL DERECHO COMUNITARIO MEDIANTE REGLAMENTO (CE) 889/2002, POR EL QUE SE MODIFICA EL REGLAMENTO (CE) 2027/97, SOBRE LA RESPONSABILIDAD DE LAS COMPAÑÍAS AÉREAS EN CASO DE ACCIDENTE

2.1. *Ámbito de aplicación*

El Convenio de Montreal es la norma de referencia en materia de responsabilidad de la compañía aérea comunitaria en el transporte internacional, entre Estados miembros y en el transporte dentro de un Estado miembro de la Unión Europea.

Por un lado, la Comunidad Europea, como Organización Regional de Integración Económica, es parte contratante del Convenio de Montreal. Fue firmado, sobre la base del Tratado Constitutivo de la Comunidad Europea, por la Comunidad Europea el 9 de diciembre de 1999 y aprobado en nombre de esta por la Decisión 2001/539/CE del Consejo, de 5 de abril de 2001, sobre la celebración por la Comunidad Europea del Convenio para la unificación de ciertas reglas para el transporte aéreo internacional. El Convenio de Montreal está en vigor desde el 4 de noviembre de 2003. La Organización de la Aviación Civil Internacional publica que 139 Estados son parte del Convenio de Montreal (el 19 de mayo de 2023, https://bit.ly/3oaGw0Y). Es una cifra considerable, pues garantiza la homogeneidad jurídica en esta materia. Pocos convenios internacionales gozan de tanto éxito en número de ratificaciones. La razón es que trata sobre temas que afectan no sólo a un Estado, sino a prácticamente toda la comunidad internacional.

Como los otros Estados de la Unión Europea, España también es parte del Convenio de Montreal mediante Instrumento de Ratificación de 2004. Por lo que respecta a España y la Unión Europea, el Convenio de Montreal está vigente desde el 28 de junio de 2004.

El Tribunal de Justicia de la Unión Europea sostiene reiteradamente que las disposiciones del Convenio de Montreal forman parte del ordenamiento jurídico comunitario. Así, la Sentencia del Tribunal de Justicia (Gran Sala) de 10 de enero de 2006. The Queen, a instancia de International Air Transport Association y European Low Fares Airline Association contra Department for Transport. Asunto C-344/04, apartado 36; Sentencia del Tribunal de Justicia (Sala Cuarta) de 10 de julio de 2008. Emirates Airlines – Direktion für Deutschland contra Diether Schenkel. Asunto C-173/07, apartado 3; y otras muchas posteriormente.

La Sentencia del Tribunal de Justicia (Sala Tercera) de 6 de mayo de 2010. Axel Walz contra Clickair SA. Asunto C-63/09, apartado 20, señala que "*dado que las disposiciones del Convenio (de Montreal) forman parte integrante del ordenamiento jurídico de la Unión, el Tribunal de Justicia es competente para pronunciarse con carácter prejudicial sobre su interpretación*".

Por otro lado, en un tema tan sensible como el transporte aéreo de pasajeros, la Unión Europea ha optado por un papel de liderazgo, ello en base a las competencias previamente atribuidas a la misma por los Estados miembros en los tratados constitutivos de la Unión Europea. Se quiere decir que la Unión Europea es competente para legislar y, además, lo ha hecho con un rol determinante. Por ello, además de la ratificación del Convenio de Montreal por la Unión Europea, el Reglamento (CE) 889/2002, de 13 de mayo, modificó el Reglamento (CE) 2027/97, de 9 de octubre, a fin de ajustarlo a lo dispuesto en el Convenio de Montreal y crear de esta manera un sistema uniforme de responsabilidad para el transporte aéreo internacional. Como resultado, el art. 3.1 Reglamento (CE) 2027/1997 dispone que "*La responsabilidad de una compañía aérea comunitaria en relación con el transporte de pasajeros y su equipaje se regirá por todas las disposiciones del Convenio de Montreal relativas a dicha responsabilidad*".

En cuanto al contenido del Convenio de Montreal, regula específicamente la responsabilidad del transportista aéreo en los casos de muerte o lesiones del pasajero (art. 17.1); de destrucción, pérdida o avería del equipaje del pasajero aéreo (art. 17.2); de daño a la carga en el transporte aéreo de mercancías (art. 18); y, del daño ocasionado por retrasos en el transporte aéreo de pasajeros, equipaje o carga (art. 19).

El Convenio de Montreal se aplica:

- A los contratos de *transporte internacional de pasajeros* (art. 1.1 Convenio de Montreal) en que, conforme a lo estipulado por las partes, el punto de partida y el punto de destino, haya o no interrupción en el transporte o transbordo, están situados, bien en el territorio de dos Estados Parte, bien en el territorio de un solo Estado Parte si se ha previsto una escala en el territorio de cualquier otro Estado, aunque éste no sea un Estado Parte (art. 1.2). Si tomamos, por ejemplo, la lista publicada de la Organización de la Aviación Civil Internacional, veremos que el transporte entre Canadá y España se rige por el Convenio de Montreal. Y entre China y Canadá. O entre Colombia y Japón, pues todos estos Estados, como muchos otros más, han aceptado (siendo parte contratante del Convenio de Montreal) crear unas normas comunes para estos transportes aéreos de pasajeros. Naturalmente, se aplica también los transportes entre Estados de la Unión Europea, al ser todos contratantes del Convenio de Montreal.
- A los contratos de *cabotaje nacional* dentro de un Estado miembro de la Unión Europea. El art. 1.2 Convenio de Montreal indica que el "*transporte entre dos puntos dentro del territorio de un solo Estado Parte, sin una escala convenida en el territorio de otro Estado, no se considerará transporte internacional para los fines del presente Convenio*". Sin embargo, la Unión Europea quiere homogeneizar el régimen jurídico del transporte aéreo al transporte nacional y lo ha hecho incorporando el Convenio de Montreal al Derecho comunitario. "*Se trata de eliminar la distinción entre transporte nacional y transporte internacional; para fijar el mismo nivel y la misma naturaleza de responsabilidad tanto en el transporte nacional como en el internacional*" (punto 4 Preámbulo del Reglamento CE 2027/1997). En concreto, el art. 1 Reglamento (CE) 2027/1997 "*también hace extensivas dichas disposiciones (*es decir, las del Convenio de Montreal*) al transporte aéreo en el interior de un Estado miembro*" (art. 1). Obsérvese que el legislador comunitario, en aras a crear un mercado común de servicios, decide que los transportes aéreos nacionales dentro de un Estado miembro se regirán por las normas del Convenio de Montreal y otras disposiciones complementarias del Reglamento (CE) 2027/1997. La Ley española de navegación aérea ha sido la norma aplicable al cabotaje nacional aéreo y también al transporte internacional cuando no hubiese un tratado internacional obligatorio para España (art. 125 Ley de navegación aérea). En la actualidad, la Ley de navegación aérea ha sido desplazada por la aplicación preferente de tratados internacionales suscritos por España y por el Derecho comunitario, cuando se dan los requisitos de su aplicación.

- A las *compañías comunitarias*, con independencia del trayecto que realicen. El Reglamento (CE) 2027/1997 añade que "*La responsabilidad de una compañía aérea comunitaria en relación con el transporte de pasajeros y su equipaje se regirá por todas las disposiciones del Convenio de Montreal relativas a dicha responsabilidad*" (art. 3). Se pretende que las compañías comunitarias tengan un régimen de responsabilidad previamente conocido, como es el Convenio de Montreal. Este sistema es muy útil, pues resultaría poco práctico para las compañías aéreas comunitarias, y desorientador para los pasajeros, que se aplicasen regímenes de responsabilidad distintos en itinerarios distintos de sus redes. Esto supone que Iberia, Vueling, Air France, Ryanair y otras compañías comunitarias tienen su régimen de responsabilidad derivado del contrato de transporte aéreo de pasajeros y sus equipajes en el Convenio de Montreal.

En cambio, el Convenio de Montreal no se aplica al régimen de responsabilidad civil por daños a personas en vuelos no comerciales, de modo que las normas aplicables son exclusivamente las nacionales de cada Estado. En España, están recogidas en los artículos 92 a 101 y 115 a 125 Ley de navegación aérea y el Real Decreto 37/2001, de 19 de enero, por el que se actualiza la cuantía de las indemnizaciones por daños previstas. El art. 3 Real Decreto 37/2001 dispone que se aplica a las entidades dedicadas a la formación de pilotos y las entidades que realizan vuelos de iniciación o panorámicos, cuando éstos no suponen transporte, al tener un ámbito local con salida y llegada en el mismo aeródromo. Los tribunales aplican la Ley de navegación aérea y el Real Decreto 37/2001 a los accidentes de aeronaves no comerciales (de alumnos piloto, como sentencias del Tribunal Supremo de 15 de abril de 2009 o de 6 de julio de 2020. La Ley de navegación aérea prevé una responsabilidad objetiva y unos límites de responsabilidad actualizados mediante el citado Real Decreto 37/2001.

2.2. Documento de transporte y condiciones generales

El billete es el título del transporte con el que se formaliza el contrato de transporte entre el pasajero y la compañía aérea. Da derecho a ser transportado junto con su equipaje de acuerdo con las condiciones generales de la compañía, que pueden consultarse en las oficinas y se encuentran resumidas en el billete de pasaje. El billete de pasaje debe indicar puntos de partida y destino, con escalas (art. 3.1 Convenio de Montreal). Cualquier otro medio en que quede constancia de esta información podrá sustituir a la expedición del citado documento (art. 3.2 Convenio de Montreal): es el billete electrónico, con el que todos ya estamos habituados.

El transportista entregará al pasajero un talón de identificación de equipaje por cada bulto de equipaje facturado (art. 3.3 Convenio de Montreal).

Con relación a la tarjeta de embarque, no está regulada en el Convenio de Montreal. Como sabemos, se entrega al pasajero en los mostradores de facturación, en las máquinas expendedoras de las compañías que tienen este servicio o de forma electrónica por el propio pasajero (si quiere evitar un recargo). La emisión de la tarjeta de embarque obedece a un control impuesto por el Convenio de Chicago sobre aviación civil internacional para que la compañía aérea elabore la lista de pasajeros a bordo (art. 29.f Convenio de Chicago). Contiene datos más concretos que el billete de pasaje (número de asiento, puerta y hora de embarque, etc.).

Además, al pasajero se le entregará un aviso escrito indicando que cuando sea aplicable el presente Convenio, éste regirá la responsabilidad del transportista por muerte o lesiones, y por destrucción, pérdida o avería del equipaje, y por retraso (art. 3.4 Convenio de Montreal).

En todo caso, el incumplimiento de estas formalidades no afecta a la existencia ni a la validez del contrato de transporte aéreo (art. 3.5 Convenio de Montreal).

Las menciones relativas al billete de pasaje en el Convenio de Montreal son notoriamente insuficientes. No se pueden entender los términos del contrato simplemente leyendo el art. 3 Convenio de Montreal, pues se limita a señalar lo más básico. En el desarrollo del transporte, hay muchos detalles que es conveniente poner en el contrato. Los contratos de transporte aéreo de pasajeros están sometidos al Derecho privado y un principio esencial del mismo es la libertad de las partes de cualquier contrato para estipular los términos y condiciones que las partes estimen convenientes, siempre que no sean contrarios a la ley, la moral y el orden público (art. 1255 Código Civil español). Se quiere decir que la ley no regula todos los detalles del contrato, quedan a la decisión de las partes, a la "autonomía de su voluntad". En realidad, no existe realmente negociación entre las partes de un contrato de transporte de pasaje aéreo, sino adhesión del pasajero a los detalles del contrato que le impone la compañía aérea. Pensemos, por ejemplo, en la cantidad máxima de kilos que se puede facturar por maleta o la decisión de una compañía aérea de cobrar por el equipaje de mano: lo decide la compañía y el pasajero que no lo admite, no podrá viajar. No hay posibilidad de negociar estos términos, se adhiere o no viaja.

Interesados los pasajeros en el precio, la hora de partida y de llegada a destino, cuánto cuesta cada maleta facturada, si devuelven el dinero si cambias o anulas el vuelo y algún detalle más, hay desinterés por la "letra pequeña". Sin embargo, la compañía aérea, como profesional, tiene que prever en detalle cómo realizar el transporte, garantizar un servicio completo e, incluso, prepararse para el supuesto en que las cosas salgan mal, como ocurre con la muerte, lesiones del pasajero, retraso, pérdida, avería de equipajes, entre otras. La ley nada dice sobre muchas cosas, como el peso de las maletas facturadas; la devolución del precio en caso de cancelación por el pasajeros y multitud de aspectos más. La ley no suele prever estos supuestos, ni los prohíbe, de ahí que las condiciones generales para volar en una u otra compañía aérea sean distintas. Por ejemplo, las cláusulas de cancelación o cambio de vuelo por el pasajero cambian según el tipo de billete y según cada compañía.

Las condiciones generales de transporte están bastante homogeneizadas entre compañías aéreas. No es fruto de la casualidad, es el resultado de la acción de la asociación patronal de las compañías aéreas, la Asociación Internacional del Transporte Aéreo (IATA). En efecto, en 2014, la IATA dio por rescindida/anulada su "práctica recomendada núm. 1724 sobre condiciones del transporte". Aun cuando la práctica 1724 estaba dirigida exclusivamente al transporte internacional y no tenía eficacia vinculante para las compañías aéreas adheridas a la organización, la mayoría han venido utilizándola en todos sus vuelos (nacionales e internacionales). Por tanto, hasta su anulación, la práctica núm. 1724 de IATA ha sido el documento esencial a partir del cual las compañías aéreas redactaban la letra pequeña que imponían a sus pasajeros (para el transporte de mercancías hay otras prácticas). Esto explica la razón por la cual si se comparan las condiciones generales de transporte de cualquier compañía aérea internacional son algo similares en contenido y en formato. Simplemente, cada una ha seguido la práctica recomendada –con variaciones pues es una recomendación– de la patronal de compañías aéreas. Ahora con su rescisión se intenta evitar vulnerar el Derecho de la competencia: los acuerdos entre competidores son colusivos, es decir, son pactos ilícitos en daño de terceros. Por ello, como regla general, están legalmente prohibidos. En España, el art. 1 Ley 15/2007, de 3 de julio, de defensa de la competencia, prohíbe los "acuerdos colusorios": "*se prohíbe todo acuerdo, decisión o recomendación colectiva, o práctica concertada o conscientemente paralela, que tenga por objeto, produzca o pueda producir el efecto de impedir, restringir o falsear la competencia en todo o parte del mercado nacional y, en particular, los que consistan en: a) La fijación, de forma directa o indirecta, de precios o de otras condiciones comerciales o de servicio. (...)*".

Además, algunas cláusulas de la práctica recomendada 1724 de la Asociación Internacional del Transporte Aéreo (IATA) tenían mala reputación, pues muchos jueces habían considerado abusivas algunas de sus cláusulas. En conclusión, ahora cada compañía fija libremente (en lo que la ley no imponga) sus condiciones, pero hay una serie de usos y costumbres comunes a todas las compañías aéreas.

A continuación, se detalla el contenido usual de las "condiciones generales del transporte aéreo de personas" utilizadas por las compañías.

2.3. *Obligaciones y derechos de la compañía aérea*

- Obligación de cumplir con el transporte estipulado, de acuerdo con las escalas detalladas en el billete de pasaje. Sin embargo, las condiciones generales del contrato suelen otorgar libertad a la compañía aérea a cancelar viajes, modificar itinerarios, etc. y detallar qué soluciones se ofrecerán al pasajero, ello sin perjuicio de asumir sus obligaciones legales, como las recogidas en el Reglamento (CE) 261/2004.
- Obligación de transportar juntamente con los viajeros y dentro del precio del billete, el equipaje, con los límites de peso y volumen que fijen los Reglamentos. El exceso será objeto de estipulación especial.
- A falta de reglamentos, los pesos y medidas del equipaje gratuito facturado (por ejemplo, 20 kilogramos para tarifa turista y 30 kilogramos para pasajeros de primera clase), la tarifa por exceso de equipaje y los pesos y medidas del equipaje no facturado lo decide cada compañía.
- Las condiciones generales detallan que el equipaje facturado se transportará en la misma aeronave que el pasajero, a no ser que, por motivos de seguridad, higiene o funcionamiento, se haga en un vuelo alternativo, sin perjuicio de la posibilidad de responsabilidad por retraso. También se prevén cláusulas especiales para el transporte de animales.
- En general, se puede excluir al pasajero cuando hay motivos razonables, como causas de salud, seguridad o de presentación de documentos de viaje inadecuados [arts. 2.j Reglamento (CE) 261/2004]. Las condiciones generales del contrato detallan las razones del derecho de la compañía a denegar el transporte del pasajero y/o su equipaje, que habrán de ser justificadas (orden administrativa, seguridad e higiene a bordo, impago del precio, falta de identificación, etc.).

- El Reglamento (CE) 1107/2006, de 5 de julio, sobre los derechos de las personas con discapacidad o movilidad reducida en el transporte aéreo, dispone que las compañías, sus agentes o los operadores turísticos no pueden negarse a aceptar una reserva para un vuelo ni denegar el embarque alegando la discapacidad de una persona, salvo en casos tasados, como falta de un acompañante o cuando por las dimensiones de la aeronave o puertas imposibilitan el embarque o transporte de la persona.
- Obligación de informar a los pasajeros, mediante avisos en el mostrador de facturación, de su derecho a obtener el texto en el que figuran sus derechos en caso de denegación de embarque, cancelación o retraso, de acuerdo con el Reglamento (CE) 261/2004.
- Obligación de garantizar un asiento por pasajero embarcado, prohibiéndose la ocupación múltiple, salvo en el caso de un adulto y un bebé que esté correctamente asegurado con un cinturón suplementario u otro dispositivo de sujeción.

2.4. Obligaciones y derechos del pasajero

El pasajero se refiere a toda persona que sea transportada en una aeronave por razón de la tenencia de un billete de pasaje. El billete de pasaje es un documento nominativo e intransmisible, tal y como suelen indicar también las condiciones generales preparadas por las compañías aéreas.

- Naturalmente, hay una obligación de pagar el precio estipulado. Todos los vuelos con origen en la Unión Europea deben mostrar el precio final, incluyendo tasas y otros [art. 23 Reglamento (CE) 1008/2008]. Hay libertad de precios en servicios intracomunitarios [art. 22 Reglamento (CE) 1008/2008]. Los posibles precios predatorios son contrarios al derecho de la competencia. Los vuelos por debajo del coste del servicio de transporte, si pretenden eliminar la competencia en determinadas rutas, pueden ser contrarios al art. 17 Ley 3/1991, de 10 de enero, de competencia desleal.
- Las condiciones generales imponen la obligación de informar previamente de niños sin acompañantes, discapacitados, embarazadas y enfermos. Las compañías usan códigos internacionales para identifica el nivel de asistencia a personas con movilidad reducida (WHCR, BLND, DEAF, etc.).

- La compra del billete es efectiva cuando la compañía realiza el cargo de manera válida en la tarjeta de crédito suministrada o con el pago en metálico. Si no ha abonado el billete antes del límite de tiempo establecido para la emisión de éste, la compañía aérea podrá cancelar la reserva.
- Obligación de presentar una identificación suficiente a la compañía aérea.
- El pasajero puede contratar un seguro adecuado para cubrir casos en los que deba cancelar el billete.
- Las condiciones generales de los contratos suelen especificar que se aceptan cambios, previo recálculo del precio del transporte. Además, hay tarifas especiales que sólo tienen validez en las fechas y para los vuelos que figuran en el billete y pueden no ser canjeables en absoluto o serlo sólo mediante el pago de una tarifa adicional. No se garantiza un asiento en particular, condicionado además a la facultad de ceder o reasignar plazas en cualquier momento, incluso con posterioridad al embarque, por motivos de funcionamiento o seguridad.
- Obligación de facturar y embarcar dentro de los límites de hora, que son diferentes en cada aeropuerto.
- Obligación de mantener una conducta a bordo de la aeronave que no ponga en peligro la misma o a cualquier persona o propiedad que se halle igualmente a bordo. No impedir a la tripulación cumplir sus obligaciones o cumplir las instrucciones impartidas por la tripulación. Si, como resultado de la conducta del pasajero, el comandante desvía la aeronave con el propósito de dejarle en tierra, el contrato impone al pasajero todos los costes derivados del desvío.
- Obligación de no utilizar o restringir el uso, de acuerdo con las instrucciones de la tripulación, de dispositivos electrónicos.

3. RESPONSABILIDAD OBJETIVA POR MUERTE O LESIÓN DEL PASAJERO

El transportista es responsable del daño causado en caso de muerte o de lesión corporal de un pasajero por la sola razón de que el accidente que causó la muerte o lesión se haya producido a bordo de la aeronave o durante cualquiera de las operaciones de embarque o desembarque (art. 17 Convenio de Montreal).

El régimen de responsabilidad civil del transportista aéreo de pasajeros es estricto por decisión del legislador. Poner a decenas de personas en un aparato a varios kilómetros de altitud por ánimo de lucro se considera una actividad de riesgo, que exige una responsabilidad objetiva o por riesgo. El legislador internacional no aplica la regla general de la responsabilidad civil por culpa o negligencia. Aquí, al contrario, la compañía aérea que se obliga al transporte es responsable civil por la sola causación del daño del pasajero a bordo. Este esquema legal supone, por ejemplo, que la compañía aérea deba responder civilmente de la agresión de un pasajero a otro, aunque luego pueda reclamar al agresor la indemnización que la compañía haya pagado a la víctima.

El daño puede tener origen, por ejemplo, en turbulencias, terrorismo aéreo, problemas técnicos de la aeronave, negligencia de la tripulación, agravación de la enfermedad o provocada por el vuelo o, incluso, por altercados entre pasajeros (se considera aquí que habría fallado el control o supervisión de la compañía aérea). Todo lo que ocurre a bordo y causa muerte o lesiones al pasajero debe ser en principio indemnizado por la compañía aérea (en realidad, su asegurador de responsabilidad civil), *salvo los que se cause el propio pasajero* (art. 20 Convenio de Montreal).

3.1. Indemnización en caso de muerte o lesiones de los pasajeros

El art. 21.1 Convenio de Montreal dispone que "*respecto al daño previsto en el párrafo 1 del artículo 17 que no exceda de 100.000 derechos especiales de giro por pasajero, el transportista no podrá excluir ni limitar su responsabilidad*".

Por un lado, de acuerdo con lo dispuesto en el art. 24 Convenio de Montreal, sobre revisión de límites, éstos pueden ser revisados periódicamente si los Estados están de acuerdo. Actualmente es de 113.000 derechos especiales de giro. Por otro lado, como puede verse, no se usa el dólar o el euro u otra moneda, sino el "Derecho Especial de Giro" (DEG, o *Special Drawing Right*, SDR), un valor del Fondo Monetario Internacional formado a partir de múltiples variables. El Derecho Especial de Giro significa que cuando la ley dice, por ejemplo, que la muerte o lesiones del pasajero tiene un límite máximo de indemnización máximo de "x Derechos Especiales de Giro", hay que convertirlo en dólares, euros, libras u otra moneda nacional aplicable al caso para saber el techo de la indemnización que le corresponde al pasajero. La conversión de las sumas en las monedas nacionales, en el caso de procedimientos judiciales, se hará conforme al valor de dichas monedas en derechos especiales de giro en la fecha de la sentencia (art.

23.1 Convenio de Montreal). El 19 de mayo de 2023, 1 Derecho Especial de Giro equivale aproximadamente a 1.2 euros. Por consiguiente, si el importe reconocido por muerte o lesiones es igual o inferior a 113.000 Derechos Especiales de Giro (unos 140.000 euros), el pasajero o sus herederos no están obligados a probar la culpa o negligencia de la compañía aérea. Ésta responde por la sola causación del daño del pasajero, salvo que pruebe la negligencia de éste (art. 20 Convenio de Montreal).

Por otro lado, *los 113.000 Derechos Especiales de Giro son un techo máximo por pasajero y accidente.* Corresponde a las partes en conflicto fijar la cuantía exacta y, en su defecto, a un juez. Éste podría determinar conforme al Derecho nacional aplicable, que la vida humana vale menos que esa cuantía o fijar que los daños físicos sin muerte deben abonarse hasta el máximo.

Sin embargo, ¿puede alguien considerar que la vida de su familiar fallecido en accidente aéreo, mientras era pasajero a bordo, vale más de 113.000 Derechos Especiales de Giro? No es descartable, ni tampoco imposible. Sin embargo, a partir de esta cuantía por persona y accidente, las condiciones de indemnización son más estrictas conforme al Convenio de Montreal. En concreto, ninguna reclamación por encima de este límite será reconocida a los perjudicados si el transportista prueba que: a) El daño no se debió a la negligencia o a otra acción u omisión indebida del transportista o sus dependientes o agentes; o, b) El daño se debió únicamente a la negligencia o a otra acción u omisión indebida de un tercero (art. 21.2 Convenio de Montreal).

En Derecho, la "carga de la prueba" es una cuestión de gran influencia en el resultado de un proceso judicial. Como norma general, corresponde al perjudicado que demanda una indemnización al presunto causante la carga de probar la certeza de los hechos de los que se desprenda el efecto jurídico que pretende con la demanda (art. 217 Ley 1/2000, de 7 de enero, de enjuiciamiento civil). En cambio, el Convenio de Montreal contiene *una inversión de la carga de la prueba a favor del pasajero* y se presume, salvo prueba del transportista en contrario, su responsabilidad en la causación del daño al pasajero. Si no quiere responder por encima del límite de 113.000 Derechos Especiales de Giro por pasajero, habrá de probar, en la forma que el juez competente estime suficiente, que no hubo negligencia por su parte (seguimiento del Manual de operaciones, adecuado mantenimiento técnico y del personal, etc.) o que el daño es imputable a la acción u omisión de un tercero (un terrorista a bordo, otro pasajero, la terminal, el controlador aéreo, otra aeronave, etc.).

Si no prueba alguna de estas cuestiones, el transportista se enfrenta a reclamaciones sin límite económico. No es de extrañar que las compañías cuenten con asesores jurídicos especializados en la negociación confidencial de las indemnizaciones. Cuando no se discute la responsabilidad, y se trata sólo de fijar la cuantía, en un tema tan emocional como éste, la muerte de un familiar, el objetivo de la compañía es cerrar un trato que evite el recurso a un proceso judicial cuya tasación de daños nadie puede conocer de antemano. Las compañías aéreas suelen preferir la menor publicidad posible de sus conflictos con los pasajeros. Las sentencias judiciales son públicas: no sólo afectan a su imagen pública, sino también pueden sentar un precedente judicial que termine formando jurisprudencia y resulte obligatorio no sólo para ese conflicto concreto, sino también para otros similares en el futuro. O que incluso lo que diga esa jurisprudencia se convierta en una norma jurídica escrita, porque así lo decide el legislador. Los acuerdos confidenciales, en cambio, no sientan precedentes judiciales.

3.2. Gastos suplementarios: asistencia a los supervivientes y a los familiares

En el marco de accidentes de la navegación, la compañía aérea está obligada a cumplir lo dispuesto en el Real Decreto 632/2013, de 2 de agosto, de asistencia a las víctimas de accidentes de la aviación civil y sus familiares, que prevé el comportamiento exigible en caso de accidente. Establece, por ejemplo, el derecho de los familiares de los fallecidos a visitar el lugar del accidente. Así ocurrió con el accidente del vuelo de Air Algerie en 2014, donde fue necesario desplazar a África a los familiares de las víctimas.

3.3. Costas y gastos judiciales aparte

El tribunal que, en su caso, decida sobre la reclamación, puede añadir al importe de la indemnización las costas y gastos judiciales en que haya debido incurrir la víctima o sus causahabientes para reclamar a la compañía aérea (art. 22.6 Convenio de Montreal).

3.4. Obligación de adelantar anticipos de la indemnización

En caso de muerte o lesión de un pasajero, la compañía aérea deberá abonar, en el plazo de quince días desde el día de la identificación de la persona con derecho a indemnización, un anticipo para cubrir las necesidades económicas inmediatas.

En caso de fallecimiento, este anticipo no podrá ser inferior a 16.000 Derechos Especiales de Giro (importe aproximado en divisa local) [anexo del Reglamento (CE) 2027/1997, según modificación del Reglamento (CE) 889/2002, según régimen de pagos adelantados que consiente el artículo 28 Convenio de Montreal, siempre y cuando lo exija la ley nacional del transportista].

3.5. No necesidad de protestar a la llegada

El aviso de protesta no es exigible en caso de muerte o lesiones a los pasajeros. Sólo se exige en los daños al equipaje.

Sin embargo, que no sea exigible legalmente, no excluye la necesidad de dejar constancia inmediata de los daños personales sufridos, protestando ante la compañía aérea tan pronto como sea posible. La finalidad es constituir prueba de la realidad del daño sufrido. En caso de muerte o accidente colectivo habrá suficientes pruebas, pero en caso de accidente individual, se recomienda dejar constancia inmediata ante la compañía aérea, incluso a través de una declaración notarial si se estima necesario.

4. RESPONSABILIDAD CIVIL POR DAÑOS EN EL EQUIPAJE

El régimen jurídico de la responsabilidad civil por daños en el equipaje del pasajero aéreo del Convenio de Montreal también ha sido incorporado al Derecho comunitario, mediante el Reglamento (CE) 889/2002, por el que se modifica el Reglamento (CE) 2027/1997. Por tanto, sus normas son aplicables en todos los Estados miembros de la Unión Europea.

El art. 17.2 Convenio de Montreal dispone que "*el transportista es responsable del daño causado en caso de destrucción, pérdida o avería del equipaje facturado por la sola razón de que el hecho que causó la destrucción, pérdida o avería se haya producido a bordo de la aeronave o durante cualquier período en que el equipaje facturado se hallase bajo la custodia del transportista*". No obstante, el transportista puede exonerarse, sin embargo, si prueba que "*el daño se deba a la naturaleza, a un defecto o a un vicio propios del equipaje. En el caso de equipaje no facturado, incluyendo los objetos personales, el transportista es responsable si el daño se debe a su culpa o a la de sus dependientes o agentes*" (art. 17.2 Convenio de Montreal).

La compañía aérea es responsable en caso de destrucción, pérdida o daños del equipaje hasta la cantidad máxima de 1.131 Derechos Especiales de Giro (importe aproximado en divisa local). El texto originario del Convenio de Montreal dispone que son 1.000 Derechos Especiales de Giro, pero con la cláusula de actualización del artículo 24 Convenio de Montreal, la Organización de la Aviación Civil Internacional ha elevado la indemnización a 1.131 Derechos Especiales de Giro.

En la práctica, es habitual que la compañía ofrezca por ejemplo una cantidad muy baja (60-70 euros por maleta) y deba ser el cliente quien intente demostrar que el contenido era de mayor valor para subir la indemnización hasta el tope indemnizatorio.

El pasajero puede acogerse a un límite de responsabilidad más elevado efectuando una declaración especial, a más tardar en el momento de facturar, y abonando una tarifa suplementaria [art. 22.2 Convenio de Montreal y anexo del Reglamento (CE) 2027/1997, según modificación del Reglamento (CE) 889/2002]. Sin embargo, no es habitual ni hacerla, ni aceptarla, por lo que lo mejor es contratar un seguro de viaje que cubra el valor real del contenido de la maleta y que sea el asegurador quien, después de pagar, al intentar "recobrar" de la compañía aérea, quien se encuentre con que ésta solo ofrece una cantidad muy baja, por completo ajena al contenido real de la maleta.

El pasajero asume la carga de presentar protesta en caso de daños o pérdida del equipaje facturado. Con el riesgo de perder la acción contra el transportista si no la formula por escrito y en los plazos previstos. Así resulta de los arts. 31.3 y 4 Convenio de Montreal y del anexo del Reglamento (CE) 2027/1997, según modificación del Reglamento (CE) 889/2002. De otro modo, el recibo del equipaje facturado sin protesta por parte del destinatario constituirá una prueba, salvo prueba en contrario, de que el mismo ha sido entregado en buen estado y de conformidad con el documento de transporte (arts. 31.1 Convenio de Montreal).

En caso de avería del equipaje, el destinatario debe presentar protesta al transportista inmediatamente después de haber sido notada esa avería, y, a más tardar, dentro del plazo de siete días para el equipaje facturado.

5. RESPONSABILIDAD CIVIL POR RETRASO DEL PASAJERO O DEL EQUIPAJE

El transportista no sólo es responsable civil en caso de accidente, sino también cuando le sea imputable el retraso en la llegada del pasajero y/o de su equipaje a destino. La norma de referencia en la Unión Europea continúa siendo en estos supuestos el Convenio de Montreal, al ser incorporado el régimen de responsabilidad por retraso al Derecho comunitario en virtud del Reglamento (CE) 889/2002, que modifica el Reglamento (CE) 2027/1997.

El art. 19 Convenio de Montreal dispone que el transportista es responsable del daño ocasionado por retrasos en el transporte aéreo de pasajeros, equipaje o carga. Sin embargo, el transportista no será responsable del daño ocasionado por retraso si prueba que él y sus dependientes y agentes adoptaron todas las medidas que eran razonablemente necesarias para evitar el daño o que les fue imposible, a uno y a otros, adoptar dichas medidas.

En caso de retraso del pasajero, la compañía aérea no es responsable objetivamente (como en el caso de la muerte o lesiones). Aquí, sólo es responsable del daño siempre que no haya tomado todas las medidas razonables para evitar el daño o le haya sido imposible tomar dichas medidas.

La responsabilidad en caso de retraso del pasajero se limita a 4.694 Derechos Especiales de Giro (importe aproximado en divisa local). Así resulta del art. 19 Convenio de Montreal y del anexo del Reglamento (CE) 2027/1997, según modificación del Reglamento (CE) 889/2002.

El texto originario del Convenio de Montreal dispone que son 4.150 Derechos Especiales de Giro, pero con la cláusula de actualización del artículo 24 Convenio de Montreal, la Organización de la Aviación Civil Internacional ha elevado la indemnización a 4.694 Derechos Especiales de Giro.

Esta limitación de responsabilidad no se aplicará si se prueba que el daño es el resultado de la acción u omisión del transportista o de sus dependientes o agentes en el ejercicio de sus funciones, con intención de causar daño, o con temeridad y sabiendo que probablemente causaría daño (art. 22.5 Convenio de Montreal).

El Tribunal Supremo, en la sentencia de 31 de mayo de 2000, reconoció también la existencia de daño moral adicional como consecuencia de las horas de tensión, incomodidad y molestia producidas por una demora importante en un vuelo, que carece de justificación alguna. Posteriormente, algunas sentencias de Audiencias Provinciales también han reconocido la indemnización suplementaria por daño moral causado por retraso.

Si hay retraso del equipaje, la compañía aérea es responsable del daño siempre que no haya tomado todas las medidas razonables para evitar el daño o le haya sido imposible tomarlas. La responsabilidad por retraso del equipaje se limita a 1.131 Derechos Especiales de Giro por pasajero (importe aproximado en divisa local). Así resulta del art. 19 Convenio de Montreal y del anexo del Reglamento (CE) 2027/1997, según modificación del Reglamento (CE) 889/2002.

El texto originario del Convenio de Montreal disponía que son 1.000 Derechos Especiales de Giro, pero con la cláusula de actualización del artículo 24 Convenio de Montreal, la Organización de la Aviación Civil Internacional ha elevado la indemnización a 1.131 Derechos Especiales de Giro. Rige lo dicho para el caso de dolo en el art. 22.5 Convenio de Montreal por retraso en las personas.

6. TRANSPORTE AÉREO EFECTUADO POR UNA PERSONA DISTINTA DEL TRANSPORTISTA CONTRACTUAL

El transportista contractual es la persona que se obliga personalmente frente al pasajero a realizar el transporte aéreo, de acuerdo con los términos y condiciones del billete. No es un mero intermediario. Es quien se publicita como un empresario capaz de llevar a cabo el transporte aéreo, cobra por ello y es responsable de llevar al pasajero sano y salvo a destino.

El transportista contractual puede ser el operador de la aeronave dedicada al transporte comercial en avión, bien por ser de su propiedad o ser arrendatario en *dry lease* (arrendamiento sin tripulación y ha nombrado a pilotos y tripulación de cabina). En este caso, no hay dicotomía entre "transportista contractual" y "transportista de hecho".

La compañía aérea que vende el billete y se compromete al transporte puede no ser el operador de la aeronave. Como sabemos, ha de disponer de un certificado de operador aéreo y de una licencia de explotación para ser "compañía aérea", pero ello no significa que todos los aviones que utiliza para cumplir con sus obligaciones contractuales con los pasajeros sean suyos o arrendados sin tripulación. La compañía aérea, transportista contractual, puede en realidad no tener la operación de la aeronave. Puede ser el arrendatario de un avión operado por otro en *wet lease* (arrendamiento con tripulación). En este caso, hay un "transportista contractual" y un "transportista efectivo" o "de hecho" (el operador).

Esto ocurre, también, en los vuelos de código compartido, donde el pasajero ha comprado el billete con, por ejemplo, Vueling, si bien el vuelo está "operado" por Iberia.

Igualmente sucede en el llamado acuerdo de interlínea (*interlining*). Por ejemplo, contratamos con Iberia hasta otro Estado, con escala en otro Estado. Iberia puede hacer el vuelo entre España y país de escala, pero si no tiene derechos de tráfico para llegar al país final de destino, puede subcontratar con una aerolínea que sí pueda hacer ese trayecto entre el país de escala y el país de destino final.

Legalmente, el transportista de hecho es el operador de la aeronave, pero no tiene ningún contrato con el pasajero. No es, por tanto, "transportista contractual". Sin embargo, en caso de accidente del pasajero o de sus equipajes o de retraso, el transportista contractual y el transportista de hecho, ambos, responden de los daños causados. El transportista contractual de todo el transporte previsto en el contrato; el transportista de hecho también responde frente al pasajero con quien no tiene contrato, pero solamente con respecto al trecho del transporte que realiza (art. 40 Convenio de Montreal).

Además de contra el transportista contractual y el transportista de hecho, el piloto y tripulación de cabina también pueden ser demandados, pero si actuaban en el marco de sus funciones, responde personalmente el empresario que los ha contratado (art. 41 Convenio de Montreal). Los empleados también se benefician en principio de los límites de indemnización (art. 44 Convenio de Montreal).

Si el accidente es debido a un producto defectuoso, puede reclamarse también al fabricante, que no se beneficia de los límites de responsabilidad del Convenio de Montreal.

Asimismo, también puede haber otros demandados que hayan incurrido en culpabilidad por el accidente del transporte aéreo, además del transportista y del fabricante. Por ejemplo, las autoridades aeronáuticas que han certificado la aeronavegabilidad de la aeronave siniestrada, los servicios de control aéreo, los operadores de aeropuertos, etc. Estos tampoco se benefician de los límites de responsabilidad del Convenio de Montreal.

En estos casos, la demanda conjunta a varias personas o entidades puede facilitar la posibilidad de elegir ante qué tribunales nacionales presentar la demanda.

7. COMPETENCIA JUDICIAL INTERNACIONAL PARA CONOCER DE LITIGIOS DERIVADOS DEL TRANSPORTE AÉREO DE PASAJEROS

Cuando en el transporte aéreo de pasajeros haya un incumplimiento del contrato y haya, a su vez, algunos elementos extranjeros, tales como la nacionalidad del viajero o la compañía aérea, resulta necesario designar el tribunal nacional competente para dictar sentencia. Ello si las partes no llegan antes a un acuerdo amistoso y, normalmente, confidencial, con anterioridad.

Antes de conocer la competencia judicial, debe remarcarse que los derechos deben ejercitarse dentro de un plazo, pasado el cual caducan o prescriben y ya no son ejercitables. En concreto, el derecho a la indemnización se extinguirá si no se inicia una acción judicial dentro del plazo de dos años, contados a partir de la fecha de llegada a destino o la del día en que la aeronave debería haber llegado o la de la detención del transporte. La forma de calcular ese plazo se determinará por la ley del tribunal que conoce el caso (arts. 35 Convenio de Montreal).

La competencia judicial internacional es un tema demasiado relevante para que los Estados no consensuasen una decisión de incluir una disposición específica en el Convenio de Montreal. En particular, el demandante de daños y perjuicios por el incumplimiento de un contrato de pasaje aéreo tiene varias opciones para elegir el tribunal que ha de resolver (art. 33.1 Convenio de Montreal):

"*Una acción de indemnización de daños deberá iniciarse, a elección del demandante, en el territorio de uno de los Estados Parte, sea*

- *ante el tribunal del domicilio del transportista o*
- *de su oficina principal, o*
- *del lugar en que tiene una oficina por cuyo conducto se ha celebrado el contrato,*
- *sea ante el tribunal del lugar de destino*".

El artículo 33.2 Convenio de Montreal añade la *quinta jurisdicción* sólo para los casos de muerte o lesiones del pasajero (no, por tanto, para equipajes ni retraso):

- "*Con respecto al daño resultante de la muerte o lesiones del pasajero, una acción podrá iniciarse ante uno de los tribunales mencionados en el párrafo*

1 de este artículo, o en el territorio de un Estado Parte en que el pasajero tiene su residencia principal y permanente en el momento del accidente y hacia y desde el cual el transportista explota servicios de transporte aéreo de pasajeros en sus propias aeronaves o en las de otro transportista con arreglo a un acuerdo comercial, y en que el transportista realiza sus actividades de transporte aéreo de pasajeros desde locales arrendados o que son de su propiedad o de otro transportista con el que tiene un acuerdo comercial".

La quinta jurisdicción, por tanto, introduce la posibilidad de demandar en el domicilio del pasajero, pero no cualquiera, el lugar ha de tener esos vínculos con el transportista.

Algunas compañías aéreas han consentido en someterse a árbitros de consumo, es decir, terceros al contrato de pasaje aéreo que, sin ser jueces, tienen el encargo de las partes en litigio de resolverlo extrajudicialmente. El art. 34 Convenio de Montreal y el art. 90.1 Texto Refundido de la Ley general de defensa de los consumidores y usuarios, lo permiten. De carácter gratuito, evita tener que recurrir a los tribunales para solventar las reclamaciones con los pasajeros. Algunas se han retirado de esta solución, por terminar facilitando las reclamaciones contra ellas y resultar peor paradas frente a las reclamaciones de los pasajeros. A falta de acuerdo en someterse a árbitros o a otros sistemas de resolución alternativa de conflictos, sólo los jueces son competentes para resolver el litigio.

Finalmente, en la Unión Europea, está vigente el Reglamento (UE) 1215/2012, de 12 de diciembre, relativo a la competencia judicial, el reconocimiento y la ejecución de resoluciones judiciales en materia civil y mercantil (*Bruselas I bis*), que permite que el consumidor demande a la otra parte contratante en su propio domicilio (art. 18.1). El pasajero es ciertamente un consumidor, pero hay diferentes opiniones de autores al respecto sobre la coordinación entre los foros de competencia del art. 33 Convenio de Montreal y el art. 18.1 Reglamento (UE) 1215/2012, esto es, cuál es preferente.

La respuesta parece ser la primacía de los foros especiales de jurisdicción del Convenio de Montreal, por dos razones:

- Porque el art. 71 Reglamento (UE) 1215/2012 señala que "*el presente Reglamento no afectará a los convenios en que los Estados miembros sean parte y que, en materias particulares, regulen la competencia judicial, el reconocimiento o la ejecución de las resoluciones.*

- Porque el art. 17.3 Reglamento (UE) 1215/2012 señala que "*La presente sección no se aplicará al contrato de transporte, salvo el caso de los que, por un precio global, ofrecen una combinación de viaje y alojamiento*". Por ejemplo, si un mayorista vende un paquete turístico que incluya vuelo en avión, el Reglamento (UE) 1215/2012, permitiría al pasajero demandar al mayorista en su propio domicilio, pues se trata de un contrato que, por un precio global, ofrece viaje y alojamiento. Es dudoso, en cambio, que pudiese demandar también a la compañía aérea o al operador, también en su propio domicilio, pues estas no son parte del contrato de viaje combinado. Sin embargo, hay veces que las compañías aceptan la jurisdicción en lugares distintos a los que le reconoce el art. 33 Convenio de Montreal.

8. LEY NACIONAL APLICABLE AL CONTRATO DE TRANSPORTE AÉREO DE PASAJEROS

El juez nacional que conozca del asunto derivado de una reclamación surgida de contrato de transporte de pasajeros por vía aérea ha de identificar el Derecho nacional aplicable a la reclamación. Por ejemplo, para determinar si incorpora o no el Convenio de Montreal (lo cual en la mayoría de los casos es así), pero también para resolver sobre temas sobre los cuales el Convenio de Montreal nada dice. Cómo se valoran los daños personales en caso de siniestro, si se incluyen o no los daños psíquicos o morales, cuánto se pagan de intereses de demora si no se abona la indemnización a tiempo al pasajero, etc.

A modo de ejemplo, en la actualidad cuando se plantea un accidente aéreo y el contrato de transporte se rige por la ley española, se plantea cómo indemnizarlo. En concreto, si es posible aplicar analógicamente o por via de similitud el "baremo" que existe para los accidentes de circulación vial. Éste tiene en cuenta la edad de la víctima, si está casado o soltero, si tiene hijos, si es hijo único, si trabaja y cuánto ingresa, entre otros aspectos, para calcular el importe de la indemnización por lesiones o muerte. Algunos tribunales extienden la aplicación analógica a los daños del transporte aéreo, pero legalmente tiene un ámbito de aplicación limitada a los daños por circulación vial. Este baremo favorece especialmente al sector asegurador y no existe en otros países europeos, por lo que la tasación de los daños físicos o de la propia muerte depende de la decisión del juez.

Para llevar a cabo la selección de la Ley nacional aplicable a la reclamación, el juez ha de aplicar las normas nacionales de su Derecho internacional privado. Por ejemplo, en España, "*los Tribunales y autoridades aplicarán de oficio las normas de conflicto del derecho español*" (art. 12.6 Código Civil). Como resultado, resolverá el caso conforme al Derecho español o conforme a otro Derecho nacional extranjero con la que el contrato tenga más vínculos.

La norma de conflicto del Derecho español para las obligaciones contractuales es la ley a que las partes se hayan sometido expresamente, siempre que tenga alguna conexión con el negocio de que se trate; en su defecto, la ley nacional común a las partes; a falta de ella, la de la residencia habitual común, y, en último término, la ley del lugar de celebración del contrato (art. 10.5 Código Civil).

Esta norma de conflicto española está tácitamente derogada, pues cede ante la aplicación preferente de una norma comunitaria con una norma de conflicto distinta, que el juez debe aplicar con primacía. En concreto, las normas contenidas en el Reglamento (CE) 593/2008, de 17 de junio, de ley aplicable a las obligaciones contractuales (conocido como *Roma I*). Sin embargo, no cambia la misma idea de reconocer la autonomía de las partes para elegir la ley nacional: se aplica a la obligación contractual la ley nacional elegida por las partes del contrato de transporte (art. 5).

Son las condiciones generales, la letra pequeña, las que suelen determinar la ley nacional aplicable al contrato con independencia de:

- La nacionalidad del pasajero.
- La bandera de la aeronave.
- Los aeropuertos de origen y destino.

La finalidad de la compañía aérea es tener seguridad jurídica, conocer previamente qué normas ha de cumplir, qué derechos y obligaciones tiene frente al pasajero.

La Ley aplicable al contrato de transporte aéreo de pasajeros suele decidirla, por tanto, la compañía aérea en sus condiciones generales. Si no dicen nada, como regla general conforme al Derecho internacional privado, rige la ley del lugar donde la compañía tenga su principal establecimiento (art. 5.1 *Roma I*)

9. RÉGIMEN EUROPEO DE RESPONSABILIDAD DEL TRANSPORTISTA AÉREO POR RETRASO EN LA SALIDA, DENEGACIÓN DE EMBARQUE O CANCELACIÓN DEL VUELO EN EL REGLAMENTO (CE) 261/2004

El Reglamento (CE) 261/2004 entró en vigor el 17 de febrero de 2005 y continúa vigente en la actualidad. Se aplica *de forma especialísima* cuando un pasajero aéreo sufre los trastornos y molestias derivados de "incidencias" en las que el vuelo no se desarrolla con arreglo a la programación inicial del billete aéreo. A grandes rasgos, cuando se deniega al embarque al pasajero en el vuelo contratado sin motivo razonable; cuando el transportista cancela el vuelo y no ofrece un vuelo alternativo; cuando el vuelo parte con un retraso determinado con respecto a la hora inicialmente prevista o, incluso, cuando se impone al pasajero un cambio de asiento a una clase inferior a la contratada.

Por razón de especialidad, el Reglamento (CE) 261/2004 regula y se aplica específicamente a estas incidencias. Detalla los términos en los que se ha de tener por incumplido el contrato, cuándo cabe la imputación del incumplimiento al transportista encargado de efectuar el vuelo y cuándo se admiten causas de exoneración de su responsabilidad civil. En la Unión Europea, el Reglamento (CE) 261/2004 ofrece otras normas comunes entre los Estados de la Unión Europea.

El Reglamento (CE) 261/2004 se aplica:

- A los pasajeros que partan de un aeropuerto situado en un Estado miembro de la Unión Europea.
- Y a los pasajeros que partan de un aeropuerto situado en un tercer país con destino al territorio de un Estado de la Unión Europea, a condición de que el transportista aéreo encargado de efectuar el vuelo en virtud de un contrato con dicho pasajero sea un transportista comunitario (arts. 2.b y 3.1 Reglamento CE 261/2004).

El Reglamento (CE) 261/2004 es una *lex specialis* de derechos mínimos y no pretende ofrecer un sistema integral de indemnización debida al pasajero. Incluye el *derecho de atención* (art. 9), en caso de retraso en la salida, que incluye comidas, bebidas y si es necesario pernoctar, el coste del hotel y los transportes entre el hotel y el aeropuerto. También reconoce el *derecho al reembolso o a un transporte alternativo asistencia* (art. 8), esto es, la obligación de la compañía aérea que deniega el embarque o cancela un vuelo de ofrecer un vuelo alternativo y la devolución del precio, para que cada pasajero elija.

El Reglamento (CE) 261/2004 igualmente admite una *compensación económica* de 250, 400 ó 600 euros, según la distancia del vuelo, a cada pasajero que sufre denegación de embarque sin un motivo razonable o que se le cancela el vuelo con menos de dos semanas de antelación si no se le ofrece un vuelo alternativo dentro de unas horquillas horarias fijadas legalmente (art. 7). El Tribunal de Justicia de la Unión Europea extiende la compensación al pasajero que llega a destino con un retraso de tres o más horas (Sentencia del Tribunal de Justicia de 19 de noviembre de 2009 y muchas otras posteriormente). El pasajero no tiene derecho si la cancelación del vuelo o el gran retraso a la llegada se debe a circunstancias extraordinarias o si la denegación de embarque tiene un motivo razonable o es aceptada voluntariamente. El acreedor es el pasajero, no quien ha pagado el billete si son personas distintas. El deudor es el operador de la aeronave, aunque el pasajero no haya contratado con éste. También cabe reclamar al transportista contractual o al organizador de viajes combinados que incluye un transporte aéreo, pese a no ser el operador de la aeronave.

El art. 12 Reglamento (CE) 261/2004 señala que "*El presente Reglamento se aplicará sin perjuicio de los derechos del pasajero a obtener una compensación suplementaria. La compensación que se conceda con arreglo al presente Reglamento podrá deducirse de la misma*". Esto supone que el Reglamento (CE) 261/2004 es compatible con la aplicación de otras normas internacionales y nacionales sobre la responsabilidad del transportista aéreo. No las excluye, ni reemplaza, y cabe la aplicación simultánea a la misma incidencia. Por tanto, los derechos mínimos del pasajero con arreglo al Reglamento (CE) 261/2004 pueden no reparar íntegramente el daño sufrido por el pasajero y ser procedente el reconocimiento de compensaciones suplementarias, como una indemnización adicional a la prevista en el Reglamento y conforme con otra norma jurídica aplicable, como el Convenio de Montreal, el Convenio de Varsovia o una ley nacional.

Por ejemplo, en España, la Sentencia del Tribunal de Justicia (Sala Tercera) de 13 de octubre de 2011. Aurora Sousa Rodríguez y otros contra Air France SA. Asunto C-83/10, y la Sentencia del Tribunal Supremo de 31 de mayo de 2000, son frecuentemente empleadas por la jurisprudencia menor para reconocer al pasajero una compensación suplementaria por daños morales, compatible con la compensación del art. 7 Reglamento (CE) 261/2004.

Además, el transportista que deniegue el embarque o cancele un vuelo debe proporcionar a cada uno de los afectados un impreso en el que se indiquen las normas en materia de compensación y asistencia con arreglo al Reglamento (CE) 261/2004. También deberá proporcionar un impreso equivalente a cada pasajero afectado por un retraso de al menos dos horas, según el art. 14.2 Reglamento (CE) 261/2004.

Finalmente, las obligaciones para con los pasajeros no podrán limitarse ni derogarse, especialmente por la inclusión de una cláusula de inaplicación o una cláusula restrictiva en el contrato de transporte, de acuerdo con el art. 15.1 Reglamento (CE) 261/2004.

9.1. Denegación de embarque

Si el transportista deniega el embarque a una persona con reserva, que se presenta al embarque y contra su voluntad, puede ser aplicable el régimen de derechos mínimos del Reglamento (CE) 261/2004, de 11 de febrero. El caso habitual es el *overbooking*, esto es, aquella situación donde el transportista ha vendido más billetes que plazas hay disponibles en el avión.

El pasajero tiene derecho a una compensación económica, en función de si se trata de un vuelo intracomunitario o no y del número de kilómetros del trayecto. Varía entre 250, 400 y 600 euros, que puede reducirse al 50% si la llegada a destino con el vuelo alternativo ofrecido a los pasajeros no tiene un retraso superior a 2, 3 ó 4 horas, según el kilometraje del vuelo, de conformidad con los arts. 4 y 7 Reglamento (CE) 261/2004.

El pasajero tiene derecho a exigir el reembolso o un viaje alternativo [arts. 4 y 8 Reglamento (CE) 261/2004].

El pasajero tiene derecho de atención, consistente en comida, refrescos, alojamiento en un hotel si es necesario, dos llamadas gratuitas, fax o correo electrónico y transporte entre el aeropuerto y, en su caso, el hotel de pernoctación [arts. 4 y 9 Reglamento (CE) 261/2004].

Este régimen no se aplica si hay motivos razonables para denegar el embarque, tales como razones de salud o de seguridad o la presentación de documentos de viaje inadecuados [art. 2.j Reglamento (CE) 261/2004].

9.2. *Cancelación de un vuelo*

El pasajero tiene derecho a optar entre el reembolso íntegro del billete o un transporte alternativo [arts. 5, 8 y punto núm. 13 del Preámbulo Reglamento (CE) 261/2004].

El pasajero tiene el citado derecho a atención [arts. 5 y 9 Reglamento (CE) 261/2004].

En cambio, el pasajero sólo tiene derecho a la compensación económica del art. 7 Reglamento (CE) 261/2004, si le avisan con una antelación inferior a dos semanas y no le ofrecen un vuelo alternativo que cumpla con las horquillas de salida y llegada a destino fijadas legalmente [arts. 5.1 y 2 Reglamento (CE) 261/2004]. Y, en ningún caso, si el transportista prueba que la cancelación se debe a circunstancias extraordinarias que no podían haberse evitado incluso tomando las medidas razonables [art. 5.3 Reglamento (CE) 261/2004].

El Tribunal de Justicia de la Comunidades Europeas se ha pronunciado reiteradamente sobre el concepto de *circunstancias extraordinarias*, que exoneren del deber de compensación a la compañía aérea que cancele el vuelo. Por ejemplo, no se aplica a un problema técnico surgido de la aeronave, salvo que se derive de acontecimientos que, por su naturaleza u origen, no sean inherentes al ejercicio normal de la actividad del transportista aéreo de que se trate y escapen a su control efectivo.

En cambio, la inestabilidad política o las condiciones meteorológicas incompatibles con la realización del vuelo sí constituyen, en principio, circunstancias extraordinarias.

Respecto a las huelgas, depende de quién las realice. El transportista aéreo no debe compensar en caso de huelgas fuera de su ámbito de control. En cambio, las huelgas del personal propio de la compañía aérea no son en principio circunstancias extraordinarias.

9.3. *Retraso en la hora de salida*

De acuerdo con el Reglamento (CE) 261/2004, si resulta aplicable, aquellos vuelos que tengan un retraso respecto a la hora de salida (no de llegada) de 2, 3 ó 4 horas, según si es un vuelo intracomunitario o no y el kilometraje del trayecto, otorgan los siguientes derechos a los pasajeros: el derecho de atención [arts. 6 y 9 Reglamento (CE) 261/2004] y el derecho a reembolso o a un transporte alternativo cuando el retraso es de cinco horas como mínimo [arts. 6.1 *in fine* y 8 Reglamento (CE) 261/2004].

9.4. Retraso de tres o más horas a la llegada

El Tribunal de Justicia de las Comunidades Europeas, en la sentencia de 19 de noviembre de 2009, ha señalado que los pasajeros de los vuelos retrasados pueden equipararse a los de los vuelos cancelados e invocar el derecho de compensación del artículo 7 Reglamento (CE) 261/2004 cuando lleguen a destino final 3 o más horas después de la hora inicialmente prevista, salvo que el transportista acredite circunstancias extraordinarias. Muchas otras sentencias posteriores han confirmado esta interpretación

9.5. Sanciones administrativas por incumplimiento del transportista de las decisiones de la Agencia Estatal de Seguridad Aérea con relación a reclamaciones del pasajero al amparo del Reglamento (CE) 261/2004

El art. 16.2 Reglamento (CE) 261/2004 añade que todo pasajero podrá reclamar ante el organismo designado o ante cualquier otro organismo competente designado por un Estado miembro, por un supuesto incumplimiento del presente Reglamento en cualquier aeropuerto situado en el territorio de un Estado miembro o con respecto a cualquier vuelo desde un tercer país a un aeropuerto situado en ese territorio.

El art. 17.3 Reglamento (CE) 261/2004 concluye señalando que las sanciones establecidas por los Estados miembros por los incumplimientos del presente Reglamento serán eficaces, proporcionadas y disuasorias.

En España, el organismo designado por el Estado es la Agencia Estatal de Seguridad Aérea. Para vuelos distintos de los que partan de España o de los que partan desde un Estado extracomunitario a un aeropuerto español, el pasajero ha de acudir a los organismos nacionales que resulten seleccionados.

Constituye infracción grave no cumplir las decisiones emitidas por la Agencia Estatal de Seguridad Aérea en relación con las reclamaciones de los pasajeros formuladas al amparo del Reglamento (CE) 261/2004. La infracción es leve si se trata de un incumplimiento tardío o defectuoso (art. 45 bis Ley de seguridad aérea, introducido por la Ley 3/2020, de 18 de septiembre, de medidas procesales y organizativas para hacer frente al COVID-19 en el ámbito de la Administración de Justicia).

9.6. *Reconocimiento de la Agencia Estatal de Seguridad Aérea como entidad para resolver el conflicto mediante un título ejecutivo extrajudicial, según Orden TMA/469/2023,*

La Orden TMA/469/2023, de 17 de abril, acredita a la Agencia Estatal de Seguridad Aérea como entidad de resolución alternativa de litigios en el ámbito del transporte aéreo.

La Orden TMA/201/2022, de 14 de marzo, por la que se regula el procedimiento de resolución alternativa de litigios de los usuarios de transporte aéreo sobre los derechos reconocidos en el ámbito de la Unión Europea en materia de compensación y asistencia en caso de denegación de embarque, cancelación o gran retraso, así como en relación con los derechos de las personas con discapacidad o movilidad reducida, atribuye a la decisión que adopte el Director de la Agencia Estatal de Seguridad Aérea la condición de *título ejecutivo extrajudicial*. En virtud de la cual, transcurrido un mes desde que fuera emitida la decisión, podrá solicitarse por el pasajero su ejecución ante el Juzgado de lo Mercantil competente.

La Orden TMA/201/2022 se dicta en el marco de la disposición adicional 2ª de la Ley 7/2017, de 2 de noviembre, por la que se incorpora al ordenamiento jurídico español la Directiva 2013/11/UE, del Parlamento Europeo y del Consejo, de 21 de mayo de 2013, relativa a la resolución alternativa de litigios en materia de consumo. Especialmente en materia de reclamaciones aéreas, la disposición final sexta de la Ley 3/2020, de 18 de septiembre, de medidas procesales y organizativas para hacer frente al COVID-19 en el ámbito de la Administración de Justicia, modifica la citada disposición adicional 2ª Ley 7/2017, señala que la decisión de la entidad acreditada podrá ser impugnada por parte de la compañía aérea, ante el Juzgado de lo Mercantil competente, cuando considere que la misma no es conforme a Derecho.

El art. 4 Orden TMA/201/2022 indica que el procedimiento ante la Agencia Estatal de Seguridad Aérea tiene lugar sin perjuicio del derecho del pasajero a acudir a cualquier sistema extrajudicial de resolución de conflictos aceptado por la compañía aérea.

El art. 7.2.b Orden TMA/201/2022 señala que el procedimiento ante la Agencia Estatal de Seguridad Aérea es de aceptación voluntaria y decisión no vinculante para el pasajero. En cambio, el art. 7.2.c añade que para la compañía aérea es de aceptación obligatoria y decisión vinculante.

El art. 18.1 Orden TMA/201/2022 añade que, sin perjuicio del derecho de la compañía aérea a impugnar la decisión de la entidad acreditada, transcurrido un mes desde que fuera emitida la decisión por el Director de la Agencia Estatal de Seguridad Aérea, el pasajero podrá solicitar su ejecución ante el Juzgado de lo Mercantil competente. A estos efectos, la decisión, debidamente certificada por la entidad acreditada, tendrá la consideración de título ejecutivo extrajudicial, de conformidad con lo dispuesto en el art. 517.2.9º Ley 1/2000, de 7 de enero, de Enjuiciamiento Civil.

Además, el art. 18.4 Orden TMA/201/2022 señala que el incumplimiento o cumplimiento tardío o defectuoso de la decisión constituye infracción en relación con la asistencia y compensación a los pasajeros, conforme a lo previsto en el art. 45 bis de la Ley 21/2003, de 7 de julio, de Seguridad Aérea.

10. EL CONTRATO DE TRANSPORTE AÉREO DE CARGA

Se puede definir, a falta de un concepto fijado en la Ley, como aquel contrato por el cual el transportista se compromete a un resultado de transporte aéreo de mercancías entre los lugares estipulados, esto es, a la entrega de la mercancía en el lugar de destino en el mismo estado y condición en que le fue entregada en el lugar de origen.

El transporte de carga está limitado por la capacidad de las bodegas de los aviones, muy inferior a otros medios de transporte. Esto afecta al tipo y cantidad de mercancía que viaja en avión, y por no vía terrestre o marítima, que admiten mayor voluminosidad. Algunas aeronaves de carga están dedicadas específicamente a ello. Otras veces, la carga va en los mismos vuelos que los pasajeros, por lo que en una misma operación de transporte concurren diversos contratos de pasajeros y de carga.

10.1. Régimen jurídico del transporte internacional y nacional

El Reglamento (CE) 2027/1997, tal y como fue modificado por el Reglamento (CE) 882/2002, convierte el Convenio de Montreal en la base del Derecho comunitario del régimen de responsabilidad civil en el transporte aéreo de pasajeros. Sin embargo, la Unión Europea no consideró necesario hacer lo mismo para el transporte aéreo de carga. No en vano, no son casos análogos, ni hay los mismos intereses generales a proteger. En el contrato de transporte de carga, no hay vida humana en riesgo como ocurre con los pasajeros, ni tampoco los contratantes suelen ser consumidores, sino empresarios en el ejercicio de su actividad lucrativa.

Como resultado, en el transporte aéreo de carga, el Derecho de los transportes sigue dividido por razón del trayecto de que se trate. No hay la citada unificación comunitaria que se produce en el transporte de pasajeros a favor del Convenio de Montreal sobre el Convenio de Varsovia.

Para el transporte internacional de carga, tal y como se define en el Convenio de Montreal (art. 1.2), esto es, aquel cuyo punto de partida y destino está ubicado en dos Estados parte distintos; o, en un solo de estos Estados, si se prevé una escala en otro Estado, rige el Convenio de Montreal si ambos Estados son parte de éste. Se incluye el transporte intracomunitario, al ser cada Estado miembro de la Unión Europea un Estado parte o contratante del Convenio de Montreal.

Visto el importante número de países parte de este Convenio y su importancia económica a nivel mundial (todos los países de la Unión Europea, Estados Unidos, China, etc.), la regla general es que se aplique el Convenio de Montreal.

No obstante, si el transporte es entre puntos de Estados, uno de los cuales o ambos no son parte del Convenio de Montreal, pero sí lo son del Convenio de Varsovia rige éste.

En el hipotético caso en que los Estados de origen y destino de la mercancía no sean parte al mismo tiempo del Convenio de Montreal o del Convenio de Varsovia, un caso ciertamente marginal, el juez que conozca del asunto habrá de aplicar las normas de conflicto del Derecho internacional privado para determinar qué ley nacional es la aplicable. En España, por ejemplo, los artículos 102 a 125 Ley de navegación aérea se aplican al transporte internacional en defecto de convenio internacional obligatorio para España (art. 125).

Para el transporte aéreo nacional de mercancías en España, como el Convenio de Montreal sólo se aplica al transporte internacional, las normas aplicables son los citados arts. 102 a 125 Ley de navegación aérea.

10.2. La carta de porte aéreo

En el transporte de carga, se expedirá una carta de porte aéreo, que puede ser sustituida por cualquier otro medio del que quede constancia del transporte. Si se utilizan otros medios, el transportista entregará al expedidor, si así lo solicita este último, un recibo de la carga que permita su identificación (arts. 4 y ss. Convenio de Montreal).

El Convenio de Varsovia se refiere sólo a la carta de porte (arts. 5 y siguientes) y la Ley de navegación aérea indica que el talón de transporte constituye prueba plena de la existencia del contrato (art. 103 Ley de navegación aérea).

El incumplimiento de los requisitos para los documentos no afecta a la existencia ni a la validez del contrato de transporte (art. 9 Convenio de Montreal).

Sin perjuicio de la aplicación imperativa de las normas del Convenio de Montreal, del Convenio de Varsovia o de la Ley de navegación aérea, según sea el caso, en la práctica, las condiciones generales utilizadas por las compañías aéreas dedicadas al transporte de mercancía están bastante unificadas gracias a la labor de la Asociación Internacional del Transporte Aéreo (IATA). En particular, debido a la acción de la *IATA Cargo Service Conference*, que ha emitido diversas Resoluciones sobre el transporte aéreo de carga. Entre ellas, la Resolución (32) 600b, que aprueba las condiciones del contrato que deben incorporar sus aerolíneas afiliadas en sus propias cartas de porte aéreo.

10.3. Elementos personales del contrato

Para dedicarse comercialmente al transporte de mercancías por avión, la compañía aérea ha de disponer de un certificado de operador aéreo y de una licencia de explotación emitida por la Agencia Estatal de Seguridad Aérea. Hay empresas como Cargolux, Sas Cargo, Iberia Cargo, así como integradores como TNT, Fedex, DHL y UPS. Estos últimos son transportistas expreso que aúnan en una única empresa o conglomerado las funciones de corredor, transportista, agrupador y expedidor de carga, proveedor de servicios de asistencia en tierra y explotador de aeronaves, razón por la cual en ocasiones también se les denomina "integradores". La entrega urgente se ha convertido, por tanto, en un modelo de negocio específico de la industria del transporte de carga (según informa OACI, en https://bitly.ws/ZcCI, consultada el 19 de mayo de 2023).

El expedidor puede ser cualquier persona, bien actuando en interés propio, bien actuando por cuenta de un tercero, como en el caso de agencias de transporte o transitarios, que se obliguen personalmente o no como porteadores frente a su principal.

El destinatario es la persona que tiene derecho a que las mercancías le sean entregadas en destino.

Si interviene un intermediario, como una agencia de transportes, puede emitir su propia carta de porte.

10.4. Límites de indemnización

Los topes indemnizatorios por daños o pérdida de mercancías son muy bajos respecto a su valor real del cargamento que usualmente es transportado por aire. Por ejemplo, un caso real: 8 cámaras de fotografía de alta definición por un valor de 5.000 euros pueden pesar unos 4 kilos. Conforme al Convenio de Varsovia-Protocolo de Montreal núm. 4, el importe de la indemnización a cargo del porteador es de 17 Derechos Especiales de Giro, mientras que es de 19 Derechos Especiales de Giro conforme al Convenio de Montreal. Esto supone que la indemnización máxima a abonar por el porteador aéreo al propietario en caso de pérdida total de las cámaras (que pesaban 4 kilos) gira alrededor de 160 euros. En este caso, el importador español había afortunadamente contratado un seguro sobre las mercancías. Cobró el valor de factura, más portes, de su aseguradora. La aseguradora se subrogó en sus derechos y sólo pudo reclamar 160 euros al transportista. Es un efecto de los seguros, a cambio de la prima de seguro, la aseguradora desplaza sobre sí los riesgos vinculados al siniestro del objeto asegurado.

El art. 121 Ley de navegación aérea establece la responsabilidad ilimitada del transportista en caso de dolo y culpa grave. Asimismo, la responsabilidad procedente del dolo es exigible en todas las obligaciones (art. 1102 Código Civil). Sin embargo, el artículo 24 Convenio de Varsovia-Protocolo de Montreal núm. 4 y los artículos 22.5 y 30.3 Convenio de Montreal *no prevén expresamente que el dolo o culpa temeraria excluya los límites de responsabilidad del porteador de mercancías.* Esto supone un cambio substancial respecto al texto original del Convenio de Varsovia de 1929 y al texto resultante de la enmienda introducida por el Protocolo de La Haya de 1955. El redactado vigente desde 1998 del artículo 24 Convenio de Varsovia, tal y como resulta de la modificación introducida por el Protocolo de Montreal núm. 4 sólo prevé la exclusión por dolo o culpa temeraria en contra del porteador de pasajeros o de sus equipajes, pero no para el porteador de mercancías. Los artículos 22.5 y 30.3 Convenio de Montreal siguen esta línea. Por tanto, los porteadores aéreos de mercancías han sido favorecidos en los últimos años con un cambio desconocido en los textos tradicionales. La doctrina ha criticado que este cambio pretende que los límites de responsabilidad del porteador de mercancías sean indestructibles, lo que ha sido calificado de injusto, abusivo, discriminatorio e inconstitucional.

Con relación a las estipulaciones en el contrato, el artículo 22.1 Convenio de Varsovia (para el transporte de viajeros) y el artículo 25 Convenio de Montreal disponen que el porteador puede estipular que el contrato de transporte esté sometido a límites de responsabilidad más elevados que los previstos en estos convenios, o que no esté sujeto a ningún límite de responsabilidad. Este aumento voluntario ha sido recientemente puesto en práctica gracias a la citada Resolución (32) 600b de la Asociación Internacional del Transporte Aéreo (IATA). En concreto, el nuevo modelo-tipo aplica los límites de responsabilidad del porteador aéreo de mercancías de la Convenio de Montreal en todas las rutas mundiales, esto es, 19 Derechos Especiales de Giro por kilo (unos 21 euros). Así, las aerolíneas aumentan sus límites de responsabilidad en algunas rutas a las que no este Convenio no sería aplicable y los límites serían más bajos. Por ejemplo, cuando sea aplicable el Convenio de Varsovia-Protocolo de Montreal núm. 4, el importe máximo sería de 17 Derechos Especiales de Giro (unos 19 euros), pero la aerolínea se compromete contractualmente a abonar 19 Derechos Especiales de Giro por kilo de mercancía perdida o averiada.

11. LOS ACUERDOS *INTERLINING*

Antes de la aparición de las actuales alianzas aéreas, las compañías aéreas ya llegaron a pactos concretos de interlínea, facilitados por la Asociación Internacional del Transporte Aéreo (IATA), que se siguen practicando.

El *interlining* es un transporte sucesivo. Es el medio a través del cual una compañía aérea acepta pasajeros con billetes emitidos en nombre de otra. Los propios acuerdos establecen los términos en los que las compañías aéreas aceptarán pasajeros con billetes emitidos por otras agencias o agencias autorizadas. De este modo un pasajero puede embarcar en un viaje utilizando los servicios de varios transportistas aéreos, pero con un solo billete emitido por sólo uno de ellos. La compañía que expide el billete aplica, en virtud del acuerdo, las tarifas y condiciones establecidas por las líneas aéreas en cuyas rutas se realiza el viaje, percibe del pasajero el pago total, y abona a la otra compañía la parte de su pasaje, deduciendo un tanto por ciento en concepto de gastos de venta, elaboración, manipulación y servicio de tráfico combinado.

12. LAS ALIANZAS AÉREAS

El origen de las alianzas aéreas son los contratos bilaterales de cooperación entre dos compañías aéreas. Luego, con la adhesión al contrato de nuevas compañías, devienen multilaterales, como Oneworld, Star Alliance, Skyteam. Subsisten también alianzas bilaterales.

Los motivos por los cuales una aerolínea entra en una alianza aérea son, entre otros, los siguientes (Dempsey):

- Deseo de ampliar negocio.
- Deseo de reducir costes.
- Deseo de reducir el nivel de competidores, en la medida de lo legalmente posible.
- Deseo de evitar las reglas de nacionalidad que exigen que las compañías aéreas estén controladas por nacionales (o comunitarios) o que sólo permiten a compañías nacionales (o comunitarias) el transporte aéreo de cabotaje ("nacional", entre puntos de un mismo país, o "comunitario", entre puntos de la Unión Europea).

La alianza supone principalmente tres actividades:

- Beneficios para los clientes frecuentes de las compañías aéreas en alianza (puntos, trato especial, etc.).
- Las alianzas pueden incluir también acuerdos de cooperación para reducir gastos, en materia de emisión de billetes, *handling*, venta, oficinas, etc.
- El elemento esencial de la alianza aérea es el denominado código compartido, generalmente (pero no siempre) recíproco.

Las normas de los convenios bilaterales sobre derechos de tráfico comercial pueden impedir a una compañía aérea operar con su propia aeronave en un trayecto o zona geográfica porque no tiene derechos de tráfico (lo que supone barreras de entrada). No obstante, algunos países permiten que estas compañías no designadas como resultado del convenio bilateral hagan código compartido u otro tipo de cooperación en alianza con una compañía que sí ha sido designada para hacer un trayecto regular, esto es, tiene derechos de tráfico. Se crea así una suerte de red virtual de cooperación, con un menor coste y riesgo, comparado con operar su propia aeronave.

El *vuelo operado en código compartido* (*codeshare*) se refiere a un acuerdo con otro transportista, por el cual el que comercializa la reserva, el billete y consta el código indicador de línea aérea como porteadora, pero es el otro transportista el que opera de hecho la aeronave. El término código se refiere al identificador usado generalmente de 2 caracteres asignado por la Asociación Internacional del Transporte Aéreo (IATA) a cada transportista y el número de vuelo (Iberia, IB, Finnair AY, etc.). Así el vuelo XX123 operado por la compañía CC, puede ser también vendido por la aerolínea YY como YY456 y por ZZ como ZZ9876. Cada uno fijará el vuelo como propio. Estas compañías pueden hacer un código compartido u otro tipo de cooperación con la compañía que tiene derechos de tráfico.

Entre las ventajas del código compartido, se cita la entrada en nuevos mercados, ofrecer más asientos sin tener que hacer grandes inversiones adicionales en compra de aeronaves e infraestructura aeroportuaria, ampliar mercados con parejas de vuelos entre ciudades, reducir costes de equipo y servicios de terceros debido al gran poder contractual para negociar de la alianza; reducir costes de *handling*, de operaciones aeroportuarias, de venta de tickets y facturación, al compartir gastos entre compañías aéreas.

Como desventajas, los códigos compartidos pueden suponer reparto de mercados entre competidores, eliminación de competencia, tarifas más altas, todo en perjuicio del consumidor.

Las alianzas tienen inmunidad del Derecho de la competencia en la Unión Europea conforme al Reglamento (CE) 1459/2006, de 28 de septiembre, relativo a la aplicación del artículo 81, apartado 3, del Tratado a determinadas categorías de acuerdos y prácticas concertadas que tengan por objeto la celebración de consultas relativas a las tarifas de transporte de pasajeros en los servicios aéreos regulares y a la asignación de períodos horarios en los aeropuertos. Ello a condición de que se limiten:

- a celebrar de consultas relativas a la asignación de períodos horarios y la fijación de horarios en los aeropuertos comunitarios;
- a celebrar consultas sobre tarifas aplicables al transporte de pasajeros en servicios intracomunitarios y con Suiza, Noruega, Islandia y Liechtenstein, así como en transportes entre la Unión Europea y Estados Unidos de Norteamérica o Australia, y con terceros países.

Las consultas son voluntarias y abiertas y no son vinculantes para los participantes. Las consultas pueden contribuir a la aceptación generalizada de las tarifas interlínea de transporte de pasajeros, que serán aplicadas por las compañías aéreas participantes. Estas consultas se llevan a cabo en las conferencias semestrales organizadas por la Asociación Internacional del Transporte Aéreo (IATA).

Fuera de estos pactos, conforme al Derecho de defensa de la competencia, está prohibida la colusión entre empresas competidoras, por ejemplo, pactar precios. La dificultad es probar la existencia del pacto de precios. Por ello, el derecho es más clemente con el delator con multas más leves o la ausencia de éstas.

También es contrario al Derecho de la competencia llevar a cabo, sin autorización administrativa previa, fusiones que supongan monopolio de mercados geográficos (por ejemplo, servicios regulares de pasajeros o mercancías entre países).

Igualmente se prohíben las prácticas predatorias, destinadas a vender bajo coste con ánimo de eliminar competidores en determinados mercados geográficos.

13. BIBLIOGRAFÍA COMPLEMENTARIA

AIGÉ MUT, M. B., "Resolución extrajudicial de conflictos relativos al transporte aéreo de pasajeros: especial referencia a la plataforma europea de resolución de litigios en línea", en NADAL GÓMEZ, I. (Dir.*), La aviación al servicio del desarrollo económico de la sociedad. Los nuevos retos de su regulación jurídica. XLIII Jornadas Latinoamericanas de Derecho aeronáutico y espacial,* Economist & Jurist Difusión Jurídica, 2019, págs. 573-590; ALBA FERNÁNDEZ, M., "El Convenio de Montreal para la unificación de ciertas reglas para el transporte aéreo internacional de 1999: el comienzo de una nueva etapa", en *Derecho de los Negocios,* nº 173, La Ley, 2005, págs. 7-24; ALBA FERNÁNDEZ, M., "El procedimiento de resolución alternativa de litigios sobre derechos de los pasajeros ante la agencia estatal de seguridad aérea", en *Revista Española de Derecho Aeronáutico y Espacial,* nº 2, 2022 (Ejemplar dedicado a: *In memoriam* Excmo. Sr. D. Rodolfo A. González-Lebrero), págs. 31-48; ÁLVAREZ LATA, N. y BUSTOS MORENO, Y., "Responsabilidad civil en el ámbito del transporte y la navegación aérea", en REGLERO CAMPOS, L. F. y BUSTO LAGO, J. M. (Coords.), *Tratado de Responsabilidad Civil,* t. II, 5ª ed., Thomson Reuters Aranzadi, 2014, págs. 996-1098; ÁLVAREZ MÉNDEZ, J. L., "Una visión hispanoamericana de la globalización en el transporte aéreo internacional", en MARTÍNEZ SÁNZ, F. y PETIT LAVALL, M. V. (Dirs.), *Estudios de Derecho aéreo: aeronave y liberalización,* Marcial

Pons, 2009, págs. 253-260; ÁLVAREZ MORENO, M. T., "La responsabilidad de las compañías aéreas en caso de accidente: régimen instaurado por el Reglamento comunitario 2027/1997, de 17 de octubre", en *Actualidad Civil*, nº 3, 2000, págs. 813-833; ANDREEVA ANDREEVA, V., "El pasajero no consumidor en el contrato internacional de transporte aéreo: Auto del TJUE de 13 de febrero de 2020, asunto C-606/19: Flightright GmbH vs. Iberia L. A. E., S. A. Operadora Unipersonal", en *La Ley Unión Europea*, nº 81, 2020; AURIOLES MARTÍN, A., "La responsabilidad de las compañías aéreas por retrasos", en MELGOSA ARCOS, F. J. (Coord.), *Derecho y turismo*, Universidad de Salamanca, 2004, págs. 561-572; BALIAN, E. N. y FENTANES, V. N., "Avances y retrocesos en el Derecho del consumidor en el Transporte aéreo. Informe sobre la experiencia argentina y breve revista de su jurisprudencia", en NADAL GÓMEZ, I. (Dir.*), La aviación al servicio del desarrollo económico de la sociedad. Los nuevos retos de su regulación jurídica. XLIII Jornadas Latinoamericanas de Derecho aeronáutico y espacial*, Economist & Jurist Difusión Jurídica, 2019, págs. 529-538; BELMONTE DE LA VILLA, P., "La interposición por compañías especializadas de acciones de reclamación de derechos de pasajero aéreos. Comentario del Auto del Juzgado de lo Mercantil número 6 de Madrid de 29 de mayo de 2018", en *Revista de Derecho Mercantil*, nº 311, 2019, ap. 13; BENAVIDES VELASCO, P. "La responsabilidad por retraso en el transporte aéreo de pasajeros", en *Revista Europea de Derecho de la Navegación Marítima y Aeronáutica*, nº 21-22, 2005, págs. 3173-3180; BERCOVITZ ÁLVAREZ, G., "Estudio sobre la responsabilidad de las compañías aéreas por incumplimiento de horarios", en *Estudios sobre consumo*, nº 50, 1999, págs. 67-86; BOBEK, M. y PRASSL, J., *Air passenger rights. Ten years on*, Hart Publishing, Oxford and Portland, 2016; BONET CORREA, J., *La responsabilidad en el Derecho aéreo*, CSIC, 1963; BOTANA AGRA, M., *La ilimitación de la responsabilidad del transportista aéreo comunitario por daños a los pasajeros en caso de accidente: Un estudio del Reglamento (CE) 2027/1997*, Marcial Pons, 2000; CARRIZO AGUADO, D., "El transporte aéreo de pasajeros en clave internacional: reflexiones materiales y procesales en el arduo equilibrio contractual", en *Revista de Derecho del Transporte*, nº 26, 2020, págs. 147-182; CASANOVAS IBÁÑEZ, Ó., "Derecho de la Unión Europea, transporte aéreo y protección de los consumidores y usuarios. El reglamento del "overbooking": evolución y perspectivas de modificación", en AGUADO I CUDOLÀ, V. y CASANOVAS IBÁÑEZ, Ó. (Coords.), *El impacto del derecho de la Unión Europea en el turismo*, Atelier, 2012, págs. 153-188; CASANOVAS IBÁÑEZ, Ó., *El transporte aéreo en la Unión Europea: de la liberalización a la protección de los consumidores*, Atelier, 2017; COSENTINO, E. T., Régimen jurídico del transportador aéreo, Abeledo-Perrot, 1966; DE LA VEGA JUSTRIBÓ, B., "La responsabilidad del porteador aéreo derivada de la inejecución del transporte por causa de las cenizas volcánicas", en *Revista de Derecho del Transporte*, nº 10, 2012, págs. 107-139; DE PAZ MARTÍN, J., *La responsabilidad en el transporte aéreo internacional: de Varsovia (1929) a Montreal (1999)*, Marcial Pons, 2006; DEMPSEY, P. y MILDE, M., *International Air Carrier Liability: The Montreal Convention of 1999*, McGill University, 2005; ELORZA GUERRERO, F., "La responsabilidad civil de compañías aéreas y organizadores de viajes por el comportamiento de sus empleados: comentario a las sentencias del Tribunal de Justicia de la Unión Europea dictadas el 18 (asunto C-578/19, X/Kuoni Travel Ltd) y 21 de marzo de 2021 (asunto C-28/20, Airhelp Ltd/SAS)", en *Revista de Derecho del Transporte*, nº 27, 2021, págs. 330-344; ELORZA GUERRERO, F., "El ejercicio del derecho de huelga y la responsabilidad de las compañías aéreas y Organizadores de viajes:: una aproximación al derecho comunitario", en *Revista Española de Derecho Aeronáutico y Espacial*, nº 2 (Septiembre), 2022 (Ejemplar dedicado a: *In memoriam* Excmo. Sr. D. Rodolfo A. González-Lebrero), págs. 49-73; ESCOBAR SAAVEDRA, M., *La contratación electrónica como instrumento jurídico de facilitación en el contrato de transporte aéreo de pasajeros y mercaderías*, Tesis doctoral dirigida por M. J. Guerrero Lebrón, Universidad Pablo de Olavide, 2015; FEAL MARIÑO, E. M., *El overbooking en el transporte aéreo*, Aranzadi, 2003; FERNÁNDEZ TORRES, I., "El transporte aéreo en la jurisprudencia civil y mercantil", en MENÉNDEZ MENÉNDEZ, A. (Coord.), *Régimen jurídico del transporte aéreo*, 2005, Civitas, 2005, págs. 255-291; FERRER TAPIA, B., *El contrato de transporte aéreo de pasajeros: sujetos, estatuto y responsabilidad*, Dykinson, 2013; FLAQUER RIUTORT, J., "Aplicación analógica de las compensaciones del reglamento CE 261/2004 a supuestos de transporte aéreo sujetos al Convenio de Montreal", en *Diario La Ley*, nº 9094, 2017; FLAQUER RIUTORT, J., "De nuevo sobre el concepto de circunstancias extraordinarias utilizado en el Reglamento (CE) nº261/2004, sobre compensaciones a los pasajeros en caso de gran retraso de los vuelos", en *La Ley mercantil*, nº 61 (septiembre), 2019; FLAQUER RIUTORT, J., "El derecho a la compensación del pasajero en supuestos de huelga del personal propio de la compañía", en *La Ley mercantil*, nº 81 (junio), 2021; FLAQUER RIUTORT, J., "La cesión de créditos con origen en indemnizaciones y compensaciones derivadas del transporte aéreo", en *Revista de Derecho del Transporte*, nº 25, 2020, págs. 97-119; FOLCHI, M. O. (Dir.), *Transporte aéreo internacional. Convenio para la unificación de ciertas reglas para el transporte aéreo internacional –Montreal 1999*, Alada, 2002; FOLCHI, M. y COSENTINO, E. T., *Derecho aeronáutico y transporte aéreo*, Astrea, 1977; FONTESTAD PORTALÉS, L., "Resolución alternativa de conflictos sobre los usuarios de transporte aéreo con discapacidad o con movilidad reducida", en *Revista General de Derecho Procesal*, nº. 59, 2023; GARCÍA ÁLVAREZ, B.,

"La sustitución no consentida del transporte aéreo por otro modo de transporte. En torno a la noción legal de transporte aéreo (comentario a la STS de 15 de julio de 2010", en *Revista de Derecho del Transporte*, nº 7, 2011, págs. 280-285; GARCÍA SANZ, A., "El daño moral en el transporte aéreo de pasajeros", en *Revista de Derecho Mercantil*, nº 86, 2012, págs. 191-212; GARRIDO PARENT, D., "La responsabilidad del porteador aéreo por incidencias en el transporte de equipaje", en *Aranzadi civil: revista quincenal*, nº 3, 2008, págs. 2825-2896; GARRIDO PARENT, D., "Las condiciones generales del contrato de transporte aéreo de pasajeros y de su equipaje"; en *Aranzadi Civil*, nº 3, 2006, págs. 2413-2445; GILABERT GASCÓN, A., "Los pasajeros conflictivos: ¿una «circunstancia extraordinaria» en el marco del Reglamento n.º 261/2004?", en *Revista General de Derecho del Turismo*, nº 2, 2020; GILI SALDAÑA, M. A. y GÓMEZ POMAR, F., "El coste de volar", en *Indret*, nº 3, 2005, 26 págs.; GÓMEZ CALERO, J., *El transporte internacional de mercancías*, Civitas, 1984; GÓMEZ PRIETO, M. T., "La protección jurídica del pasajero con necesidades especiales en el transporte aéreo", en *Revista de Estudios Jurídicos y Criminológicos*, nº 6, 2022, págs. 85-136; GÓMEZ ROJO, M. E., "Normativa histórica convencional internacional reguladora del transporte aéreo con incidencia en el sector turístico", en *Revista Europea de Derecho de la Navegación Marítima y Aeronáutica*, nº 20, 2004, págs. 2997-3014; GONZÁLEZ CABRERA, I., "La disminución de la protección del viajero en el transporte aéreo. Un cambio de tendencia. (A propósito de la propuesta de Reglamento del Parlamento Europeo y del Consejo, modificativo de los Reglamentos CE 261/2004 y 2027/97)", en *Revista de Derecho del Transporte*, nº 15, 2015, págs. 97-130; GONZÁLEZ CABRERA, I., "Retraso, cancelación y denegación de embarque: un análisis comparado de su tratamiento en el Derecho de la navegación marítima y aérea", en *Revista de Derecho del Transporte*, nº 11, 2013, págs. 81-114; GONZÁLEZ FERNÁNDEZ, M. B., "La responsabilidad del transportista aéreo por cancelación de vuelo", en *Revista Europea de Derecho de la Navegación Marítima y Aeronáutica*, nº 21-22, 2005, págs. 3181-3186; GONZÁLEZ FERNÁNDEZ, M. B., "El tiempo como factor esencial en el contrato de transporte aéreo de pasajeros", en *Revista de Derecho Mercantil*, nº 327, 2023; GONZÁLEZ VAQUÉ, L., "Reglamento nº 261/2004 sobre asistencia y compensación de los pasajeros aéreos: el TJCE clarifica (*ma non troppo*) los conceptos de retraso y cancelación de un vuelo", en *Revista Aranzadi Unión Europea*, nº 3, 2010; GONZÁLEZ-LEBRERO y MARTÍNEZ, R., "Prescripción o caducidad en el Convenio de Montreal sobre transporte aéreo internacional de 28 de mayo de 1999", en *Revista de Derecho del Transporte*, nº 7, 2011, págs. 121-136; GÓRRIZ LÓPEZ, C., *La responsabilidad en el transporte de mercancías (carretera, ferrocarril, marítimo, aéreo y multimodal)*, Studia Albornotiana, 2001; GUERRERO LEBRÓN, M. J. y

VILLACORTA SALIS, C., "Aspectos procesales de las acciones por responsabilidad del transportista aéreo de pasajeros", en ALBA FERNÁNDEZ, M. y FORTES MARTÍN, A. (Coords.), *Público y privado en el derecho aeronáutico: Retos presentes y futuros,* Tirant lo Blanch, 2017, págs. 285-340; GUERRERO LEBRÓN, M. J., "Algunos problemas interpretativos del reglamento (CE) nº 2027/97", en *Revista de Derecho del Transporte,* nº 1, 2008, págs. 163-179; GUERRERO LEBRÓN, M. J., "El contrato de transporte aéreo de pasajeros", en MENÉNDEZ MENÉNDEZ, A. (Dir.), *La regulación de la industria aeronáutica,* 2ª ed., Aranzadi, 2016, págs. 303-354; GUERRERO LEBRÓN, M. J., "La aplicación del art. 17 del Convenio de Montreal: el concepto de accidente conforme a la más reciente jurisprudencia", en FOLCHI, M., GUERRERO LEBRÓN, M. J. y MADRID PARRA, A. (Coords.), *Estudios de Derecho aeronáutico y espacial,* Marcial Pons, 2008, págs. 43-52; GUERRERO LEBRÓN, M. J., "La evolución del régimen de responsabilidad extracontractual del transportista aéreo: apuntes sobre los nuevos Convenios por riesgos generales y por actos de interferencia ilícita que involucren a aeronaves", en *Revista de Derecho del Transporte,* nº 3, 2009, págs. 31-64; GUERRERO LEBRÓN, M. J., "La regulación comunitaria de las situaciones de <gran retraso> en el transporte aéreo de pasajeros: Comentario a la Sentencia del Tribunal de Justicia de la UE de 10 de enero de 2006 (TJCE 2006,2)", en *Revista Aranzadi de derecho patrimonial,* nº 17, 2006, págs. 543-561; GUERRERO LEBRÓN, M. J., "La visión del TJUE sobre el "accidente aéreo" como presupuesto de la responsabilidad por daños personales ¿Para cuándo su supresión?", en *Revista Aranzadi de derecho patrimonial,* nº 52, 2020; GUERRERO LEBRÓN, M. J., "Remedios no jurisdiccionales para la tutela del pasajero aéreo", en ZUBIRI DE SALINAS, M. (Dir.), *El contrato de transporte de viajeros: nuevas perspectivas,* Aranzadi Thomson Reuters, 2016, págs. 129-154; GUERRERO LEBRÓN, M. J., *La responsabilidad contractual del porteador aéreo en el transporte de pasajeros,* Tirant lo Blanc, 2005; GUERRERO LEBRÓN, M. J., "El contrato de transporte aéreo de mercancías", en JIMÉNEZ SÁNCHEZ, G. J. y DÍAZ MORENO, A. (Coords.), *Derecho Mercantil: vol. 8. Transportes mercantiles,* Marcial Pons, 2013, págs. 479-501; ILLESCAS ORTIZ, R., "La electronificación integral del contrato de transporte aéreo de pasajeros", en *Derecho de los Negocios,* nº 19, 2008, págs. 214-215; JARNE MUÑOZ, P., "De nuevo sobre la problemática valoración del daño en las catástrofes aéreas: a propósito de los primeros pronunciamientos del Tribunal Supremo en relación con el accidente de Spanair de 20 de agosto de 2008", en *Revista de Derecho del Sistema Financiero: mercados, operadores y contratos,* nº 0, 2020, págs. 309-324; JARNE MUÑOZ, P., "En torno a la responsabilidad del transportista aéreo y su (posible) aptitud para englobar supuestos de daños personales ajenos a la actividad de transporte", en *Actualidad civil*, nº 7, 2020; JIMÉNEZ PINAR, M., IGLESIAS VÁZQUEZ, M. Á. y GARCÍA MARTÍN, T., "Aplicación en España de los límites temporales para el ejercicio de acciones compensatorias por daños sufridos durante la ejecución del transporte aéreo internacional según el Convenio de Montreal", en *Revista de Derecho del Transporte*, nº 16, 2015, págs. 169-188; LIDÓN DE MIGUEL, A., "La aplicación del Derecho de la competencia a las alianzas estratégicas de las aerolíneas", en *Revista de Derecho del Transporte*, nº 24, 2019, págs. 217-234; LLORENTE GÓMEZ DE SEGURA, C. y PALOU BRETONES, A., "El contrato internacional de transporte aéreo", en YZQUIERDO TOLSADA, M. (Coord.), *Contratos civiles, mercantiles, públicos, laborales e internacionales, con sus implicaciones tributarias*, vol. 17, (Los contratos internacionales (II), Aranzadi Thomson Reuters, 2014, págs. 447-489; LÓPEZ QUIROGA, J., "El concurso de las compañías aéreas: situación y derechos de los pasajeros", en ALBA FERNÁNDEZ, M. y FORTES MARTÍN, A. (Coords.), *Público y privado en el derecho aeronáutico: Retos presentes y futuros*, Tirant lo Blanch, 2017, págs. 341-354; LÓPEZ RUEDA, F. C., *El régimen jurídico de la carga y descarga en el transporte de mercancías: (terrestre, marítimo, aéreo y multimodal)*, Gobierno Vasco, Servicio Central de Publicaciones, 2005; LÓPEZ RUEDA, F. C., *El régimen jurídico del transporte multimodal*, La Ley, 2000; LÓPEZ y GARCÍA DE LA SERRANA, J., "Seguro de Responsabilidad Civil. Accidente aéreo, normativa europea aplicable y utilización orientativa del baremo de accidentes bajo el prisma de la total indemnidad.: STS 21/12/2021", en *Revista de Responsabilidad Civil, Circulación y Seguro*, nº 2, 2022, págs. 56-61; LOZANO ROMERAL, D., "Transporte aéreo. El contrato de trasporte. Derechos y deberes. La sobreventa. Las indemnizaciones por retraso. Especial consideración de los minusválidos. Responsabilidad civil y seguros", en MENÉNDEZ MENÉNDEZ, A. (Coord.), *Régimen jurídico del transporte* aéreo, Civitas, 2005, págs. 293-321; LUONGO, N. E., "El daño moral en el sistema de responsabilidad por el transporte aéreo internacional: un enfoque moderno para nuevas necesidades", en *Revista de Derecho del Transporte*, nº 2, 2009, págs. 99-130; LUONGO, N. E., "El régimen de responsabilidad aplicable por daños por retraso en el transporte aéreo de pasajeros", en GUERRERO LEBRÓN, M. J. (Dir.), *La responsabilidad del transportista aéreo y la protección de los pasajeros*, Marcial Pons, 2015, págs. 95-126; LYCZKOWSKA, K. M., "El desistimiento del contrato del transporte aéreo", en *Revista CESCO de Derecho de Consumo*, nº 2, 2012 (Ejemplar dedicado a: Vacaciones y Derecho de consumo), págs. 43-44; LYCZKOWSKA, K. M., "La cláusula de «no show» en billetes de ida y vuelta", en *Revista CESCO de Derecho de Consumo*, nº 2, 2012 (Ejemplar dedicado a: Vacaciones y Derecho de consumo), págs. 58-60; LYCZKOWSKA, K. M., "Los daños derivados de las contingencias acaecidas en el transporte aéreo del equipaje", en *Revista CESCO de Derecho de Consumo,* nº 2, 2012 (Ejemplar dedicado a: Vacaciones y Derecho de consumo), págs. 63-69; MALENOVSKÝ, J., "Derecho a compensación acumulativa en caso de retraso o de cancelación no solo de la reserva original, sino también de la siguiente reserva efectuada con ocasión de un transporte alternativo: TJ, Sala, Sala Octava, S 12 Mar. 2020. Asunto C-832/18: Finnair", en *La Ley Unión Europea,* nº 80, 2020; MALENOVSKÝ, L., "Concepto de «distancia» que ha de tomarse en consideración para la compensación y asistencia a los pasajeros aéreos en caso de denegación de embarque y de cancelación o gran retraso de los vuelos: TJ, Sala Octava, 7 Sep. 2017. Asunto C-559/16: Bossen", en *La Ley Unión Europea,* nº 52, 2017; MAMBRILLA RIVERA, V., "Eficacia de la normativa de la Unión Europea en la protección de los usuarios del transporte", en *Revista CESCO de Derecho de Consumo,* nº 6, 2013, págs. 205-233; MAPELLI LÓPEZ, E., *El contrato de transporte aéreo internacional,* Tecnos, 1968; MAPELLI LÓPEZ, E., "Nueva responsabilidad en el transporte aéreo internacional", en MARTÍNEZ SANZ, F. y PETIT LAVALL, M. V. (Dirs.), *I Congreso Internacional del Transporte. Los retos del transportista,* Castellón de la Plana, 4-6 Mayo 2004, Tirant lo Blanch, 2005, págs. 1291-1300; MAPELLI LÓPEZ, E., "Las agencias de viajes y el transporte aéreo", en *Revista Europea de Derecho de la Navegación Marítima y Aeronáutica,* nº 8, 1992, págs. 1317-1324; MAPELLI LÓPEZ, E., "Regulación de la sobreventa, (overbooking) en la Comunidad Económica Europea", en *Actualidad civil,* nº 3, 1991, págs. 475-484; MAPELLI LÓPEZ, E., "Responsabilidad del transportista aéreo durante las operaciones de embarque y desembarque", en *Anuario de la Facultad de Derecho,* nº 3, 1993-1994, págs. 201-216; MAPELLI LÓPEZ, E., "Transporte aéreo y turismo: la protección de los usuarios del transporte aéreo", en AURIOLES MARTÍN, J. (coord.), *Derecho y turismo : I y II Jornadas de Derecho Turístico,* Málaga 1998-1999 / Junta de Andalucía, Consejería de Turismo y Deportes, 1999, págs. 201-210; MAPELLI LÓPEZ, E., *El contrato de transporte aéreo internacional. Comentarios al Convenio de Varsovia,* Tecnos, 1968; MAPELLI, E., *Transportes aéreos especiales,* Paraninfo, 1982; MARCO ARCALÁ, L. A., "El concepto de distancia para los vuelos con conexiones y correspondencias en el Reglamento (UE) 261/2004: reflexiones al hilo de la S. TJUE C-559/16, de 7 de septiembre de 2017 (Caso Bossen)", en PETIT LAVALL, M. V. y PUETZ, A. (Dirs.), *El transporte como motor del desarrollo* socioeconómico, Marcial Pons, 2018, págs. 499-514; MARCO ARCALÁ, L. A., "El futuro marco de protección de los pasajeros aéreos en el derecho de la unión europea: La modificación en curso de los reglamentos 261/2004 y 2027/1997", en *Revista de Derecho del Transporte,* nº 19, 2017, págs. 33-75; MARCO ARCALÁ, L. A., "Gran retraso en el transporte aéreo y acceso a la justicia de los consumidores en la UE: Reflexiones a vuela pluma sobre las ss. TJUE C-145 y 146/15, de 17 de marzo 2016", en GUERRERO LEBRÓN, M. J. y PEINADO GRACIA, J. I. (Dirs.), *El derecho aéreo entre lo público y lo privado: Aeropuertos, acceso al mercado, drones y responsabilidad,* Universidad Internacional de Andalucía, 2017, págs. 322-351; MARÍN GARCÍA, I., "La abusividad del cargo por emisión de billete según la reciente jurisprudencia del Tribunal Supremo", en *Revista CESCO de Derecho de Consumo,* nº 2, 2012 (Ejemplar dedicado a: Vacaciones y Derecho de consumo), págs. 25-33; MÁRQUEZ LOBILLO, P., "Denegación justificada de embarque aéreo: la oportunidad perdida en la proyectada reforma de reglamento (CE) nº 261/2004 de 13 de marzo de 2013", en *Revista Crítica de Derecho Privado,* nº 10, 2013, págs. 287-324; MÁRQUEZ LOBILLO, P., "Los daños morales como objeto de indemnización por retraso en el transporte aéreo de pasajeros", en *Revista Andaluza de Derecho del Turismo,* nº 1, 2009, págs. 121-132; MÁRQUEZ LOBILLO, P., *Denegación de embarque en el transporte aéreo de pasajeros,* Marcial Pons, 2013; MARTÍ SÁNCHEZ, J. N., "La responsabilidad contractual en el transporte aéreo en el Derecho Español", *Anales de la Facultad de Derecho,* nº 1, 1963, págs. 113-160; MARTÍN OSANTE, J. M., "Cargo económico adicional por emisión del billete electrónico en el transporte aéreo", en *Revista de Derecho del Transporte,* nº 12, 2013, págs. 139-158; MARTÍN OSANTE, J. M., "Transporte aéreo *low cost*: información precontractual y cláusulas abusivas", en DEIANA, M. (Ed.), *Profili giuridici del trasporto aereo low cost: Atti del 5° Congresso internazionale di diritto aeronautico (Cagliari, 20 e 21 aprile 2012),* Edizioni Av, Cagliari, 2013, págs. 143-176; MARTÍNEZ NADAL, A., "Transporte aéreo", en MUNAR BERNAT, P. A. (Coord.), *Derecho privado del turismo: estudio jurisprudencial,* Aranzadi Thomson Reuters, 2008, págs. 23-32 y 101-136; MAYORGA TOLEDANO, M. C., "Algunas consideraciones en torno al extravío y pérdida del equipaje en el transporte aéreo", en *Revista Andaluza de Derecho del Turismo,* nº 1, 2009, págs. 103-120; MAYORGA TOLEDANO, M. C., "Dolo y responsabilidad del transportista aéreo por daños en el equipaje", en AURIOLES MARTÍN, A. J. (Coord.), *IV, V, VI Jornadas de derecho turístico en Andalucía,* Junta de Andalucía, Consejería de Turismo y Deportes, 2005, págs. 327-333; MAYORGA TOLEDANO, M. C., "El precio en el contrato de transporte aéreo de pasajeros", en PEINADO GRACIA, J. I. (Dir.), *Nuevos enfoques del derecho aeronáutico y espacial, XXXVIII Jornadas Latino Americanas de Derecho Aeronáutico y del Espacio,* Marcial Pons, 2015, págs. 315-334; MEJÍAS ALONZO, C. C. y TOSO MILOS, Á., "Fuentes normativas para el tratamiento de la responsabilidad del porteador en el transporte aéreo. El contenido de las remisiones del código aeronáutico al derecho común y a los usos, costumbres y principios generales del derecho", en *Ius et Praxis,* vol. 27, nº 2, 2021, págs. 199-216; MENÉNDEZ MENÉNDEZ, G., "La jurisprudencia del Tribunal de Luxemburgo en la construcción del mercado interior del transporte aéreo. Decisiones de la Comisión, del Consejo y del Parlamento Europeo al respecto", en MENÉNDEZ MENÉNDEZ, A. (Coord.), *Régimen jurídico del transporte aéreo*, Civitas, 2005, págs. 225-253; MORALES BARCELÓ, J., "La protección de los consumidores en relación a los pagos adicionales y el uso de las tarjetas de pago. Especial referencia al trasporte aéreo", en *Revista de Derecho Mercantil*, nº 300, 2016, págs. 155-174; MORÁN BOVIO, D. A., "La responsabilidad del porteador aéreo internacional de mercancías: límites temporales", en *Estudios de Derecho Mercantil en homenaje al profesor Manuel Broseta Pont*, vol. 2, 1995, págs. 2463-2506; MORÁN BOVIO, D. A., "Transporte internacional de pasajeros: limitación de la responsabilidad del porteador aéreo y viajes combinados", en AURIOLES MARTÍN, A. J. (Coord.), *Derecho y turismo : I y II Jornadas de Derecho Turístico, Málaga 1998-1999*, Junta de Andalucía, Consejería de Turismo y Deportes, 1999, págs. 83-100; MORENO LISO, L., "El arbitraje privado en el transporte aéreo. Especial referencia al arbitraje electrónico en el transporte de pasajeros", en GUERRERO LEBRÓN, M. J. (Coord.), *Cuestiones actuales del derecho aéreo*, Marcial Pons, 2012, págs. 323-340; MORENO LISO, L., "El equipaje de los pasajeros en el transporte aéreo: la jurisprudencia sobre el equipaje de mano", en *Revista General de Derecho del Turismo*, nº 1, 2020; MORILLAS JARILLO, M. J., "La contratación electrónica del transporte aéreo", en MADRID PARRA, A. y GUERRERO LEBRÓN, M. J. (Coords.), *Derecho patrimonial y tecnología: revisión de la contratación electrónica con motivo del Convenio de las Naciones Unidas sobre Contratación electrónica de 23 de noviembre de 2005 y de las últimas novedades legislativas*, Marcial Pons, 2007, págs. 117-178; MORILLAS JARILLO, M. J., "Nuevas tendencias en el derecho de transporte aéreo", en MADRID PARRA, A. (coord..), *Derecho uniforme del transporte internacional: cuestiones de actualidad*, McGraw-Hill, 1998, págs. 274-324; MORILLAS JARILLOS, M. J., "La efectividad de la responsabilidad del transportista aéreo de pasajeros: problemas en la práctica y posibles soluciones", en ALBA FERNÁNDEZ, M. y FORTES MARTÍN, A., *Público privado en el derecho aeronáutico: Retos presentes y futuros*, Tirant lo Blanch, 2017, págs. 259-284; MORSELLO, M. F., "Derechos y deberes de los pasajeros y buena fe objetiva. El deber de mitigar los daños", en NADAL GÓMEZ, I. (Dir.*), La aviación al servicio del desarrollo económico de la sociedad. Los nuevos retos de su regulación jurídica. XLIII Jornadas Latinoamericanas de Derecho aeronáutico y espacial*, Economist & Jurist Difusión Jurídica, 2019, págs. 455-492; MUÑOZ PAREDES, M. L., "El derecho de separación de las compañías aéreas de los fondos que obran en poder de agencias de viajes declaradas en concurso obtenidos por la venta de billetes por cuenta de aquéllas", en *Anuario de Derecho Concursal*, nº 26, 2012, págs. 11-50; NATIELLO, O. E., "El contrato de fidelización en el transporte aéreo: contrato de incentivo al pasajero frecuente", en PEINADO GRACIA, J. I. (Dir.), *Nuevos enfoques del derecho aeronáutico y espacial, XXXVIII Jornadas Latino Americanas de Derecho Aeronáutico y del Espacio,* Marcial Pons, 2015, págs. 243-254; NAVARRETE BARRUETO, J., "El origen de la responsabilidad civil objetiva en el Derecho aéreo", en *Revista Chilena de Derecho,* vol. 5, nº 1-6, 1978, págs. 160-177; ORELLANA CANO, N., "La indemnización por cancelación / gran retraso en los vuelos a la luz de la jurisprudencia del TJUE", en *La Ley Mercantil,* nº 65, 2020; ORTEGA GIMÉNEZ, A., "La responsabilidad de las compañías aéreas respecto al transporte aéreo de pasajeros y de sus equipajes en el territorio de la Unión Europea en casos de «accidente», tras la STJUE de 19 de diciembre de 2019 (Asunto C-532/18: Niki Luftfahrt)", en *Revista de Derecho del Transporte,* nº 27, 2021, págs. 137-156; OTERO COBOS, M. T. "Información incompleta en el proceso de venta de billetes de avión y nuevas tarifas abusivas de las compañías aéreas (Comentario a la STJUE de 6 de julio de 2017, asunto C-290/16", en *Revista de Derecho del Transporte,* nº 20, 2017, págs. 245-253; OTERO COBOS, M. T., "Información incompleta en el proceso de venta de billetes de avión y nuevas tarifas abusivas de las compañías aéreas (Comentario a la STJUE de 6 de julio de 2017, asunto C-290/16", en *Revista de Derecho del Transporte,* nº 20, 2017, págs. 245-253; PAREDES PÉREZ, J. I., "Pluralidad de lugares de prestación de servicios en los contratos de transporte de personas y mercancías", en *Cuadernos de Derecho Transnacional,* vol. 11, nº 1, 2019, págs. 478-497; PAZOS CASTRO, R., "El derecho a compensación por retraso en la normativa europea de transporte aéreo de pasajeros", en *Indret: Revista para el Análisis del Derecho,* nº 2, 2017; PAZOS CASTRO, R., "Libertad de precios y cobro por la facturación de equipaje en el transporte aéreo de pasajeros", en *Revista CESCO de Derecho de Consumo,* nº 11, 2014 (Ejemplar dedicado a: Efectos secundarios de los medicamentos, venta de coches de segunda mano, concurso de persona física, otros), págs. 229-240; PÉREZ FUENTES, G. M. y otros, "Panorama de la protección del consumidor en el transporte aéreo de pasajeros: caso México", en NADAL GÓMEZ, I. (Dir.*), La aviación al servicio del desarrollo económico de la sociedad. Los nuevos retos de su regulación jurídica. XLIII Jornadas Latinoamericanas de Derecho aeronáutico y espacial,* Economist & Jurist Difusión Jurídica, 2019, págs. 539-557; PÉREZ MILLÁN, D., "El billete de pasaje aéreo: función de legitimación y necesidad del documento para el ejercicio del derecho al transporte", en *Revista de Derecho Mercantil,* nº 263, 2007, págs. 231-246; PÉREZ MORIONES, A., "Derecho a compensación en caso de cancelación y gran retraso de vuelos. Consideraciones al hilo de la STJUE de 17 de abril de 2018 (asuntos acumulados C-195/17 y otros, Helga Krüsemann y otros / TUIfly GmbH)", en *Revista Aranzadi Doctrinal,* nº 2, 2019; PÉREZ MORIONES, A.,

"Hacia la consolidación de la resolución alternativa de conflictos en el ámbito del transporte aéreo (1)", en *Diario La Ley*, nº 9298, 2018; PERUCHI, H. A., *Daños en el transporte aéreo internacional (anotación de la Convención de Varsovia de 1929, Ley Argentina 14.111)*, Depalma, 1957; PETIT LAVALL, M. V. y GUERRERO LEBRÓN, M. J., "Transporte aéreo (II). La responsabilidad del transportista aéreo", en MARTÍNEZ SANZ, F. (Dir.), *Manual de derecho del transporte*, Marcial Pons, 2010, págs. 351-381; PETIT LAVALL, M. V., "El interlining o los acuerdos de combinación de pasajes (a propósito de la Resolución del Pleno del TDC de 29 de noviembre de 1999), en *Revista General del Derecho*, nº 668, 2000, págs. 6067-6087; PETIT LAVALL, M. V., "El retraso en el transporte aéreo de pasajeros", en *Revista Aranzadi de Derecho Patrimonial*, nº 12, 2004, págs. 95-115; PETIT LAVALL, M. V., "La conveniencia de una nueva ley sobre el contrato de transportes aéreo", en PAGADOR LÓPEZ, J. y MIRANDA SERRANO, L. M. (Dirs.), *Retos y tendencias del Derecho de la contratación mercantil*, Marcial Pons, 2017, págs. 587-606; PETIT LAVALL, M. V., "El Convenio de Montreal y el concepto de daño corporal (1): Sentencia del Tribunal de Justicia 3ª 20 de octubre de 2022, as. C 111/21: BT y Laudamotion GmbH", en *La Ley Unión Europea*, nº 109, 2022; PETIT LAVALL, M. V., "La inacabada protección de los pasajeros en el transporte aéreo frente a las cancelaciones y los accidentes", en *Revista de Derecho Mercantil*, nº 311, 2019, pág. 3; PETIT LAVALL, M. V., *La responsabilidad por daños en el transporte aéreo internacional de mercancías*, Comares, 2007; PETIT LAVALL, M. V., *Los acuerdos entre compañías aéreas en la normativa comunitaria liberalizadora del sector aéreo*, Tirant lo Blanch, 2000; PIÇARRA, N., "Responsabilidad de las compañías aéreas en caso trastorno de estrés postraumático sufrido por un pasajero con motivo de la evacuación de urgencia de una aeronave: TJ, Sala Tercera, 20 Oct. 2022. Asunto C-111/21: BT y Laudamotion GmbH", en *La Ley Unión Europea*, nº 109, 2022; PIÇARRA, N., "*Responsabilidad de los transportistas aéreos en caso de accidente durante un aterrizaje duro comprendido dentro del rango de funcionamiento normal de la aeronave: TJ, Sala Cuarta, S 12 May. 2021. Asunto C-70/20: Altenrhein Luftfahrt*", en *La Ley Unión Europea*, nº 93, 2021; PIÇARRA, N., "Una compañía aérea es responsable de los daños ocasionados por un vaso de café caliente que se derrama: TJ, Sala Cuarta, S 19 Dic. 2019. Asunto C-532/18: Niki Luftfahrt", en *La Ley Unión Europea*, nº 77, 2020; QUINTANA CARLO, I., *La responsabilidad del transportista aéreo por daños a los pasajeros*, Universidad de Salamanca, 1977; QUINTANA CARLO, I., "El protocolo de Guatemala y el transporte aéreo internacional de pasajeros", en *Revista de Derecho Mercantil*, nº 128-129, 1973, págs. 285-326. REDONDO TRIGO, F., "Daños consecuenciales, lucro cesante y limitación contractual de responsabilidad en accidente de aeronave en terminal aeroportuaria", en *Revista Crítica de De-*

recho Inmobiliario, nº 784, 2021, págs. 1336-1353; RODIN, S., "Gran retraso en la llegada al destino final originada que se ha originado en el segundo tramo de un vuelo con conexión directa que cubría la ruta entre dos aeropuertos de un tercer país: TJ, Sala Cuarta, S 7 abril 2022. Asunto C-561/20: United Airlines", en *La Ley Unión Europea,* nº 103, 2022; RODRÍGUEZ DELGADO, J. P., "Periodo de responsabilidad del porteador en el transporte aéreo de mercancías", en GUERRERO LEBRÓN, M. J. (Coord.), *Cuestiones actuales del Derecho aéreo,* Marcial Pons, 2012, págs. 261-288; ROJO ÁLVAREZ-MANZANEDA, R., "La noción de accidente en la determinación de la responsabilidad del transportista en el contrato de pasaje aéreo por daños personales", en GUERRERO LEBRÓN, M. J. y PEINADO GRACIA, J. I. (Dirs.), *El derecho aéreo entre lo público y lo privado: Aeropuertos, acceso al mercado, drones y responsabilidad,* Universidad Internacional de Andalucía, 2017, págs. 260-295; ROJO ÁLVAREZ-MANZANEDA, C., "La posición de las compañías aéreas en la regulación de la responsabilidad del transporte aéreo de pasajeros. El cauce seguido para la uniformización del Derecho mercantil internacional", en *Revista de Derecho del Transporte,* nº 15, 2015, págs. 131-149; ROJO ÁLVAREZ-MANZANEDA, C., "Los métodos de actuación seguidos en la regulación de la responsabilidad del transportista aéreo internacional", en PEINADO GRACIA, J. I. (Dir.), *Nuevos enfoques del derecho aeronáutico y espacial, XXXVIII Jornadas Latino Americanas de Derecho Aeronáutico y del Espacio,* Marcial Pons, 2015, págs. 335-352; ROJO ÁLVAREZ-MANZANEDA. C., "La posición de las compañías aéreas en la regulación de la responsabilidad del transporte aéreo de pasajeros. El cauce seguido para la uniformización del Derecho mercantil internacional", en *Revista de Derecho del Transporte,* nº 15, 2015, págs. 131-149; ROJO ÁLVAREZ-MANZANEDA, C., "Estudio jurisprudencial del derecho a la compensación económica del pasajero aéreo en el ámbito comunitario", en *Derecho de los Negocios,* nº 270, 2013, págs. 25-38; RUBIANO MEZA, D. P., "Incidencia del derecho antitrust en los acuerdos de código compartido", en GUERRERO LEBRÓN, M. J., *Cuestiones actuales del derecho aéreo,* Marcial Pons, 2012, págs. 173-184; RUBIANO MEZA, D. P., "Responsabilidad del porteador aéreo en caso de cancelación de vuelo. Comentario Sentencia Juzgado Mercantil nº 1 de Barcelona, nº 5/2010, de 10 de enero de 2011", en *Revista de Derecho del Transporte,* nº 7, 2011, págs. 275-280; RUEDA VALDIVIA, R., "Acciones de compensación frente a transportistas de hecho por denegación de embarque, cancelación o gran retraso en vuelos de conexión: Aspectos jurisdiccionales", en *La Ley Unión Europea,* nº 59, 2018; RUEDA VALDIVIA, R., "Derechos del pasajero aéreo en el caso de incidencias en el equipaje facturado", en MARTÍNEZ SANZ, F. y PETIT LAVALL, M. V. (Dir.), *Aspectos jurídicos y económicos del transporte: hacia un transporte más seguro, sostenible y eficiente,* Universitat Jaume I, 2007, págs. 139-180; RUEDA VALDIVIA, R., "Hacia el restablecimiento en Europa de un derecho único sobre responsabilidad del transportista aéreo internacional", en *Revista Española de Derecho Internacional,* vol. 56, nº 2, 2004, págs. 803-820; RUEDA VALDIVIA, R, *La responsabilidad del transportista aéreo en la Unión Europea,* 2002; RUIZ HUIDOBRO, A. GILDEMEISTER, "Contratos: transporte aéreo: pérdida de equipaje: responsabilidad del porteador: daños", en *THEMIS: Revista de Derecho,* nº 3, 1985, págs. 80-83; RUIZ MARTÍN, A. M., "Validity of choice of court agreements, abusive terms in air carriage contracts, assignments and compensation, is there room for anyone else? (Comments on CJEU Judgment Delayfix, c-519/19)", en *Cuadernos de Derecho Transnacional,* vol. 13, nº 2, 2021, págs. 882-895; SALERNO, F., "Air transport and digital technologies", en *Revista de Derecho del Transporte,* nº 25, 2020, págs. 79-96; SÁNCHEZ BARTOLOMÉ, J. M., "El transporte aéreo de los pasajeros discapacitados en los ámbitos europeo y español", en *Revista de Derecho del Transporte,* nº 17, 2016, págs. 179-212; SÁNCHEZ GAMBORINO, F. M., "La prescripción de acciones por reclamación de portes o fletes en transporte aéreo", en *Revista de Derecho Mercantil,* nº 134, 1974, págs. 551-560; SARMIENTO GARCÍA, M. G., "Tendencias jurisprudenciales en la aplicación del Convenio de Montreal de 1999 a 20 años de su firma en América Latina", en NADAL GÓMEZ, I. (Dir.*), La aviación al servicio del desarrollo económico de la sociedad. Los nuevos retos de su regulación jurídica. XLIII Jornadas Latinoamericanas de Derecho aeronáutico y espacial,* Economist & Jurist Difusión Jurídica, 2019, págs. 493-519; SARMIENTO GARCÍA, M. G., "El derecho de retracto de los pasajeros en el transporte aéreo", en *Revista de Derecho Privado,* nº 31, 2016; SERRANO RUIZ, M. Á., "Responsabilidad de la aerolínea ante la cancelación de un viaje combinado, aun cuando la agencia de viajes ha quebrado.: Comentario a la STJUE (sala tercera) de 10 de julio de 2019 (TJCE/2019/136)", en *Revista Aranzadi de Derecho Patrimonial,* nº 52, 2020; SIERRA NOGUERO, E., *La compensación económica de los pasajeros aéreos en caso de denegación de embarque, cancelación del vuelo y gran retraso en la llegada,* Tirant lo Blanch, 2023; SIERRA NOGUERO, E., "Los vuelos de conexión en la jurisprudencia del Tribunal de Justicia de la Unión Europea interpretativa del Reglamento (CE) 261/2004", en *Revista digital Consumidores y Usuarios SEPIN,* 2023, págs. 1-6; SIERRA NOGUERO, E., *Esquemas de Derecho de los contratos mercantiles. Incluye los contratos de la navegación marítima y aérea,* 5ª ed., Tirant lo Blanch, 2022; SOLDEVILA FRAGOSO, S., "Me avisaron tarde del cambio de mi vuelo. ¿A quién reclamo?: Comentario a la STJUE de 11 de mayo de 2017, asunto C-302/2016. Bas Jacob Krigsman", en *Actualidad administrativa,* nº 7-8, 2017; SVABY, D., "El comportamiento conflictivo de un pasajero aéreo puede constituir una «circunstancia extraordinaria» que permite al transportista quedar eximido de la obligación de compensar.TJ, Sala Cuarta, S 11 Jun. 2020. Asunto C-74/19: Transportes Aéreos Portugueses", en *La Ley Unión Europea,* nº 83, 2020; SVABY, D., "El transportista aéreo debe prestar asistencia a los pasajeros cuyo vuelo haya sido cancelado por circunstancias extraordinarias (erupción del volcán Eyjafjallajökull): TJ Sala Tercera, S 31 Ene. 2013", en *La Ley Unión Europea,* nº 1, 2013, págs. 53-54; TAPIA SALINAS, L., *La duración del transporte aéreo a efectos de responsabilidad,* CSIC y Ministerio del Aire, 1952; TEJEDOR MUÑOZ, L., "La responsabilidad en el transporte aéreo, en los supuestos de denegación de embarque", en *Revista Crítica de Derecho Inmobiliario,* nº 702, 2007, págs. 1855-1863; TEJEDOR MUÑOZ, L., "Daños morales en el transporte aéreo", en *Revista Crítica de Derecho Inmobiliario,* nº 692, 2005, págs. 2101-2019; TULLIO, L., "La obligación de protección en el transporte marítimo y aéreo", en *Revista de Derecho del Transporte,* nº 11, 2013, págs. 11-27; URCELAY LECUE, M. C., "Derecho a compensación acumulativa en caso de retraso o cancelación de un vuelo, no solo de la reserva original, sino también de la siguiente reserva efectuada con ocasión de un transporte alternativo", en *Revista Aranzadi Doctrinal,* nº 6, 2020; VIÑUELAS SANZ, M., "Delimitación del periodo de responsabilidad del porteador aéreo: comentario a la sentencia del Tribunal Supremo de 15 de julio de 2010 (RJ 2010/6047)", en JIMÉNEZ SÁNCHEZ, G. J. y DÍAZ MORENO, A. (Coords.), *Estudios de Derecho del Comercio Internacional: homenaje a Juan Manuel Gómez Porrúa,* Marcial Pons, 2013, págs. 341-351; ZUBIRI DE SALINAS, M., "La responsabilidad del transportista de personas en los reglamentos comunitarios relativos al transporte aéreo, ferroviario y marítimo", en *Revista de Derecho del Transporte,* nº 4, 2010, págs. 67-100; ZULAIKA ALAÑA, G., "Reclamaciones a las compañías aéreas en base al Reglamento 261/2004: incidencias más habituales y cuestiones procesales", en *Revista de Derecho del Transporte,* nº. 29, 2022, págs. 171-199.

Cuestiones de jurisdicción y ley aplicable: AREAL LUDEÑA, S. y FIERRO ABELLA, J. A., "La responsabilidad internacional del transportista aéreo en caso de muerte o lesión de pasajeros: <forum shopping>; y futuro del Convenio de Montreal de 1999. Análisis jurídico y económico", en *Estudios de Deusto: Revista de Derecho Público,* vol. 57, nº 1, 2009, págs. 11-86; BALLESTEROS BARROS, Á. M., "Responsabilidad en el transporte aéreo internacional de pasajeros: calificación y <forum shopping>", en GUERRERO LEBRÓN, M. J. (Coord.), *Cuestiones actuales del Derecho aéreo,* Marcial Pons, 2012, págs. 289-302; CARRIZO AGUADO, D., "Trampantojo" de foros ante los profusos incumplimientos llevados a cabo por la compañía Ryanair en vuelos internacionales", en *Cuadernos de Derecho Transnacional,* vol. 11, nº 2, 2019, págs. 490-507; CASTELLANOS RUIZ, E., "Novedades sobre la jurisdicción competente en los contratos internacionales de transporte aéreo de pasajeros –Reglamento Bruselas I-BIS y Convenio de Montreal–", en *Revista Aranzadi de Derecho Patrimonial*, nº 51, 2020; CORDERO ÁLVAREZ, C., "Cuestiones de competencia judicial internacional en el ejercicio del derecho de compensación de los pasajeros en el transporte aéreo en la Unión Europea", en *La Ley mercantil*, nº 49 (julio-agosto), 2018, pág. 5; ESPINOSA CALABUIG, R., "Los contratos internacionales de transporte aéreo, terrestre y multimodal", en ESPLUGUES MOTA, C. (Coord.), *Derecho del comercio internacional*, 9ª ed., Tirant lo Blanch, 2020, págs. 359-379; HERNÁNDEZ RODRÍGUEZ, A., "El contrato de transporte aéreo de pasajeros: algunas consideraciones sobre competencia judicial internacional y Derecho aplicable", en *Cuadernos de Derecho Transnacional*, vol. 3, nº 1, 2011, págs. 179-194. JIMÉNEZ PINAR, M., *La protección de los usuarios de transporte aéreo en el derecho de la Unión Europea y su aplicación en España*, Tesis doctoral dirigida por T. García Martín y M. Á. Iglesias Vázquez, Universidad Camilo José Cela, 2016; LLORENTE GÓMEZ DE SEGURA, C., "<Forum non conveniens> revisited: el caso Spanair", en *Cuadernos de Derecho Transnacional*, vol. 3, nº 2, 2011, págs. 267-281; LUONGO, N. E. y PIERA, A., "La jurisdicción en las formas modernas de contratación del transporte aéreo internacional de pasajeros", en *Revista de Derecho del Transporte*, nº 4, 2010, págs. 115-150; MAESTRE CASAS, P., "El pasajero aéreo desprotegido: obstáculos a la tutela judicial en litigios transfronterizos por incumplimientos de las compañías aéreas (A propósito de la STJUE de 9 julio 2009, Rehder, As. C-204/08)", en *Cuadernos de Derecho Transnacional*, vol. 3, nº 2, 2011, págs. 282-303; MAPELLI LÓPEZ, E., "Transporte aéreo y turismo: la protección de los usuarios del transporte aéreo", en AURIOLES MARTÍN, J. (coord.), *Derecho y turismo: I y II Jornadas de Derecho Turístico, Málaga 1998-1999*, Junta de Andalucía, Consejería de Turismo y Deportes, 1999, págs. 201-210. MARCO ARCALÁ, L. A., "El futuro marco de protección de los pasajeros aéreos en el derecho de la Unión Europea: La modificación en curso de los reglamentos 261/2004 y 2027/1997", en Revista de Derecho del Transporte, nº 19, 2017, págs. 33-75; MARTÍNEZ NADAL, A., "Transporte aéreo", en MUNAR BERNAT, P. A. (Coord.), *Derecho privado del turismo: estudio jurisprudencial*, Aranzadi Thomson Reuters, 2008, págs. 23-32 y 101-136; MORENO GARCÍA, L., "Competencia judicial internacional en litigios sobre reclamación de compensación por cancelación de vuelo promovidos por agencias de gestión de cobros", en *Revista General de Derecho del Turismo*, nº 3, 2021; ORTEGA GIMÉNEZ, A., "Competencia judicial internacional en acciones de consumidores contra compañías aéreas. Comentario a los autos del Juzgado de lo Mercantil de Madrid de 25/9/2018, 4/10/2018, 9/10/2018, 18/10/2018 y a la sentencia de la Audiencia Provincial de Girona de 27/9/2018", en *Cuadernos de Derecho Transnacional*, vol. 11, nº 2, 2019, págs. 718-726; ORTEGA GIMÉNEZ, A., "Competencia judicial internacional en acciones de consumidores contra compañías aéreas", en *CEFLegal: Revista Práctica de Derecho. Comentarios y casos prácticos*, nº 227, 2019; PAREDES PÉREZ, J. I., "Pluralidad de lugares de prestación de servicios en los contratos de transporte de personas y mercancías", en Cuadernos de Derecho Transnacional, vol. 11, nº 1, 2019, págs. 478-497; PEINADO GRACIA, J. I., "La excepción aérea en competencia: Apuntes sobre la reciente jurisprudencia europea", en PEINADO GRACIA, J. I. (Dir.), *Nuevos enfoques del derecho aeronáutico y espacial, XXXVIII Jornadas Latino Americanas de Derecho Aeronáutico y del Espacio*, Marcial Pons, 2015, págs. 69-74; PÉREZ MORIONES, A., "Hacia la consolidación de la resolución alternativa de conflictos en el ámbito del transporte aéreo (1)", en *Diario La Ley*, nº 9298, 2018; RUIZ MARTÍN, A. M., "Reclamaciones transfronterizas en materia contractual contra terceros ajenos al contrato y viajes combinados: la sentencia del TJUE 26 de marzo 2020, Libuše Králová vs. Primera Air Scandinavia A/S (C-215/18): please mind the gap between the passenger and the air company!", en *Cuadernos de Derecho Transnacional*, vol. 12, nº 2, 2020, págs. 724-739; SEUBA TORREBLANCA, J. C., "Derecho de daños y Derecho internacional privado: algunas cuestiones sobre la legislación aplicable y la Propuesta de Reglamento <Roma II>", en *Indret: Revista para el Análisis del Derecho*, nº 1, 2005, 30 págs; RODRÍGUEZ DELGADO, J. P., "De nuevo sobre el período de responsabilidad y Ley aplicable en el transporte aéreo de mercancías: comentario de la sentencia del Tribunal Supremo de 25 de noviembre de 2016", en *Revista de Derecho del Transporte*, nº 19, 2017, págs. 383-395; RUIZ MARTÍN, A. M., "Validity of choice of court agreements, abusive terms in air carriage contracts, assignments and compensation, is there room for anyone else? (Comments on CJEU Judgment Delayfix, c-519/19)", en *Cuadernos de Derecho Transnacional*, vol. 13, nº 2, 2021, págs. 882-895; TOSO MILOS, A. y ESPINOSA CALABUIG, R., "Contratos internacionales de transporte aéreo, terrestre y multimodal", en ESPLUGUES MOTA, C. y GUERRERO BECAR, J. L., *Derecho del comercio internacional chileno*, Tirant lo Blanch, 2021, págs. 457-482; VILLACORTA SALÍS, C. y BELLECAVE, J. P., "El Convenio de Montreal y la doctrina de Forum Non Conveniens", en *Revista de Derecho del Transporte*, nº 10, 2012, págs. 143-153.

Capítulo XI

Contratos de seguro aeronáutico, búsqueda y salvamento, accidentes y Derecho penal aeronáutico (security)

1. LOS SEGUROS AERONÁUTICOS Y LOS EFECTOS LEGALES DE SU CONSIDERACIÓN COMO SEGUROS DE GRANDES RIESGOS

Las compañías aéreas dedicadas al transporte comercial en avión y otros operadores dedicados a la aviación general (fotografía, extinción de incendios, fumigación, transporte privado, etc.) necesitan coberturas de seguro que combinen dos intereses asegurables: 1°) Seguro de cascos o daños a la propia aeronave; y, 2°) Seguro de responsabilidad civil, frente a terceros (Guerrero, *Los seguros aéreos*).

El seguro de cascos (*hull*) y de responsabilidad civil (*liability*) pueden contratarse en dos pólizas de seguro distintas con aseguradores diferentes o en una sola póliza cubriendo ambos riesgos, como es la regla habitual en los coches para cubrir riesgos de particulares.

Los seguros aéreos pueden ser de contratación voluntaria u obligatoria por ley, como ocurre con los seguros de responsabilidad civil, para proteger a los perjudicados. Así, el art. 50 Convenio de Montreal exige al transportista aéreo la contratación de un seguro de responsabilidad civil que garantice las cuantías indemnizatorias por daños a pasajeros y mercancías previstos en este Convenio. Asimismo, en la Unión Europea, el Reglamento (CE) 785/2004, de 21 de abril, de requisitos de seguro de las compañías aéreas y operadores aéreos, impone la necesidad de establecer requisitos mínimos en materia de seguros que cubran a los pasajeros, el equipaje, la carga y terceros para las compañías aéreas y los operadores aéreos que efectúan vuelos dentro del territorio de un Estado miembro, incluidas sus aguas territoriales, o con destino a él, procedentes de él o que lo sobrevuelen (punto 9 preámbulo).

La norma básica sobre los contratos de seguro en general en España es la Ley 50/1980, de 8 de octubre, de contrato de seguro. Está planteada como una norma de protección de los consumidores de seguros, por lo que sus normas tienen carácter "imperativo" (art. 2). Significa que los contratantes de seguros (del hogar, del coche, de responsabilidad civil del negocio, de accidentes personales, de enfermedad, de transporte de mercancías, etc.) tienen libertad para decidir los términos del contrato de seguro. Sin embargo, ninguna cláusula puede contradecir los términos imperativos de la Ley de contrato de seguro, ideada para proteger al consumidor de seguros frente al mayor poder contractual de la aseguradora. Si ésta incluye en las "condiciones generales del seguro" (común a todos los contratos de seguro, comúnmente denominada la letra pequeña) o en las "condiciones particulares" (los datos del asegurado, precio, fecha de cobertura, etc.), una cláusula contraria a la Ley de contrato de seguro, esta cláusula puede ser declarada nula y sin efecto por el juez correspondiente.

Sin embargo, los seguros aeronáuticos disponen de un régimen especial que favorece la libertad de los contratantes, sin quedar encorsetados por los límites de la Ley de contrato de seguro. En particular, el art. 11 Ley 20/2015, de 14 de julio, de ordenación, supervisión y solvencia de las entidades aseguradoras y reaseguradoras, indica que se entenderá por contratos de seguro de grandes riesgos los siguientes:

- Los seguros de vehículos ferroviarios, vehículos aéreos, vehículos marítimos, lacustres y fluviales. Por tanto, el seguro de daños a la propia aeronave, tren o barco (*hull insurance*).

- Los seguros de mercancías transportadas (comprendidos los equipajes y demás bienes transportados). El llamado seguro sobre la mercancía (*cargo insurance*), en caso de pérdida, avería o retraso en su llegada, transportadas por aquellos vehículos.
- Los seguros de la responsabilidad civil en vehículos aéreos (comprendida la responsabilidad del transportista) y la responsabilidad civil de vehículos marítimos, lacustres y fluviales (comprendida la responsabilidad civil del transportista). El seguro de responsabilidad civil del empresario que se dedica al transporte comercial sea en aeronave o barco (*liability insurance*).

La consideración legal de un seguro como de grandes riesgos se basa en la presunción que no se trata de un seguro con un consumidor, sino con empresarios que no tienen necesidad de protección legal especial. El legislador está pensando, por ejemplo, en los seguros que puede contratar una compañía aérea para cubrir los riesgos de daños en sus aeronaves o su responsabilidad civil durante la navegación aérea, o en una empresa que contrata los servicios de transporte aéreo de mercancías. Es claro que no encaja como tomador en el perfil de un consumidor de seguros que necesita la tutela legal frente a posibles abusos del asegurador. La consideración de los seguros aéreos, marítimos, ferroviarios y de mercancías transportadas como seguros de grandes riesgos tiene tres efectos jurídicos esenciales:

- 1° Las partes son libres de determinar el contenido del contrato de seguro, pues precisamente en estos seguros la Ley de contrato de seguro adolece de su carácter imperativo, esto es, sus normas sólo se aplican para complementar lo que el contrato no diga sobre cuestiones específicas. Por ejemplo, el art. 38 Ley de contrato de seguro prevé un procedimiento de peritaje de daños sufridos aplicable a todos los seguros ordinarios. Sin embargo, en los seguros de grandes riesgos, el contrato puede incluir otros sistemas distintos de verificación de los daños en el interés asegurado. La Ley de contrato de seguro pierde en los seguros de grandes riesgos su carácter imperativo (arts. 2 y 44) y se aplica como complemento de lo no previsto en el contrato, de forma "dispositiva".
- 2° Las partes son libres de elegir la ley nacional aplicable a su contrato (art. 107.2 Ley de contrato de seguro). Por más completo que sea el contrato en cuanto al detalle de sus cláusulas, todo contrato necesita encuadrarse en una ley nacional o Derecho rector, que complete sus términos, pues es imposible preverlo todo. En los seguros de grandes riesgos, los contratantes deciden qué ley nacional rige su contra-

to. En cambio, para los consumidores de seguros, la regla es distinta: es nula por abusiva la cláusula que prevea la sumisión del contrato a un Derecho extranjero con respecto al lugar donde el consumidor y usuario emita su declaración negocial (art. 90.3 Texto Refundido de la Ley general de defensa de los consumidores y usuarios). Si no fuese así, bastaría para no cumplir imperativamente la Ley de contrato de seguro que, en el seguro del coche, el seguro del hogar, etc., que la ley nacional elegida fuese otra distinta de la española.

- 3º En caso de litigio entre los contratantes que haya de ser resuelto por los tribunales, no rige el foro de protección del consumidor del art. 24 Ley de contrato de seguro: "*Será juez competente para el conocimiento de las acciones derivadas del contrato de seguro el del domicilio del asegurado, siendo nulo cualquier pacto en contrario*". En los seguros de grandes riesgos, las partes pueden acordar libremente someter sus litigios a un tribunal judicial distinto. La cláusula de ley nacional aplicable y la cláusula de tribunal competente en caso de litigios suelen ir en bloque. Por ejemplo, "los litigios se resolverán ante los tribunales franceses, conforme al Derecho francés". También se puede sustituir a los tribunales jurisdiccionales por la sumisión a árbitros especializados que no tengan la condición de jueces. La calificación de los seguros aéreos como seguros de grandes riesgos ha de tener un límite que, de momento, la Ley no reconoce: esta calificación pierde sentido cuando el tomador es un consumidor de seguros. Se piense por ejemplo en el propietario de un ultraligero o de otra aeronave para uso particular y desea contratar seguros. En estos supuestos, algunos autores mantienen que ha de encuadrarse en los seguros de masa de la Ley de contrato de seguro, y no entre los seguros de grandes riesgos. Sin embargo, el texto de la ley no reconoce esta excepción, por lo que, salvo que los tribunales interpreten en este sentido, los seguros aéreos son seguros de grandes riesgos, con los efectos legales arriba indicados.
- Otro límite es la protección del tercero perjudicado por la responsabilidad de la compañía aérea. El art. 76 Ley de contrato de seguro reconoce acción directa del tercero perjudicado frente a la aseguradora del responsable civil del daño. El contrato de seguro aéreo no puede negar que los perjudicados tienen acción directa contra el asegurador de la compañía aérea para reclamar la indemnización. La aseguradora no podrá oponer al perjudicado las excepciones personales que tiene contra el asegurado. Por ejemplo, no podrá negar el pago basándose en que una cláusula del contrato libraba a la aseguradora de pagar la indemnización si la compañía aérea no pasaba los controles de seguridad de la aeronave. Incluso en caso de dolo

de la compañía aérea en la causación del daño, la aseguradora ha de pagar igualmente al perjudicado. Sólo en este caso, la aseguradora podrá reclamar luego lo pagado a la compañía aérea asegurada.

2. COBERTURA DE SEGURO DE CASCOS O DAÑOS A LA PROPIA AERONAVE (*AIRCRAFT HULL INSURANCE*)

Con carácter voluntario, la compañía aérea o el operador pueden contratar seguros a daños propios en la aeronave.

En el supuesto en que la aeronave esté hipotecada como forma de financiar la compra, también será habitual que la entidad de crédito exija por contrato que conste asegurada contra daños propios. Resulta claro su interés en preservar la aeronave, pues es la garantía real de que el préstamo o crédito que ha concedido le será devuelto.

Con este seguro, el asegurador se compromete a pagar, reemplazar o reparar las pérdidas, daños o destrucción de la aeronave cuando el siniestro esté incluido entre las coberturas del contrato. Puede dar cobertura diferente cuando la aeronave esté parada y cuando esté en vuelo.

Al cobrar la prima de seguro, el asegurador desplaza sobre sí el riesgo de daños y asume la obligación de resarcir al asegurado. No cubre todos los daños, sino sólo los daños producidos con ocasión de un *riesgo cubierto.* Las compañías aseguradoras disponen de los servicios profesionales de los llamados actuarios de seguros, que estiman estadísticamente los riesgos más o menos habituales de cada interés asegurado. Naturalmente, las compañías aseguradoras exigen mayor prima cuánto mayor es el riesgo de que el siniestro se produzca conforma a sus cálculos actuariales. Incluso si el riesgo es alto, la aseguradora puede decidir que, si el siniestro se produce por esta causa, se trate de un “riesgo excluido de cobertura”. Por ejemplo, si la aeronave no se somete y supera satisfactoriamente los controles de mantenimiento de la aeronavegabilidad, la aseguradora no cubrirá los daños en la propia aeronave.

La regla general en los seguros de daños en las cosas es que la cantidad de resarcimiento se corresponde al *valor venal* del objeto dañado justo antes del siniestro. Es lo mismo con los seguros de coche a todo riesgo que, en caso de accidente, la aseguradora paga el valor que tenía antes del accidente, no más. El contrato de seguro no puede servir de enriquecimiento injusto del asegurado. Si la aeronave o el coche tenía un valor de mercado de 100 justo antes del siniestro (por modelo, por su antigüedad, por estar descatalogado y otros criterios periciales), el asegurado no puede ser más rico después del siniestro, pues ello podría animar al fraude en los seguros.

En el ámbito de los seguros de cascos de aeronaves, el contrato suele incluir un "valor acordado" (*agreed value basis*). Puede ser una cifra concreta o el valor que tenía la aeronave al comprarla nueva. En caso de siniestro total no se paga el valor venal de la aeronave, sino el *valor acordado*, el asegurador ha de pagar el importe previamente fijado en el contrato. Si no es un siniestro total, se pagará proporcionalmente al daño sufrido. Un seguro en estas condiciones es más caro que el seguro a valor venal, pues para el asegurador supone naturalmente un mayor riesgo financiero.

El contrato de seguro prevé también el descuento de unos deducibles que corren a cargo del asegurado. El deducible es una cantidad o porcentaje establecido en una póliza cuyo importe ha de superarse para que se pague una reclamación. Es también sinónimo de *franquicia*.

3. RESPONSABILIDAD CIVIL DE LA COMPAÑÍA U OPERADOR DERIVADA DE LA NAVEGACIÓN AÉREA (*AIRCRAFT LIABILITY INSURANCE*) ("A TERCEROS")

El seguro cubre la responsabilidad civil del asegurado por daños personales o materiales a terceros, como los pasajeros, los dueños de las mercancías transportadas, las personas y objetos en la superficie, etc. No es una responsabilidad financiera ilimitada.

Por un lado, el contrato de seguro incluye una cláusula de "suma asegurada", de forma que sea cual sea la responsabilidad económica de la compañía aérea frente al perjudicado, su asegurador de responsabilidad civil no pagará nada por encima de esta suma asegurada. Esta cláusula permite a la aseguradora acotar su riesgo económico en cada siniestro.

Por otro lado, como sabemos del Convenio de Montreal, el transportista se puede beneficiar, como regla general, de los límites de responsabilidad en caso de daños al pasajero transportado o a las mercancías a bordo. No se paga el valor real del daño, sino hasta unos topes indemnizatorios que fija el Convenio de Montreal. Pues bien, el asegurador de responsabilidad civil del transportista también se beneficia de dichos límites. Por ejemplo, ocurrido un siniestro de un avión de pasajero, el asegurador de la compañía aérea dedicada al transporte comercial en avión podrá oponer los límites de indemnización para cada pasajero y siniestro del Convenio de

Montreal y si la suma de las indemnizaciones por pasajero es superior a la suma asegurada, podrá limitar la suma global de la indemnización a dicha suma asegurada.

Los daños personales en los pilotos y personal de cabina pueden estar o no incluidos en el seguro de responsabilidad civil de la compañía aérea.

Para que haya responsabilidad civil de la compañía u operador, normalmente es necesario que haya incurrido, directamente o a través de sus empleados, en algún tipo de culpa en el ejercicio de sus actividades. Sin embargo, hay supuestos como el transporte aéreo de pasajeros en donde las normas imponen que la compañía es responsable objetivamente o sin culpa del daño causado, tal y como se ha visto en el transporte comercial por avión de pasajeros conforme al Convenio de Montreal para los daños personales.

4. EL MODELO DE CONTRATO DE SEGURO MULTIRRIESGO AVN1

Algunos organismos especializados en seguros aéreos han creado modelos-tipo o formularios de condiciones generales de seguro aéreo. Su finalidad es disponer de unas condiciones estándar que agilicen la contratación del seguro. Estos modelos-tipo de contrato no son ley, ni son de seguimiento obligatorio. Sin embargo, el asegurador especializado en aeronaves opera normalmente con ellos y, en la práctica, tenderá a imponer estas condiciones al asegurado.

Las pólizas y cláusulas estándar que más se usan en los seguros aéreos se identifican con las letras AVN, de *aviation y aviation policy clauses*. Destaca el papel en la intermediación de la Lloyd's londinense. Es una entidad esencial para entender la gestión de riesgos aéreos. Aquí se encuentran aseguradores y reaseguradores, en un mercado para conseguir seguros aeronáuticos para las compañías aéreas en todo el mundo. En este marco, la *Lloyd's Aviation Underwriters Association* creó en 1949 el modelo de contrato AVN, por *Aircraft Policy (Hull, Third party, Passenger liability)*. Este modelo de contrato se ha ido renovando para adaptarse a las nuevas circunstancias y necesidades, disponiendo de modelos específicos. Por ejemplo, la póliza-tipo AVN1C de 1998 tiene carácter multirriesgo, pues cubre ambos intereses, casco y responsabilidad civil frente a terceros.

En todo caso, los riesgos de guerra y terrorismo están excluidos de la cobertura estándar de los seguros específicos de responsabilidad civil. Para cumplir con el seguro obligatorio del Reglamento (CE) 785/2004, la compañía ha de contratar complementariamente estos riesgos (Guerrero, en *Los seguros aéreos*).

5. ASEGURADORES Y COASEGURADORES

Los seguros sobre aeronaves de pequeño tamaño y con consumidores pueden ser contratados con aseguradoras nacionales, que ya disponen de seguros especiales para este tipo de vehículos, entre sus otros seguros. Es decir, que pueden ofrecer un seguro de vida, un seguro del hogar, un seguro del coche o un seguro de la pequeña aeronave, entre otros, son todos productos que pone a disposición de sus clientes.

En cambio, para las grandes aeronaves para seguros de daños en casco y de responsabilidad (*hull/liability*), las aseguradoras nacionales pueden, bien no tener capacidad económica para asegurarlas, bien no estar interesadas en estos grandes riesgos. La compañía aérea comunitaria, si faltan aseguradores nacionales, deberá probablemente concurrir en el mercado internacional dónde operan compañías especializadas en el *aviation insurance market.*

Dada la importancia de estos riesgos aeronáuticos, lo habitual ha sido que sean varias compañías aseguradoras las que coaseguren a una misma compañía aérea, de forma que cada una indemnice por la parte asumida. Coasegurando el riesgo entre varias coaseguradoras (por ejemplo, una asume el 50% de la indemnización y otras dos cada una el 25%) se permite cubrir grandes riesgos económicos, como lo es el propio de una compañía aérea. Así, tradicionalmente el seguro se prestaba prácticamente de forma exclusiva en régimen de coaseguro, a través de asociaciones o *pools* constituidos con este fin, como en España, la Agrupación de Aseguradores de Riesgos Aeronáuticos, AGARA, que funcionó entre 1950 y 2000. En la actualidad, existen distintas asociaciones internacionales de aseguradoras cuyo objeto gira en torno a los seguros aeronáuticos, como la *International Union of Aviation Insurers* (IUAI), desde 1933, y la *Aviation Insurance Clauses Group* (AICG) desde 2005 (Guerrero, *Los seguros aéreos*).

6. BRÓKERS DE SEGUROS

Normalmente, además del asegurador y el asegurado, suele participar un corredor o bróker de seguros. Es una empresa encargada por el asegurado para encontrar cuál es el mejor seguro disponible en el mercado, teniendo en cuenta coberturas y precios de la prima y otros intereses del asegurado. El bróker no es asegurador, ni elige al asegurador con quien finalmente su cliente cierra el contrato de seguro.

7. REASEGURADORES

El reaseguro es un contrato por el cual el asegurador se convierte en asegurado frente a otro reasegurador o un grupo de reaseguradores. Esto le permite, a cambio del pago de un precio, ceder parte del riesgo que asume en caso de accidente. Se piense, por ejemplo, en que una aseguradora en solitario o dos o tres aseguradoras en coaseguro, debieran afrontar las indemnizaciones a que dieron lugar los ataques terroristas aéreos del 11-S en Estados Unidos o del supuesto ataque terrorista a un avión ruso en Egipto en octubre de 2015. Un siniestro así puede hundir los beneficios de todo un año o incluso quebrar a la compañía aseguradora. Por ello, las aseguradoras o coaseguradoras, por sistema, reaseguran todo o parte del riesgo asumido por la explotación de una aeronave, normalmente con grupos de reaseguradoras, por ejemplo, en la citada Lloyd's de Londres o en otros foros de seguros aéreos.

El uso de modelos estandarizados de contratos de seguro facilita el reaseguro. Si una compañía aseguradora no sigue los usos y prácticas del mercado asegurador (por ejemplo, utilizando cláusulas distintas a los modelos-tipo al uso), puede tener problemas luego para reasegurarse. Por ejemplo, pensemos en una aseguradora española que ofrece sus servicios a propietarios y operadores de aeronaves dedicadas a la aviación general (escuela, fumigación, uso privado, etc.). Para no quedarse íntegramente con el riesgo, lo normal es que la aseguradora española reasegure todos o parte de sus riesgos aeronáuticos. Es lo que se denomina *fronting*. Si ofrece unas condiciones de cobertura muy distintas a las habituales en el mercado a su asegurado, quizá se quede sin reasegurador. De ahí la generalización de modelos-tipo de contratos de seguro en todo el mundo, por exigencias del reaseguro.

8. ESPECIAL REFERENCIA AL SEGURO OBLIGATORIO DE RESPONSABILIDAD CIVIL POR DAÑOS A PASAJEROS, EQUIPAJES Y CARGA Y DAÑOS A TERCEROS EN LA SUPERFICIE EN EL REGLAMENTO (CE) 785/2004

El Convenio sobre daños causados a terceros en la superficie por aeronaves extranjeras de 1952, en vigor desde el 4 de febrero de 1958, establece la responsabilidad civil del operador de la aeronave hasta los límites fijados en el mismo Convenio y prevé la opción los Estados contratantes de exigir que el operador de una aeronave matriculada en otro Estado parte esté asegurado con respecto a su responsabilidad por los daños reparables que se causen en el territorio de dichos Estados, hasta los límites de responsabilidad que correspondan. A 19 de mayo de 2023, cuenta con 51 Estados parte, entre ellos España (https://bit.ly/2Pk8cJ0).

El Protocolo que modifica el Convenio de Roma, hecho en Montreal en 1978, en vigor desde el 25 de julio de 2002, sustituye el franco como unidad de cuenta por el derecho especial de giro y reduce los límites de responsabilidad. A 19 de mayo de 2023, según OACI (https://bit.ly/43c3fbJ), 12 Estados son parte. España no lo es.

El seguro obligatorio es sólo a terceros o de responsabilidad civil. No es necesario contratar también un seguro por daños propios a la aeronave, si bien es usual como gestión de riesgos propios del operador.

Puede tratarse de un seguro global para todos los riesgos a terceros de la compañía aérea o un seguro sectorial específico para daños a pasajeros y a terceros en la superficie.

El Convenio sobre indemnización por daños causados a terceros por aeronaves de 2009, ideado para modernizar el Convenio de Roma y su Protocolo, no está aún en vigor. España no es signataria ni lo ha ratificado. También exige que el operador de la aeronave esté debidamente asegurado o disponga de otra garantía financiera para cubrir su responsabilidad civil derivada de este Convenio.

En el Derecho comunitario, la obligación de aseguramiento de la responsabilidad civil por daños a pasajeros, equipajes y terceros es el Reglamento (CE) 785/2004, de 21 de abril, que establece los requisitos de seguro de las compañías y operadores aéreos. Es directamente aplicable en todos los Estados miembros de la Unión Europea, como si fuera una norma nacional.

El Reglamento (CE) 785/2004 se aplica a todas las compañías aéreas y a todos los operadores aéreos que efectúan vuelos dentro del territorio de un Estado miembro de la Unión Europea, con destino a él, procedentes de él o que lo sobrevuelen. Sólo algunas aeronaves pequeñas o de Estado están excluidas de disponer de dicho seguro obligatorio de responsabilidad civil [art. 2 Reglamento (CE) 785/2004].

Son por tanto cuatro sujetos los obligados a disponer de seguro obligatorio:

- Compañías aéreas comunitarias.
- Operadores que no sean compañías aéreas.
- Compañías aéreas de terceros países que operen en un Estado miembro de la Unión Europea.
- Compañías aéreas de terceros países que sobrevuelen, sin aterrizar, un Estado miembro de la Unión Europea.

Analizamos cada uno a continuación.

8.1. Compañías aéreas comunitarias

El art. 4.h Reglamento (CE) 1008/2008 establece que, para obtener la licencia de explotación como transportista aéreo comercial en el ámbito comunitario, es obligatorio tener suscritos seguros de responsabilidad civil en caso de accidente respecto de los pasajeros, equipaje, carga y terceros distintos de los pasajeros, conforme al Reglamento (CE) 785/2004, de 21 de abril, así como también por daños al correo [art. 11 Reglamento (CE) 1008/2008]. Las compañías comunitarias que no conserven este seguro obligatorio serán privadas de la licencia de explotación.

8.2. Operadores que no sean compañías aéreas

Se entiende por operador aéreo toda persona o entidad, sin ser una compañía aérea, que tenga a su disposición efectiva y continua el uso o la explotación de la aeronave. Se considerará que la persona física o jurídica a cuyo nombre se haya matriculado la aeronave es el operador, a menos que dicha persona pueda demostrar que el operador es otra persona [art. 3.c Reglamento (CE) 785/2004].

8.3. Compañías aéreas de terceros países que operen en España u otro Estado miembro de la Unión Europea

Si es una compañía extracomunitaria y no tiene el seguro exigido conforme al Reglamento (CE) 785/2004, se le puede denegar el derecho a aterrizar en la Unión Europea [art. 8 Reglamento (CE) 785/2004].

La razón es que es necesaria una acción común para garantizar que los requisitos mencionados se apliquen también a las compañías aéreas de terceros países a fin de mantener unas condiciones equitativas con las compañías aéreas comunitarias [punto 3 preámbulo Reglamento (CE) 785/2004]. En España, el Real Decreto 1392/2007, de 29 de octubre, establece los requisitos para la acreditación de compañías aéreas de terceros países.

8.4. Compañías aéreas de terceros países que sobrevuelen, sin aterrizar, un Estado miembro de la Unión Europea

Con respecto a los sobrevuelos del territorio de un Estado miembro por parte de compañías aéreas no comunitarias o aeronaves matriculadas fuera de la Comunidad, que no impliquen aterrizaje ni despegue en ningún Estado miembro, el Estado miembro cuyo territorio se sobrevuele puede, de conformidad con el Derecho internacional, solicitar pruebas del cumplimiento de los requisitos de seguro del presente Reglamento, por ejemplo, efectuando controles aleatorios [punto 18 preámbulo Reglamento (CE) 785/2004].

8.5. Riesgos cubiertos

El seguro obligatorio del Reglamento (CE) 785/2004 debe cubrir siempre la responsabilidad por daños a pasajeros, al equipaje, a la carga y a los terceros en la superficie.

Los riesgos asegurados incluirán al menos actos de guerra, terrorismo, secuestro, actos de sabotaje, apoderamiento ilícito de aeronaves y disturbios sociales [art. 4.1 Reglamento (CE) 785/2004]. Como se ha comentado, como el seguro estándar AVN1C excluye guerra y terrorismo, habrá de ser objeto de una cobertura complementaria o adicional.

En relación con los pasajeros, el equipaje y la carga, el seguro debe incluir cobertura para fallecimiento y lesiones personales causadas por accidentes y para la pérdida o destrucción o daños del equipaje y la carga.

En relación con terceros en la superficie, el seguro debe incluir cobertura para fallecimiento, lesiones personales y daños a los bienes causados por los accidentes.

Las compañías y los operadores aéreos garantizarán que la cobertura del seguro existe para cada uno de los vuelos. Independientemente de si la aeronave explotada está a su disposición en propiedad o a través de cualquier tipo de contrato de arrendamiento financiero, o mediante operaciones de sociedad conjunta o de franquicia, reparto de códigos o cualquier otro acuerdo del mismo tipo [art. 4 Reglamento (CE) 785/2004].

Al contratar un seguro de responsabilidad civil, también se incluye normalmente la defensa jurídica. Como la aseguradora terminará pagando al perjudicado, es lógico que quiera controlar el "caso", con sus propios abogados especialistas no sólo en la vía judicial, sino también en la vía extrajudicial (esto es, en las negociaciones con los perjudicados, confidenciales, y que pueden culminar en un acuerdo secreto que evite la publicidad de un juicio).

8.6. Suma asegurada mínima

La "suma asegurada" alude al tope máximo de la indemnización que se obliga a pagar la aseguradora (o coaseguradores) de la compañía aérea al perjudicado. No significa que, ocurrido un accidente, la aseguradora pague la suma asegurada íntegramente. Sólo paga el importe del daño causado, una vez tasado, pues la víctima no puede enriquecerse con el siniestro, solo ser resarcido.

Las víctimas no podrán exigir a la aseguradora ningún importe que supere la suma asegurada. Si el importe de los daños es superior a estos límites, las víctimas habrán de dividirse a prorrata o proporcionalmente al daño causado la indemnización del asegurador.

El contrato de seguro entre el operador o la compañía aérea y la aseguradora puede incluir voluntariamente una suma asegurada más alta que la exigida en el Reglamento (CE) 785/2004, incluso ilimitada. Naturalmente, en este caso, la prima de seguro cobrada por la aseguradora es mayor, pues mayor es la suma asegurada que éste garantiza personalmente.

La suma asegurada obligatoria a cargo del asegurador varía, según el Reglamento (CE) 785/2004, en función del tipo de daños personales o materiales que provoque la compañía aérea asegurada. Estos importes se coordinan con los topes de indemnización previstos en el Convenio de Montreal sobre el transporte aéreo de pasajeros. Si el Convenio de Montreal, integrado en el Derecho comunitario a través de varios reglamentos comunitarios, fija unos topes de indemnización a cargo del transportista, el Reglamento (CE) 785/2004 le impone que contrate un seguro obligatorio de responsabilidad civil para hacer frente a estos pagos. Ello en beneficio de la propia compañía, pero muy especialmente del perjudicado.

Hay que matizar también que las sumas aseguradas para daños a pasajeros, equipajes y carga no se aplican a los vuelos sobre el territorio de los Estados miembros efectuados por compañías aéreas no comunitarias y por operadores aéreos que utilicen aeronaves matriculadas fuera de la Comunidad, que no conlleven el aterrizaje en dicho territorio o el despegue de este [art. 6.4 Reglamento (CE) 785/2004]. Hay que atender al contrato de pasaje o de transporte de mercancía para conocer la ley aplicable a estas reclamaciones y, si hay, los límites de indemnización del transportista y de su asegurador.

- Para los daños en transportes aéreos no comerciales y los daños en la superficie, ambos no regulados por el Convenio de Montreal, el Reglamento (CE) 785/2004 fija unos límites de aseguramiento distintos y específicos.
- El art. 6 Reglamento (CE) 785/2004 indica que, con respecto a la responsabilidad por los pasajeros, la cobertura mínima del seguro será de 250.000 Derechos Especiales de Giro por pasajero. Esta suma asegurada mínima cubre sobradamente el límite de 113.100 Derechos Especiales de Giro por pasajero del Convenio de Montreal. Esto no significa que la compañía aérea y su aseguradora renuncien a hacer valer los límites de responsabilidad por pasajero que les reconoce el Convenio de Montreal. Lo normal es que sólo quieran pagar hasta el límite del Convenio de Montreal. Sin embargo, en caso de que un juez rompa los límites del Convenio de Montreal (por ejemplo, por apreciarse culpa de la compañía aérea en la causación de los daños a los pasajeros), la compañía, contratando y abonando el seguro obligatorio, en su cobertura mínima, dispone de una cobertura aseguradora más amplia, para el caso de que no pueda beneficiarse de los límites de responsabilidad. Gracias al límite global de indemnización de 250.000 Derechos Especiales de Giro por pasajero, la compañía

aseguradora conoce cuál es la suma asegurada para cada aeronave. Por ejemplo, si hay 100 pasajeros, la suma asegurada a cargo de la aseguradora será de 25.000.000 Derechos Especiales de Giro, ocurra lo que ocurra. Quizá la compañía aérea sea condenada a pagar una cantidad más alta, pero ello no es aplicable a su aseguradora o coaseguradoras, que por contrato se obligan solo hasta la suma asegurada.

- Con respecto a las operaciones no comerciales realizadas con una aeronave (por ejemplo, de fumigación, de fotografía, de escuela de aviación), el art. 6.1 Reglamento (CE) 785/2004 añade que, en la aeronave con una masa máxima de despegue igual o inferior a 2.700 kilogramos, los Estados miembros podrán establecer una cobertura mínima del seguro más reducida, siempre que dicha cobertura sea al menos de 100.000 Derechos Especiales de Giro por pasajero. Por tanto, para las aeronaves más pequeñas, se puede contratar un seguro a terceros que no tenga una suma asegurada tan alta y, por tanto, que resulte más económico. La masa máxima de despegue corresponde a una cantidad certificada específica para todos los tipos de aeronaves, como figura en el certificado de aeronavegabilidad de la aeronave [art. 3.f Reglamento (CE) 785/2004].
- Con respecto a la responsabilidad por el equipaje, la cobertura mínima del seguro será de 1.000 Derechos Especiales de Giro por pasajero en las operaciones comerciales.
- Con respecto a la responsabilidad por la carga, la cobertura mínima del seguro será de 17 Derechos Especiales de Giro por kilogramo en las operaciones comerciales.
- La suma asegurada para cada aeronave por daños a terceros en la superficie depende de su masa máxima de despegue (kg), cuanto más grande, mayor es la suma asegurada, según la regla del art. 7 Reglamento (CE) 785/2004. Por ejemplo, las aeronaves de menos de 500 kilogramos de masa máxima de despegue han de tener una suma asegurada de 750.000 Derechos Especiales de Giro. En cambio, las aeronaves de igual o más de 500.000 kilogramos de masa máxima de despegue han de tener una cobertura mínima del seguro por accidente para cada aeronave de 700 millones de Derechos Especiales de Giro.

9. OTROS SEGUROS AERONÁUTICOS

Otros seguros aeronáuticos empleados en la práctica son los seguros de responsabilidad civil de producto para fabricantes; el seguro de responsabilidad civil para actividades aeroportuarias; el seguro de guerra y análogos; y, los seguros de pérdida de licencias y accidentes de pilotos.

Los fabricantes de productos aeronáuticos también contratan seguros de responsabilidad civil para los supuestos de daños a terceros imputables a *productos defectuosos*. Los más importantes fabricantes norteamericanos y europeos de aeronaves aseguran sus riesgos de productos defectuosos mediante pólizas de seguro a medida. Estamos hablando de fabricantes en serie que tienen capacidad y poder económico para buscar un acuerdo específico para cubrir su responsabilidad civil, sin quedar sometidos a cláusulas o modelos-tipo de contratos. Por tanto, los contratos de seguro se negocian *ad hoc* para cada fabricante (Areal).

En caso de ser considerados responsables, no pueden beneficiarse de los límites de responsabilidad del Convenio de Montreal o del Convenio de Varsovia, porque adolecen de la condición de transportistas contractuales o efectivos.

10. AERONAVES EN PELIGRO. GESTIÓN DEL SERVICIO DE BÚSQUEDA Y SALVAMENTO

El art. 25 Convenio de Chicago dispone que cada Estado contratante se compromete a proporcionar los medios de asistencia que considere factibles a las aeronaves en peligro en su territorio. También a permitir, con sujeción al control de las propias autoridades, que los propietarios de las aeronaves o las autoridades del Estado en que estén matriculadas proporcionen los medios de asistencia que las circunstancias exijan. Cada Estado parte, al emprender la búsqueda de aeronaves perdidas, colaborará en las medidas coordinadas que oportunamente puedan recomendarse en aplicación del presente Convenio.

En desarrollo del art. 25 Convenio de Chicago, el anexo 12 incluye las normas y prácticas recomendadas sobre *búsqueda y salvamento* (SAR, acrónimo de *Search And Rescue*), esto es, incorpora prácticas y métodos recomendados. El Anexo 12 Convenio de Chicago se complementa por las tres partes del *Manual de búsqueda y salvamento*, sobre la organización, la gestión y los procedimientos de búsqueda y salvamento, incluye normas para establecer, mantener y hacer funcionar los servicios de búsqueda y salvamento de los Estados parte de la Organización de la Aviación Civil Internacional, en sus territorios y en alta mar.

Entre Estados, las regiones de búsqueda y salvamento bajo control de cada Estado deben ser contiguas y no tener partes comunes, para evitar duplicidades. La Organización de la Aviación Civil Internacional recomienda que los límites de las regiones de búsqueda y salvamento coincidan con los límites de las regiones de información de vuelo (FIR, *Flight Information Region*), de hecho, es usual que los Estados hagan coincidir ambos espacios aéreos. No tiene por qué coincidir con las fronteras estatales. Por ejemplo, en el caso de España, que presta servicios de tránsito aéreo, además de sobre zonas de soberanía española, también sobre la zona económica exclusiva y alta mar, así como delante de las costas africanas.

Para el espacio aéreo de alta mar o en zonas de soberanía indeterminada, se determina mediante acuerdos regionales de navegación aérea las partes donde debe suministrarse el servicio de búsqueda y salvamento. Existen acuerdos entre Estados de la Organización de la Aviación Civil Internacional para garantizar el servicio en zonas de Islandia y Groenlandia. Por ello, los Estados que aceptan llevar a cabo la prestación de tales servicios son responsables de su funcionamiento.

Dentro de la zona de Búsqueda y Salvamento controlada por cada Estado, como sabemos, el *servicio de alerta* es uno de los englobados dentro de la expresión *servicios de tránsito aéreo* que presta el centro del control ATC. Es aquel cuya finalidad es notificar a los organismos pertinentes el hecho de que alguna aeronave necesita ayuda de búsqueda y salvamento, así como de auxiliar a estos organismos. Provoca la activación de un organismo llamado Centro Coordinador de Salvamento (*Rescue Coordination Centre*, RCC), que se encarga de dirigir y coordinar las actividades de búsqueda de aeronaves siniestradas y de posibles supervivientes. El establecimiento de las regiones de búsqueda y salvamento (*Search and Rescue Region*, SRR) es el área asociada a un centro coordinador de salvamento. No obstante, en regiones de información de vuelo muy extensas, puede ser necesario la creación de dependencias adicionales, tipo Subcentro de Salvamento RSC (*Rescue Subcentre*).

El Anexo 12 Convenio de Chicago contiene normas para el establecimiento de las dependencias móviles de búsqueda y salvamento, los medios de comunicación entre ellas y la designación de otros elementos de los servicios públicos o privados que se encargan de actividades de búsqueda y salvamento.

El Anexo 12 Convenio de Chicago considera esencial la cooperación entre los servicios de búsqueda y salvamento de los Estados vecinos, para lo cual exige que los Estados contratantes de la Organización de la Aviación Civil Internacional publiquen y difundan toda la información necesaria para la entrada rápida a sus territorios de las brigadas de salvamento provenientes de otros Estados. Se recomienda también que las brigadas de salvamento vayan acompañadas por personas capaces de llevar a cabo la investigación de accidentes de aviación, para facilitar la labor.

También se especifican las medidas preparatorias que las brigadas de salvamento deben emprender, empezando por el requisito de identificar y categorizar la situación de emergencia. El capítulo 5 del anexo describe en detalle las medidas que deben adoptarse en cada categoría de suceso.

El anexo 12 Convenio de Chicago categoriza las situaciones de emergencia en tres fases distintas. La primera es la *fase de incertidumbre*, que habitualmente se declara cuando se ha perdido el contacto con la aeronave y no puede restablecerse, o bien cuando una aeronave no llega a su destino. Dependiendo de la situación, a veces de la fase de incertidumbre se pasa a la *fase de alerta*, en la cual el Centro Coordinador de Salvamento da la alerta a las dependencias de búsqueda y salvamento pertinentes e inicia otras medidas. La *fase de peligro* se declara cuando hay indicios razonables de que una aeronave está en peligro. El Centro Coordinador de Salvamento es responsable de adoptar las medidas para ayudar a la aeronave y determinar su ubicación. Se informa al explotador de la aeronave, al Estado de matrícula, a las dependencias pertinentes de los servicios de tránsito aéreo, a los Centros Coordinadores de Salvamento contiguos y a las autoridades competentes de investigación de accidentes. Se coordina un plan de acción para efectuar la operación de búsqueda y salvamento.

En España, cumpliendo las normas fijadas en el Anexo 12 Convenio de Chicago, el Decreto de 17 de junio de 1955 por el que se crea el Servicio de Búsqueda y Salvamento Aéreo. Dependiente del Ministerio de Defensa, son los militares quienes prestan el Servicio de Búsqueda y Salvamento Aéreo. En la actualidad, está constituido por una Jefatura del Servicio de Búsqueda y Salvamento Aéreo (JESAR) y Centros Coordinadores de Salvamento (RCC Madrid, RCC Palma, RCC Canarias). Su finalidad es localizar aeronaves siniestradas dentro del espacio aéreo español o áreas de responsabilidad españolas y hacer llegar lo más rápidamente posible al personal de estas los auxilios que pudieran necesitar, así como cooperar con otros organismos civiles y militares cuando por haberse producido un accidente, catástrofe o calamidad pública, se requiera su colaboración (art. 2 Decreto 17 de junio de 1955).

También existe la Sociedad Estatal de Salvamento y Seguridad Marítima (SASEMAR), dependiente del Ministerio de Transportes, Movilidad y Agenda Urbana (antes Ministerio de Fomento), pues puede llevarse a cabo una operación de búsqueda y salvamento tanto aeronáutica como marítima en una misma zona, debiendo los Estados asegurar la más estrecha coordinación entre los Centros Coordinadores de Salvamento respectivos. Si se efectúan conjuntamente operaciones de búsqueda y salvamento de forma conjunta marítima y aérea, se designa un centro coordinador de salvamento único encargado de las mismas y denominado Centro Coordinador de Salvamento conjunto JRCC (*Joint RCC*). Además, deben cooperar con las comisiones que se constituyan para analizar los accidentes e incidentes graves.

La cooperación internacional impone que los Estados permitan la entrada de brigadas de salvamento en su territorio. El anexo 12 Convenio de Chicago recomienda que cada Estado permita a sus propios Centros Coordinadores de Salvamento solicitar ayuda a otros Centros, conceder permisos para la entrada de aeronaves, barcos y personal y prestar ayuda requerida por otros Centros Coordinadores de Salvamento, así como la realización de servicios conjuntos de brigadas.

El Acuerdo relativo al Programa internacional COSPAS-SARSAT, firmado en París el 1 de julio de 1988, en vigor desde el 30 de agosto de 1988, es un sistema espacial para la detección de naves siniestradas con ayuda de satélite (COSPAS-SARSAT). Son Estados parte Canadá, Estados Unidos de Norteamérica, Rusia y Francia. A 19 de mayo de 2023, según OACI (https://bit.ly/45h96yd), hay 30 Estados proveedores del segmento terrestre y 9 Estados usuarios. Emplea satélites para detectar y localizar emergencias en barcos, aviones o personas por medio de señales que emiten, en caso de siniestro, las radiobalizas de emergencia que deben activarse por impacto o bien por reacción química (al contacto con el agua). Todas ellas tienen activación manual, para caso de necesidad. Mediante la detección y procesamiento de la señal emitida por estas radiobalizas se puede determinar su posición que será transmitida a los servicios de búsqueda y salvamento (*Search and Rescue*, SAR), desde el Centro de Control de la Misión COSPAS-SARSAT correspondiente. Desde 1992, España participa en el sistema COSPAS-SARSAT de satélites para localización de emergencias, en calidad de país proveedor del segmento terrestre, En España este centro se encuentra ubicado en las instalaciones del Instituto Nacional de Técnica Aeroespacial, en el Centro Espacial de Canarias (Estación Espacial de Maspalomas). Según Orden DEF/1414/2011, de 20 de mayo, por la que se regula la codificación y el registro de las radiobalizas militares, personales y de aviación, del Sistema Cospas-Sarsat, avisan al Centro Coordinador de Salvamento oportuno y éste a la brigada de salvamento.

Además, el piloto al mando de una aeronave que observe a otra aeronave o barco en peligro, a menos que no pueda o sea ilógico o innecesario, debe comunicarlo al Centro Coordinador de Salvamento o dependencia ATC, así como toda la información de lo que disponga, como la posición, tipo de barco o avión. La primera aeronave que llegue debe hacerse cargo de la búsqueda y salvamento hasta que llegue la primera aeronave de búsqueda y salvamento, que ocupará sus funciones. Y el piloto al mando que capte una transmisión de socorro, en forma de señal, mensaje, radiotelegrafía o radiotelefonía, debe acusar recibo e informar al Centro Coordinador de Salvamento o dependencia ATC. Hay por último un código de señales visuales de tierra a aire, y de aire a tierra para pedir socorro.

El Real Decreto 837/2020, de 15 de septiembre, aprueba la Directriz básica de planificación de protección civil ante emergencias aeronáuticas de aviación civil.

11. LA INVESTIGACIÓN TÉCNICA DE ACCIDENTES E INCIDENTES GRAVES DE LA AVIACIÓN CIVIL. LA CIAIAC

El art. 26 Convenio de Chicago prevé que, en el caso de que una aeronave de un Estado contratante sufra en el territorio de otro Estado parte un accidente que ocasione muerte o lesión grave, o que indique graves defectos técnicos en la aeronave o en las instalaciones y servicios para la navegación aérea, el Estado donde ocurra abrirá una encuesta (*sic* una investigación) sobre las circunstancias del mismo, ajustándose, en la medida que lo permitan sus leyes, a los procedimientos que pueda recomendar la Organización de la Aviación Civil Internacional. Se permitirá al Estado donde esté matriculada la aeronave que designe observadores para estar presentes en la encuesta y el Estado que la realice comunicará al otro Estado el informe y las conclusiones al respecto.

El art. 37 Convenio de Chicago dispone que la Organización de la Aviación Civil Internacional creará normas sobre investigación de accidentes, que según el art. 38 Convenio de Chicago deben seguir cada Estado contratante.

En desarrollo de los arts. 26, 37 y 38 Convenio de Chicago, las normas y prácticas recomendadas del anexo 13, sobre investigación de accidentes e incidentes de aviación, recalcan que el objetivo de la investigación de un accidente o incidente aéreo es la prevención, para evitar que se repita. En el mismo, figuran los requisitos internacionales para la investigación. Por ejemplo, se nombran explícitamente los Estados que pueden participar en la investigación, como el Estado del suceso, el de matrícula, el del explotador, el de diseño y el de fabricación, incluyéndose los derechos y obligaciones de dichos Estados. En caso de un suceso, hay que notificar a todos los Estados que pueden participar en la investigación, que pueden nombrar a un representante acreditado para tomar parte en la misma.

El anexo 13 Convenio de Chicago indica que la responsabilidad por la investigación corresponde al Estado en el cual ocurrió el accidente o incidente, aunque puede delegar en otro. Si el suceso se produce fuera del territorio de cualquier Estado, el Estado de matrícula de la aeronave asume la responsabilidad de realizar la investigación.

El anexo 13 Convenio de Chicago dispone que la investigación incluye la recopilación, registro y análisis de toda la información pertinente; la determinación de las causas; la formulación de recomendaciones de seguridad pertinentes y un informe final según el modelo que figura en el apéndice del anexo 13.

El anexo 13 Convenio de Chicago incluye también normas relativas al investigador encargado, a los registradores de vuelo (las llamadas *cajas negras*), las autopsias, la coordinación con las autoridades judiciales, la notificación a las autoridades de seguridad de la aviación, la divulgación de la información y la reapertura de la investigación. Los Estados de los cuales han perecido sus nacionales en un accidente pueden nombrar un experto para participar en la investigación.

De acuerdo con el art. 15 Ley de seguridad aérea, el régimen de la investigación técnica de accidentes e incidentes de aviación civil se regirá por lo dispuesto en el Reglamento (UE) 996/2010, de 20 de octubre, sobre investigación y prevención de accidentes e incidentes en la aviación civil. Este Reglamento europeo indica que la investigación tiene finalidad preventiva, sin determinar culpabilidades o responsabilidades (punto 4 Preámbulo). Además, señala que conviene tener en cuenta las normas y prácticas recomendadas del anexo 13 Convenio de Chicago.

El Reglamento (UE) 996/2010 define el *accidente* como todo suceso que, en relación con la utilización de una aeronave, en donde una persona sufra lesiones mortales o graves por encontrarse dentro, entrar en contacto directo con la aeronave o sus partes, o la exposición directa al chorro de un reactor; o la aeronave sufra daños o fallos estructurales; o; cuando el avión desparezca o sea totalmente inaccesible (art. 2.1).

El Reglamento (UE) 996/2010 define el *incidente* como cualquier suceso relacionado con la utilización de una aeronave, distinto de un accidente, que afecte o pueda afectar a la seguridad de su utilización (art. 2.7). Ciertos incidentes se califican de "graves", como la cuasi colisión, el impacto contra el suelo sin pérdida de control, despegue interrumpido, etc. [art. 2.16 y anexo Reglamento (UE) 996/2010].

El Reglamento analizado se aplica a accidentes e incidentes graves ocurridos en los Estados miembros de la Unión Europea. También cuando se vean involucradas aeronaves matriculadas en un Estado miembro o explotadas por una empresa establecida en un Estado miembro, si se producen fuera de los Estados miembros en el caso de que tales investigaciones no las realice otro Estado. Igualmente se aplica cuando un Estado miembro está facultado para designar un representante acreditado a participar en calidad de Estado de matrícula, Estado del explotador, Estado de diseño, Estado de fabricación o Estado que facilitar información, medios o expertos a petición del Estado que realiza la investigación. También se aplica cuando un Estado miembro de la Unión Europea, por tener un interés especial al ser alguna de las víctimas mortales o heridas graves sus nacionales, reciba la autorización del Estado que realiza la investigación para nombrar a un experto [art. 3.1 Reglamento (UE) 996/2010].

De acuerdo con el art. 5 Reglamento (UE) 996/2010, hay obligación de investigar, como regla general, todos los accidentes o incidentes graves de aeronaves a cargo del Estado miembro de la Unión Europea en cuyo territorio ha tenido lugar. Si hay dudas sobre el lugar, la obligación de investigar la asume el Estado miembro de la matrícula de la aeronave. *Esta investigación no busca determinar culpabilidades o responsabilidades por el accidente (sic, porque eso corresponde a los jueces y tribunales).*

El Reglamento (UE) 996/2010 y, en cumplimiento de ésta, la Ley de seguridad aérea, tratan sobre aspectos del procedimiento de la investigación. Hay una obligación legal de notificar los accidentes y los incidentes graves [art. 9 Reglamento (UE) 996/2010]. La autoridad estatal nombra al investigador encargado de cada investigación [art. 11 Reglamento (UE) 996/2010]. Si se abre una investigación judicial también, se le notifica al investigador encargado y se le dotan de ciertos derechos, como el acceso a las pruebas, para que puedan hacer su informe [art. 12 Reglamento (UE) 996/2010].

Por ejemplo, para el accidente del avión de Spanair en Barajas en agosto de 2008, se nombró un órgano pericial colegiado designado por el Juzgado de Instrucción y la Comisión de Investigación de Accidentes e Incidentes de la Aviación Civil (CIAIAC), para facilitar la coordinación.

En España, conforme al art. 13.1 Ley de seguridad aérea, el órgano encargado es la citada CIAIAC. Se define como órgano colegiado especializado adscrito al Ministerio de Transportes, Movilidad y Agenda Urbana (antes, Ministerio de Fomento) e integrado por un presidente y un número de vocales entre 4 y 9 designados por el Ministro entre personas de reconocido prestigio y acreditada cualificación profesional en el ámbito de la aviación civil, para lo cual se tendrá en cuenta los conocimientos técnicos, la experiencia profesional y los títulos obtenidos (art. 14.1 Ley de seguridad aérea). El presidente y los vocales de la Comisión se renovarán cada seis años. Todos los miembros de la Comisión actuarán con independencia en el ejercicio de sus funciones (art. 14.3 Ley de seguridad aérea).

En cambio, la investigación de accidentes de la aviación militar compete a la Comisión para la Investigación técnica de accidentes de aeronaves militares (CITAAM), según Real Decreto 1099/1994, de 27 de mayo, por el que se regulan las investigaciones e informes técnicos sobre los accidentes de aeronaves militares.

Los Estados miembros deben conservar pruebas [art. 13 Reglamento (UE) 996/2010]. Hay obligación de secreto profesional para el personal de la autoridad encargada de la investigación [art. 15 Reglamento (UE) 996/2010]. Cada investigación de seguridad concluye con un informe en una forma adecuada al tipo y gravedad del accidente o incidente grave. El informe protege el anonimato de toda persona involucrada en el accidente o incidente grave. Puede incluir, si procede, recomendaciones de seguridad [art. 16 Reglamento (UE) 996/2010], que no suponen en ningún caso presunción de culpa o responsabilidad [art. 17.3 Reglamento (UE) 996/2010].

El informe final es publicado [art. 16.6 Reglamento (UE) 996/2010]. Es el caso de los informes que publica CIAIAC, tanto los españoles más relevantes, como extranjeros.

El informe final de la CIAIAC no vincula al juez, pero suele ser tenido en cuenta a la hora de dictar sentencia y depurar responsabilidades por el accidente o incidente grave.

12. EL SISTEMA DE NOTIFICACIÓN OBLIGATORIO Y VOLUNTARIO DE SUCESOS EN LA AVIACIÓN CIVIL

Hay sucesos que, sin dar lugar a incidentes graves o accidentes, son graves deficiencias o incidentes que revelan un peligro o un riesgo. La norma de referencia en la Unión Europea era la Directiva 2003/42/CE, de 13 de junio, relativa a la notificación de sucesos en la aviación civil y a la designación de un órgano encargado de coordinar la información que reciba. Esta Directiva fue incorporada en España por el Real Decreto 1334/2005, de 14 de noviembre, por el que se establece el sistema de notificación obligatoria de sucesos en la aviación civil. La centralización de las notificaciones ha correspondido tradicionalmente, en España, a la llamada Comisión de Estudio y Análisis de Notificaciones de Incidentes de Tránsito Aéreo (CEANITA).

La legislación ha cambiado cuando la Unión Europea ha decidido dictar un Reglamento de aplicación directa y uniforme en todos los Estados de la Unión Europea. A efectos de notificación de incidentes de tránsito aéreo, es ya de aplicación el Reglamento (UE) 376/2014, de 3 de abril, relativo a la notificación de sucesos en la aviación civil. Dicho Reglamento establece el sistema de notificación obligatoria de sucesos en la aviación civil (SNS). CEANITA ha seguido asumiendo estas funciones en España pese al cambio normativo.

El Real Decreto 1088/2020, de 9 de diciembre, por el que se completa el régimen aplicable a la notificación de sucesos de la aviación civil, deroga el anterior Real Decreto 1334/2005; sustituye a la CEANITA y atribuye a la Agencia Estatal de Seguridad Aérea la gestión del sistema establecido de notificación de sucesos de la aviación civil del Estado, integrado por los sistemas de notificación obligatoria y voluntaria, previstos en los arts. 4.3 y 5.2 del Reglamento (UE) 376/2014, así como las funciones de recogida, evaluación, tratamiento, análisis y almacenamiento de datos a que se refiere el art. 6.3 del mismo Reglamento (art. 2 Real Decreto 1088/2020). En efecto, el Reglamento (UE) 376/2014 distingue entre categorías de sucesos de notificación obligatoria (art. 4), muy amplia, que incluye desde colisiones, a problemas con combustible, averías del sistema, gestión de pasajeros o carga, etc. Las personas obligadas son muchas, incluye el comandante de la aeronave, las personas dedicadas al diseño, fabricación, etc., personas que firmen el certificado de revisión de la aeronavegabilidad, autoridades aeroportuarias, empresas de *handling*, etc. (art. 4.6). El anexo I detalla la información mínima de cada notificación (art. 7.1). Las autoridades nacionales encargados de recibir la notificación la transmitirán también a la

Agencia Europea de Seguridad Aérea (art. 4.9). Los sucesos no incluidos en esta amplia lista son de notificación voluntaria (art. 5).

Cada Estado miembro recogerá y conservará la información recibida a través de la organización designada (art. 6). En España, ahora la Agencia Estatal de Seguridad Aérea (citado Real Decreto 1088/2020). Se prevé la constitución de un Grupo de trabajo de expertos, designados por las organizaciones y colectivos profesionales del ámbito de la seguridad operacional, que colaborarán con la Agencia Estatal de Seguridad Aérea en el análisis de los sucesos o grupo de sucesos de la aviación civil y de las eventuales medidas que puedan contribuir a prevenir o mitigar los riesgos, cuando esta lo requiera (disp. adicional segunda Real Decreto 1088/2020).

A su vez, la Comisión Europea gestiona, a través de la Agencia Europea de Seguridad Aérea, un repositorio central europeo en el que se almacenan todas las notificaciones de sucesos recogidas en la Unión (art. 8). Los Estados y la Agencia Europea de Seguridad Aérea participan en el intercambio de información (art. 9) y facilitando el acceso a sus respectivas bases de datos (art. 10).

El Real Decreto 1088/2020 extiende la aplicación del régimen de notificación de sucesos del Reglamento (UE) 376/2014 a las actividades de lucha contra incendios y búsqueda y salvamento realizadas por cualquier aeronave civil, tripulada o no, incluidas en el ámbito de aplicación de la Ley de navegación aérea (art. 1.1.c).

En cambio, las aeronaves militares, los sistemas aeroportuarios y de navegación aérea y los servicios, actividades e instalaciones adscritos a la defensa nacional, así como su personal, están excluidos del ámbito de aplicación del Real Decreto 1088/2020.

13. ACTOS ILÍCITOS CONTRA LA SEGURIDAD DE LA AVIACIÓN CIVIL Y APODERAMIENTO ILÍCITO DE AERONAVES (SECURITY)

El idioma inglés dispone de dos conceptos para referirse a la "seguridad", que no son sinónimos desde un punto de vista jurídico: *safety* y *security*. Ambos aluden a dos campos diferentes de la seguridad (Hernández Campos, págs. 60-61).

Por un lado, *safety* se refiere a las medidas de seguridad realizadas en la operación y mantenimiento, tanto de la aeronave, como las relativas al aeródromo, al factor humano o a los servicios auxiliares.

Por otro lado, *security* comprende las medidas preventivo-represivas desplegadas frente a cualquier acto de violencia que se realice o se intente realizar contra el sistema aeronáutico de transporte civil internacional.

El anexo 2 al Convenio de Chicago contiene las normas y prácticas recomendadas que aprueban el Reglamento del aire. Prevé que la interceptación de aeronaves extranjeras sin autorización debe llevarse a cabo como último recurso y, si es el caso, debe limitarse a: determinar la identidad de la aeronave; salvo que sea necesario devolverla a la ruta prevista, dirigirla más allá de las fronteras nacionales; guiarla para sacarla de zonas prohibidas, restringidas o peligrosas, o instruirla para que aterrice en un aeropuerto. No se prevé el derribo de la aeronave, que estaría plenamente injustificada, salvo que constituya un peligro para la seguridad nacional, sobre la cual los Estados mantienen su derecho de autodefensa conforme al art. 52 de la Carta de las Naciones Unidas.

El anexo 17 Convenio de Chicago, sobre protección de la aviación civil internacional contra los actos de interferencia ilícita, se ocupa esencialmente de aspectos administrativos y de coordinación y en él se requiere que cada Estado contratante del Convenio de Chicago establezca su propio programa de seguridad de la aviación civil. Se reconoce que los explotadores de líneas aéreas tienen la responsabilidad primordial de proteger a los pasajeros y sus bienes, y, por esto, los Estados deben cerciorarse de que los transportistas preparan y ponen en ejecución programas complementarios y eficaces que sean compatibles con aquellos de los aeropuertos desde los cuales explotan sus servicios. Además, el anexo 17 Convenio de Chicago se completa con el Manual de Seguridad para la protección de la aviación civil contra los actos de interferencia ilícita, publicado en 1971 por primera vez.

El art. 3 bis Convenio de Chicago es una enmienda posterior, una modificación del texto original que no se contemplaba. A 19 de mayo de 2023, según OACI (https://bit.ly/3ItEMqs), 158 Estados son parte de esta enmienda. De acuerdo con este artículo. Los Estados contratantes reconocen que todo Estado se abstendrá de recurrir al uso de las armas contra aeronaves civiles. En caso de interceptación, no debe ponerse en peligro la vida de los ocupantes, ni la seguridad de la aeronave. El Estado puede exigir que, si no tiene permiso, una aeronave civil proceda a aterrizar. Asimismo, todo Estado se obliga a prohibir el uso deliberado de aeronaves civiles matriculadas en dicho Estado o explotadas por un explotador que tenga su oficina principal o residencia permanente en el mismo para cualquier propósito incompatible con el Convenio de Chicago. En España, los controladores civiles han de avisar a los operadores militares (JESAR) para la interceptación. La clave es qué significa y si hay algún límite a esta "interceptación".

La amenaza tradicional más importante para la aviación civil era el secuestro. Al efecto, se pactó entre varios Estados el Convenio sobre infracciones y ciertos otros actos cometidos a bordo de aeronaves, concluido en Tokio el 14 de septiembre de 1963, conocido como *Hijacking Convention* (Convenio de Tokio). A 19 de mayo de 2023, cuenta con 187 Estados parte, según OACI (https://bit.ly/3OL5C1l).

El Convenio de Tokio se ha completado luego con otras dos normas internacionales.

Por un lado, el Convenio de La Haya de 1970 para la represión del apoderamiento ilícito de aeronaves, en vigor desde el 14 de septiembre de 1971. En marzo de 2023, cuenta con 185 Estados parte, entre ellos España. según OACI (https://bit.ly/3Ivkjl7).

Por otro lado, el Convenio de Montreal para la represión de actos ilícitos contra la seguridad de la aviación civil internacional de 1971. En vigor desde el 26 de enero de 1973. A 19 de mayo de 2023 cuenta con 188 Estados parte, entre ellos España (según OACI, https://bit.ly/3MHpjWf). Su Protocolo complementario de 1988 para la represión de actos ilícitos de violencia en los aeropuertos que presten servicio a la aviación civil internacional, también se encuentra en vigor desde el 6 de agosto de 1989. A 19 de mayo de 2023, 176 Estados son parte del Protocolo, entre ellos España (según OACI, https://bit.ly/3OrpJkM).

Estos convenios, ampliamente ratificados por multitud de Estados, ofrecen un régimen homogéneo y uniforme que sirva de guía entre Estados para acometer los delitos a bordo de aviones. Se trata de anticipar una respuesta (qué puede hacer el comandante, qué tribunal es competente para enjuiciar al delincuente, qué ley nacional se aplica, etc.), una vez el problema se ha planteado.

13.1. El Convenio de Tokio

El Convenio de Tokio prevé las facultades del comandante de la aeronave para proteger la seguridad. España lo ratificó en 1969. El comandante puede exigir ayuda al personal y solicitar o autorizar la ayuda para adoptar medidas coercitivas contra cualquier persona sobre la que tenga tal derecho (art. 6.2). Cualquier miembro de la tripulación o pasajero puede adoptar medidas preventivas razonables. El comandante puede desembarcar en el territorio de cualquier Estado a quien tenga razones fundadas de que ha cometido o está a punto de cometer a bordo alguna infracción de leyes penales, actos que pongan en peligro la seguridad a bordo, o el buen orden y la disciplina a bordo, así como entregarla a las autoridades. Su art. 11.2 dice que, en caso de apoderamiento ilícito de aeronaves a bordo, el Estado parte en que aterrice la aeronave permitirá a los pasajeros y tripulación que continúen su viaje lo antes posible y devolverá la aeronave y su carga a los legítimos poseedores. Pero ha sido muy criticada porque no crea una obligación firme a cargo de los Estados parte de juzgar o extraditar a los responsables.

El 1 de enero de 2020 entró en vigor el Protocolo que modifica el Convenio sobre las infracciones y ciertos otros actos cometidos a bordo de las aeronaves, hecho en Montreal el 4 de abril de 2014. Trata específicamente del problema del número creciente de incidentes de conductas insubordinadas y perturbadoras a bordo de una aeronave. El 19 de mayo de 2023, cuenta con 19 ratificaciones (según OACI, https://bit.ly/45keSPB). España firmó el Protocolo, pero no lo ha ratificado todavía.

13.2. El Convenio de La Haya

Siete años más tarde del Convenio de Tokio se adoptó el Convenio de La Haya para la represión del apoderamiento ilícito de aeronaves de 1970, para tipificar más claramente lo que debía entenderse por delito, obligando a los Estados parte a penalizarlo severamente o, en caso contrario, a extraditar a los responsables. A 19 de mayo de 2023, cuenta con 185 Estados parte, entre ellos España (según OACI, https://bit.ly/42Zolu7). Ratificado por España en 1973, establece que la persona, durante el vuelo, ilegalmente, por fuerza o amenaza o por cualquier otro tipo de intimidación, captura o ejerce control sobre la aeronave o intenta ejecutar tal acto o es cómplice de dicha persona, comete un "delito" por el cual la extradición o persecución para imponer penas severas es necesario (arts. 1, 2, 4.2, 7). El delito se incluirá entre los que dan lugar a extradición en todo tratado de extradición entre los Estados parte (art. 8).

13.3. El Convenio de Montreal

Ante la práctica reiterada de otro tipo de actos ilícitos contra aeronaves, tripulaciones y pasajeros, un año más tarde fue suscrito el Convenio de Montreal para la represión de actos ilícitos contra la seguridad de la aviación civil de 1971. España es parte desde 1974.

Trata del daño en las instalaciones de navegación aérea y el sabotaje de aeronaves, y extiende su ámbito de aplicación a ciertas actividades precedentes al embarque y partida y posteriores al aterrizaje y desembarque. Declara que son "delito" los actos de violencia que puedan poner en peligro la seguridad de la aeronave, destruya o dañe instalaciones o servicios de la navegación y comunique a sabiendas informes falsos, poniendo con ello en peligro la seguridad de una aeronave en vuelo (art. 1).

13.4. Estado competente para conocer y enjuiciar el delito aeronáutico

El Estado de matrícula debe ejercer jurisdicción sobre los de su aeronave (art. 3.1 Convenio de Tokio). Un Estado distinto al de matrícula puede ejercer su jurisdicción sobre un delito cometido a bordo si afecta a su territorio, fue cometido contra sus nacionales o residentes, vulnera su seguridad o incumple las reglas de vuelo o maniobra en vigor (art. 4 Convenio de Tokio). Si un Estado de aterrizaje rechaza aceptar la persona apresada por el comandante por haber cometido un acto ilícito, este Estado podrá enviarla al territorio del Estado del que sea nacional o residente o al Estado donde inició su viaje aéreo (art. 14.1).

Los Estados parte deben:

a) Restablecer el control de una aeronave ilegalmente capturada o interferida a favor del comandante (arts. 11.1 Convenio de Tokio y 9.1 Convenio de La Haya).
b) Permitir a los pasajeros y tripulación que continúen hasta su destino tan pronto como sea posible, y devolver la aeronave y su cargamento a aquellos que tienen la legítima posesión (art. 11.2 Convenio de Tokio, 9.2 Convenio de La Haya y 10.2 Convenio de Montreal).
c) Evitar el innecesario retraso a los pasajeros (art. 17 Convenio de Tokio).
d) Permitir el desembarque del pasajero si el comandante lo entrega por haber cometido un acto ilícito a bordo o estar a punto de co-

meter un delito contra el derecho penal o pueda poner en riesgo la seguridad de las personas o las propiedades o el buen orden y disciplina a bordo (art. 13 Convenio de Tokio).

e) Una vez que el Estado recibe a la persona, si considera que las circunstancias lo justifican, procederá a la detención que se mantendrá el tiempo necesario a fin de permitir iniciar un procedimiento criminal o de extradición (art. 13.2 Convenio de Tokio), permitirle que se comunique con el representante del Estado de que es nacional (art. 13.3 Convenio de Tokio).

f) Proceder inmediatamente a una investigación preliminar sobre los hechos (art. 13.4 Convenio de Tokio).

g) Tan pronto como detenga al sospechoso, el Estado de aterrizaje debe notificar al Estado de matrícula, al Estado del cual es nacional, y otros Estados interesados que la persona ha sido detenida y las circunstancias que la justifican y si pretende ejercer su jurisdicción (art. 13.5 Convenio de Tokio, art. 5.2 Convenio de Montreal); y, conceder en orden a la protección y seguridad un trato menos favorable que el dispensado a sus nacionales en las mismas circunstancias (art. 15.2 Convenio de Tokio).

h) Si un delito tiene lugar sobre un avión registrado o en su territorio o a bordo de un avión arrendado sin tripulación a una persona que tiene su principal establecimiento de negocio o residencia permanente, el Estado puede ejercer jurisdicción (arts. 4 Convenio de La Haya y 5.1 Convenio de Montreal).

Si el supuesto delincuente se encuentra en el territorio de un Estado, sus autoridades lo deben detener para iniciar rápidamente una investigación preliminar y determinar si el procedimiento criminal o la extradición (arts. 6 Convenio de La Haya y 6.1 Convenio de Montreal). El Estado en que sea hallado el presunto delincuente, si no procede a la extradición, someterá el caso a sus autoridades competentes para su enjuiciamiento, con independencia de que el delito haya o no sido cometido en su territorio y dichas autoridades tomarán su decisión en las mismas condiciones que las aplicables a los delitos comunes de carácter grave (art. 7 Convenio de La Haya y art. 7 Convenio de Montreal).

Por otra parte, la Organización de la Aviación Civil Internacional ha promovido la adopción de nuevos convenios internacionales en materia de *security* aérea. El Convenio sobre indemnización por daños a terceros resultantes de actos de interferencia ilícita que hayan involucrado a aeronaves de 2009 fija normas para indemnizar los daños causados a terceros por aeronaves que sean causados por actos de interferencia ilícita o de riesgos generales. No ha entrado en vigor. España no es signataria ni parte.

El Convenio para la represión de actos ilícitos relacionados con la aviación civil internacional, hecho en Beijing en 2010, entró en vigor el 1 de julio de 2018. A 19 de mayo de 2023, dispone de 23 ratificaciones, (según OACI, https://bit.ly/3q0miYl). España no lo ha ratificado. El Protocolo complementario del Convenio de Beijing también de 2010, entró en vigor el 1 de enero de 2018. A 19 de mayo de 2023, cuenta con 21 ratificaciones (según OACI, https://bit.ly/45gE0a3). Ambos textos jurídicos amplían y fortalecen el régimen mundial de seguridad de la aviación civil para afrontar las amenazas nuevas y emergentes.

Finalmente, tras la bomba de un vuelo Pan Am sobre Lockerbie (Escocia) en 1988, por empleados del Gobierno Libio, que mató a las 259 personas a bordo, se redactó el Convenio sobre la marcación de explosivos plásticos para los fines de detección, hecho en Montreal el 1 de marzo de 1991. En vigor desde el 21 de junio de 1998, el 19 de mayo de 2023, 156 Estados son partes contratantes, entre ellos, España (según OACI, https://bit.ly/3MnCzht).

13.5. Las modificaciones del anexo 17 Convenio de Chicago tras el 11-S: las aeronaves como proyectiles contra objetivos civiles en tierra

El 11 de septiembre de 2001, cuatro aeronaves fueron secuestradas. Dos chocaron con las torres gemelas de Nueva York, otra contra el Pentágono y otra se estrelló en Pennsylvania. Este evento motivó que los Estados Unidos de Norteamérica lanzasen la "Guerra contra el terror". A la vista de este atentado, se modificó el anexo 17 Convenio de Chicago para incluir normas sobre control de acceso a la aeronave (que todos los pasajeros hemos sufrido y ha supuesto un gran desembolso económico para los aeropuertos), medidas relativas a pasajeros y equipaje de mano y facturado, personal de seguridad de vuelo, protección del puesto de aterrizaje, entre otros.

En el ámbito europeo, el Reglamento (CE) 300/2008, de 11 de marzo, sobre normas comunes de la seguridad de la aviación civil, regula las medidas de seguridad aplicables a bordo de las aeronaves, o durante los vuelos, de las compañías aéreas comunitarias. Cada Estado miembro retiene la competencia para decidir si dispone o no la presencia de agentes de seguridad a bordo en las aeronaves matriculadas en él y en las aeronaves de compañías aéreas titulares de una licencia expedida por él para garantizar, de conformidad con el punto 4.7.7 del anexo 17 Convenio de Chicago y en virtud de las condiciones de dicho Convenio, que estos agentes sean funcionarios públicos especialmente seleccionados y entrenados, teniendo en cuenta los aspectos relativos a la seguridad operacional y de la aviación a bordo de una aeronave.

14. SANCIÓN LEGAL DE LOS DELITOS Y FALTAS AERONÁUTICAS EN ESPAÑA

Si los delitos y faltas aeronáuticas se sancionan conforme a la Ley española, es la Ley 209/1964, de 24 de diciembre, penal y procesal de la navegación aérea (LPPA), la que ha tipificado una serie de delitos contra las aeronaves, instalaciones, comunicaciones y control aéreo, también en seguimiento de la anterior Ley de bases de 27 de diciembre de 1947, de bases para un código de navegación aérea.

El objetivo de la Ley penal y procesal de la navegación aérea es exceptuar de la jurisdicción militar y sustraer de su rigorismo las actividades de la navegación aérea, mediante una ley especial con tipos delictivos y penalidades distintos acomodados a la naturaleza, complejidad y rango de los intereses que con ellas se quiere proteger (preámbulo).

La Ley penal y procesal de la navegación aérea se aplica a los delitos y faltas aeronáuticas cometidos en España y a bordo de aeronaves de matrícula española, salvo que pueda ser de aplicación otra ley penal de otro Estado por razón del lugar de comisión del delito. Recordemos que el principio de extraterritorialidad sólo se aplica a las aeronaves de Estado, no a las aeronaves privadas. En lo no previsto en la Ley penal y procesal de la navegación aérea, se aplica supletoriamente el Código Penal español.

La Ley penal y procesal de la navegación aérea regula y sanciona delitos y faltas especiales de la aviación civil (arts. 13 a 75):

- *Delitos contra la seguridad de la aeronave.* Como la negación de ayuda por encargado del servicio de protección del vuelo, o del comandante que niega datos, emprender el vuelo sin aprobación del plan o quebrantarlo, contravenir las normas sobre servidumbres aeronáuticas, vuelos arriesgados o acrobáticos, emprender el vuelo con exceso de peso o mala distribución de la carga, atentados contra las personas cometidos en aeronave.

- *Delitos contra el tráfico aéreo.* Como la sedición de tripulantes, pasajeros, empleados en aeropuertos o aeronaves para oponerse al cumplimiento de las órdenes del comandante o del jefe de aeropuerto, impedirles sus funciones o realizar cualquier acto de odio o venganza en sus personas o bienes; no cooperar para reprimir la sedición, negligencia en la represión por el comandante o el jefe de aeropuerto; abandono de la aeronave y del servicio; vuelo por el comandante, la tripulación o el controlador de tráfico bajo la influencia de bebidas alcohólicas, narcóticos o estupefacientes; no abandonar el comandante la nave en último lugar; abandono de la nave por tripulación sin orden del comandante.
- *Otros delitos contra el tráfico aéreo.* Como el embarque de municiones, explosivos, armas, gases tóxicos y otras sustancias nocivas; usar a bordo aparatos de fotografía o de transmisión radioeléctrica, asumir o retener indebidamente el mando de una aeronave, ejercer de tripulantes sin estar legalmente habilitados.
- *Delitos contra el derecho de gentes.* Como apoderarse con violencia o intimidación de una aeronave o de personas o cosas a bordo, en condiciones que no permitan la protección de un Estado; provocar su caída, pérdida, incendio, aterrizaje o amarraje, despojar a las víctimas de un accidente de aviación; sobre un comandante o capitán, no prestar auxilio a la aeronave que se lo pida, si puede hacerlo sin riesgo; tripulantes, no dar cuenta a sus superiores de las situaciones de peligro; a cualquiera, no prestar auxilio a tripulantes o pasajeros de nave siniestrada.
- *Delitos contra la autoridad.* Como el insulto al mando, intimidación, amenazas o atentado contra la libertad del superior, ofensa de palabra o por escrito a un superior, atentados y desacatos por los pasajeros al comandante o al que haga sus veces, desobediencia.
- *Delitos de abuso de autoridad y negligencia en el ejercicio del mando.* Como el maltrato de obra u otro perjuicio a miembro de la tripulación subordinado o pasajero, abandono arbitrario a miembro de la tripulación o pasajero, no emplear los medios a su alcance para reprimir actos de indisciplina.
- *Delitos de falsedad.* Como la aeronave desprovista de marcas de matrícula o nacionalidad; usurpación de marca de matrícula, documento de trabajo aeronáutico de otra persona, declaración maliciosa de propiedad de aeronave para atribuirle nacionalidad española, falsificación de libros y documentos a bordo.

- *Delitos contra la propiedad*, por individuos de la tripulación o por empleados del aeropuerto, empleo ilegítimo de la aeronave por el comandante o por persona no autorizada; apropiación del cargamento de la aeronave, averías causadas maliciosamente, modificar, destruir o deteriorar instalaciones, balizas o señales de ayuda, polizonaje.
- *Delitos de imprevisión, imprudencia o impericia en el tráfico aéreo.*
- *Faltas contra la policía y la seguridad del tráfico aéreo.* Como la ocupación de espacio de dominio aeronáutico y entorpecimiento de señales, ejercicio no autorizado de funciones y no comunicación de aterrizaje o partida fuera de aeropuerto o aeródromo; sobre el comandante, navegar irregularmente, incumplir orden de aterrizaje, entrar en espacio reservado o transportar pasajeros en aeronave no autorizada; aterrizaje en aeropuerto o aeródromo no previsto o no dar aviso del forzoso.
- *Faltas contra la policía de aeropuertos.* Como la enseñanza no autorizada de pilotaje aéreo y no impedir la partida de una aeronave sin la documentación reglamentaria, no anotar con exactitud las indicaciones reglamentarias en los libros o llevar pasajeros sin cumplir las normas de seguridad.
- *Otras faltas.* Como faltas de asistencia o puntualidad, arrojar objetos no clasificados como lastre reglamentario, incumplir las normas reglamentarias de policía y por imprudencia o negligencia.

Los artículos 76 a 97 LPPA, que regulaban una suerte de tribunales penales aeronáuticos (con el comandante, jefe de aeropuerto como "jueces", etc.) han sido ya suprimidos y sustituidos por la jurisdicción penal ordinaria (Ley orgánica 1/1986, de 8 de enero, de supresión de la jurisdicción penal aeronáutica).

15. BIBLIOGRAFÍA COMPLEMENTARIA

AMÉRIGO CASTAÑO, A., *Los daños a terceros en la navegación aérea española*, Ministerio del Aire y Consejo Superior de Investigaciones Científicas, 1952; AREAL LUDEÑA, S. y HERNÁNDEZ CAMPOS, R. G., "La seguridad del aerotransporte civil internacional y la Ley 21/2003, de 7 de julio, de seguridad aérea", en *Inteligencia y seguridad: Revista de análisis y prospectiva*, nº 8, 2010, págs. 137-192; AREAL LUDEÑA, S., *El seguro aeronáutico: especial referencia a la responsabilidad del fabricante de productos defectuosos*, Colex, 1998; BAGO ORIA, B., "La lógica económica del seguro aéreo", en FERNÁNDEZ

RODRÍGUEZ, J., "Otras responsabilidades de la actividad aeronáutica: operadores de aeropuertos, controladores de vuelo y fabricantes de aeronaves", en SÁNCHEZ CALERO, F. (Dir.), *Estudios sobre el aseguramiento de la responsabilidad en la gran empresa,* Musini, 1994, págs. 303-324; BALIAN, E. N. y FENTANES, V. N., "La lesión mental en el Convenio sobre indemnización por daños causados a terceros por aeronaves, de Montreal 2009", en NADAL GÓMEZ, I. (Dir.), *La aviación al servicio del desarrollo económico de la sociedad. Los nuevos retos de su regulación jurídica. XLIII Jornadas Latinoamericanas de Derecho aeronáutico y espacial,* Economist & Jurist Difusión Jurídica, 2019, págs. 521-527; BALIAN, E. N. y FENTANES, V. N., "Medio ambiente, patrimonio común de la humanidad. A propósito del Convenio sobre indemnización por daños a terceros por aeronaves de Roma de 2009", en NADAL GÓMEZ, I. (Dir.), *La aviación al servicio del desarrollo económico de la sociedad. Los nuevos retos de su regulación jurídica. XLIII Jornadas Latinoamericanas de Derecho aeronáutico y espacial,* Economist & Jurist Difusión Jurídica, 2019, págs. 263-272; BLANCO-MORALES LIMONES, P., "El seguro de la actividad aeronáutica: especial referencia a la cobertura de la responsabilidad del transportista", en CALVO CARAVACA, A. L. y AREAL LUDEÑA, A. (Coords.), *Seminario sobre Derecho aeronáutico: Madrid, 13-14 de mayo de 1998,* Boletín Oficial del Estado y Universidad Carlos III, 1999, págs. 233-277; BLAS SIMONE, O., "Cuestiones jurídicas y económicas actuales en relación con los seguros aéreos", en *Séptimas Jornadas Iberoamericanas de Derecho Aeronáutico y del Espacio,* Instituto Francisco de Vitoria y Sección de Derecho Aeronáutico y del Espacio, 1974, págs. 247-299; BONET CORREA, J., *La responsabilidad en el Derecho aéreo,* CSIC, 1963; BUSTOS MORENO, Y. B., *La responsabilidad en la navegación aérea. Daños a terceros,* Dykinson, 2003; CAPALDO, G. D., "Nuevas reglas sobre la investigación de accidentes de aviación en Argentina. Su articulación con el Código Aeronáutico y el anexo 13", en *Revista de Derecho del Transporte,* nº 27, 2021, págs. 109-136; CASADO IGLESIAS, E., "La responsabilidad contractual y extracontractual del transportista aéreo (con especial referencia a la legislación española)", en *Revista de la Facultad de Derecho de la Universidad de Madrid,* vol. X, nº 25, 1966, págs. 61-123 y nº 26, págs. 297-346; CASADO IGLESIAS, E., *La responsabilidad por daños a terceros en la navegación aérea: un estudio de su regulación en las legislaciones nacionales y en el Derecho internacional,* Universidad de Salamanca, 1965; COSIALLS PERPINYÀ, P.-O., "Los procedimientos de fuel jettison en aviación civil: Cuestiones relativas a la responsabilidad civil extracontractual", en *Revista Española de Derecho Aeronáutico y Espacial,* nº 2 (Septiembre), 2022 (Ejemplar dedicado a: *In memoriam* Excmo. Sr. D. Rodolfo A. González-Lebrero), págs. 261-301; CUERNO REJADO, C., GUERRERO LEBRÓN, M. J. y ARNALDO VALDÉS, R. M., "Implicaciones jurídicas y técnicas de las recomendaciones de seguridad emitidas en los informes técnicos de las investigaciones de los accidentes e incidentes de la aviación civil", en AREAL LUDEÑA, S. (Coord.), *Actividad aeronáutica: nuevos retos y reflexiones desde un punto de vista multidisciplinar*, Gobierno Vasco, Servicio Central de Publicaciones, 2013, págs. 131-222; DOUDOUH, L. A., *La investigación de los accidentes e incidentes aéreos y los procesos judiciales en Derecho comparado*, Tesis doctoral dirigida por S. Areal Ludeña, Universidad Carlos III de Madrid, 2014; ELORZA GUERRERO, F., "La información y consulta de los representantes de los trabajadores con ocasión de «sucesos» en la aviación civil", en MARTÍNEZ SÁNZ, F. y PETIT LAVALL, M. V. (Dirs.), *Estudios de Derecho aéreo: aeronave y liberalización*, Marcial Pons, 2009, págs. 151-166; FERNÁNDEZ RODRÍGUEZ, J., "Otras responsabilidades de la actividad aeronáutica: operadores de aeropuertos, controladores de vuelo y fabricantes de aeronaves", en SÁNCHEZ CALERO, F. (Dir.), *Estudios sobre el aseguramiento de la responsabilidad en la gran empresa*, Musini, 1994, págs. 785-816; FERRER VIVES, J., "Terrorismo aéreo: la utilización de la aeronave civil como arma en manos de los terroristas", en REQUENA y DÍEZ DE REVENGA, M. (Coord.), *Luces y sombras de la seguridad internacional en los albores del siglo XXI*, vol. 3, UNED, 2010, págs. 357-379; FOLCHI, M., *Delitos a bordo de aeronaves*, Abeledo-Perrot, 1964; GONZÁLEZ LEBRERO, R. A., "Seguridad aeronáutica y accidentes de aviación", en MARTÍNEZ SÁNZ, F. y PETIT LAVALL, M. V. (Dirs.), *Estudios de Derecho aéreo: aeronave y liberalización*, Marcial Pons, 2009, págs. 213-214; GUERRERO LEBRÓN, M. J., *Los seguros aéreos. Los seguros de aerolíneas y operadores aéreos*, Marcial Pons, 2009; HERNÁNDEZ CAMPOS, R. G., *Safety & Security: Estudio jurídico sobre la seguridad del aerotransporte civil internacional*, Instituto Iberoamericano de Derecho Aeronáutico y del Espacio y de la Aviación Comercial, 2008; HUGUET MONFORT, J., "Algunas notas sobre la responsabilidad del fabricante de aeronaves en la Unión Europea", en MARTÍNEZ SÁNZ, F. y PETIT LAVALL, M. V. (Dirs.), *Estudios de Derecho aéreo: aeronave y liberalización*, Marcial Pons, 2009, págs. 215-233; JAVUREK, G., "La responsabilidad jurídico aeronáutica por daños a terceros en la superficie", en *Revista de Transporte y Seguros*, nº 18, 2005, págs. 265-274; LOMINCHAR PACHECO, J. M., "Seguridad operativa y técnicas policiales en el interior de aeronaves", en *Ciencia policial: Revista del Instituto de Estudios de Policía*, nº 158, 2020, págs. 75-108; MAPELLI LÓPEZ, E., *El apoderamiento ilícito de aeronaves*, Tecnos, 1973; MAPELLI LÓPEZ, E., *Comentarios al Convenio de Tokio de 14 de septiembre de 1963: facultades del comandante de aeronave*, Instituto Iberoamericano de Derecho Aeronáutico y del Espacio y de la Aviación Comercial, 1986; MARCHIAFAVA, G., "La convenzione di Pechino del 10 settembre 2010 sulla repressione di atti illeciti relativi all'aviazione civile internazionale", en GUERRERO LEBRÓN, M. J. (Coord.), *Cuestiones actuales del derecho aéreo,* Marcial Pons, 2012, págs. 127-138; MARÍN LÓPEZ, J. J., "Ley aplicable al contrato de seguro versus ley aplicable a la acción directa en el seguro de responsabilidad civil: perjudicada por un accidente aéreo, residente en Austria, que ejercita ante los tribunales de su domicilio, ¿con arreglo al Derecho español?, una acción directa contra una aseguradora establecida en Alemania: Sentencia del Tribunal de Justicia de la Unión Europea de 9 de septiembre de 2015, Prüller-Frey, C-240/14", en *Revista de Responsabilidad Civil, Circulación y Seguro,* nº 10, 2015, págs. 26-38; MARTÍ SÁNCHEZ, J. N., "La responsabilidad contractual en el transporte aéreo en el Derecho Español", *Anales de la Facultad de Derecho,* nº 1, 1963, págs. 113-160; MERINO HERRERA, J. y QUINTANAR DÍEZ, M., "Algunos aspectos en torno a la protección penal internacional sobre la navegación aérea civil", en *Cuadernos de Política Criminal,* nº 89, 2006, págs. 153-180; MONFORT FERRERO, M. J., "Responsabilidad por daños en la navegación aérea", en CLEMENTE MEORO, M. E. y COBAS COBIELLA, M. E. (Dirs.), *Derecho de daños,* Tirant lo Blanch, 2021, págs. 1299-1336; NADAL GÓMEZ, I., "Régimen de protección de la información contenida en un expediente de investigación técnica de un accidente aéreo y autoridad competente para decidir sobre su difusión [Comentario de la Sentencia de la Audiencia Nacional (Sala de lo Contencioso), de 8 de noviembre de 2018. Recurso nº 8/2017]", en *Revista de Derecho del Transporte,* nº 23, 2019, págs. 392-404; NADAL GÓMEZ, I., "Los procesos judiciales y la investigación técnica de accidentes aéreos", en MARTÍNEZ SÁNZ, F. y PETIT LAVALL, M. V. (Dirs.), *Estudios de Derecho aéreo: aeronave y liberalización,* Marcial Pons, 2009, págs. 235-250; NADAL GÓMEZ, I., *La coordinación del proceso penal y la investigación técnica de accidentes aéreos,* Marcial Pons, 2014; PEINADO GRACIA, J. J., "Los seguros marítimos y aéreos", en MENÉNDEZ MENÉNDEZ, A. y ROJO FERNÁNDEZ-RÍO, Á. (Dirs.), *Lecciones de derecho mercantil,* volumen II, Aranzadi Thomson Reuters, 2020, págs. 963-996; PENDÓN MELÉNDEZ, M. Á., "Los seguros marítimos y aéreos", en JIMÉNEZ SÁNCHEZ, G. J. (Coord.), *Derecho Mercantil, vol. 2, Títulos-valores, obligaciones y contratos mercantiles, derecho concursal mercantil, derecho de la navegación),* Ariel, 2003, págs. 1094-1146; PETIT LAVALL, M. V., "La reciente regulación internacional del abordaje aéreo en el Convenio sobre riesgos generales", en MARTÍNEZ SÁNZ, F. y PETIT LAVALL, M. V. (Dirs.), *Estudios de Derecho aéreo: aeronave y liberalización,* Marcial Pons, 2009, págs. 109-129; PETIT LAVALL, M. V., "Los seguros de responsabilidad civil del transportista aéreo", en *Revista Española de Seguros,* nº 135, 2008, págs. 239-262; PIERA VALDÉS, A. J., "El proyecto de la OACI sobre la modernización del Convenio de Roma: algunas reflexiones", en *Revista de Derecho del Transpor-*

te, nº 1, 2008, págs. 231-255; PIERA VALDÉS, A. J., "Una mirada crítica al Convenio de Tokio de 1963 sobre las infracciones y ciertos actos cometidos a bordo de la aeronave. ¿Debería la OACI intentar modificarlo?, en *Revista de Derecho del Transporte*, nº 10, 2012, págs. 27-64; PIRAS, M., "Il danno non patrimoniale nel trasporto aéreo", en GUERRERO LEBRÓN, M. J. (Coord.), *Cuestiones actuales del derecho aéreo*, Marcial Pons, 2012, págs. 207-218; PONS GAMON, V. *Ciberterrorismo: amenaza a la seguridad. Respuesta operativa y legislativa, nacional e internacional*, tesis doctoral dirigida por F. Moure Colón y M. T. Marcos Martín, Universidad Nacional de Educación a Distancia, 2018; QUINTANA CARLO, I., "Régimen jurídico de la responsabilidad en el transporte aéreo: derechos nacionales y convenios internacionales", en SÁNCHEZ CALERO, F. J. (Dir.), *Estudios sobre el aseguramiento de la responsabilidad en la gran empresa*, Musini SA,1994, págs. 753-784; REDONDO TRIGO, F., "Daños consecuenciales, lucro cesante y limitación contractual de responsabilidad en accidente de aeronave en terminal aeroportuaria", *en Revista Crítica de Derecho Inmobiliario*, nº 97, nº 784, 2021, págs. 1336-1353; REGALES CRISTÓBAL, E., "El Derecho aeronáutico en la investigación de los accidentes aéreos", en *Sexta Ponencia presentada al Seminario sobre Investigación de accidentes aéreos*, 2001, págs. 119-120; RODRÍGUEZ CARRION, J. C., *Los seguros marítimos y aéreos*, Marcial Pons, 2003; RODRÍGUEZ MORO, L., "El delito de intrusismo aeronáutico de la Ley 209/1964 penal y procesal de la navegación aérea y su relación con el genérico delito de intrusismo del Código penal", en *Revista de Derecho del Transporte*, nº 12, 2013, págs. 245-265; RODRÍGUEZ MORO, L., "Otros delitos contra el tráfico aéreo", en FARALDO CABANA, P. (Dir.), *Comentarios a la legislación penal especial* Lex Nova, 2012, págs. 379-384; ROJO ÁLVAREZ-MANZANEDA, C., "Los métodos de actuación seguidos en la regulación de la responsabilidad del transportista aéreo internacional", en PEINADO GRACIA, J. I. (Dir.), *Nuevos enfoques del derecho aeronáutico y espacial, XXXVIII Jornadas Latino Americanas de Derecho Aeronáutico y del Espacio*, Marcial Pons, 2015, págs. 335-352; SÁNCHEZ BARTOLOMÉ, J. M., "La prevención y el control de la seguridad (Security) de las aerolíneas", en GUERRERO LEBRÓN, M. J. y PEINADO GRACIA, J. I., *El derecho aéreo entre lo público y lo privado: Aeropuertos, acceso al mercado, drones y responsabilidad*, Universidad Internacional de Andalucía, 2017, págs. 132-163; SARMIENTO GARCÍA, M. G., "La responsabilidad extracontractual por daños causados por aeronaves a terceros en la superficie en el Derecho colombiano", en *Revista de Derecho del Transporte*, nº 22, 2018, págs. 123-142; SERRANO GARBALLO, A., "Falsedad en documento oficial: Comentario a la sentencia de la Audiencia Nacional de 16 de Mayo de 2009 sobre el accidente aéreo de un Yak-42 el 26 de Mayo de 2003 en Turquía. Fallecieron 62 militares españoles, de los que

30 fueron mal identificados", en *Revista de Derecho Penal y Criminología*, nº 3, 2010, págs. 449-492; SIERRA NOGUERO, E., "Sobre el seguro de transporte aéreo de mercancías", en *Revista Española de Seguros*, nº 145, 2011, págs. 151-162; SOUTO GARCÍA, E. M., "Aproximación al delito de polizonaje del art. 64 de la Ley 209/1964, de 24 de diciembre, penal y procesal de la navegación aérea", en *Revista de Derecho del Transporte*, nº 12, 2013, págs. 159-171; TORRECUADRADA GARCÍA-LOZANO, S., "La investigación de accidentes aéreos", en *Revista Española de Derecho Internacional*, vol. 50, nº 2, 1998, págs. 293-295.

Obras generales de Derecho aeronáutico

Además de la bibliografía complementaria indicada en cada capítulo, se reproducen aquí algunas obras generales, tratados, cursos y manuales sobre Derecho aéreo o aeronáutico de la doctrina española y extranjeras

AA.VV., *Curso de Derecho aeronáutico práctico para operadores aéreos: trabajos de derecho aeronáutico,* Instituto Iberoamericano de Derecho Aeronáutico y del Espacio y de la Aviación Comercial, 2016.

AA.VV., *Trabajos de derecho aeronáutico y del espacio,* Instituto Iberoamericano de Derecho Aeronáutico y del Espacio y de la Aviación Comercial, 1978.

ADSUAR, J., *Derecho aéreo: desarrollo del sílabus oficial de los requisitos conjuntos de aviación (JAR),* Thomson-Paraninfo, 2000.

ADSUAR, J., *Test, reglamentación, procedimientos y derecho aéreo,* Thomson-Paraninfo, 1993.

AMBROSINI, A., *Instituciones del Derecho de la Aviación,* Editorial Depalma, 1949.

AREAL LUDEÑA, S. (Coord.), *Actividad aeronáutica: nuevos retos y reflexiones desde un punto de vista multidisciplinar,* Gobierno Vasco/Eusko Jaurlaritza, Servicio Central de Publicaciones/Argitalpen Zerbitzu Nagusia, 2013.

ARROYO MARTÍNEZ, I., *Curso de Derecho Aéreo,* Thomson Civitas, 2006.

ARTURO BENITO, G. A., *Transporte aéreo,* Garceta, 2022.

BALFOUR, J., *Shawcross and Beaumont on air law,* 4ª ed., Butterworths, 1991.

BARTSCH, R., *International Aviation Law: A practical guide,* 2ª ed., Routledge, 2018.

BARTLIK, M., *Impact of EU Law on the Regulation of International Air Transport,* Ashgate, 2007.

CARTOU, L., *Droit aérien,* Presses Universitaires de France, 1963.

CATELLANI, E., *Il Diritto aereo,* Fratelli Bocca Editori, 1911.

CHENG, C. J., *Studies in international air law,* Brill Nijhoff, 2018.

COUANNIER, H., *Elementos creadores del Derecho aéreo,* traducido al castellano por G. Ponte Escartín, Editorial Reus, 1929.

DEMPSEY, P., *Public International Air Law,* William S. Hein & Co., Inc. for the Centre for Research of Air and Space Law, McGill University, 2017.

DIERERIKS-VERSCHOOR, I. H., *An introduction to air law,* revisado por P. Méndez de León, 9ª ed., Wolters Kluwer, 2012.

FOLCHI, M. O., *Tratado de Derecho aeronáutico y política de la aeronáutica civil,* dos volúmenes, Astrea, 2015.

FOLCHI, M., *Derecho aeronáutico y transporte aéreo,* Depalma, 1977.

FOLCHI, M. O. y CONSENTINO, E. T., *Derecho aeronáutico y transporte aéreo,* Astrea, 1977.

GAY DE MONTELLÁ, R., *Las leyes de la aeronáutica,* Bosch, 1929.

GESELL, L. E., *Aviation and the law,* 5ª ed., Coast Aire Publications, Chandler, 2011.

GÓMEZ PUENTE, M., *Derecho administrativo aeronáutico: régimen de la aviación y el transporte aéreo*, Iustel, 2006.

GONZÁLEZ LEBRERO, R. A., *Curso de Derecho aeronáutico*, Dykinson, 2020.

HAMILTON, J. S., *Practical Aviation & Aerospace Law*, Aviation Supplies and Academics, Inc., 2015.

HAVEL, B. F. y SÁNCHEZ, G. S., *The Principles and Practice of International Aviation Law*, Cambridge University Press, 2014.

LARSEN, P. B., SWEENEY, J. y GILLICK, J., *Aviation Law: Cases, Laws and Related Sources*, 2ª ed., Martinus Nijhoff Publishers, 2012.

LE GOFF, M., *Traité théorique et pratique de Droit aérien*, Dalloz, 1934.

LE GOFF, M., *Manuel de Droit Aérien*, Dalloz, 1961.

LEFEBVRE D'OVIDIO, A., PESCATORE, G. y TULLIO, L., *Manuale di Diritto della navigazione*, 15ª ed., Giuffrè, 2019.

LITVINE, M., *Droit aérien. Notions de droit belge et de droit international*, Établissements Émile Bruyant, 1970.

LOWENFELD, A. F., *Aviation law: cases and materials*, Matthew Bender, 1981.

MARTÍNEZ SANZ, F. (Dir.) y PUETZ, A. (Coord.), *Manual de Derecho del transporte*, Marcial Pons, 2010.

MASUTTI, A., *Diritto aeronáutico*, 3ª ed., G. Giappichelli, 2021.

MATEESCO MATTE, N., *Traité de Droit Aérien-Aéronautique*, ICDAS – A. Pedone, 1980.

McNAIR, L., *The Law of the Air*, 3ª edición, Stevens and Sons, 1964.

MENDES DE LEÓN, *Introduction to air law*, 11ª edición, Wolters Kluwer, 2022.

MILDE, M., *International air law and ICAO*, Eleven: International Publishing, 2012.

MORILLAS JARILLO, M. J., PETIT LAVALL, M. V. y GUERRERO LEBRÓN, M. J., *Derecho aéreo y del espacio*, Marcial Pons, 2014.

NAVEAU, J., GODFROID, M. y FRÜHLING, P., *Precís de Droit aérien*, 2ª ed., Bruylant, 2006.

PARADA VÁZQUEZ, J. D., *La relación jurídica aeronáutica. Aspectos jurídicos administrativos, aeronáuticos, civiles, constitucionales, fiscales, hipotecarios, internacionales, mercantiles, laborales, penales y registrales*, Cedecs, 1998.

PEARSON, M. W. y RILEY, D. S., *Foundations of Aviation Law*, Ashgate Publishing, 2015.

RAVICH, T., *Introduction to Aviation Law*, West Academic Publishing, 2020.

RODRÍGUEZ JURADO, A., *Introducción al Derecho Aeronáutico*, El Cid Editor, 2002.

ROLLO, V. F., *Aviation Law: An Introduction*, Maryland Historical Press, Lanham, 2000.

SAMPAIO DE LA CERDA, J. C., *Curso de Direito Privado da Navegaçao, vol. II. Direito Aeronautico*, Livraria Freitas Bastos s/a, 1970.

SAPORTA NAMÍA, M., *Derecho aéreo*, Universidad Complutense de Madrid, 1947.

SCHUBERT, F., *Le droit aérien*, 2ª ed., Schulthess éditions romandes, 2022.

SILINGARDI, G., *Il nuovo diritto aeronáutico. In recordo di Gabriele Silingardi*, Dott. A Giuffre – Editore, 2002.

SPECIALE, R. C, *Fundamentals of aviation law*, McGraw-Hill, 2006.

TAPIA SALINAS, L., *La regulación jurídica del transporte aéreo*, Ministerio del Aire y CSIC, 1953.

TAPIA SALINAS, L., *Curso de derecho aeronáutico*, 2ª ed., J. M. Bosch Editor, 1993.

VAN BOGAERT, E. R. C., *Eléments de Droit Aérien*, E. Story-Scientia, 1987.

VIDELA ESCALADA, F., *Derecho aeronáutico*, cuatro tomos, Víctor P. de Zavalía, 1969-1976.

VIDELA ESCALADA, F., *Aeronautical law*, Sijthoff & Noordhoff International Publishers, 1979.

ZUNARELLI, S. y COMENALE PINTO, M., *Manuale di Diritto della Navigazione e dei trasporti*, tomo I, 4ª ed., Wolters Kluwer, 2020.

JURISPRUDENCIA

- Sentencia de la Audiencia Provincial de Barcelona de 18 de enero de 2023 (TOL.9.414.250).
- Sentencia del Tribunal Supremo de 6 de julio de 2020 (TOL8.012.933).
- Auto del Tribunal Supremo de 10 de abril de 2019 (TOL7.184.537).
- Sentencia del Tribunal de Justicia de la Unión Europea de 5 de julio de 2017 (TOL6.198.325).
- Sentencia del Tribunal de Justicia de la Unión Europea de 26 de febrero de 2015 (TOL4.732.762).
- Sentencia de la Audiencia Provincial de Pontevedra de 6 de febrero de 2015 (TOL4.757.743).
- Sentencia del Tribunal Supremo, Sala de lo Civil, de 13 de enero de 2015 (TOL4.706.623).
- Sentencia del Tribunal de Justicia de la Unión Europea, Gran Sala, de 18 de marzo de 2014 (TOL4.140.211).
- Sentencia del Tribunal Supremo, Sala de lo Contencioso-administrativo, de 1 de julio de 2013 (TOL3.834.175).
- Sentencia de la Audiencia Nacional, Sala de lo Contencioso-administrativo, de 15 de marzo de 2013 (TOL3.526.817).
- Sentencia del Tribunal de Justicia de la Unión Europea de 13 de octubre de 2011 (TOL2.249.039).
- Sentencia del Tribunal de Justicia de la Unión Europea de 6 de mayo de 2010 (TOL2.164.024
- Sentencia de la Audiencia Nacional, Sala de lo Contencioso-administrativo, de 18 de diciembre de 2009 (TOL5.273.768).
- Sentencia del Tribunal de Justicia de la Comunidades Europeas de 19 de noviembre de 2009 (TOL1.646.264).
- Sentencia del Tribunal Supremo, Sala de lo Civil, de 15 de abril de 2009 (TOL1.494.532).

- Sentencia del Tribunal Supremo, Sala de lo Civil, de 5 de junio de 2008 (TOL1.340.446).
- Sentencia del Tribunal de Justicia de las Comunidades Europeas de 16 de octubre de 2008 (TOL1.372.642).
- Sentencia del Tribunal Supremo, Sala de lo Contencioso-administrativo, de 12 de julio de 2006 (TOL979.670).
- Declaración 1/2004, de 13 de diciembre, del Tribunal Constitucional (TOL516.668).
- Sentencia del Tribunal de Justicia de las Comunidades Europeas de 10 de enero de 2006 (TOL4.627.918).
- Sentencia del Tribunal de Justicia de las Comunidades Europeas de 5 de noviembre de 2002 (TOL260.176).
- Sentencia del Tribunal Supremo, Sala de lo Civil, de 31 de mayo de 2000 (TOL6.613).

LEGISLACIÓN

Derecho aeronáutico internacional

- Protocolo, que modifica el Convenio sobre las infracciones y ciertos otros actos cometidos a bordo de las aeronaves, hecho en Montreal el 4 de abril de 2014.
- Convenio para la represión de actos ilícitos relacionados con la aviación civil internacional, hecho en Beijing y Protocolo complementario, ambos de 2010.
- Convenio relativo a garantías internacionales sobre elementos de equipo móvil, hecho en Ciudad del Cabo el 16 de noviembre de 2001.
- Protocolo sobre cuestiones específicas de los elementos de equipo aeronáutico, del Convenio relativo a garantías internacionales sobre elementos de equipo móvil, hecho en Ciudad del Cabo el 16 de noviembre de 2001.
- Convenio para la unificación de ciertas reglas para el transporte aéreo internacional, hecho en Montreal el 28 de mayo de 1999.
- Convenio sobre la marcación de explosivos plásticos para los fines de detección, hecho en Montreal el 1 de marzo de 1991.
- Acuerdos sobre la elaboración, aceptación y puesta en práctica de los requisitos aeronáuticos conjuntos (*Joint Aviation Requirements*, JAR), hechos en Chipre el 11 de septiembre de 1990.
- Acuerdo relativo al Programa internacional COSPAS-SARSAT, firmado en París el 1 de julio de 1988.
- Protocolo complementario de 1988 al Convenio de Montreal de 1971 para la represión de actos ilícitos de violencia en los aeropuertos que presten servicio a la aviación civil internacional.
- Acuerdo Internacional sobre el procedimiento aplicable al establecimiento de tarifas de los servicios aéreos regulares intraeuropeos, hecho en París el 16 de junio de 1987.
- Acuerdo Internacional sobre el reparto de la capacidad en los servicios aéreos regulares intraeuropeos, hecho en París el 16 de junio de 1987.

- Acuerdo multilateral relativo a las tarifas por ayudas a la navegación aérea de 12 de febrero de 1981.
- Protocolo que modifica el Convenio sobre daños causados a terceros en la superficie por aeronaves extranjeras firmado en Roma el 7 de octubre de 1952, firmado en Montreal el 23 de septiembre de 1978.
- Protocolos de Montreal números 1, 2, 4 de 1975 que modifican el Convenio para la unificación de ciertas reglas relativas al transporte aéreo internacional firmado en Varsovia el 12 de octubre de 1929, modificado por el Protocolo hecho en La Haya el 28 de septiembre de 1955.
- Convenio de Montreal para la represión de actos ilícitos contra la seguridad de la aviación civil internacional de 1971.
- Convenio para la represión del apoderamiento ilícito de aeronaves hecho La Haya en 1970.
- Convenio sobre infracciones y ciertos otros actos cometidos a bordo de aeronaves, concluido en Tokio el 14 de septiembre de 1963.
- Convenio, complementario del Convenio de Varsovia, para la unificación de ciertas reglas relativas al transporte aéreo internacional realizado por quien no sea el transportista contractual, firmado en Guadalajara el 18 de septiembre de 1961.
- Acuerdo Multilateral relativo a los certificados de aeronavegabilidad de las aeronaves importadas de 1961.
- Protocolo que modifica el Convenio para la unificación de ciertas reglas relativas al Transporte Aéreo Internacional, firmado en Varsovia el 12 de octubre de 1929, hecho en La Haya el 28 de septiembre de 1955.
- Acuerdo multilateral sobre derechos comerciales de los servicios aéreos no regulares en Europa, hecho en París en 1956
- Tratado del Atlántico Norte (OTAN), hecho en Washington el 4 de abril de 1949.
- Convenio de Ginebra de 19 de junio de 1948 sobre reconocimiento internacional de derechos sobre aeronaves.
- Convenio sobre aviación civil internacional, hecho en Chicago de 7 de diciembre de 1944
- Acuerdo de tránsito de los servicios aéreos internacionales, hecho en Chicago el 7 de diciembre de 1944.
- Acuerdo sobre transporte aéreo internacional, hecho en Chicago el 7 de diciembre de 1944.
- Convenio de Roma para la unificación de ciertas reglas relativas al embargo preventivo de aeronaves de 1933.
- Convenio para la unificación de ciertas reglas relativas al transporte aéreo internacional, ultimado en Varsovia el 12 de octubre de 1929.
- Convención sobre Aviación Comercial, suscrita en La Habana el 20 de febrero de 1928.

Tratados de la Unión Europea

- Tratado de la Unión Europea de 7 de febrero de 1992.
- Tratado de Funcionamiento de la Unión Europea de 13 de diciembre de 2007.

Actos jurídicos de la Unión Europea (selección de principales Reglamentos y Directivas)

- Reglamento de Ejecución (UE) 2021/664 de la Comisión, de 22 de abril de 2021, sobre un marco regulador para el U-Space.
- Reglamento de Ejecución (UE) 2018/1976, de 14 de diciembre de 2018, establece disposiciones de aplicación para la operación de planeadores en virtud del Reglamento (UE) 2018/1139.
- Reglamento de Ejecución (UE) 2019/947, de 24 de mayo, sobre normas y los procedimientos aplicables a la utilización de aeronaves no tripuladas.
- Reglamento Delegado (UE) 2019/945 de la Comisión, de 12 de marzo de 2019, sobre los sistemas de aeronaves no tripuladas y los operadores de terceros países de sistemas de aeronaves no tripuladas.
- Reglamento de Ejecución (UE) 2019/123, de 24 de enero, por el que se establecen disposiciones de aplicación de las funciones de la red de gestión del tránsito aéreo (ATM).
- Reglamento (UE) 2018/1139, de 4 de julio de 2018, sobre normas comunes en el ámbito de la aviación civil y por el que se crea una Agencia de la Unión Europea para la Seguridad Aérea y de modificación de varios Reglamentos comunitarios (Reglamento Base).
- Reglamento (UE) 2018/395, de 13 de marzo, por el que se establecen normas detalladas para la operación de globos en virtud del Reglamento (CE) 216/2008.
- Reglamento de Ejecución (UE) 2017/373 de la Comisión, de 1 de marzo de 2017, por el que se establecen requisitos comunes para los proveedores de servicios de gestión del tránsito aéreo/navegación aérea y otras funciones de la red de gestión del tránsito aéreo y su supervisión.
- Reglamento (UE) 2017/1084, de 14 de junio, por el que se modifica el Reglamento (UE) 651/2014 en lo relativo a las ayudas a infraestructuras portuarias y aeroportuarias.
- Reglamento (UE) 2016/399, de 9 de marzo, por el que se establece un Código de normas de la Unión para el cruce de personas por las fronteras (Código de fronteras Schengen).
- Reglamento de Ejecución (UE) 2015/1998, de 5 de noviembre, por el que se establecen medidas detalladas para la aplicación de las normas básicas comunes de seguridad aérea.
- Reglamento de Ejecución (UE) 2015/1018, de 29 de junio, por el que se establece una lista de clasificación de los sucesos en la aviación civil de notificación obligatoria.

- Reglamento (UE) 2015/640, de 23 de abril, sobre especificaciones adicionales de aeronavegabilidad para un determinado tipo de operaciones y por el que se modifica el Reglamento (UE) no 965/2012.
- Reglamento (UE) 2015/340, de 20 de febrero, por el que se establecen requisitos técnicos y procedimientos administrativos relativos a las licencias y los certificados de los controladores de tránsito aéreo.
- Reglamento (UE) 1321/2014, de 26 de noviembre, sobre mantenimiento de la aeronavegabilidad de las aeronaves y productos aeronáuticos, componentes y equipos y aprobación de las organizaciones y personal que participan en estas tareas.
- Reglamento (UE) 651/2014, de 17 de junio, por el que se declaran determinadas categorías de ayudas compatibles con el mercado interior en aplicación de los artículos 107 y 108 del Tratado Texto pertinente a efectos del EEE.
- Reglamento (UE) 598/2014, de 16 de abril, relativo al establecimiento de normas y procedimientos con respecto a la introducción de restricciones operativas relacionadas con el ruido en los aeropuertos de la Unión dentro de un enfoque equilibrado.
- Reglamento (UE) 452/2014, de 29 de abril, por el que se establecen requisitos técnicos y procedimientos administrativos para las operaciones aéreas de los operadores de terceros países en virtud del Reglamento (CE) 216/2008.
- Reglamento (UE) 376/2014, de 3 de abril, relativo a la notificación de sucesos en la aviación civil.
- Reglamento (UE) 139/2014, de 12 de febrero, por el que se establecen los requisitos y procedimientos administrativos relativos a los aeródromos, de conformidad con el Reglamento (CE) 216/2008.
- Reglamento (UE) 1215/2012 del Parlamento Europeo y del Consejo, de 12 de diciembre de 2012, relativo a la competencia judicial, el reconocimiento y la ejecución de resoluciones judiciales en materia civil y mercantil.
- Reglamento (UE) 965/2012, de 5 de octubre, por el que se establecen requisitos técnicos y procedimientos administrativos en relación con las operaciones aéreas en virtud del Reglamento (CE) 216/2008.
- Reglamento de Ejecución (UE) 923/2012, de 26 de septiembre, por el que se establecen el reglamento del aire y disposiciones operativas comunes para los servicios y procedimientos de navegación aérea
- Reglamento (UE) 748/2012, de 3 de agosto, por el que se establecen las disposiciones de aplicación sobre la certificación de aeronavegabilidad y medioambiental de las aeronaves y los productos, componentes y equipos relacionados con ellas, así como sobre la certificación de las organizaciones de diseño y de producción.
- Reglamento (UE) 1332/2011, de 16 de diciembre, establece requisitos comunes de utilización del espacio aéreo y procedimientos operativos para los sistemas anticolisión de a bordo.
- Reglamento de Ejecución (UE) 1207/2011, de 22 de noviembre de 2011, por el que se establecen los requisitos de rendimiento e interoperabilidad de la vigilancia del cielo único europeo.

- Reglamento de Ejecución (UE) 1206/2011 de la Comisión, de 22 de noviembre de 2011, por el que se establecen los requisitos en materia de identificación de aeronaves para la vigilancia del cielo único europeo.
- Reglamento (CE) 1178/2011, de 3 de noviembre, por el que se establecen requisitos técnicos y procedimientos administrativos relacionados con el personal de vuelo de la aviación civil en virtud del Reglamento (CE) 216/2008.
- Reglamento (UE) 996/2010, de 20 de octubre, sobre investigación y prevención de accidentes e incidentes en la aviación civil
- Reglamento (CE) 1108/2009, del Parlamento Europeo y del Consejo, de 21 de octubre de 2009 por el que se modifica el Reglamento (CE) n.º 216/2008 en lo que se refiere a aeródromos, gestión del tránsito aéreo y servicios de navegación aérea y se deroga la Directiva 2006/23/CE.
- Directiva 2009/48/CE, de 18 de junio, sobre la seguridad de los juguetes Directiva 2009/12/CE, de 11 de marzo, relativa a las tasas aeroportuarias.
- Reglamento (CE) 300/2008, de 11 de marzo, sobre normas comunes de la seguridad de la aviación civil.
- Reglamento (CE) 216/2008, de 20 de febrero, sobre normas comunes en el ámbito de la aviación civil y por el que se crea una Agencia Europea de Seguridad Aérea (derogado).
- Reglamento (CE) 1008/2008, de 24 de septiembre, sobre normas comunes para la explotación de servicios aéreos en la Comunidad.
- Reglamento (CE) 8/2008, de 11 de diciembre de 2007, por el que se modifica el Reglamento (CEE) 3922/91 del Consejo en lo relativo a los requisitos técnicos y los procedimientos administrativos comunes aplicables al transporte comercial por avión.
- Reglamento (CE) 864/2007, de 11 de julio, relativo a la ley aplicable a las obligaciones extracontractuales (Roma II).
- Reglamento (CE) 1459/2006, de 28 de septiembre, relativo a la aplicación del artículo 81, apartado 3, del Tratado a determinadas categorías de acuerdos y prácticas concertadas que tengan por objeto la celebración de consultas relativas a las tarifas de transporte de pasajeros en los servicios aéreos regulares y a la asignación de períodos horarios en los aeropuertos.
- Reglamento (CE) 1107/2006, de 5 de julio, sobre los derechos de las personas con discapacidad o movilidad reducida en el transporte aéreo, dispone que las compañías.
- Reglamento (CE) 474/2006, de 22 de marzo, por el que se establece la lista comunitaria de las compañías aéreas objeto de una prohibición de explotación en la Comunidad.
- Reglamento (CE) 2111/2005, de 14 de diciembre de 2005, relativo al establecimiento de una lista comunitaria de las compañías aéreas sujetas a una prohibición de explotación en la Comunidad y a la información que deben recibir los pasajeros aéreos sobre la identidad de la compañía operadora.
- Reglamento (CE) 847/2004, de 29 de abril, sobre la negociación y aplicación de acuerdos de servicios de transporte aéreo entre Estados miembros y países terceros.

- Reglamento (CE) núm. 785/2004, de 21 de abril, sobre los requisitos de seguro de las compañías aéreas y operadores aéreos.
- Reglamento (CE) 549/2004, de 10 de marzo, por el que se fija el marco para la creación del cielo único europeo (Reglamento marco).
- Reglamento (CE) 550/2004, de 10 de marzo de 2004, relativo a la prestación de servicios de navegación aérea en el cielo único europeo (Reglamento de prestación de servicios).
- Reglamento (CE) 551/2004, de 10 de marzo, relativo a la organización y utilización del espacio aéreo en el cielo único europeo (Reglamento del espacio aéreo)
- Reglamento (CE) 552/2004, de 10 de marzo, relativo a la interoperabilidad de la red europea de gestión del tránsito aéreo (Reglamento de interoperabilidad) (derogado).
- Reglamento (CE) 261/2004, de 11 de febrero, por el que se establecen normas comunes sobre compensación y asistencia a los pasajeros aéreos en caso de denegación de embarque y de cancelación o gran retraso de los vuelos.
- Reglamento (CE) 2042/2003, de 20 de noviembre, sobre el mantenimiento de la aeronavegabilidad de las aeronaves y productos aeronáuticos, componentes y equipos y sobre la aprobación de las organizaciones y personal que participan en dichas tareas (derogado).
- Directiva 2003/42/CE, de 13 de junio, relativa a la notificación de sucesos en la aviación civil (derogado).
- Reglamento (CE) 889/2002, de 13 de mayo, por el que se modifica el Reglamento (CE) 2027/97, sobre la responsabilidad de las compañías aéreas en caso de accidente.
- Reglamento (CE) 2027/97, de 9 de octubre, relativo a la responsabilidad de las compañías aéreas respecto al transporte aéreo de los pasajeros y su equipaje.
- Directiva 96/67/CE, de 15 de octubre, relativa al acceso al mercado de asistencia en tierra en los aeropuertos de la Comunidad.
- Reglamento (CEE) 2407/92, de 23 de julio, sobre la concesión de licencias a las compañías aéreas (derogado)
- Reglamento (CEE) 2408/92, de 23 de julio, relativo al acceso de las compañías aéreas de la Comunidad a las rutas aéreas intracomunitarias (derogado).
- Reglamento (CEE) 2409/1992, de 23 de julio, sobre tarifas y fletes de los servicios aéreos (derogado).

Derecho español

- Orden TMA/469/2023, de 17 de abril, por la que se acredita a la Agencia Estatal de Seguridad Aérea como entidad de resolución alternativa de litigios en el ámbito del transporte aéreo.
- Real Decreto 160/2023, de 7 de marzo, por el que se aprueba el Estatuto de la entidad pública empresarial ENAIRE, y se modifica el Estatuto de la Agencia Estatal de Seguridad Aérea, aprobado por Real Decreto 184/2008, de 8 de febrero.

- Real Decreto 765/2022, de 20 de septiembre, por el que se regula el uso de aeronaves motorizadas ultraligeras (ULM).
- Real Decreto 728/2022, de 6 de septiembre, por el que se establecen las disposiciones complementarias de la normativa europea en materia de títulos y licencias del personal de vuelo de las aeronaves civiles y restricciones operativas por ruido.
- Real Decreto-ley 14/2022, de 1 de agosto, de medidas de sostenibilidad económica en el ámbito del transporte, en materia de becas y ayudas al estudio, así como de medidas de ahorro, eficiencia energética y de reducción de la dependencia energética del gas natural.
- Real Decreto 657/2022, de 26 de julio, por el que se modifican las servidumbres aeronáuticas del Aeropuerto Josep Tarradellas Barcelona-El Prat (Barcelona).
- Orden TMA/201/2022, de 14 de marzo, por la que se regula el procedimiento de resolución alternativa de litigios de los usuarios de transporte aéreo sobre los derechos reconocidos en el ámbito de la Unión Europea en materia de compensación y asistencia en caso de denegación de embarque, cancelación o gran retraso, así como en relación con los derechos de las personas con discapacidad o movilidad reducida.
- Resolución de 29 de septiembre de 2021, de la Dirección General de Aviación Civil, que publica el Acuerdo del Consejo de Ministros de 28 de septiembre de 2021, por el que se aprueba el Documento de Regulación Aeroportuaria 2022-2026.
- Real Decreto-ley 38/2020, de 29 de diciembre, por el que se adoptan medidas de adaptación a la situación de Estado tercero del Reino Unido de Gran Bretaña e Irlanda del Norte tras la finalización del periodo transitorio previsto en el Acuerdo sobre la retirada del Reino Unido de Gran Bretaña e Irlanda del Norte de la Unión Europea y de la Comunidad Europea de la Energía Atómica, de 31 de enero de 2020.
- Real Decreto 1088/2020, de 9 de diciembre, por el que se completa el régimen aplicable a la notificación de sucesos de la aviación civil y se modifica el Real Decreto 1036/2017, de 15 de diciembre, por el que se regula la utilización civil de las aeronaves pilotadas por control remoto.
- Ley 3/2020, de 18 de septiembre, de medidas procesales y organizativas para hacer frente al COVID-19 en el ámbito de la Administración de Justicia.
- Real Decreto 837/2020, de 15 de septiembre, por el que se aprueba la Directriz básica de planificación de protección civil ante emergencias aeronáuticas de aviación civil.
- Real Decreto-ley 26/2020, de 7 de julio, de medidas de reactivación económica para hacer frente al impacto del COVID-19 en los ámbitos de transportes y vivienda.
- Real Decreto 645/2020, de 7 de julio, por el que se desarrolla la estructura orgánica básica del Ministerio de Transportes, Movilidad y Agenda Urbana.
- Real Decreto 515/2020, de 12 de mayo, por el que se regula el procedimiento de certificación de proveedores civiles de servicios y funciones de gestión del tránsito aéreo y de navegación aérea y su control normativo.
- Real Decreto Legislativo 1/2020, de 5 de mayo, por el que se aprueba el texto refundido de la Ley Concursal.

- Orden TMA/105/2020, de 31 de enero, por la que se establecen las normas para la concesión y mantenimiento de las licencias de explotación de servicios aéreos.
- Real Decreto 1180/2018, de 21 de septiembre, por el que se desarrolla el Reglamento del aire y disposiciones operativas comunes para los servicios y procedimientos de navegación aérea.
- Real Decreto 1036/2017, de 15 de diciembre, por el que se regula la utilización civil de las aeronaves pilotadas por control remoto.
- Ley 9/2017, de 8 de noviembre, de Contratos del Sector Público.
- Real Decreto 763/2017, de 21 de julio, por el que se modifican las servidumbres aeronáuticas del Aeropuerto de Santiago.
- Real Decreto 764/2017, de 21 de julio, por el que se modifican las servidumbres aeronáuticas del Aeropuerto de Sevilla.
- Ley Orgánica 16/2015, de 27 de octubre, sobre privilegios e inmunidades de los Estados extranjeros, las Organizaciones Internacionales con sede u oficina en España y las Conferencias y Reuniones internacionales celebradas en España.
- Ley 39/2015, de 1 de octubre, del Procedimiento Administrativo Común de las Administraciones Públicas
- Real Decreto 1070/2015, de 27 de noviembre, por el que se aprueban las normas técnicas de seguridad operacional de aeródromos de uso restringido.
- Real Decreto 866/2015, de 2 de octubre, por el que se aprueba el Reglamento de Aeronavegabilidad de la Defensa
- Ley 40/2015, de 1 de octubre, de Régimen Jurídico del Sector Público.
- Orden FOM/1687/2015, de 30 de julio, por la que se establecen disposiciones complementarias sobre las marcas de nacionalidad y de matrícula de las aeronaves civiles.
- Real Decreto 384/2015, de 22 de mayo, por el que se aprueba el Reglamento de matriculación de aeronaves civiles.
- Real Decreto 123/2015, de 27 de febrero, por el que se regula la licencia y habilitaciones del piloto de ultraligero.
- Ley 18/2014, de 15 de octubre, de aprobación de medidas urgentes para el crecimiento, la competitividad y la eficiencia.
- Orden PRE/1665/2014, de 12 de septiembre, por la que se habilita el aeropuerto de Burgos como paso fronterizo.
- Real Decreto 750/2014, de 5 de septiembre, por el que se regulan las actividades aéreas de lucha contra incendios y búsqueda y salvamento y se establecen los requisitos en materia de aeronavegabilidad y licencias para otras actividades aeronáuticas.
- Real Decreto-ley 8/2014, de 4 de julio, de aprobación de medidas urgentes para el crecimiento, la competitividad y la eficiencia.
- Orden PRE/1224/2014, de 14 de julio, por la que se habilita el aeropuerto de Badajoz como puesto fronterizo.
- Ley 10/2014, de 26 de junio, de ordenación, supervisión y solvencia de entidades de crédito.

- Real Decreto 552/2014, de 27 de junio, por el que se desarrolla el Reglamento del Aire y disposiciones operativas comunes para los procedimientos de navegación aérea.
- Orden FOM/1050/2014, de 17 de junio, por la que se designa al Coordinador y Facilitador de Franjas Horarias y al Director de Coordinación en los aeropuertos españoles y se establece la fecha para su puesta en funcionamiento efectivo.
- Real Decreto 20/2014, de 17 de enero, por el que se completa el régimen jurídico en materia de asignación de franjas horarias en los aeropuertos españoles.
- Ley 2/2014, de 27 de enero, de medidas fiscales, administrativas, financieras y del sector público (Cataluña).
- Real Decreto-ley 1/2014, de 24 de enero, de reforma en materia de infraestructuras y transporte, y otras medidas económicas.
- Ley 21/2013, de 9 de diciembre, de evaluación ambiental.
- Real Decreto 697/2013, de 20 de septiembre, por el que se regula la organización y funcionamiento de los Comités de Coordinación Aeroportuaria.
- Real Decreto 632/2013, de 2 de agosto, de asistencia a las víctimas de accidentes de la aviación civil y sus familiares.
- Orden PRE/1720/2012, de 20 de julio, por la que se regula el registro y matriculación de aeronaves militares y el procedimiento para establecer la designación militar de las mismas.
- Real Decreto 1678/2011, de 18 de noviembre, por el que se regula la información sobre los derechos de tráfico aéreo procedentes de los acuerdos con terceros Estados en los que España sea parte y el régimen de su ejercicio.
- Real Decreto 1497/2011, de 24 de octubre, por el que se determinan los funcionarios y autoridades competentes para realizar la legalización única o apostilla prevista por el Convenio XII de la Conferencia de La Haya de Derecho Internacional Privado, de 5 de octubre de 1961.
- Real Decreto 1189/2011, de 19 de agosto, por el que se regula el procedimiento de emisión de los informes previos al planeamiento de infraestructuras aeronáuticas, establecimiento, modificación y apertura al tráfico de aeródromos autonómicos
- Real Decreto 1150/2011, de 29 de julio, por el que se modifica el Real Decreto 2858/1981, de 27 de noviembre, sobre calificación de aeropuertos civiles
- Real Decreto 1238/2011, de 8 de septiembre, por el que se regula el servicio de dirección en la plataforma aeroportuaria
- Orden FOM/2086/2011, de 8 de julio, por la que se actualizan las normas técnicas contenidas en el Anexo al Real Decreto 862/2009.
- Real Decreto-ley 13/2010, de 3 de diciembre, de actuaciones en el ámbito fiscal, laboral y liberalizadoras para fomentar la inversión y la creación de empleo.
- Orden DEF/1414/2011, de 20 de mayo, por la que se regula la codificación y el registro de las radiobalizas militares, personales y de aviación, del Sistema Cospas-Sarsat.
- Real Decreto 1133/2010 de 10 de septiembre, por el que se regula la provisión del servicio de información de vuelo de aeródromos (AFIS)

- Real Decreto Legislativo 1/2010, de 2 de julio, por el que se aprueba el texto refundido de la Ley de Sociedades de Capital.
- Ley 9/2010, de 14 de abril, que regula la prestación de servicios de tránsito aéreo, se establecen las obligaciones de los proveedores civiles de dichos servicios y se fijan determinadas condiciones laborales para los controladores civiles de tránsito aéreo.
- Real Decreto-ley 1/2010, de 5 de febrero, por el que se regula la prestación de servicios de tránsito aéreo, se establecen las obligaciones de los proveedores civiles de dichos servicios y se fijan determinadas condiciones laborales para los controladores civiles de tránsito aéreo (derogado).
- Real Decreto 1952/2009, de 18 de diciembre, por el que se adoptan requisitos relativos a las limitaciones del tiempo de vuelo y actividad y requisitos de descanso de las tripulaciones de servicio en aviones que realicen transporte aéreo comercial.
- Real Decreto 1516/2009, de 2 de octubre, por el que se regula la licencia comunitaria de controlador de tránsito aéreo.
- Ley 14/2009, de 22 de julio, de aeropuertos y helipuertos de Cataluña (Cataluña)
- Real Decreto 1080/2009, de 29 de junio, por el que se confirman las servidumbres aeronáuticas del Aeropuerto Madrid/Barajas, establecidas por la Orden FOM/429/2007, de 13 de febrero.
- Real Decreto 862/2009, de 14 de mayo, por el que se aprueban las normas técnicas de diseño y operación de aeródromos de uso público y el Reglamento de certificación y verificación de aeropuertos y otros aeródromos de uso público.
- Real Decreto 98/2009, de 6 de febrero, por el que se aprueba el Reglamento de inspección aeronáutica.
- Real Decreto 184/2008, de 8 de febrero, por el que se aprueba el Estatuto de la Agencia Estatal de Seguridad Aérea (AESA).
- Real Decreto 186/2008, de 8 de febrero, por el que se aprueba el Estatuto de la Agencia Estatal de Meteorología.
- Real Decreto Legislativo 1/2007, de 16 de noviembre, por el que se aprueba el texto refundido de la Ley General para la Defensa de los Consumidores y Usuarios y otras leyes complementarias
- Real Decreto 1392/2007, de 29 de octubre, por el que se establecen los requisitos para la acreditación de compañías aéreas de terceros países.
- Ley 15/2007, de 3 de julio, de defensa de la competencia.
- Ley Orgánica 6/2006, de 19 de julio, de reforma del Estatuto de Autonomía de Cataluña.
- Ley 37/2003, de 17 de noviembre, del ruido.
- Ley 21/2003, de 7 de julio, de seguridad aérea.
- Real Decreto 284/2002, de 22 de marzo, por el que se determinan las condiciones para el ejercicio de las funciones de los técnicos de mantenimiento y personal certificador de mantenimiento de las aeronaves civiles (derogado).

- Orden FOM/509/2002, de 22 de febrero, por la que se autoriza la construcción del aeropuerto de Castellón, se declara de interés general del Estado y se determina el modo de gestión de sus servicios.
- Real Decreto 57/2002, de 18 de enero, por el que se aprueba el Reglamento de Circulación Aérea.
- Real Decreto-ley 15/2001, de 2 de noviembre, por el que se adoptan medidas urgentes en materia de transporte aéreo (derogado).
- Real Decreto 660/2001, de 22 de junio, por el que se regula la certificación de las aeronaves civiles y de los productos y piezas relacionados con ellas
- Real Decreto 37/2001, de 19 de enero, por el que se actualiza la cuantía de las indemnizaciones por daños previstas en la Ley de navegación aérea.
- Real Decreto 1828/1999, de 3 de diciembre, por el que se aprueba el Reglamento del Registro de Condiciones Generales de la Contratación.
- Real Decreto 1161/1999, de 2 de julio, por el que se regula la prestación de los servicios aeroportuarios de asistencia en tierra.
- Real Decreto 2591/1998, de 4 de diciembre, sobre la Ordenación de los Aeropuertos de Interés General y su Zona de Servicio.
- Ley 28/1998, de 13 de julio, de venta a plazos de bienes muebles.
- Ley 66/1997, de 30 de diciembre, de Medidas Fiscales, Administrativas y del Orden Social.
- Real Decreto 1784/1996, de 19 de julio, por el que se aprueba el Reglamento del Registro Mercantil.
- Ley Orgánica 10/1995, de 23 de noviembre, del Código Penal.
- Real Decreto 1099/1994, de 27 de mayo, por el que se regulan las investigaciones e informes técnicos sobre los accidentes de aeronaves militares.
- Real Decreto 73/1992, de 31 de enero, por el que se aprueba el Reglamento de Circulación Aérea (derogado)
- Real Decreto 905/1991, de 14 de junio, por el que se aprueba el Estatuto del Ente público Aeropuertos Españoles y Navegación Aérea.
- Ley 3/1991, de 10 de enero, de competencia desleal.
- Ley 8/1989, de 13 de abril, de tasas y precios públicos del Estado.
- Real Decreto 959/1990, de 8 de junio, sobre títulos y licencias aeronáuticas civiles (derogado).
- Orden de 14 de noviembre de 1988 por la que se establecen los requisitos de aeronavegabilidad para las Aeronaves Ultraligeras Motorizadas (ULM).
- Real Decreto 2876/1982, de 15 de octubre, por el que se regula el Registro y uso de aeronaves de estructura ultraligera y se modifica el registro de aeronaves privadas no mercantiles (derogado)
- Orden del Ministerio de Transportes, Turismo y Comunicaciones de 31 de mayo de 1982, por la que se aprueba el Reglamento para la construcción de aeronaves por aficionados.

- Real Decreto 2858/1981, de 27 de noviembre, de calificación y gestión de los aeropuertos civiles.
- Ley 50/1980, de 8 de octubre, de contrato de seguro.
- Decreto 562/1972, de 23 de diciembre, que reestructuró la Subsecretaría de Aviación Civil (derogado).
- Decreto 1675/1972 de 26 de junio, por se aprueban las tarifas a aplicar por el la Red de Ayudas a la Navegación (EUROCONTROL)
- Decreto 416/1969, de 13 de marzo, por el que se aprueba el Reglamento del Registro de Matrícula de Aeronaves (derogado).
- Ley 209/1964, de 24 de diciembre, penal y procesal de la navegación aérea.
- Ley 48/1960, de 21 de julio, de navegación aérea.
- Decreto de 14 de diciembre de 1956 por el que se aprueba el Reglamento del Registro Mercantil y el Arancel de los honorarios que devengarán los Registradores Mercantiles.
- Decreto de 17 de junio de 1955 por el que se crea el Servicio de Búsqueda y Salvamento Aéreo.
- Ley de 16 de diciembre de 1954 sobre hipoteca mobiliaria y prenda sin desplazamiento de posesión.
- Ley de bases de 27 de diciembre de 1947, de bases para un código de navegación aérea (derogada).
- Real Decreto de 22 de agosto de 1885 por el que se publica el Código de Comercio.
- Real Decreto de 24 de julio de 1889 por el que se publica el Código Civil.

Otros documentos

- Resolución de la Dirección General de los Registros y del Notariado de 20 de diciembre de 2016.
- Decisión UE 2017/1149, de la Comisión de 27 de septiembre de 2016 sobre la ayuda estatal SA.30931 (11/C) (ex N 185/10) concedida por Rumanía a los aeropuertos regionales rumanos.
- Decisión (UE) 2017/1861 de la Comisión, de 29 de julio de 2016, relativa a la ayuda estatal SA.33983 (2013/C) (ex 2012/NN) (ex 2011/N) ejecutada por Italia — Compensación a los aeropuertos de Cerdeña por obligaciones de servicio público (SIEG).
- Comunicación 2016/C 206/01, de la Comisión, relativa al concepto de ayuda estatal conforme al art. 107.1 del Tratado de Funcionamiento de la Unión Europea.
- Comunicación de la Comisión de Directrices sobre ayudas estatales a aeropuertos y compañías aéreas 2014/C 99/03.
- Comunicación COM/2008/0227, de 30 de abril, de la Comisión al Parlamento Europeo, al Consejo, al Comité Económico y Social Europeo y al Comité de las Regiones sobre la aplicación del Reglamento (CEE) 95/93 relativo a normas comunes para la asignación de franjas horarias en los aeropuertos comunitarios.

- Decisión 2007/339/CEE del Consejo y de los Representantes de los Gobiernos de los Estados miembros de la Unión Europea, reunidos en el seno del Consejo, de 25 de abril de 2007, relativa a la firma y la aplicación provisional del Acuerdo de transporte aéreo entre la Comunidad Europea y sus Estados miembros, por una parte, y los Estados Unidos de América, por otra.
- Resolución de la Dirección General de Registros y del Notariado de 29 de enero de 2001 (TOL919.806).
- Resolución de 15 de junio de 1994, de la Dirección General de Aviación Civil, por la que se especifican las limitaciones asociadas a los certificados de aeronavegabilidad restringidos de aeronaves construidas por aficionados.

Índice analítico

Cada entrada hace referencia al capítulo (en números romanos)
y al apartado (en números árabes)

A

B

C

D

E

F

J

L

M

N

O

P

Q

R

S

T

U

V

W

Z